되짚어본 형평운동

형평사 창립 100주년을 기념하며

되짚어본 형평운동
형평사 창립 100주년을 기념하며

2025년 1월 5일 초판 인쇄
2025년 1월 10일 초판 발행

지은이 | 김중섭
교정교열 | 정난진
펴낸이 | 이찬규
펴낸곳 | 북코리아
등록번호 | 제03-01240호
주소 | 13209 경기도 성남시 중원구 사기막골로45번길 14
　　　　우림2차 A동 1007호
전화 | 02-704-7840
팩스 | 02-704-7848
이메일 | ibookorea@naver.com
홈페이지 | www.북코리아.kr
ISBN | 979-11-94299-17-2(93900)

값 27,000원

형평사 창립
100주년을 기념하며

되짚어본
형평운동

김중섭 지음

북코리아

나의 삶과 연구에 가르침을 주신 선생님들께
이 책을 바칩니다.

책을 펴내며

조선 사회의 근간이던 신분제는 사라졌습니다. 신분제에서 가장 천대받고 차별받던 백정은 이제 존재하지 않습니다. 20세기 초까지 남아 있던 백정 차별을 없애고 평등 사회를 만들자고 일어선 형평사 창립과 형평운동도 옛 역사가 되었습니다.

저는 지난 40여 년 동안 형평운동을 연구해왔습니다. 이렇게 사라진 것들에 대한 향수 때문에 연구하는 것은 아닙니다. 그 역사를 기록하고 기억하여 우리의 삶과 사회에 쓰일 값진 교훈을 찾고자 해온 작업이었습니다.

2023년은 형평사 창립 100주년이었습니다. 형평운동 연구자로서 한 세기의 역사를 기념하고 싶었습니다. 이 책은 제 탐구 과정에 한 획을 긋는 이정표를 세우고자 한 개인적 소망의 결실입니다.

이 책의 내용은 크게 두 갈래로 나누어집니다. 앞의 다섯 개 글은 형평운동의 역사 탐구와 유산에 관한 것이고, 뒤의 네 개 글은 '인권과 연대'에 관련된 형평운동 활동에 관한 것입니다.

제I부에서는 먼저, 형평운동의 역사적 과정과 의미를 다시 살펴보고(1장), 형평운동 연구의 성과와 동향을 정리한 뒤(2장), 그동안의 제 연구 과정을 되짚어보고(3장), 형평운동 수혜집단이며 주체 세력인 백정 소멸에 대한 시론을 쓰고(4장), 잊혀가는 형평운동의 역사를 되살리며 기념해온 활동을 정리했습니다(5장).

그리고 제II부에서는 형평운동에서 강조한 인권과 사회적 연대를 분석하고(6장), 형평사 창립지 진주의 형평운동을 촘촘히 살펴보고(7장), 형평사 창립과 형평운동 전개 과정에 핵심적인 역할을 한 강상호(8장)와 장지필(9장)의 이력을 탐구했습니다. 인물에 대한 글쓰기는 언제나 조심스러운 일이지만, 가능한 한 자료를 최대한 활용하여 강상호와 장지필 두 분의 삶과 활동을 기록하고자 했습니다.

이와 같이 각 장은 제각기 특정한 주제를 다룬 독립적인 논문이면서, 또한 여러 각도에서 형평운동을 살펴보는 보완적인 관계에 있습니다. 그러므로 다른 장과 중복된 내용이 있어도 각 장의 독립성을 살리려는 의도에서 그대로 남겨놓았습니다.

지금까지 형평운동을 연구하면서 많은 분으로부터 커다란 가르침과 도움을 받았습니다. 또 굽이굽이마다 제 삶과 연구에 가르침을 주신 선생님들이 수없이 많이 계십니다. 이 기회에 그분들께 마음 깊이 감사의 말씀을 드리고자 합니다. 그 가운데 다음 몇 분만 언급하는 것에 너그러운 양해를 구합니다.

가장 먼저 떠오르는 분은 영문학과 학생이 사회학을 공부하겠다고 마음을 먹은 뒤 만난 연세대학교 박영신 교수님입니다. 지금도 80대 후반의 연세에 학문의 열정을 갖고 저술과 학회 활동을 하시며 후학들에게 많은 격려와 가르침을 주시는 박 교수님을 만난 것은 제게 가장 큰 행운이었습니다. 그리고 영국 헐대학교 박사학위 과정을 지도해주신 고(故) 발도 폰스(Valdo Pons) 교수님은 폭넓은 안목을 키워주시며 제 학문 활동을 격려해주셨습니다.

형평운동기념사업회를 결성하여 형평운동 역사를 널리 알리는 활동도 제게는 좋은 경험이었습니다. 그 과정에서 많이 배웠습니다. 미국에서 오신

뉴저지 주립 윌리엄 페터슨대학교의 고(故) 임순만 교수님은 형평사와 인권을 잇는 데 많은 가르침을 주셨습니다. 그리고 기념사업회 회장을 맡아 진주 역사와 정신, 형평운동의 가치를 널리 알리는 데 앞장서서 활동하신 남성문화재단 김장하 이사장님, 형평사와 수평사의 연대 역사와 전통을 되살리며 한국과 일본의 지역 인권 발전을 이끌어주신 부락해방·인권연구소 도모나가 겐조(友永健三) 소장님 등 많은 분이 끊임없이 제게 격려와 도움을 주셨습니다.

네 차례의 안식년도 제게는 값진 배움의 기회였습니다. 영국 에섹스대학교의 이안 니어리(Ian Neary) 교수님, 미국 컬럼비아대학교 인권연구소의 고(故) 폴 마틴(Paul Martin) 소장님, 일본 교토대학의 다케자와 야스코(竹沢泰子) 교수님, 일본 릿쿄대학의 마크 카프리오(Mark Caprio) 교수님은 제게 안식년의 연구 환경을 제공하며 학술 교류 기회를 마련해주셨습니다. 그때마다 저는 많이 배우며 새로운 연구 영역을 개척하고 연구 깊이를 더할 수 있었습니다.

그리고 한국과 일본 연구자들로 구성된 형평사사료연구회(나중에 조선형평운동사연구회로 이름을 바꿈)는 지난 10여 년 동안 형평운동 연구에 새로운 전기를 마련해주었습니다. 접하기 어려운 일본어 자료를 읽기 편하게 만든 사료집 발간은 큰 보람이었으며 그 과정에서 많은 배움의 자극을 받았습니다. 연구회 회장을 맡아주신 고(故) 아키사다 요시카즈(秋定嘉和) 선생님, 미즈노 나오키(水野直樹) 교토대학 교수님, 아사지 다케시(朝治武) 오사카인권박물관 관장님을 비롯한 회원 여러분께서 많은 가르침을 주셨습니다.

아울러 이 책이 진주 연구의 토대에서 쓰일 수 있도록 도와주신 분들에게도 감사드립니다. 사단법인 남성문화재단의 전 재산을 경상국립대학교에 기부하여 진주학 연구의 기틀을 마련해주신 김장하 이사장님, 진주 역사 연구와 문화 창달을 위해 진주문화연구소를 설립하여 이끄신 고(故) 김수업 이사장님, 진주 연구의 중요성을 인식하며 물심양면으로 지원해주신 삼광문화연구재단의 윤철지 이사장님을 비롯한 여러분의 성원에 감사드립니다. 그리고 출판계의 어려움 속에서도 흔쾌히 멋진 책으로 만들어주신 이찬규 북코리아 사장님과 편집부 여러분께 감사드립니다.

마지막으로, 제 모든 삶과 연구를 언제나 열렬히 응원해주는 아내 지정옥, 아들 우강, 딸 은지에게 이 책의 출간 소식을 전하며 기쁨을 함께 나누고자 합니다.

이 책의 부족함이나 오류는 전적으로 글쓴이인 제게 책임이 있음을 밝히며 양해를 구합니다. 물론 미진한 부분은 다음 연구자들이 보완해주시리라 믿고 있습니다.

2024년 12월 10일
진주에서
김중섭

차례

─────────────── 제 II 부 ───────────────

인권과 연대

제Ⅰ부

역사와
유산

1장
형평운동의 역사적 과정과 의의*

1. 머리글

    1923년 4월 진주에서 백정 차별 철폐를 위한 형평사가 창립되었다. 이 단체는 1930년대에 들어서면서 안팎의 탄압과 내홍을 겪더니 1935년 4월 대동사로 개칭하며 구성원들의 경제적 이익 추구 활동에 치중하는 이익집단으로 전락했다. 형평사의 활동은 조선 사회를 지탱해온 신분제의 잔재를 타파하는 과정이기도 하고, 3.1운동과 사회운동의 확산 등 일제강점기에 일어난 사회 변혁의 과정이기도 하며, 또 백정이 종사한 전통 산업이 국가 통제와 자본주의 영향에 대응하는 과정이기도 하다. 이 장에서는 1923년부터 1935년까지의 형평사 활동을 형평운동으로 규정하고 근대 사회로의 이행 과정에 나타난 형평운동의 역사적 과정과 의의를 살펴보고자 한다.[1]

---

*   김중섭, 「형평운동의 역사적 과정과 의의」, 김중섭·장만호 엮음, 『형평운동과 인권의 시대』, 도서출판 사람과나무, 2023, 59-101쪽을 수정 보완함.

1)   이 장은 글쓴이의 그동안 연구 성과를 활용했다. 김중섭, 『형평운동연구: 일제침략기 백정의 사회사』, 민영사, 1994; 『형평운동』, 지식산업사, 2001(일본어 번역본 金仲燮, 『衡平運動: 朝鮮の被差別民·白丁, その歷史とたたかい』, 高貞子 옮김, 大阪: 解放出版社, 2003); Kim, Joong-Seop, *The Korean Paekjong under Japanese Rule: The Quest for Equality and Human Rights*, London:

2. 신분제의 폐습 타파

조선 사회의 근간이었던 신분제는 19세기에 들어오면서 무너지기 시작했다. 1801년 해방의안(解放議案)에 따라 천민 집단 가운데 가장 숫자가 많은 공노비가 해방되면서 신분제의 와해가 가시화되었고, 그 변화는 19세기 마지막 10년에 더욱 가속화되었다. 1894년 갑오농민전쟁 때 "사람은 하늘과 같다[人乃天]."는 동학사상을 신봉한 농민군 지도자들이 정부군과 휴전하면서 '폐정개혁안'을 제시했는데, 그 가운데 백정 머리에서 평양립(패랭이)을 없앨 것을 요구하는 내용이 있었다. 곧, 신분 철폐를 요구한 것이다. 이 밖에 노비문서 소각, 과부 재가 허용 등 사회 관습 혁신이 포함되었다. 정부군과 일본군의 연합 공세에 밀려 농민군이 패전하면서 그들의 요구는 무산되었지만, 그 뒤 정부가 추진한 갑오개혁에 부분적으로 실현되었다. 그 가운데 하나가 백정 신분 해방이었다.

갑오개혁(1894) 법안은 피장(皮匠)의 신분 해방을 명시했다.[2] 피장은 백정의 한 부류로서 다른 백정 부류보다 상위 집단이었지만, 이 법안은 백정 전체의 신분 해방이라는 의미로 신분 철폐의 법제화로 이해되었다. 곧, 신분제가 종식되어 가장 지위가 낮은 백정까지 평등한 백성이 된다는 의미였다.[3] 그렇게 법적으로 신분제가 철폐되었어도 신분 차별 관습은 쉽게 사라지지 않았다. 최하층 신분 집단인 백정 차별이 여전히 곳곳에서 자행되었

RoutledgeCurzon, 2003; 『평등 사회를 향하여: 한국 형평사와 일본 수평사의 비교』, 지식산업사, 2015; 「형평운동과 인권, 그리고 사회적 연대」, 제59회 국사편찬위원회 한국사학술회의 발표문 (2023년 4월 24일, 국사편찬위원회) 등 참조할 것.

2) 『고종실록』, 1894년 6월 28일, 7월 2일. 송병기 · 박용옥 · 박한설 엮음, 『한말, 근대 법령 자료집』 1, 대한민국 국회도서관, 1970, 16, 20쪽.

3) 金靜美, 「19세기 말에서 20세기 초에 있어서의 백정(白丁)」, 姜在彦 외 엮음, 『한국 근대 사회와 사상』, 김정희 옮김, 중원문화사, 1984, 196-198쪽 참조할 것.

다. 그러면서 백정 차별을 없애려는 '개혁'과 차별 관습을 유지하려는 '저항(반발)'이 뒤얽혀 일어났다.[4]

백정 차별 철폐를 둘러싼 '개혁'과 '저항'의 이중성은 19세기 말 20세기 초에 역동적으로 진행된 한국 사회의 특징이었다. 갑오개혁으로 법령이 제정되었어도 관료들조차 신분 차별 관습을 유지하려고 했다. 심지어 내무부는 양반에게 복종하지 않는 천민을 처벌하라는 훈령을 지방 관청에 내려보냈다.[5] 반면에 당사자인 백정[6]은 차별 관습 철폐에 적극적이었다. 그들은 신분 구분 없이 비백정처럼 갓과 망건을 쓰는 옷차림을 허용해달라고 왕과 관청에 탄원을 냈다. 그런데 그 과정은 갈등의 연속이었다. 예컨대, 경남 진주 인근 16개 군의 백정이 다른 사람들과 똑같이 갓을 쓸 수 있도록 해달라고 관찰사에게 탄원을 냈는데, 관찰사는 갓끈을 쇠가죽[생우피, 生牛皮]으로 하라는 차별적 처분을 내렸다. 그리고 비백정 주민이 백정의 집단행동에 불만을 품고 백정 마을을 습격하는 난동을 부리기도 했다.[7] 경북 예천에서는 백정에게 굴욕적인 신분 표시를 강요하는 일이 일어났고, 황해도 해주에서는 관리들이 백정에게 신분 해방 대가로 금품을 요구하여 집단 항의를 받기도 했다.[8]

---

4) 高淑和, 「衡平社에 對한 一研究: 創立背景과 初創期(1923-25) 衡平社를 中心으로」, 『史學研究』(한국사학회) 38, 1984, 645-690쪽; 김중섭, 위의 글(1994), 53-57쪽.

5) 『독립신문』, 1896년 11월 3일; 1897년 3월 13일; 3월 19일; 1899년 7월 8일.

6) 고려 시대의 백정은 농지를 경작하는 양민이었다. 조선 시대 초기 세종이 천민 포용 정책을 펴면서 이 호칭을 고려 시대 천민인 양수척, 수척, 재인에게 부여했다. 그러나 그들에 대한 차별 관습이 사라지지 않았으며, 백정은 최하층 신분 집단을 가리키는 호칭으로 굳어졌다. 1894년 갑오개혁으로 신분제가 없어지면서 '백정'은 더 이상 존재하지 않게 되었다. 그러나 그들은 '옛 백정'이나 '백정 후손'으로 지칭되지 않고 여전히 백정이라고 불렸다. 형평사는 신분 차별 관습 철폐와 평등 대우를 주창하며 '모욕적 호칭'의 폐지를 요구했다. 이 책에서도 이런 상황을 반영한 '백정' 용어 사용에 양해를 구한다.

7) 『황성신문』, 1900년 2월 28일; 10월 20일.

8) 『황성신문』, 1901년 2월 8일; 5월 16일.

차별 철폐에 대한 '개혁'과 '저항'의 양상은 외래 문물인 기독교 안에서도 나타났다. 대표적인 보기가 동석 예배 거부사건이다. 1892년 서울 곤당골에 교회를 세운 뒤 하층민 전도에 열성이던 미국 북장로교 선교부의 무어(Samuel Moore, 모삼열) 목사를 통해 백정이 기독교를 접하게 되었다.[9] 백정 박성춘이 장티푸스에 걸렸을 때 무어 목사가 세운 학교에 다니던 아들 봉줄이를 통해 의료선교사 애비슨의 치료를 받았는데, 그 인연으로 교회를 다니게 되어 1895년 첫 백정 세례자가 되었다. 그 뒤 백정 신도들이 점점 늘어나서 비백정 신도들과 함께 예배를 보게 되었다. 이에 비백정 신도들이 반발하여 분란이 일어났지만, 무어 목사는 동석 예배를 강행했다. 그러자 이에 반발한 일부 비백정 신도들이 예배당을 떠났는데, 그 과정에서 백정은 평등사상을 깨닫고 사회개혁을 경험했을 것으로 짐작된다.[10]

'개혁'과 '저항'의 상징인 동석 예배 거부사건은 진주에서도 일어났다. 1905년 호주 선교사 커를이 진주에 정착하여 선교 활동을 하면서 백정 가운데 개종자가 생겼다. 처음에는 백정 신도를 위한 별도 예배소가 설치되어 따로 예배를 보았지만, 1909년 커를이 안식년을 맞아 떠나면서 뒤이어 부임한 라이얼 선교사가 백정과 비백정 신도의 동석 예배를 추진했다. 그러자 일부 비백정 신도들이 반발하여 백정과의 동석 예배를 거부하여 한동안 분란이 지속되었다. 그러나 선교사들의 설득으로 양측이 서로 이해하며 함께

---

9) S. F. Moore, "The Butchers of Korea," *The Korean Repository*, 5권(1898. 4), 127-132쪽; 임순만, 「기독교 전파가 백정 공동체에 미친 영향」, 형평운동70주년기념사업회 엮음, 『형평운동의 재인식』, 도서출판 솔, 1993, 65-102쪽 참조할 것.

10) 곤당골교회는 300여 명 교인 가운데 30여 명이 백정이어서 '백정교회'로 불리기도 했다. 개신교로 개종한 박성춘이 1898년 종로에서 열린 만민공동회에 참가했다거나, 그의 아들 박서양(봉줄)이 1908년 세브란스 1회 졸업생으로서 만주에서 의료 활동을 하며 독립운동을 지원한 것 등에서 백정의 개혁 모습을 엿볼 수 있다. 임순만, 위의 글, 82-88쪽, 96-97쪽.

예배를 보는 것으로 마무리되었다.[11]

이와 같은 '개혁'과 '저항'의 이중적 양상은 20세기 초에도 계속 나타났다. 예컨대, 형평사 창립 전해인 1922년 5월 대구에서 일어난 백정 야유회에서 엿볼 수 있다. 백정 야유회에 기생들을 데리고 갔는데, 그 소식이 지역 사회에 알려져서 동행한 기생들에 대한 비난이 거세게 일어났고, 그러자 기생조합은 동행한 기생들을 기적(妓籍)에서 제적했다.[12]

이와 같이 차별 관습에서 비롯된 사회적 분란은 20세기 초에도 빈번하게 일어났다.[13] 백정은 혼인이나 묘지 공유 같은 사적 관계뿐만 아니라 관공서에서도 차별을 받았다. 별도의 백정 호적을 만들어 관리하는 사례가 있었고, 호적에 '도한(屠漢, 屠汗)'이나 붉은 점으로, 또 도수업(屠獸業), 수육상(獸肉商) 같은 직업 표기로 백정 신분을 밝혀놓았다.[14] 그리고 백정 자녀들의 학교 입학이 쉽지 않았고, 학교에 가더라도 차별이 심해서 계속 다니기가 어려운 지경이었다.

이렇듯이 조선 사회의 신분제가 무너지고 신분을 없애는 법이 만들어졌어도 차별 관습이 자행되어 개혁을 가로막았다. 그러면서 신분 차별 관습에 대항하며 개혁하려는 활동도 지속적으로 일어났다. 이와 같은 '개혁'과 '저항'의 이중적 양상이 형평운동의 배경으로 작용했다.

---

11) 진주교회사 연혁위원회,『晉州面 玉峯里 耶蘇敎長老會 沿革史』, 晉州, 1930, 15-19쪽; 김중섭,「기독교 전래와 지역 사회의 변화」,『사회운동의 시대: 일제침략기 지역 공동체의 역사사회학』, 북코리아, 2012, 199-200쪽; 조헌국,『호주선교사 커를과 그의 동료들』, 한국문화사, 2019.

12) 『매일신보』, 1922년 5월 11일.

13) 車賤者,「白丁 社會의 暗澹한 生活狀을 擧論하야 衡平 戰線의 統一을 促함」,『開闢』5(7), 1924, 39-45쪽. 전북 군산에서는 형평사원 장례에 주민이 공격했다.『중외일보』, 1929년 5월 3일 참조할 것.

14) 형평사 창립을 주도한 장지필은 일본 메이지(明治)대학을 중도 포기하고 귀국한 뒤 총독부에 취직하려고 호적을 떼었는데, 신분이 적혀 있어 서류 제출을 포기하고 백정 해방운동에 참여하게 되었다고 고백한 바 있다.『동아일보』, 1923년 5월 20일.

3. 3.1운동의 성과

　신분제 폐습을 없애기 위한 형평사의 창립과 형평운동 발전 배경으로 1919년의 범민족적인 3.1운동이 크게 작용했다. 일제 강점에 저항하며 독립을 요구한 3.1운동은 비록 독립 성취는 실패했지만, 사회개혁 활동의 밑거름이 되었다. 그 뒤 사회개혁에 대한 요구가 분출되었고, 주민의 적극적인 참여로 새로운 사회를 향한 여러 가지 활동이 전개되었다. 곧, 3.1운동의 경험은 다양한 사회운동의 동력이 되었다. 그것은 일부 지역의 특정한 사례가 아니라 전국 곳곳에서 나타난 현상이었다.

　3.1운동 이후 확산된 사회개혁 활동의 바탕에는 평등사상이 깔려 있었다. 대표적 보기가 3.1운동 직후 수립된 대한민국 임시정부 헌장이다. 〈표 1〉에서 볼 수 있듯이, 임시정부 헌장은 대한민국을 민주공화제로 하고, 인민은 "남녀 귀천 및 빈부의 계급 없이 일체 평등"(제3조)하며, "신교(종교) 언론 저작 출판 결사 집회 신서(통신) 주소 이전 신체 및 소유의 자유를 향유"(제4조)한다고 규정했다.

〈표 1〉 대한민국 임시헌장(1919. 4. 11. 제정, 법제처 국가법령정보센터에서 인용)

제1조 대한민국은 민주공화제로 함.
제2조 대한민국은 임시정부가 임시의정원의 결의에 의하야 此를 통치함.
제3조 대한민국의 인민은 남녀 귀천 급 빈부의 계급이 무하고 일체 평등임.
제4조 대한민국의 인민은 신교 언론 저작 출판 결사 집회 신서 주소 이전 신체 급 소유의 자유를 향유함.
제5조 대한민국의 인민으로 공민 자격이 유한 자는 선거권 급 피선거권이 유함.
제6조 대한민국의 인민은 교육 납세 급 병역의 의무가 유함.
제7조 대한민국은 신의 의사에 의하여 건국한 정신을 세계에 발휘하며 진하야 인류의 문화 급 평화에 공헌하기 위하야 국제연맹에 가입함.
제8조 대한민국은 구황실을 우대함.
제9조 생명형 신체형 급 공창제를 전폐함.
제10조 임시정부는 국토회복후 만일개년내에 국회를 소집함.

이 헌장은 독립을 쟁취한 미래 국가의 형태와 정치적 지향을 담고 있다. 곧, 앞으로 수립될 대한민국은 자유와 평등을 보장하는 민주공화국이다. 이것은 사회 전반에 확산된 미래상을 반영하고 있다. 또 전국 곳곳에서 전개되는 사회개혁 활동이 지향하는 사회상이었다. 이렇듯이 3.1운동은 자유와 평등에 기초한 근대 사회로 나아가는 역사의 분수령이었다.

3.1운동을 겪은 일제는 이른바 무단통치에서 문화통치라고 일컬어지는 식민 정책의 변화를 보였다. 그에 따라 한글 신문과 잡지 발간이 허용되었고, 한국인의 단체 결성이나 집회가 다소 쉬워졌다. 새로 창간된 『조선일보』, 『동아일보』, 『시대일보』 같은 한글 신문이나 잡지는 사회운동 소식을 전하는 매개체가 되면서 각 지역의 개혁 활동 소식이 더욱 널리 퍼지게 되었다. 이러한 정치적·사회적 변화는 사회운동 확산에 작용했다.

이와 같은 사회적 흐름은 형평사가 창립된 진주에서도 뚜렷하게 나타났다.[15] 주민은 조선 시대의 폐습을 타파하고 낙후된 유산을 개혁하려는 활동을 벌였다. 조선 사회의 높은 문맹 상황을 깨기 위해, 또 일제의 식민 지배에 대항하는 실력 양성을 위해 계몽 활동이나 교육운동이 활발하게 일어났다. 야학이나 학술강습소 같은 비인가 교육 시설을 운영하여 주민 교육에 힘썼고, 정규 학교를 설립하여 교육 기회를 넓히고자 했다.[16]

또 유교 사회인 조선에서 억압받던 어린이, 여성의 권리를 증진하기 위한 개혁 활동이 활발하게 전개되었다. 1921년 전국 최초의 어린이 단체가 진주에서 결성되었고, 외래 종교인 기독교와 천주교, 전통 종교인 천도

---

15) 3.1운동 이후 진주 지역의 사회운동 역사에 관해 김중섭, 『사회운동의 시대: 일제침략기 지역 공동체의 역사사회학』, 북코리아, 2012; 김중섭 외, 『진주 3.1운동과 근대 사회 발전』, 북코리아, 2020; 김중섭, 「근대 사회로 이끈 3.1운동과 형평운동: 진주 지역을 중심으로」, 김명희 외, 『경남의 근현대사: 사건, 공간, 운동』, 경상국립대학교 출판부, 2023 ㄹ, 20-69쪽 참조할 것.

16) 김중섭, 「일제 식민통치와 주민교육운동」, 위의 글(2012ㄷ), 제2부 2장 참조할 것.

교와 보천교 등이 어린이 권익 증진 활동을 벌였다. 또 유교 사회에서 억압받아온 여성의 교육과 사회 참여를 장려하는 활동이 기독교, 천주교 같은 외래 종교 기관과 지역 사회단체 중심으로 전개되었다.[17]

3.1운동 주동자들이 중심이 되어 결성한 진주노동공제회는 노동자, 농민의 권익 증진 활동을 활발하게 벌이며 1922년 9월 전국 최초의 소작인대회를 개최했다.[18]

3.1운동 이후에 활발하게 일어난 다양한 사회운동은 조선 사회의 폐습을 개혁하고 근대 사회로 나아가려는 주민의 소망을 담고 있었다. 청년, 여성, 농민, 노동자, 지식인 등 많은 주민이 이러한 사회개혁 활동에 적극적으로 참여했다. 그들 가운데 일부는 새로운 사조나 이념을 받아들이며 사회개혁을 이끄는 직업적 사회운동가가 되었다. 이러한 사회개혁의 참여 세력은 동지 의식을 갖고 연대하며 사회운동권을 형성하여 사회적 의사결정 과정에 영향력을 키워갔다.

이와 같은 사회개혁 활동 가운데 하나가 형평운동이었다. 그것은 1923년 4월 진주의 형평사 창립으로 시작되었다.[19] 형평사는 4월 24일 기성회를, 다음 날 발기총회를 개최하며 창립되었다. 형평사 창립을 이끈 세력은 지역 사회운동가들과 백정 마을 유지들이었다. 특히, 3.1운동 이후 여러 단체에서 활동하는 사회운동가들이 형평사의 창립과 발전에 적극적으로 협력했다.

이렇게 백정과 비백정의 협력 아래 이루어진 진주의 형평사 창립 소식이 전국의 백정 사회와 사회운동권에 전파되면서 형평운동은 빠르게 발전

---

17) 김중섭, 「3.1운동과 지역사회운동의 발전」, 위의 글(2012ㄴ), 제1부 1장; 「기독교 전래와 지역 사회 변화」, 위의 글(2012ㅂ) 제3부 1장 참조할 것.

18) 김중섭, 「지역 사회의 역동성과 농민운동」, 위의 글(2012ㅅ), 제3부 3장 참조할 것.

19) 김중섭, 「신분 사회 해체와 형평운동」, 위의 글(2012ㅁ), 제3부 2장 참조할 것.

했다. 직업과 혈연, 거주지 등으로 밀접하게 얽혀있는 백정과 사회개혁을 지향하는 지역 단체 활동가들이 각 지역의 형평사 조직 결성에 적극적으로 참여했다. 요컨대, 전통 사회에서 차별받던 백정 집단의 결속력과 3.1운동 이후에 형성된 사회개혁 분위기와 사회운동권의 연대 의식이 형평운동 발전을 이끄는 동력이 되었다.

창립된 지 20일 만에 열린 5월 13일의 형평사 창립축하식은 형평운동 확산의 계기가 되었다. 당시 진주의 가장 큰 공연장인 진주좌에서 열린 이 행사는 백정 역사에 유례없는 대규모 공개 집회였다. 경남뿐만 아니라 충청도, 경북 등 멀리에서 온 많은 백정 유지들이 참석했다. 행사는 진주 지역 비백정 사회운동가들의 경과보고, 축사, 강연으로 진행되었다. 전국 각지에서 보내온 축전 가운데는 일본 유학생 단체 북성회를 비롯한 진보적인 사회 단체도 있었다.

창립축하식 다음 날 열린 각 지역 대표자 회의에서 본사 임원 개선과 향후 활동 방침을 논의하여 진주 이외 지역의 백정 유지들도 지도부에 참여하며 형평운동을 전국으로 확산시키기로 결의했다.

요컨대, 형평사의 창립과 빠른 전국 확산은 전통 사회에서 억압받아온 백정의 적극적인 참여와 함께 3.1운동 이후 형성된 사회운동 단체의 연대와 협력을 통해 이루어졌다. 특히, 3.1운동 이후의 사회개혁 흐름 속에서 백정과 비백정의 협력이 주요하게 작용했다.

4. 인권 회복과 증진

형평사의 창립 목적은 백정 차별 철폐와 평등 대우였다. 1923년 4월 25일 발기총회에서 채택된 형평사 주지는 "평등은 사회의 근본"이라고 천명하며, "참사람이 되기를 기약함"이 목적이라고 밝히고 있다. 곧, 백정 차별의 부당함을 인식하고 차별 없이 자유와 평등을 누리며 사람답게 사는 '참사람'을 실현하려는 것이다. 이와 같이 형평사는 창립 때부터 자유와 평등에 기초한 인권 증진을 위한 단체임을 뚜렷하게 표방했다.[20]

진주의 형평사 창립에 부응하여 결성된 전북 김제의 서광회(나중에 형평사 김제분사로 개칭)는 5월 20일 발기회를 가지면서 '인권'이라는 용어를 구체적으로 언급했다. 그들은 자신들을 "권리 없고 의무 없는 백정 계급"이라고 규정하며 "인권의 유린, 경제의 착취, 지식의 낙오, 도덕의 결함을 당하야 왔다."고 했다. 조선의 신분제에서 당해온 모욕과 학대 상황을 인권 관점에서 인식한 것이다.

형평운동은 수백 년 동안 대대로 불려온 '백정' 호칭을 멸시와 학대, 억압의 상징으로 보고 철폐를 요구했다. 그들은 계급 타파, 모욕적 호칭 폐지를 일관되게 주장하며 차별과 억압, 혐오에 적극적으로 대항하면서 백정의 인권 회복과 증진을 도모했다. 특히, 일상생활에서 부당한 대우의 철폐를 핵심 과제로 삼았다. 그에 따라 형평사 창립 직후 경남 경찰국을 방문하여 호적부의 백정 표시 삭제를 약속받았고,[21] 형평 야학이나 강습소를 설립하고 학교 취학을 권장하며 교육과 인식 개선에 진력했다.

아울러 백정 차별이나 형평운동 반대 활동의 인권 유린 관행을 규탄하는 활동을 적극적으로 벌였다. 인권 유린에 대한 적극적인 대응은 형평사 전국대회나 지역 집회에서 논의하는 핵심 사안이자 결의 사항이었다. 예컨대, 창립 이듬해인 1924년 2월 부산에서 열린 '전조선 임시총회'에서는 다

---

20) 김중섭, 위의 글(2015), 136-157쪽.

21) 『조선일보』, 1923년 5월 14일.

음과 같이 결의했다.[22]

◇ 관습적 사회에 대한 건

1. 종래 불합리한 계급의식에 의하여 인권 유린적 행동을 하는 시(時)
   는 전 사원은 결속하여 차(此)에 최후까지 대항할 일.

이러한 대응 방침은 해마다 4월 24, 25일 즈음에 열린 전국대회에서 반복하여 결의되었다. 그리고 1926년 9월 25일 임시 전국대회에서 형평사 선언과 강령을 채택하여 인권 증진의 목표와 방법을 다시 천명했다. 그 내용은 다음과 같다.[23]

* 형평사 선언

1. 인생은 천부불가침의 자유가 있다. 인격과 자유를 억압된 자에게
   어찌 생의 의의가 있으랴!

1. 수천 년의 역사를 겪은 노예인 아등(我等)은 상실한 인권을 다시
   찾자!

1. 궐기하라! 형평 계급이여! 모여라! 이 형평 기치 아래로!

* 형평사 강령

1. 아등(我等)은 경제적 조건을 필요로 한 인권 해방을 근본적 사명으
   로 함.

---

22) 『동아일보』, 1924년 2월 13일.

23) 『매일신보』, 1926년 9월 28일(현대문 표기로 일부 수정함); 高等法院檢事局, 「衡平運動」, 『思想月報』 1(8), 1931, 朝鮮衡平運動史研究會 엮음, 『朝鮮衡平運動史料集 · 續』 金仲燮 · 水野直樹 감수, 大阪: 解放出版社, 2021(이하 『사료집 · 속』으로 줄임), 73-74쪽.

2. 오등(吾等)은 아등 자신으로 단결하야 형평운동의 원만과 단일의
   촉성을 기함.

3. 아등은 일반 사회단체와 공동 제휴하야 합리적 사회 건설을 기함.

4. 아등은 본 계급의 당면한 실제적 이익을 위하야 투쟁함.

5. 아등은 본 계급의 훈련과 교양을 기함.

'형평사 선언'은 사람으로서 인격과 자유를 가질 때 삶의 의의가 있다
고 천명하며 형평운동의 인권운동 성격을 재확인하고 있다. 이는 수천 년
동안 노예로 살아오며 잃어버린 자신들의 인권을 다시 찾자는 의미에서 '인
권 회복'을 주창했다. 이와 같은 형평사의 인권 인식은 19세기 말 조선 사회
에 확산된 사람의 가치를 중시한 토착적인 동학사상과 서구의 천부인권설
과 이어져 있다.[24]

'형평사 선언'과 함께 채택된 5개 항의 '형평사 강령'은 인권 회복을 실
현하기 위한 기본 전략과 방침이었다. 곧, '경제적 조건'에 기반한 '인권 해
방'을 근본적 사명이라고 강조하며 '당면한 실제적 이익'을 위해 싸울 것을
규정했다. 이와 같이 인권 회복을 위해 차별 철폐와 함께 경제적 권익의 중
요성을 인식했다.

이후에 표현이 조금씩 수정되었어도 '형평사 선언'의 기조는 계속 유
지되었다. 1929년 4월에 열린 제7회 전국대회에서 제1항이 "인생은 자유와
평등의 권리를 가젓다. 자유와 평등의 권리가 업는 사람에게 엇지 생의 의
의가 잇스랴!"로 바뀌었다.[25] 단체 이름 형평사(衡平社)에서 보듯이 자유와

---

24) 형평운동의 역사 인식과 이념적 바탕에 관해 김중섭, 위의 글(2015) 136-157쪽 참조.

25) 京鍾警高秘(1929. 6. 15), 「朝鮮衡平社宣言綱領規約印刷ニ関スル件」, 『昭和4年 思想問題ニ關
スル調査書類』 II, 衡平社史料研究會 엮음, 『朝鮮衡平運動史料集』, 金仲燮 · 水野直樹 감수, 大
阪: 解放出版社, 2016(이하 『사료집』으로 줄임), 331-334쪽.

평등은 형평운동의 핵심 요체였다. 곧, 자유와 평등을 한 묶음으로 인권의 핵심으로 인식하며, 그에 기초한 인권 회복과 증진을 형평사의 목표이자 활동 좌표로 삼았다.

1920년대 후반 형평운동은 인권 인식의 지평을 더욱 넓혀갔다. 대표적으로 '인생권'과 '생활권'으로 확장했다. 이 개념을 규정한 형평사 자료는 아직 발견되지 않았지만, 통상의 인권 개념에서 인생권과 생활권은 다음과 같이 추론할 수 있을 것이다.[26]

인생권은 사람이 누리는 삶의 권리라는 사전적 의미로 풀이할 때, 사람의 생명을 비롯하여 자유, 평등, 차별 철폐와 같이 살아가는 데 필요한 기본 권리라고 이해된다. 오늘날의 인권 개념으로는 생명권, 자유권, 평등권으로 설명될 수 있을 것이다. 또 생활권은 생활하며 살아가는 데 필요한 권리라고 풀이할 때, 오늘날의 경제적 권리, 사회적 권리에 해당하는 인권 영역이다. 곧, 먹고사는 데 필요한 의식주, 직업 등을 권리로 인식하여 주장했던 것으로 이해된다.

이와 같은 추론으로 미루어볼 때 인생권과 생활권은 형평운동의 활동과 직결되어 있다고 짐작된다. 곧, 자유와 평등에 기초하여 차별 철폐와 평등 대우를 강조한 인생권은 차별 사건에 대항하는 근거로 삼았다. 그리고 경제적 상황을 개선하여 사람답게 살 수 있도록 하는 생활권은 경제적 문제에 대응하는 활동 근거였다. 곧, 사람은 누구나 차별받지 않고, 평등하게 대우받으며, 합당한 일의 대가를 받으며, 먹고사는 문제를 보장받아야 할 권리를 갖고 있다고 인식하면서 인생권과 생활권의 개념을 활용한 것이다.

---

26) 김중섭, 위의 글(2015), 148쪽.

요컨대, 형평사가 창립 때부터 주장한 인권을 인생권과 생활권으로 확장하면서 구축한 진일보한 인권 개념을 형평운동의 목표, 활동 방향, 전략 설정에 활용했다. 특히, 1926년에 채택한 형평사 강령 제1조에 "아등은 경제적 조건을 필요로 한 인권 해방을 근본적 사명으로 기함"이라고 명시했다. 곧, 도수장, 건피장, 도부의 노동조건, 수육 가격 등 생활과 직결된 경제적 문제를 해결하는 데 인권 관점에의 생활권 개념을 활용했다.

생활권 용어를 처음 도입한 것은 1928년 4월 24일과 25일 서울에서 열린 제6회 전국대회였다.[27] 곧, 경제적 문제에 관한 의제 가운데 하나로 '사원 생활권 보장'을 상정했다. 일제 경찰 보고에 따르면, 이날 회의에서 영업권을 지키기 위해 수육판매조합 조직, 고기 가격, 도살료 획정, 건피장 인수 등 사원들의 경제적 여건 개선 방안이 논의되었다고 한다. 그렇기 때문에 일제는 생활난 보장이라는 인식 아래 '생활난 보장의 건'이라고 문건에 기록했을 것으로 짐작된다.[28] 그러나 당시 언론은 의제를 '사원 생활권 보장'이라고 보도했다. 이 문제를 인권 측면에서 접근한 형평사의 반영한 것이다. 곧, 형평사는 자신들의 경제적 어려움을 인권 박탈의 결과로 보고, 그 문제를 해결하고 개선하는 것이 권리 회복이라고 인식했던 것이다.

인생권과 생활권은 1930년에 더욱 널리 쓰였다. 1930년 4월 제8회 전국대회 슬로건으로 "인생권과 생활권을 획득하자"를 설정했다. 포스터에는 "인생권과 생활권을 획득하자" "모히여라 형평사총본부 기치 하에로"라고 썼다. 대회장인 서울 천도교 강당에는 "오등은 경제적 조건에 필요로 하는 인권 해방을 기본적 사명으로 한다"는 형평사 강령을 크게 내걸었다.[29] 곧,

---

27) 『조선일보』, 1928년 4월 21일; 『동아일보』, 1928년 4월 17일.

28) 京鍾警(京城鍾路警察署)高秘(1928. 4. 30), 「朝鮮衡平社第六回全鮮大会状況報告通牒」, 『사료집』, 236쪽.

29) 京鍾警高秘(1930. 4. 28), 「衡平社(第8回)全鮮大會狀況報告」, 『昭和5年 思想ニ關スル情報綴』

형평사 중심으로 단결하여 인생권과 생활권을 획득함으로써 창립 때부터 주창한 차별 철폐와 평등 대우, 사원의 생활 개선을 이루자는 의도를 표현한 것이다. 이와 같이 인생권과 생활권은 인권 회복과 증진의 구체적인 내용으로서 경제적 여건 개선과 인권이 밀접하다는 인식을 반영하고 있다. 이렇게 인권에 기초한 활동 목표와 전략을 집약한 형평사 선언과 강령, 규약은 각 지부에 전달되어 형평운동을 이끄는 지침이 되었다.

이와 같이 형평운동은 조선 시대 신분 질서의 불합리하고 부당한 백정 차별을 인권 유린이라고 인식하며 인권 회복과 증진을 이루고자 했다. 창립 초기에 주창한 인권 인식을 확장하여 발전시킨 인생권과 생활권 같은 영역은 생명권, 자유권, 사회권, 경제권 같은 현대적 인권 개념과 맞닿아 있다. 이처럼 형평운동은 비서구 사회에서 보기 드물게 1920년대와 1930년대에 인권 인식을 발전시키며 실행하고자 한 인권운동이라는 것을 확인할 수 있다.

5. 백정 전통 산업에 대한 관의 통제와 자본 침투

형평사는 창립된 지 불과 몇 개월이 지나지 않아 지도부의 파벌 대립이 일어났다. 처음 제기된 문제는 본사의 지리적 위치였다. 진주가 너무 남쪽에 치우쳐있어 활동 중심지로 부적합하다는 것이었다. 그러나 그 배경에는 형평사 활동 내용에 대한 불만이 깔려 있었다. 특히, 백정 출신의 형평사원들 사이에 진주본사 지도부가 백정 전통 산업의 어려움을 해결하는 데 적극적으로 대처하지 않는다는 인식이 있었다.

이러한 상황에서 1923년 11월에 열린 형평사 대표자대회에서 이듬

II, 『사료집』, 382쪽.

해 3월까지 본사를 대전으로 옮기기로 결의했다. 그런데 1924년 2월 부산에서 열린 전국 임시총회에서 본사 이전을 4월의 창립 1주년 전국대회 이후로 연기하기로 번복했다. 경상도 사원들이 주도한 이 번복에 반발한 중부권 사원들은 1924년 3월 형평사 혁신회를 창립하고, 활동 방향의 전환을 모색했다. 그리하여 형평사 지도부는 경상도 중심의 '온건파'와 그 외 지역의 '혁신파'로 분열하여 파벌 갈등을 벌였다. 온건파는 본사를 진주에 그대로 두자고 하여 '진주파'로, 혁신파는 서울로 옮기자고 주장하여 '서울파'로 지칭되었다. 또 주도 세력의 지리적 위치를 반영하여 '남파'와 '북파'로 불리기도 했다.

이와 같은 파벌 대립의 배경에는 도축, 식육판매, 피혁 가공 등 백정이 종사해온 산업 환경이 19세기 말과 20세기 초에 크게 바뀌면서 악화된 그들의 경제적 여건이 있었다. 우선, 도살과 식육판매에 관한 법이 제정되어 관의 통제가 강화되었다.[30] 1896년 최초로 도살장 법령, 그리고 1898년 서울 지역의 포사 규칙이 제정되어 도살과 고기 파는 포사(庖肆)는 관의 통제를 받게 되었다.[31] 포사 운영에는 관청의 허가가 필요하게 되었고, 세금 납부와 관청 감독이 강화되었다. 관청은 도살할 소의 숫자를 할당하고, 관리를 파견하여 도살장을 감독하고 세금을 징수했다.[32] 도살과 식육판매에서 거두는 세금은 정부 재정의 주요 수입원이었다. 그러면서 관의 허락 없이 영업하는 사설 포사에 대한 처벌이 강화되었다. 그런데 이러한 권한을 악용하여 사익을 챙기는 부패 관리가 늘어나 사회 문제가 되었다.[33] 그들은 도

---

30) 金靜美, 위의 글, 201-212쪽; 高淑和, 위의 글, 650-657쪽 참조할 것.
31) 「庖肆規則」, 『高宗實錄』 1896년 1월 18일; 高淑和, 위의 글, 651쪽; 金靜美, 위의 글, 202쪽 참조할 것.
32) 『독립신문』, 1897년 1월 23일; 5월 22일; 1899년 6월 30일.
33) 『독립신문』, 1897년 1월 21일; 2월 6일; 2월 13일; 6월 5일; 9월 11일; 10월 9일; 1899년 1월

살장 허가 철회로 위협하며 뇌물을 챙겼고, 사설 포사 주인을 위협하여 금전을 갈취했다. 또 고기나 육류 부산물을 무상으로 가져가는 관리들의 비행도 만연했다. 이것은 모두 백정의 경제적 상황을 악화시키는 요인이 되었다.

이렇게 관의 통제가 강화된 배경에는 도시화와 산업화에 따라 상설 시장이 생기고 육류 소비량이 늘어나면서 고기 판매 수익이 많아진 경제적 상황의 변화가 있었다. 또 도축과 식육판매, 피혁 가공 같은 산업에서 벌어들이는 경제적 수익이 많아지면서 이 일에 종사하는 비백정이 늘어났다. 이로써 백정이 대대로 누려온 독점권이 무너지며 경쟁 체제가 형성되었다. 이러한 변화 과정에 백정은 경제적 타격을 받게 되었다.

일제 식민지로 전락하면서 백정의 경제적 여건은 더욱 열악해졌다. 우선, 일제는 포사 규칙을 개정하여 도살장과 정육점의 감독 통제를 더욱 강화했다.[34] 도축장 일꾼인 도부(屠夫)는 도축장 관할 관청에 등록해야 했다. 그리고 자본을 가진 일본인이나 단체는 일제의 지원 아래 도축장, 건피장, 피혁 산업 등을 빠르게 장악해갔다. 그러면서 일터를 빼앗긴 백정은 단순 노동직의 도부로 전락했다. 또 대자본의 근대적 건피장(乾皮場) 건립으로 많은 백정이 일자리를 잃었다. 가죽 장사로 부를 축적한 소수의 백정이 있었지만, 그들조차 가내 수공업으로 가죽을 말리는 수준으로는 경쟁력을 갖기 힘들었다.[35]

일본인의 피혁 산업 장악은 더욱 두드러졌다. 1924년 조사된 24개 피혁 공장 가운데 한국인 소유는 하나도 없었고,[36] 가내 수공업으로 생산한

16일; 1월 19일; 7월 27일; 8월 5일.

34) 일본의 내정 간섭 아래 1905년, 1909년, 1919년에 포사 규칙 또는 도장(屠場) 규칙이 개정되었다. 金靜美, 위의 글, 207~208쪽; 高淑和, 위의 글, 653~654쪽 참조할 것.

35) 金靜美, 위의 글, 55~56쪽.

36) 피혁공장은 주로 1910년대에 영등포(1911), 대전(1911), 진남포(1918) 등지에 세워졌다. 『동

한국인의 피혁 상품은 전체의 9.8% 정도로 시장점유율이 낮았다.[37] 이런 상황에서 일부 백정은 열악한 작업 조건과 저임금에 시달리는 피혁 공장 노동자로 전락했지만, 대부분은 일거리를 잃게 되었다.

또 키, 고리짝, 바구니 같은 고리 제품을 제작 판매하는 백정의 경우에도 공장에서 만들어진 값싼 대체물과 경쟁하면서 경제적 곤란을 겪게 되었다.

여러 요인의 경제적 환경 변화로 대개의 백정은 경제적 곤란을 겪었지만, 피혁상이나 정육점 경영으로 부를 축적한 소수의 부유한 백정이 생겨났다. 그러면서 백정집단 내의 계층 분화가 가속화되었다. 이와 같은 계층 분화는 1920년대 백정의 재산 정도를 보여주는 〈표 2〉에서도 확인된다.

수치의 정확성은 신뢰하기 어렵다고 하더라도 이 자료는 백정 집단이 소수의 부유층과 다수의 빈곤층으로 분화된 것을 보여준다. 100엔 이하의 재산을 가진 백정 가구가 절반 이상이고(57.3%), 83.7%의 백정이 500엔 이하에 속할 정도로 대다수 백정이 경제적으로 어려운 상황이었다. 반면에, 1만 엔 이상의 재산 소유자는 겨우 0.7%에 지나지 않았다.[38] 그러나 피혁상이나 식육판매로 부를 축적한 백정조차 비백정과의 경쟁이 심해지고 도축장을 장악한 일제의 가격 결정과 공급 통제 체제에서 예전 같은 풍요를 누리기 어려웠다.

이와 같은 창립 초기 사원들의 경제 상황 개선을 위한 활동 요구나 그로 말미암아 생긴 파벌 대립과 활동 방향의 입장 차이는 형평운동 과정에 자주 나타났다. 예컨대, 파벌 갈등을 해소한 1924년 8월의 통합 전국대회

아일보』, 1924년 3월 6일.

37) 朝鮮總督府,『朝鮮の物産』(1927), 535~537쪽.

38) 계층 분화 현상과 별도로 이 자료는 재산을 가진 백정이 남부 지역에 많은 반면, 북부 지역에는 아주 적다는 것을 보여준다. 이와 같은 남북 지역 간의 차이는 형평운동이 남부 지역에서 활발한 반면, 북쪽에서는 거의 일어나지 않은 것과 유사한 점이 흥미롭다. 따라서 백정의 재산 수준과 형평운동의 활발함이 어느 정도 관련되어 있다는 추론이 가능할 것 같다.

(단위: 엔)

구분	100 미만	500 미만	1천 미만	5천 미만	1만 미만	5만 미만	5만 이상	합계
경기	431	160	68	51	10	4	2	726
충북	254	91	31	32	13	3	2	426
충남	425	186	77	53	24	14	4	783
전북	518	298	70	35	11	1	0	933
전남	358	194	64	41	6	3	1	667
경북	826	439	169	86	30	5	0	1,555
경남	474	164	83	64	32	5	4	826
강원	229	118	43	27	7	5	0	429
황해	707	322	62	31	4	1	0	1,127
평북	143	97	18	8	1	0	0	267
평남	256	62	17	5	1	0	0	341
함북	69	30	3	0	0	0	0	102
함남	6	4	0	1	0	0	0	11
합계	4,696	2,165	705	434	139	41	13	8,193
%	57.3	26.4	8.6	5.3	1.7	0.5	0.2	100

출처: 朝鮮總督府警務局, 「朝鮮の治安狀況」(1927)

이후에 사원들의 경제적 여건, 생활 문제 개선이 주요 활동 과제가 되었다. 전국대회 안건을 보더라도 1925년에는 도수장, 수육 판매, 우피 건조장, 도부 임금 등 생활 문제 항목이,[39] 1926년에는 "생활 문제: 도축장 세금, 우육

---

39) 『조선일보』, 1925년 4월 25일; 4월 28일; 『동아일보』, 1925년 4월 26일; 4월 28일; 『사료집』, 162쪽.

판매, 우피 건조장, 도부 요금 등에 관한 건"이 논의되었다. 그리고 1930년 제8회 전국대회에서는 다음과 같은 생활 문제 의제가 논의되었다.[40]

[생활 문제]
가. 도살 요금 감하 운동에 관한 건.
나. 도부 요금에 관한 건.
다. 수육 정가 제한 철폐에 관한 건.
라. 산업별 조합 조직에 관한 건.

요컨대, 형평사원들의 전통 산업을 둘러싼 경제 상황 변화는 형평운동 전개에 밀접하게 연계되어 있었다. 특히, 한말과 일제강점기에 백정의 전통 산업에 대한 관의 통제가 강화되고, 자본의 영향력이 커지고 비백정이 유입되면서 전통 사회에서 누리던 백정의 기득권은 크게 위협을 받으며 형평 사원들의 경제적 여건은 크게 나빠졌다. 이런 상황에서 형평사원들의 기득 권을 회복하고 경제적 곤경을 타개하는 것이 형평운동의 주요 과제가 되었다. 그에 따라 인권 인식이 확산되며 생활권 개념이 발전하고 생활 문제 개선 활동이 강조되었다. 그 방안으로 노동 환경 개선을 위한 도부 파업, 도축물 공급과 가격의 일방적 결정에 대한 식육판매업자들의 항의와 시정 요구 등이 빈번하게 일어났다. 이와 같이 형평운동은 전통 사회에서 근대 사회로 이행하는 과정에 나타난 국가 통제 강화, 자본주의화, 도시화, 산업화 같은 다층적 사회 변화의 역사적 과정을 반영하는 구체적인 사례였다.

---

40) 『조선일보』, 1930년 4월 17일; 『중외일보』, 1930년 4월 17일.

6. 공동체 복원

형평운동은 형평사원들의 권익 보호와 공동 번영, 발전을 도모하는 공동체운동이었다.[41] 곧, 백정의 현안 문제를 주체적으로 공동 대처하며 해결하려는 사회운동으로서 사원들의 생활 향상과 공동체의식, 동료 관계 회복이 형평운동의 핵심 과제였다. 주요 목적은 "자유, 평등, 인간의 존엄성"이라는 보편적 가치에 기초한 인권 회복과 증진으로서, 궁극적으로는 구성원들에게 사원 생활 향상 같은 실용적인 혜택을 주려는 것이었다. 곧, 오랫동안 직업, 결혼 관계, 거주 지역 등으로 동질성이 강한 구성원들이 신분 사회의 폐습을 극복하면서, 아울러 전통 산업의 경제적 기득권 상실에 대응하여 더불어 잘 살아가는 공동체를 회복하고자 한 공동체운동이었다.

형평운동의 공동체운동 성격은 창립 초기부터 뚜렷하게 나타났다. 형평사 주지는 "애정으로써 호상부조(互相扶助)하야 생활 안정과 공동의 존책(存策)을 도모하자"고 했다. 또 전북 김제의 서광회는 사회나 백정 계급은 서로 연계된 유기체이며, 바뀌어가는 유동체라고 하면서 "권리를 회복하고 자유를 해방하려고 질곡적 제도를 탈출하며 전통적 습관을 타파하는 것"은 진화 법칙에 따라 발전하는 자연의 순리라고 했다. 이를 위해 "백정계급아 결속하라! 백정계급아 자조(自助)하라!"고 외치면서 공동체 구성원들의 협력과 연대를 강조했다.

형평사는 공동체를 회복하고 더불어 삶의 수준을 높이는 방안으로 구성원의 복리를 위한 교육과 교양 향상을 도모했다. 곧, 형평사의 목적을 "계급의 철폐, 모욕적인 칭호 폐지, 교육 장려, 사원들의 상호 친목"(사칙 제3조)이라고 설정했다. 또 형평사 강령 제5항에 "본 계급의 훈련과 교양을 기함"이

---

41) 김중섭, 위의 글(1994), 125-131쪽; 김중섭, 위의 글(2012ㅁ), 255-259쪽.

라고 명시하는 한편, 잡지 발간, 교양 강좌 개설, 야학과 강습소 같은 교육 기관 설치를 추진하고, 사원 자녀들의 정규 학교 취학을 적극적으로 권장했다. 이에 따라 교육과 교양 문제는 자연스럽게 전국대회와 지역 회의의 주요 의안으로 다루어졌다. 그리고 1929년 발간된 기관지 『정진(正進)』의 많은 내용이 사원 교양 함양을 위한 것이었다. 일제의 간섭과 탄압을 겪으면서 잡지 발간을 거듭 추진한 것도 이런 의도에서 비롯된 것이었다.

이와 같이 단결과 자조를 강조하고 교육과 교양 향상 활동에 치중한 바탕에는 형평사 구성원 전체의 권익을 위한 공동체의식이 있었다. 이런 맥락에서 사원이 질병이나 천재(天災)를 당했을 때 피해자 구제와 상호부조를 사칙에 규정하고, 형평중학 설립, 형평잡지 발간, 야학이나 강습소 증설, 신문·잡지의 구독 권장, 강연을 통한 지식 계발 등을 세칙에 명시했다. 사원의 의무로서 품행 방정과 목적 실현을 위한 일심단결을 규정하고, 주색·도박의 금지, 풍기문란 행위 금지, 근검절약 등 개인 행위의 품위 유지를 권장한 것도 공동체 구성원으로서 가져야 할 책무로 인식한 공동체의식을 반영하고 있다. 곧, 백정 공동체의 복원을 지향했기 때문에 사회적 평판에 대한 공동의 책무와 연대감을 강조한 것이다.

다른 한편, 공동체의 협력과 연대는 형평운동의 목적을 달성하기 위해서도 필요했다. 인권 회복과 증진뿐만 아니라 백정이 종사한 전통 산업의 기득권을 되찾고 경제적 여건을 개선하는 활동을 위해 구성원들의 결집과 세력 강화가 필요했다. 곧, 형평사원들을 압박하는 신분제 유습인 차별 관행, 일제 식민지 지배 체제에서 전통 산업의 기득권 상실과 경제적 여건의 악화 등에 대응하기 위해 구성원의 결속력이 요구되었고, 그에 따라 공동체의식이 강조되었다. 이런 맥락에서 형평사는 사원들의 주체적인 참여를 끊임없이 요구했다. 단결과 참여 요구는 창립 초기부터 반복되어 나타났다. 형평사 주지는 "사십만이 단결하여 본사를 세우고 그 주지를 천명하여 표

방코자 하노라"고 했고, 서광회 선전문은 "백정계급아 분기하라! 백정계급
아 각성하라! … 백정계급아 결속하라! 백정계급아 자조하라!"고 요구했다.
그리고 동인회 격문은 다음과 같이 외쳤다.

"열광하라 백정계급아!
용약(勇躍)하라 백정계급아!
…
우리는 남녀노유(男女老幼)를 물론하고 이날을 기약하야 영육(靈肉)일
치의 단결로써 영원무궁한 천국생활을 개척합시다.
궐기하라 백정계급아!
기탄 마라 백정계급아!"

이와 같이 백정의 각성, 단결, 참여를 요구한 바탕에는 백정이 주체적
으로 사회개혁의 주인이 되어야 한다는 인식이 있었다. 창립 초기부터 되
풀이되어 촉구해온 형평사 중심의 단결은 자연스럽게 1926년 채택된 '형
평사 선언'과 전국대회 의제에 포함되었다. 형평사 선언 셋째 항에 "궐기하
라! 형평 계급이여! 모여라! 이 형평 기치 아래로!"라고 명시했고, 전국대회
나 지역 회의 슬로건으로 "형평사의 깃발 아래 단결하여 형평운동 목적을
달성해야 한다."는 주장을 반복하여 제시했다. 예컨대, 1928년 제6회 전국
대회 포스터는 "전선(全鮮)에 산재한 형평 계급아 단결하자"고 했고, 1929년
제7회 전국대회 포스터는 "모히라! 자유 평등의 기치 하에로"라고 썼으며,
1930년 제8회 전국대회 포스터는 "모히여라, 형평사총본부 기치 하에로!"
라고 강조했다.

형평사의 지속적인 단결 요구는 사원 교육과 교양, 경제적 권리 옹호
같은 목적을 달성할 뿐만 아니라 차별 사건에 적극적으로 대항하기 위해 필

요했다. 각 지역에서 차별 사건이 일어나면 총본부는 적극적으로 여론을 환기하며 전국 조직에 대항할 것을 독려했다. 이러한 집단적 공동 대응 방침은 사원들에게 내면화된 동료 의식과 공동체 정신이 있었기 때문에 가능했다. 이러한 분위기는 전국대회나 지사, 분사의 지역 회의의 안건이나 결의 내용에서 쉽게 확인되었다. 예컨대, 1928년 8월의 형평사 충남대회는 다음과 같이 결의했다.[42]

> "교양 문제에 관한 건. 무산 아동에게는 야학부 또는 강습소를 설립하여 교양케 하고 사원들은 강연회, 강좌회를 개최하여 교양에 전력(全力)을 들이자는 의견이 일치 가결되다."
> "차별대우 적극적 철폐에 관한 건. 우리는 과거에 잇서서 말할 것도 없시 많은 차별을 밧어왔다. 그러나 지금에 잇서도 많은 차별을 당하고 잇슴을 말하지 아니하더라도 잘 알 것이다. 그럼으로 우리는 차별대우에 적극적 항의운동을 일으키자."

1920년대 후반기 공동체운동의 성격이 강화되면서 참여자가 급증하고 지역이나 하부 조직이 크게 늘어났다. 아울러 활동이 더욱 활발해지고 대외적 협력도 강화되어갔다. 이러한 현상은 차별 사건이나 형평운동 반대 활동에 대한 적극적인 대응에서도 엿볼 수 있다. 〈그림 1〉에서 볼 수 있듯이 1927년 이후에 충돌 사건이 급증했는데, 이것은 인권 의식이 높아지고 공동체의식이 강화되며 차별에 적극적으로 대응하고 형평운동 반대 활동에 대항하면서 나타난 결과였다.

---

42) 京鍾警高秘(1928. 8. 22), 「衡平社總本部印刷文發送 / 件」, 『昭和3年 思想問題ニ關スル調査書類』I, 『사료집』, 266–268쪽.

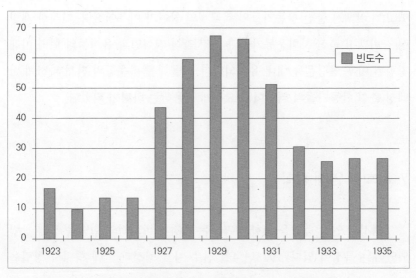

〈그림 1〉 연도별 반(反)형평운동 충돌 사건 수(1923-1935)

출처: 朝鮮總督府警務局, 『最近に於ける朝鮮治安狀況』(1933; 1935)에서 작성.

요컨대, 신분제 유습인 차별 관행이 빈번하게 일어나고 백정이 종사한 전통 산업에서의 기득권을 상실해가는 이중적 상황에서 형평사 중심의 단결과 연대를 강조한 공동체운동이 강화되었다. 곧, 일상생활에서의 차별 관습을 규탄하고 대항하기 위해 단결이 요구되었고, 전통 산업에서 기득권을 상실한 채 실직이나 열악한 노동조건에 시달리는 상황에 공동으로 대처하기 위해 단결이 필요했다. 또 관의 통제 강화, 관리의 부당한 갈취와 부패가 만연한 상황에 대응하기 위해 단결이 요구되었다.

이와 같이 형평운동은 사원들의 권익 보호를 위한 공동체운동의 성격이 강조되었지만, 집단 이익을 위한 활동으로 매몰되지는 않았다. 특히, 백정 집단만의 폐쇄적 단체가 되지 않았다. 입사 자격의 개방을 사칙에 규정했고,[43] 비백정 출신 활동가들의 적극적인 참여가 이루어졌다. 이러한 개방성은 비백정 출신 사회운동가들과 백정 출신 지식인과 유지들의 협력 아래 창립된 이후 형평운동 내내 유지되었다. 아울러 형평운동의 전개 과정에 비백정 출신 활동가들의 역할이 중요하게 작용하는 바탕이 되었다.

7. 사회적 연대 강화

백정의 권익 증진을 위한 형평사는 백정과 비백정의 협력을 통해 창립되었다는 특징이 있다. 1923년 4월 진주 지역 백정과 함께 형평사 창립을 주도한 비백정 출신인 강상호, 신현수, 천석구는 사회운동 단체의 활동가들이었다. 그리고 발기총회뿐만 아니라 전국 확대의 기폭점이 된 창립축하식에 진주노동공제회, 진주청년회 등 사회단체의 '직업적 사회운동가'들이 대거 참여했다.[44] 창립축하식에는 전국의 사회운동 단체로부터 축전이 답지했다. 이와 같이 비백정 출신의 사회운동가들이 활발하게 참여하며 형성된 다른 사회운동 단체와의 협력과 연대는 형평사 창립 이후에도 계속되어 형평운동 발전에 크게 이바지했다. 이것은 "조선인은 누구라도 가입할 수 있다."는 사칙 제4조의 개방성뿐만 아니라 형평사가 사회운동권의 일원이 되기 바라는 사회운동 단체나 활동가들의 기대 아래 더욱 촉진되었다. 이와 같은 사회운동권의 기대는 일본 유학생 단체인 북성회 기관지 『척후대』의 다음 글에서 엿볼 수 있다.

---

43) 형평사 사칙 제4조 "본사원의 자격은 조선인은 하인(何人)을 불문(不問)하고 입사할 수 있다." 고 규정했다.

44) 김중섭, 위의 글(2012ㅁ), 233-236쪽 참조할 것.

"그러한 학대 하에서 인종(忍從)하야 오든 그들은 이제야 참으랴 하여도 더 참을 수 업스며 동시에 사회 개조의 시기에 목적에 도달하얏슴을 각오하고 이제 분기하여 대동단결의 하(下)에 자유와 평등을 요구하며 불합리하고 불공평한 이 사회를 개조할 목적으로 이에 일사(一社)를 조직하야 명(名)을 형평사라 하며 그 운동을 이러키고저 하는 바 그 운동은 형평운동이라 한다. 오인(吾人)은 이에 백정단체의 형평운동이 다만 자기들의 지위 향상과 대우 개선에 지(止)치 안코 장차 이 자본주의 불공평한 사회를 파괴하고 사회주의 형평(衡平)한 사회를 건설하기까지 그 대운동이 진보하야 가기를 바래고 비오며 이에 붓을 멈추노라."[45]

사회운동 단체의 지지와 협력을 통한 사회적 연대는 형평사가 사회운동권의 일원으로 빠르게 자리 잡는 데 이바지했다. 북성회 순회강연 때 진주와 김해의 형평사가 환영 단체로 참여했고,[46] 1924년 1월 진주노동공제회가 주최한 경남 노농운동자 신년 간친회에서 참석 단체들은 형평운동 지지를 공식 결의했다.[47] 형평사 창립 직후 1923년 5월에 진주 주민이 형평운동 반대 활동을 벌이며 진주청년회, 진주노동공제회 등의 활동가들에게 형평사와의 단절을 요구했지만, 활동가들은 오히려 형평사를 지지하는 입장에서 반대 세력과 중재하여 반대 활동의 중단을 성취했다.

이와 같은 사회단체와의 협력과 연대는 창립 초기부터 여러 지역에서 활발하게 이루어졌다. 일부 지역에서는 사회단체 활동가들이 형평분사 창립에 직접 참여했다. 예컨대, 전북 정읍노동공제회의 최중진, 광주노동공제

---

45) 종모(김종모), 「진주에서 창립된 형평사와 그 운동에 대한 희망」, 『斥候隊』 3호, 1923, 8면.
46) 『조선일보』, 1923년 8월 6일.
47) 『조선일보』, 1924년 1월 20일.

회의 서정희는 형평분사 고문으로 참여했고, 마산의 사회운동가 여해는 형평사 마산분사 교육부에서 활동했다. 정읍, 나주, 영광, 담양, 군산, 고창, 경주 등 많은 지역에서 사회운동가들이 형평분사 창립식이나 집회에 참석하여 형평운동 지지를 표명했다.

그리고 신분 차별 철폐와 평등 사회를 주장하는 형평운동과 사회개혁을 지향하는 사회운동 단체의 연대가 활발해지면서 형평운동에 참여하는 비백정 사회운동가들이 늘어났다. 서울의 서광훈, 강원도 횡성의 천도교도 이동구 사례에서 보듯이,[48] 그들은 대개 형평사의 핵심 임원으로 활동하며 형평운동 전개에 중요한 역할을 했다.

시간이 흘러가면서 형평사와의 연대 활동은 개인 차원뿐만 아니라 사회운동 단체 차원으로 확대되었다. 특히, 1924년 4월 조선청년총동맹, 조선노농총동맹 같은 전국 조직이 결성되면서 형평사와 사회운동 진영 사이의 협력과 연대는 더욱 활발해졌다.

사회운동 단체들이 형평운동을 지지하는 배경에는 신분제 잔재를 청산하고 자유와 평등의 근대 사회로 나아가고자 하는 사회적 갈망이 있었다. 3.1운동 이후 사회개혁의 시대 정신과 흐름이 널리 퍼지면서 백정 차별 철폐와 인권 증진을 지향하는 형평운동은 사회운동권 전반의 지지를 받았다. 그렇게 형성된 사회 전반의 우호적인 분위기는 형평운동이 빠르게 발전하는 주요 요인이 되었다.

형평사 지도부의 파벌 갈등이 해소되어 1924년 총본부가 서울로 이전

---

48) 서광훈이나 이동구는 1920년대 중반부터 총본부 임원으로 활동했다. 서광훈은 혁신적인 소장파의 핵심 활동가로서 고려혁명당 사건, 형평청년전위동맹 사건 등 형평운동 과정에 연루되었다. 그리고 이동구는 1925년과 1926년에 총본부 중앙집행위원으로 선출된 활동가였는데, 민족해방운동 단체인 고려혁명당 책임비서로 활약하던 중 일제 경찰에 체포되어 징역 언도를 받았다. 그 뒤 감옥에서 병을 얻어 1931년 석방되었고 1933년 세상을 떠났다. 김중섭, 위의 글 (1994), 153쪽 참조할 것.

하면서 다른 사회운동과의 사회적 연대가 더욱 활발해졌다. 노동, 청년, 여성 등 거의 모든 분야의 사회운동 단체들이 형평운동 지지를 선언하며 협력을 강화했다. 신문에 보도된 형평운동 지지를 결의한 단체를 보면, 전남 광주·나주, 경남 합천·진영, 경북 상주·안동, 충남 보령, 강원 통천, 황해 사리원, 평안 평양 등 전국에 퍼져있다.[49] 전남, 전북, 경북, 황해도에서는 사회단체 도(道)연합회가 형평운동 지지를 결의했다.[50]

사회운동 단체와의 연대는 형평운동 지지 결의뿐만 아니라 형평사 집회에 대표자 파견, 축전이나 축사 보내기 등으로 나타났다. 특히, 해마다 4월에 열리는 형평사 전국대회는 그러한 연대 표명의 기회가 되었다. 이와 더불어 사회운동 단체의 기대가 전달되기도 했다. 예컨대, 1925년 전국대회의 경우 형평운동이 백정뿐만 아니라 무산자계급 전체의 해방을 위해 활동하기를 기대한다는 내용의 축전이 많았다.

1920년대 중반 이후 형평사의 사회적 연대 활동에 가장 크게 영향을 미친 것은 1925년 8월의 예천 사건이었다. 형평운동 사상 최대의 충돌 사건인 예천 사건의 발단은 형평사 예천분사 창립 2주년 기념식에서 벌어진 소란이었다. 예천청년회장이 축사를 하면서 형평운동을 모욕했다고 하여 청중의 항의가 있었는데, 이 항의에 불만을 가진 주민들이 그날 저녁에 형평사 사무실과 사원 마을을 공격하며 집단 난동과 폭력을 휘둘러 많은 사상자가 생겼다. 예천의 폭력 사건을 전해 들은 전국의 형평분사와 사회단체가 집회를 열어 난동을 벌인 예천청년회원들과 주민을 규탄하는 한편, 예천형평사원들을 응원했다. 서울에서는 조선노농총동맹을 비롯한 14개 단체 대

---

49) 김중섭, 위의 글(2015), 326쪽.

50) 『조선일보』, 1925년 3월 14일; 3월 24일; 4월 1일; 『동아일보』, 1925년 2월 26일; 3월 22일; 4월 1일.

표가 예천 사건 대책을 논의하며 형평사 지지를 밝혔고,[51] 함흥, 인천, 군산, 이리, 대구, 안동, 영천, 영양, 마산 등 여러 지역 단체들이 집단 난동 사건을 규탄하며 예천형평사 측에 위로와 응원을 보냈다.

이와 같이 예천 사건에 대응하는 형평사와 다른 단체의 연대와 협력이 전국적으로 전개되면서 사회운동 단체와의 연대가 더욱 광범위하며 공고한 양상을 보였다. 특히, 청년, 농민, 노동, 여성, 사상 등 여러 영역의 사회운동 활동가들과 단체가 형평운동 지지를 밝혔다.[52] 그러면서 사회운동권의 구성원으로서 더욱 확고한 위상을 갖게 된 형평사는 '합리적 사회 건설'이라는 목표를 내걸고 사회적 연대 활동을 활발하게 벌였다. 단적인 보기가 1926년 9월의 형평사 선언과 강령 채택이다. 곧, 선언은 "경제적 조건을 필요로 한 인권 해방"을 강조하고, 강령에 "일반 사회단체와 공동 제휴하야 합리적 사회 건설을 기한다."고 명시했다. 강령에 명시된 '합리적 사회'는 진보적 사회운동 단체들이 사회개혁을 통해 이루고자 하는 '새로운 사회'였다.

1920년대 중반 사회개혁을 지향하는 사회운동 단체와의 협력과 연대가 강화되면서 형평운동 내부에 진보적 이념이 더욱 널리 퍼지고, 그 이념에 따르는 젊은 활동가 집단이 형성되었다. 진주형평청년회가 창립된 1924년 최초로 전국 곳곳에서 자생적으로 생겨난 형평청년회는 진보적 활동가들의 중심지가 되어 다른 사회운동과 이어주는 고리 역할을 했다. 이에 부응하여 노동, 농민, 여성, 사상 등 여러 사회운동 단체들이 형평운동을 지지하며 협력을 강화했다. 1924년부터 1928년까지 언론에 보도된 형평운동

---

51) 京鍾警高秘(1925. 8. 20),「醴泉衡平社事件對策集會ニ關スル件」,『大正14年 檢察事務ニ關ス
    ル記錄』I,『사료집』, 183-187쪽.

52) 예천 사건을 논의한 김중섭, 위의 글(1994), 169-179쪽; 고숙화,『형평운동』, 독립기념관 한국
    독립운동사연구소, 2008, 209-226쪽 참조할 것.

지지 결의 청년단체가 적어도 39개나 되었다.[53] 그들은 형평운동 후원, 형평운동과 그 정신에 대한 민중 교육, 백정 차별 철폐 등을 결의하며 형평운동, 특히 형평청년회와의 연대를 강화했다.

다른 사회운동 단체와의 협력과 연대가 활발해지고 진보적인 이념이 유입되면서 형평운동에 미치는 외부 세력의 영향력이 커졌다. 그러자 이에 대한 우려가 형평사 내부에서 생겨났다. 이런 분위기에서 1926년 12월에 열린 총본부 집행위원회는 형평운동의 독자적 실행을 결의하기도 했다.[54]

그렇지만 1920년대 후반기 대외적 연대 활동의 활성화를 막지는 못했다. 그러면서 형평운동에 원래 목적인 신분 해방뿐만 아니라 사회주의 관점에 기초한 계급 해방 활동, 그리고 일제 강점의 민족 상황을 타파하고자 하는 민족 해방 활동이 접합되는 양상이 나타났다.[55] 민족 해방 활동과 연계된 대표적인 보기가 형평사 핵심 활동가들이 참여한 고려혁명당 결성이었다.[56]

고려혁명당은 1926년 말에 만주의 독립운동 단체인 정의부, 국내의 천도교와 형평사의 활동가들이 연합하여 민족 해방을 목표로 결성한 단체였다. 1927년 초 이 단체의 존재가 일제에 발각되어 참여자들이 경찰에 체포되었다. 형평사에서는 고려혁명당 책임비서를 맡은 이동구를 비롯하여 오성환, 서광훈, 유공삼, 조귀용, 장지필 등이 체포되었다. 그들은 모두 총본부 중앙집행위원이나 상무집행위원을 맡은 형평운동의 핵심 활동가였다. 그

53) 고숙화, 위의 글(2008), 181-182쪽.

54) 『조선일보』, 1926년 12월 2일; 『동아일보』, 1926년 12월 2일; 『중외일보』, 1926년 12월 2일.

55) 김중섭, 「형평운동의 지향과 전략」, 형평운동70주년기념사업회 엮음, 『형평운동의 재인식』, 솔 출판사, 1993, 103-136쪽.

56) 高等法院檢事局, 『高麗革命黨事件ノ硏究』(抄), 『사료집·속』, 65쪽; 김중섭, 위의 글(1994), 150-156쪽.

가운데 조귀용과 장지필은 1심에서, 서광훈은 2심에서 무죄 선고를 받아 풀려났지만, 조직 핵심인 이동구와 오성환, 유공삼은 유죄 언도를 받았다. 오성환은 법정에서 이동구의 권유로 민족 독립을 위해 참여했다고 밝히기도 했다.

형평사 활동가들이 개별적으로 참여한 고려혁명당의 경우와 달리, 민족단일당 신간회와의 협력과 연대는 단체 차원에서 이루어졌다. 1927년 민족주의와 사회주의 세력이 협력하여 결성한 신간회는 민족 해방운동의 주축이 되리라는 기대를 받으며 많은 단체와 협력했는데, 형평사도 그 가운데 하나였다.

형평사와 신간회의 연대 활동은 중앙 조직뿐만 아니라 지역 차원에서도 활발하게 이루어졌다. 1929년 4월 25일 열린 형평사 제7회 정기대회에 신간회 본부 간부가 참석하여 내빈 축사를 하다가 불온하다는 이유로 임석 경관에게 중지당하기도 했다.[57] 형평사 전국대회에 축전과 축문을 보내온 많은 단체 가운데 적어도 신간회 지회 두 곳이 축전을, 18곳이 자매단체 근우회 네 곳과 함께 축문을 보내왔다.[58] 1929년 11월 신간회 중앙집행위원회가 형평운동 지지를 공식 결의했고,[59] 각 지역의 신간회 지부가 본부 방침에 따라 형평사와의 연대를 표방했다. 한편, 형평사는 1928년과 1929년 전국대회에서 신간회 지지를 결의하고, 신간회 집회에 대표자를 보내는 등 연대 활동을 폈다.

1920년대 중반 이후 형평운동의 대외적 협력과 연대가 더욱 활성화되

---

57) 京鍾警高秘(1929. 4. 25), 「朝鮮衡平社第7會定期大會ノ件」, 『昭和4年 思想問題ニ關スル調査書類』 II, 『사료집』, 304-305쪽.

58) 京鍾警高秘(1929. 4. 25), 위의 문건, 『사료집』, 308-310쪽.

59) 『조선일보』, 1929년 11월 23일; 『동아일보』, 1929년 11월 23일; 11월 26일; 『중외일보』, 1929년 11월 23일.

면서 형평사 내의 진보적 이념 영향도 두드러지게 나타났다. 1925년 즈음부터 형평청년회, 형평학우회 같은 하위 조직에서 활동하던 젊은 활동가들을 통해 다른 사회운동 단체와의 협력이 강화되고, 사회운동권의 사회주의 이념이 유입되었다. 특히, 그러한 젊은 활동가들이 고려혁명당 사건으로 투옥된 지도자들의 공백을 메꾸면서 다른 사회운동과의 연대 활동이 더욱 활발해지고 진보적 이념이 확산되었다. 1928년 4월 제6회 전국대회에서 '일반 사회문제'라는 항목으로 다른 사회운동 단체와의 협력 안건이 다음과 같이 논의되었다.[60]

A. 단일협동전선, 당 적극 지지 건

B. 노농농민운동과의 유기적 연락 건

C. 제반 봉건 사상 지지 기관 적극적 반대 건

특히, 이날 회의에서 "전민족적 단일당의 매개체인 신간회 적극적 지지"가 공식적으로 결의되었다. 이와 같은 다른 단체와의 대외적 협력과 지지는 "일반 사회단체와 공동 제휴하여 합리적 사회를 건설한다."는 형평사 선언과 강령을 실행하는 것이었다. 이러한 활동 기조는 지역 집회에도 반영되었다. 예컨대, 1928년 8월 형평사 충남대회에서는 "아등은 일반사회단체와 공동 제휴하야 합리적 사회건설을 기함"을 밝힌 총본부 강령을 실행하자는 결의를 만장일치로 가결했다.[61] 이러한 분위기에서 "무산대중의 전 세계적 대동단결", "사회단체와의 제휴를 통한 합리적 사회 건설" 같은 사회

---

60) 京鍾警高秘(1928. 4. 30), 「朝鮮衡平社第6會全鮮大會狀況報告通報」, 『昭和3年 思想問題ニ關スル調査書類』 I, 『사료집』, 234–256쪽.

61) 京鍾警高秘(1928. 8. 6), 「朝鮮衡平社印刷文ニ關スル件」, 『昭和3年 思想問題ニ關スル調査書類』 I, 『사료집』, 262쪽.

주의 경향의 주장이 점점 확산되었다.

한편, 진보적 이념의 확산은 형평운동에 대한 일제 경찰의 감시와 탄압 강화를 초래했다. 경찰은 형평사 행사뿐만 아니라 활동가들을 더욱 밀착하여 감시하고 탄압했다. 사회운동 단체가 보낸 축전과 축문은 검열을 받고 압수되기도 했다. 또 주요 형평사 활동가들의 행적은 언제나 감시 대상이 되었다.[62]

요컨대, 1920년대 후반 사회운동 단체와의 연대 강화와 사회주의 확산으로 형평운동은 더욱 역동적으로 전개되었다. 인권 인식의 확산과 함께 인생권과 생활권 같은 영역이 강조되었고, 지도 세력 사이에 이념적 긴장과 갈등이 일어나며 형평운동 전략과 활동 방향을 둘러싼 대립이 나타났다. 특히, 고려혁명당 사건 이후 총본부 지도부에 합류한 진보적인 젊은 활동가들과 기존의 지도부 사이에 갈등이 일어났다. 창립 때부터 형평운동을 주도한 노장층은 사원의 인권 회복과 경제적 권익 보호를 통한 공동체 복원을 도모하며 형평운동의 정체성을 유지하고자 했으나 지도부에 새로 합류한 소장층은 진보적 경향 아래 다른 사회단체와의 연대에 치중했다. 일제 경찰은 두 세력의 갈등을 구파 간부와 신파 간부의 내홍으로 보았다.[63] 이러한 갈등은 1929년 세계공황의 여파로 형평사원들의 경제적 상황이 더욱 열악해지고 백정이 종사한 전통 산업의 권익을 보호하려는 움직임이 활발해지면서 뚜렷하게 드러났다. 예컨대, 노장층은 형평산업주식회사 설립을 계획했는데, 소장층은 이 계획을 무산 사원들에 대한 착취라면서 반대했다.

이와 같이 형평운동의 연대 활동에 나타난 역동적이고 복합적인 양상

---

62) 예컨대, 장지필이 거주지인 홍성을 방문했을 때 경찰은 그의 동정을 상급 기관에 보고했다. 京鍾警高秘 제5388호, 「衡平社幹部ノ動静ニ関スル件」(1931. 4. 28), 『사료집』, 492쪽.

63) 京鍾警高秘(1929. 8. 15), 「衡平社本部内訌ニ關スル件」, 『昭和4年 思想問題ニ關スル調査書類』Ⅲ, 『사료집』, 343쪽.

은 일제강점기에 가장 오랫동안 지속된 형평운동이 그 시대의 사회적 과정을 잘 반영하고 있다. 그러한 활동의 바탕에는 조선 사회의 병폐를 없애고 자유와 평등의 근대 사회로 나아가고자 한 사회개혁 세력의 협력 의지와 연대감, 더 나아가 동료 의식이 깔려 있었다.

8. 시류에 좌절

1930년대에 들어서면서 형평사는 급격하게 퇴조하며 이익집단의 성격이 강화되었다. 1920년대 말까지 활발하던 형평운동이 1930년대에 침체된 배경에는 여러 요인이 있었다. 우선, 1929년 세계 대공황으로 비롯된 경제 침체의 타격을 피할 수 없었던 형평사원들의 경제적 상황과 맞물려 있었다. 경제적 침체로 활동을 중지한 형평사원이 늘어나 참여자 수가 급감했고, 간판은 달고 있어도 실제로 활동하지 않는 지부가 많이 생겨났다. 총본부에 분담금을 납부하지 않는 지부가 늘어나면서 총본부의 재정 압박이 커졌다. 1929년 1월 총본부가 재정 곤란을 강조하며 유지금 납부를 요청하는 통지문을 각 지부에 보냈을 정도였다.[64] 2월에 형평사 중앙집행위원회는 회관 구입에 쓰인 부채 해결 문제까지 언급하며 지부 분담금의 적극적인 징수를 결의했다.[65] 그리고 이듬해 1930년 12월에는 총본부의 재정 문제를 해결하기 위해 다음과 같은 안건을 논의했다.[66]

---

64) 衡總○○號(1928. 12. 30), 朝鮮衡平社總本部, 「月損金督促ノ件」, 『사료집』, 290쪽.

65) 京鍾警高秘(1929. 2. 27), 「朝鮮衡平社中央執行委員會開催ニ關スル件」, 『昭和4年 思想問題ニ關スル調査書類』, 『사료집』, 294-295쪽.

66) 京鍾警高秘(1930. 12. 11), 「集會取締狀況報告(中央執行委員會)」, 『昭和5年 思想ニ關スル書類 副本』, 『사료집』, 448쪽.

1. 침체 지부에 관한 건: 격려문 발송, 부진한 경우 폐지를 명하기로
   결의
1. 본부 재정 문제
1. 생활보장부 사업에 관한 건: 우피 수출 방법을 연구하여 배포

이렇게 형평사 총본부가 재정 곤란을 타개할 방책을 반복하여 모색했지만, 개선의 조짐은 보이지 않고 오히려 상황은 더 악화되어갔다. 게다가 지도부의 갈등과 대립은 형평운동의 침체를 가중시키는 요인으로 작용했다. 사회주의 경향의 소장층 활동가들은 다른 사회운동단체와의 협력과 연대를 강화한 반면, 노장층 활동가들은 백정 공동체의 전통 산업 권익 보호에 치중했다. 노장층(구파)과 소장층(신파)의 대립은 1930년대 형평운동 전개에 커다란 영향을 미쳤다. 대표적으로 1930년 4월 형평사 제8회 정기전국대회에서 총본부 간부 선출을 둘러싼 충돌로 나타났다.

1930년 전국대회는 인생권과 생활권을 획득하자고 주장하며 인권 회복과 증진을 강조한 집회였지만, 형평사를 창립하고 주도한 노장파와 진보적인 소장파가 장지필의 임원 선출을 둘러싸고 벌인 충돌이 회의장 분위기를 압도했다. 이것은 1920년대 후반에 일기 시작한 노장파와 소장파의 내홍이 표출된 것이었다. 결국, 다수 대의원의 지지를 받은 장지필이 임원으로 선출되었지만, 지도부 사이의 갈등은 쉽게 사라지지 않았다. 이러한 갈등을 겪으면서 1920년대 후반기에 활발하던 인권 활동과 사회적 연대의 기조가 흔들렸고, 그에 덧붙여 경제적·사회적 상황이 맞물려 작용하며 형평운동은 빠르게 침체되어갔다.

노장파와 소장파의 갈등은 1931년 제기된 '해소론'을 둘러싸고 더 첨

예하게 드러났다.[67] 코민테른이 지시한 공산주의운동 전략에 따라 해소론이 제기되면서 형평사원들은 또 분열했다. 진보적인 소장층 활동가들은 공산주의 세력과 연대한 형평사 해소론을 적극적으로 지지했다. 그들은 형평사를 해체하고 지역이나 산업별 노동조합에 합류해야 한다고 주장했다. 그러나 형평사 창립 이후 형평운동을 이끌어온 노장층 활동가들은 이 제안에 반대했다. 그들은 형평사의 고유한 특성이 있다면서 해체는 시기상조라고 주장했다.

형평사는 1928년 이미 해소론 전략에 따라 형평청년총동맹을 해체한 경험이 있었다. "형평 청년의 사회적 의식을 완전히 관철시켜 무산 대중의 최대 이익을 목표로서 형평 청년을 지도한다."는 창립 취지는 여전히 필요했지만,[68] 진보적인 청년 활동가들이 주장하여 이 조직이 해체되면서 청년 활동의 구심점을 잃어버렸던 것이다.

해소론 논쟁은 1931년 내내 형평사를 휩쓸었다. 전국대회를 비롯하여 각 지역 형평사 집회 때마다 해소론은 뜨거운 쟁점이 되었다. 4월의 형평사 전국대회는 해소론 논쟁으로 논란이 클 것으로 예상되었다. 그러나 장지필을 비롯한 노장층 지도부가 분명히 반대 의사를 밝혔고, 대다수 사원이 반대하면서 형평사 해소 시도는 좌절되었다. 단일민족당 신간회가 우파의 반대에도 불구하고 좌파의 계획대로 1931년 5월 해체되었다. 이와 달리 형평사 해체 시도는 좌절되었다. 전국대회에서 부결되었음에도 불구하고 형평사 해소안은 여러 집회에서 반복되어 제기되었지만, 다수의 지지를 받지 못해 어느 곳에서도 성공하지 못했다.

---

67) 해소론에 관해 김중섭, 위의 글(1994); 김중섭, 위의 글(2015); 고숙화, 위의 글(2008) 참조할 것.

68) 형평청년총동맹의 주지, 목적, 임원에 관해 京畿道警察部, 「衡平運動團體」, 『치안개황』(1928), 『사료집 · 속』, 64쪽 참조할 것.

이러한 해소안의 좌절로 형평사 내의 진보세력이 위축되면서 다른 사회단체와의 연대와 협력도 쇠퇴했다. 그러한 갈등을 겪으면서 온건과 진보로 갈린 형평사 내의 세력 대립이 드러났고, 그 양상은 이후에도 형평운동의 방향을 둘러싸고 빈번하게 되풀이되어 나타났다. 진보세력은 계급 해방을 지향한 사회 변혁을 강조했다. 심지어 집회 장소에 무산 사원에 대한 유산 사원의 착취를 막자는 슬로건을 내걸 정도였다.[69] 반면, 다수를 차지하고 있는 온건 세력은 전통 산업의 경제적 권익을 지키는 데 치중했다.

이와 같이 1930년대 초 안팎의 요인이 작용하며 형평운동은 점점 침체되어갔다. 활동을 중단하는 지부가 늘어나는 침체 상황은 〈표 3〉의 1931년 일제 자료에서도 확인된다.[70]

수치의 신빙성은 의문이지만, 이 자료는 전체 지부의 과반이 침체되었음을 보여준다. 이런 상황에서 차별 철폐와 평등 대우를 추구한 형평운동의 인권운동 성격도 점차 퇴조했다. 이전에 강조하던 '인생권', '생활권' 같은 개념은 더 이상 전국대회나 지역 활동에서 나타나지 않았다. "인습적 편견의 차별 철폐의 건" 같은 안건이 상정되었지만, 심도 있게 다루어지지 않았다. 그 대신에 전통 산업에서 누리던 이익을 되찾으려는 세력이 주도권을 장악하면서 형평산업주식회사나 수육조합 설립 같은 집단 이익을 위한 활동이 강조되었다. 이런 상황에서 앞서 〈그림 1〉에서 보았듯이, 일제의 차별 사건 보고 건수도 급격하게 줄어들었다.

형평사 내의 진보세력이 몰락한 결정적인 계기는 이른바 '형평청년전위동맹 사건'이었다.[71] 1933년 1월부터 전국 곳곳에서 경찰이 사원들을 대

---

69) 李양코(이동환), 「衡平社 慶南道支部 聯合會를 보고」, 『批判』 15(3 · 4), 1931, 73쪽.

70) 京鍾警高秘(1931. 4. 27), 「集會取締狀況報告(第9回大會)」, 『昭和6年 思想ニ關スル情報 副本』, 『사료집』, 473-474쪽.

71) 김중섭, 위의 글(1994), 279-285쪽; 고숙화, 위의 글(2008).

<표 3> 형평사 지부의 활동 상황(1931)

행정구역	총 지부 수	활동 지부 수	침체 지부 수	비고
경기도	16개소	10개소	6개소	
강원도	26개소	16개소	10개소	
전라북도	25개소	13개소	12개소	
전라남도	29개소	4개소	25개소	
충청북도	16개소	11개소	5개소	
충청남도	32개소	26개소	6개소	
경상북도	36개소	7개소	29개소	
경상남도	33개소	25개소	8개소	
황해도	10개소	1개소	9개소	
평안남도	2개소			평양, 성천
평안북도	1개소			박천
함경남도	5개소			고산, 고원, 함흥, 덕원, 순령
합계	231개소	113개소	118개소	

※ 참고: 평남, 평북, 함남의 8개소는 설치 후 약간 활동했을 뿐 최근에는 침체.

거 체포 구금하면서 시작된 이 사건은 8월에 비로소 언론에 보도되었다. 피의자들은 대부분 진보적인 젊은 활동가들로 각 지역의 형평사를 이끌어가는 형평운동의 중추 집단이었다.

경찰 조사를 받은 100여 명 가운데 14명이 구속되고 51명이 불구속 상태로 검찰에 이송되었다. 불구속 상태의 51명 가운데 18명은 불기소 처분을, 33명은 기소유예 처분을 받고 풀려났다. 구속된 14명은 '형평청년전위동맹'이라는 공산주의 단체를 결성했다는 혐의로 기소되었다. 그렇지만, 다른 사건으로 유죄를 받은 이종률을 제외한 13명 모두 1936년 3월의 1심,

11월의 복심(2심)에서 무죄 판결을 받았다. 공산주의 사회 건설과 봉건 세력에 대한 투쟁을 목표로 조직되었다는 일제의 주장은 재판부조차 받아들이지 않은 날조였음이 확인된 것이다. 젊은 활동가들은 구속된 지 3년 10개월만에 무죄로 풀려났지만, 형평사는 이미 1935년 4월 전국대회에서 대동사로 개칭된 뒤 이익집단으로 전락해 있었다. 결국 일제의 조작 사건으로 중추 세력인 젊은 활동가들이 활동할 수 없는 상황에서 형평운동은 변질되고만 것이다.

이익집단으로 전락한 대동사는 1930년대 후반에 친일 부역 활동을 벌이는 역사적 오점을 남겼다. 일제가 1937년 중일전쟁, 1939년 제2차 세계대전을 도발하는 소용돌이에서 대동사는 집단 이익을 위해 일제에 협력했다. 그러나 국가총동원령을 내리며 전쟁에 광분한 일제의 통제 아래 대동사는 더 이상 활동을 유지하지 못하고 1940년 즈음에 자연스럽게 해체된 것으로 짐작된다.

결국 형평사는 일제 강점 시기에 가장 오랫동안 전국적인 사회운동 단체로 활동했지만, 일제 식민 지배 상황에서 인권운동을 벌이며 평등 사회를 만들고자 한 창립 정신을 실현하지 못한 채 좌절하고 말았다.

9. 맺음말

지금까지 20세기 초 백정 신분 차별 철폐를 벌이며 평등 사회를 만들고자 한 형평운동의 특징을 따져보았다. 그 특징을 중심으로 형평운동의 역사적 의의를 살펴보고자 한다.

첫째, 형평운동은 조선 시대 신분제 폐습을 타파하며 신분제 잔재를 청산하는 과정이었다. 신분제가 법으로 폐지되었어도 신분 차별 폐습이 일상생활에서 자행되는 상황을 타파하고자 하는 '개혁'이 시도되었으나 이에 대한 '저항(반발)'이 형평운동 과정에 점철되어 나타났다.

둘째, 형평운동은 3.1운동 이후 확산된 사회개혁의 흐름 아래 전국으로 확산된 사회운동의 양상을 반영하고 있다. 일제강점기에 가장 오랫동안 지속된 사회운동 단체인 형평사는 3.1운동 이후 자유, 평등을 실현하려는 사회적 흐름에서 차별받던 백정과 사회개혁을 지향하는 사회운동가들의 협력을 통해 발전했다.

셋째, 형평운동은 신분제 해체와 함께 인간의 존엄과 자유, 평등을 구현하려는 인권운동이었다. 인권 회복과 증진을 지향하고 평등 사회를 만들고자 한 형평운동의 목적은 인권 인식의 확산과 함께 '인생권'과 '생활권' 같은 개념 도입 등 인권 지평의 확대에 이바지했다.

넷째, 형평운동은 백정의 전통 산업이 자본주의 사회로 바뀌는 과정의 굴곡을 담고 있다. 백정이 종사한 전통 산업에 대한 관의 통제가 강화되고 자본주의가 확장되면서 백정의 경제적 곤란이 심해졌다. 형평사원들은 이 과정의 경제적 침탈을 인권 유린으로 인식하고 전통 산업에서의 권익을 회복하며 경제적 여건을 개선하고자 했다.

다섯째, 전통 사회에서 형성된 백정의 결속력에 기반한 형평운동은 인권 회복과 경제적 여건 개선을 위한 공동체운동이었다. 빈부 격차가 심해진 백정 사회 구성원들의 계층 분화 속에서 형평운동은 공동 번영과 권익 증진을 위한 단결과 공동체의식의 강화를 도모했다.

여섯째, 형평운동은 사회개혁을 지향하는 사회운동 세력의 연대 활동이었다. 3.1운동 이후 확산된 사회개혁 세력의 연대감과 동지 의식에 기초한 협력과 연대 활동은 형평운동이 빠르게 발전할 수 있었던 원동력이었다. 이러한 협력과 연대의 바탕에는 자유와 평등을 지향한 사회 전체의 공동체의식이 깔려 있었다.

일곱째, 형평운동은 일제강점기의 다양한 사회적 흐름, 특히 일제 탄압, 민족 독립 열망, 사회주의 이념 확산, 일제의 전쟁 도발·확대 등과 뒤얽혀서 진행되었다. 일제 강점이라는 시대 상황에서 일제의 감시와 탄압을 피할 수 없었고, 형평청년전위동맹 사건 같은 조작 사건을 겪기도 했다. 그리고 그 시기에 널리 확산된 사회주의 영향 아래 내홍을 겪기도 했고, 고려혁명당 사건, 신간회와의 연대와 협력 같은 민족해방운동에 연루되기도 했다. 그러나 1929년의 세계공황과 1930년대 전반기에 안팎의 환경 변화 속에서 대동사로 개칭하며 이익집단으로 전락하면서 형평운동은 종식되었다. 급기야 일제의 전쟁 도발과 확산의 소용돌이에서 이익 단체 대동사는 일제에 부역하는 활동까지 벌이는 역사적 오점을 남겼다.

2장
형평운동 연구의 성과와 동향*

1. 머리글

    형평사는 1923년 4월 24일 기성회, 25일 발기총회를 통해 경남 진주에서 결성되었다. 이 단체는 전국 조직으로 발전하여 1935년 4월 대동사로 개칭될 때까지 백정 차별 철폐와 평등 사회를 추구하는 형평운동을 이끌었다. 백정과 비백정 활동가들이 협력하여 진행한 형평운동은 조선 왕조(1392-1910)를 지탱하던 신분제의 폐습을 없애려는 활동으로서 한국의 인권 증진 발전에 크게 이바지했다고 평가된다. 아울러 일제강점기에 단일 단체가 가장 오랫동안 벌인 사회운동으로서 역동적 사회변동의 양상을 잘 보여준다. 이 장에서는 2023년 형평사 창립 100주년을 맞이하여 형평운동 연구의 성과와 동향을 살펴보려고 한다.[1]

---

*   김중섭, 「형평운동 연구의 성과와 동향」, 김중섭 · 장만호 엮음, 『형평운동과 인권의 시대』, 도서출판 사람과나무, 2023, 306-339쪽을 수정 보완함.

1)   김중섭, 「형평운동의 연구 동향과 자료」, 『현상과인식』(한국인문사회과학회) 46(2), 2022년 여름호, 29-62쪽을 수정 보완한 형평운동 100주년 기념 학술회의(2023. 4. 28, 경상국립대학교) 발표글을 다시 수정 보완함. 참고한 글의 서지사항은 이 책의 참고문헌을 참조할 것.

〈표 4〉 형평운동 연구 현황

구분	저서	논문	박사학위논문	석사학위논문	기타
1960년대		2(김의환 1967, 1968)			김용기(1959)
1970년대		1(진덕규 1976)			김준엽·김창순(1973), 김영대(1978)
1980년대		4(고숙화 1984, 1989; 박환규 1986; 김중섭 1988)	1(Kim 1989)*	2(강정태 1981; 염진호 1989)	이명길(1986)
1990년대	1(김중섭 1994)	17(고숙화 1992, 1993; 김중섭 1992, 1993; 강정석 1993; 김운형 1993; 신기수 1993; 임순만 1993; 전덕규 1993; 나이리 1993; 도모나가 1993; 최시한 1994; 조미은 1995ㄱ, 1995ㄴ; 조휘각 1995, 1999; Kim 1999*)	1(고숙화 1996)		형평운동70주년기념사업회(1993), 진주시사편찬위원회(1994)
2000년대	3(김중섭 2001; Kim 2003*; 고숙화 2008)	10(임순수 2003; 무샤고지 2004; 김재영 2006, 2007ㄴ, 2009; 최엽성 2006; 정영훈 2008; 전영환 2008; 김중섭 2009ㄱ; 박세경 2009)	1(김재영 2007ㄱ)	4(이혜경 2003; 김인정 2005; 이나영 2005; 운혜인 2007)	김중섭·도모나가 겐조 엮음(2004), 고숙화(2009)
2010년대 이후	1(김중섭 2015)	13(신종한 2010; 김순자 2012; 이용철 2012; 전흥우 2013; 박영욱 2014; 윤흥훙 2015; 최보민 2016; 김재영 2017; 김재선 2017; 이광욱 2020*; 成周鉉 2020*; 金日洙 2020*)	1(徐知伶 2011)*	3(이용철 2011; 강동수 2013; 홍성진 2014)	김중섭(2012ㄱ; 2019), 경상남도(2020), 성주현(2021), 조미은 외(2022)
계	5	46	4	9	

* 표시는 외국에서 발표된 사례

2. 형평운동 연구의 성과

1945년 해방 이후 지금까지 한국인이 썼거나 한국에서 출판된 형평운동 관련 연구 업적은 모두 64편이 파악되었다. 이것을 연대별로 정리하면 위의 〈표 4〉와 같다.

1) 1980년 이전 연구

1950년대 말 학술논문 형식을 갖추지 않았어도 형평운동의 창립 과정 기록(김용기 1959)이 『경상남도지』에 처음 게재되었다. 그러나 형평사 창립에 참여한 신현수의 증언에 주로 의존하면서 부정확한 내용이 많다. 그 뒤 1960년대에 최초의 학술연구로 김의환(1967; 1968)의 논문 두 편이 나왔다. 비슷한 내용의 이 두 논문은 지나치게 일제 경찰 자료를 번역 수준으로 활용한 한계를 갖고 있다.

1970년대 형평운동에 대한 학계의 관심이 많지 않은 가운데 김준엽·김창순(1973)이 『한국 공산주의운동사』의 한 꼭지로 다루었고, 진덕규(1976)가 초기 형평운동의 자유주의 성격에 관한 논문을 발표했다. 그리고 형평사원 후손인 김영대(1978)가 신문 기사를 수집 편집하여 형평운동의 전반적인 모습을 담은 책을 출간했다. 이 책은 일본어로 번역되어(金永大 1988ㄱ) 일본 사회의 관심을 불러일으키는 데 이바지했다(辛基秀 1988ㄴ).

1970년대까지 형평운동 연구가 저조한 것은 학계의 연구 동향뿐만 아니라 사회적 환경과도 무관하지 않다. 1945년 일제의 식민 지배에서 해방된 한국의 시급한 과제는 국가 건설이었다. 게다가 남북으로 분단되어 양쪽에 수립된 정부는 지속적으로 대립했다. 특히, 한국전쟁(1950-1953) 등을 겪으면서 사회 전반에 이데올로기의 편향성이 더욱 심해졌다. 이즈음 일제강점기의 연구는 독립운동에 치중했고, 다른 영역은 상대적으로 소홀히 다루어졌다. 심지어 사회주의 관련 연구는 억압조차 받았다.

다른 한편, 형평운동의 주축 세력이자 수혜집단인 백정의 사회적 환경 변화도 연구 부진과 무관치 않다고 짐작된다. 신분제가 해체되고 신분 의식이 옅어지며 신분 구분이 빠르게 사라지면서 최하층 신분 집단이던 백정의 존재는 일상생활이나 사회적 교류에서 파악하기 어렵게 되었다. 그 양상은 크게 세 가지 측면에서 두드러지게 나타났다.

우선, 한국전쟁 기간의 대이동, 1960년대의 급격한 산업화와 도시화를 겪으며 전통적인 지역 공동체가 무너지면서 백정 집단 거주지의 경계가 사라지고 백정의 비백정 거주 지역 이주가 쉬워져 그들의 정체성 파악이 어렵게 되었다. 특히, 일본의 피차별 부락과 달리 규모가 작았던 백정 거주지는 빠른 도시화 과정에서 비백정 거주 지역과 구분되지 않게 되었다. 이런 상황에서 거주지는 더 이상 백정의 정체성을 규정하는 기준이 되지 못했다.

둘째, 산업화와 자본주의가 진전되면서 전통적인 백정 산업에 비백정의 유입이 크게 늘어났다. 백정이 대대로 계승하여 종사하던 도축, 식육판매, 피혁 가공 같은 특정 산업은 더 이상 백정의 전유물로 인식되지 않았다. 그 결과, 직업을 통한 백정의 신분 파악이 어렵게 되었다.

마지막으로, 급격한 사회변동으로 백정의 혈연관계 파악이 어렵게 되었다. 핵가족화가 빠르게 진행되고 신분이나 가족 관계를 규정하는 공적·사적 문건이 사라지면서 백정의 존재는 파악할 수 없게 되었다. 양반 가문은 과장하고 천민 출신의 가계 배경은 감추는 세태 속에서 가계(家系) 족보는 신분을 밝혀주는 자료의 가치를 잃게 되었다. 게다가 남성 중심의 호주제 폐지를 주장하는 여성운동의 성과로 호적이 가족관계부로 바뀌면서 신분 배경의 유추는 더욱 어렵게 되었다.

이렇게 일상생활에서 백정의 정체성을 파악하기 어렵게 되었어도 천민 차별 의식은 쉽게 사라지지 않았다. 그런 사회적 분위기에서 백정 후손들은 선조의 신분을 밝히려고 하지 않았다. 스스로 형평사원 후손이라고 밝히면서 형평운동에 자부심을 갖고 그 역사를 기록한 김영대(1978)는 극히 예외적인 사례였다. 대부분의 형평운동 참여자나 그 후손들은 자신의 신분 배경을 드러내며 형평운동을 증언하기를 꺼렸다. 이와 같이 형평운동의 중추 세력인 백정의 존재가 사라지고, 그러면서도 차별 의식이 남아있는 상황에서 형평운동 연구가 활발하게 이루어지기는 어려웠다.

2) 1980년대와 1990년대 연구

형평운동의 학문적 논의는 1980년대에 들어와 활기를 띠기 시작했다. 형평사 창립 배경과 초창기 활동(고숙화 1984), 1926년 이후의 형평사 활동(고숙화 1989), 형평사 역사의 개관(박환규 1986), 진주 지역의 형평운동 형성 과정(김중섭 1988) 등 4편의 논문이 나왔고, 형평운동의 전개 과정과 참여자 등을 역사사회학적으로 분석한 박사학위논문이 영국에서 발표되었다(Kim 1989). 그리고 급진파와 온건파의 대립(강정태 1981), 형평운동의 개관(엄찬호 1989)을 다룬 석사학위논문 2편이 나왔다.

형평운동 연구는 1990년대에 더욱 활기를 띠어 한 권의 저서, 17편의 논문, 1편의 박사학위논문이 나왔다. 영문 박사학위논문을 보완한 저서(김중섭 1994)와 역사학적 관점에서 논의한 박사학위논문(고숙화 1996)이 나왔다. 김중섭의 저서는 역사사회학적 관점에서 형평운동을 종합적으로 분석한 최초의 저서라는 평가를 받았다(조성윤 1994).

그리고 형평운동 역사상 최대의 충돌로 전국적인 관심을 끌었던 예천 사건(고숙화 1992), 형평운동의 지도 세력(김중섭 1992), 형평운동의 전반적 전개 과정(강창석 1993), 황순원의 소설 『일월』과 형평운동의 연계(최시한 1994), 형평사의 경제 활동(조미은 1995ㄱ), 서울 지역의 형평사 활동(조미은 1995ㄴ), 사상사적 측면의 민권운동 성격(조휘각 1995), 자유평등운동(조휘각 1999) 등 다양한 주제의 논문이 발표되었다.

1990년대 또 하나의 두드러진 성과는 국제학술대회 개최와 논문집 발간이었다. 1993년 형평운동 70주년을 맞이하여 형평사 창립지인 진주에서 결성된 기념사업회 주최로 국제학술대회가 열렸다. 이것은 형평운동 관련 논문을 발표한 적 있는 한국, 일본, 미국, 영국의 연구자들이 한자리에 모여 여러 측면에서 형평운동을 재조명하는 기회가 되었다. 8명의 발표자는 형평운동의 사상사적 인식(진덕규 1993), 진주 지역의 역사적 배경(김준형 1993), 백정 공동체에 미친 기독교의 영향(임순만 1993), 형평운동의 목적과 전략(김중섭 1993), 다른 사회운동과의 관계(고숙화 1993), 수평사와의 교류(신기수 1993), 수평사와의 비교(니어리 1993), 아시아 반차별운동과의 연관성(도모나가 겐조 1993) 등 여러 각도에서 형평운동을 다루었다. 그리고 발표 논문을 모은 단행본이 발간되었고(형평운동70주년기념사업회 엮음 1993), 그 단행본이 일본어로 번역 출판되었다(衡平運動70周年記念事業會 엮음 1994).

형평사 창립 70주년 기념사업 활동은 진주 지역에 한정되었지만, 형평운동에 대한 사회적 관심을 불러일으키는 데 크게 이바지했다고 평가된다. 그리고 일본 연구자 및 부락해방운동 활동가들의 국제학술대회 참가와 논문집의 일본어 번역 출판은 일본 학계의 형평운동 연구를 진작했으며, 더 나아가 한국과 일본의 학술 교류가 활성화되는 계기가 되었다. 이것은 1920년대, 1930년대에 이루어진 형평사와 수평사 간의 교류와 연대의 전통을 되살리는 역사적 의미가 있었다.

이와 같이 1980년대에 일기 시작한 형평운동 연구가 1990년대에 더욱 활발해진 것은 그즈음 학계 분위기와 무관치 않다. 1945년 해방과 분단, 1950년 한국전쟁과 냉전, 1960년대 초 군사 쿠데타와 군부 독재가 1980년대까지 이어진 사회적 과정에서 일제 침략기에 대한 역사 연구는 전반적으로 위축되었다. 그러다가 1980년대 초부터 민주화운동이 활발해지면서 예전과 다른 양상의 연구와 학술 활동이 생겨났다. 역사 연구에서도 독립운동에 치중하던 분위기에서 벗어나 민중 등 사회 기저층의 역사에 대한 관심이 커지면서 농민, 노동, 여성, 사회주의운동 등의 사회사 및 역사사회학 연구가 활발해졌다. 이런 분위기에서 근대 인권 발전의 금자탑으로 평가되는 형평운동에 대한 관심도 자연스럽게 증대되었다. 특히, 민주화 영향 아래 인권의 관심이 높아진 사회적 분위기가 이러한 관심의 확장을 촉진시켰다.

3) 2000년 이후의 연구

1990년대의 분위기는 2000년대 이후의 연구 활성화로 이어졌다. 2000년대에 3권의 저서와 10편의 논문, 1편의 박사학위논문, 4편의 석사학위논문이 나왔고, 2010년대 이후에 한 권의 저서와 12편의 논문, 1편의 박사학위논문, 3편의 석사학위논문이 나왔다.

형평운동 연구는 양적으로 늘어났을 뿐만 아니라 탐구 주제도 다양해졌다. 단행본으로 형평운동을 쉽게 서술한 대중서(김중섭 2001)와 한국의 형평사와 일본의 수평사를 비교사회학적 관점에서 분석한 학술서(김중섭 2015), 형평운동 과정을 개괄한 연구서(고숙화 2008)가 출간되었다. 김중섭(2001)의 대중서는 일본어로 번역 출판되어 일본 독자들의 형평운동 이해에 이바지했다(金仲燮 2003). 그리고 김중섭의 박사학위논문(Kim 1989)을 보완한 단행본이 영국에서 출간되어(Kim 2003) 영어권 학계의 형평운동 연구에 활용되었다(Caprio 2005). 또 형평운동의 지역 활동(김재영 2007ㄱ)과 전반적 전개 과정(徐知伶 2011)을 논의한 박사학위논문이 한국과 일본에서 나왔다. 이렇게 한국, 일본, 영국에서 박사학위논문과 단행본이 나옴으로써 세 언어권의 형평운동 연구 토대가 어느 정도 마련되었다.

2000년대에 다양한 주제의 글이 발표된 것도 주목된다. 우선, 형평운동 지역 연구가 활발하게 이루어졌다. 논문 형식은 아니지만 1980년대에 진주 지역의 형평운동을 다룬 글이 발표되었는데(이명길 1986), 이와 같은 지역 연구가 2000년대에 들어와 더욱 활발하게 이루어졌다. 호남과 호서(김재영 2006; 2007ㄱ; 2007ㄴ; 2017), 강원(전흥우 2013), 진주(김순자 2012; 박경묵 2014), 충남(이혜경 2003) 등 여러 지역의 형평사 활동에 관한 논문이 발표되었고, 아울러 예천 충돌 사건과 지역 사회운동과의 관계(김일수 2003), 예천 사건의 반형평운동 성격(최보민 2016), 전통 종교인 보천교와 형평사의 관계(김재영 2009), 사회복지운동과 형평운동의 비교(김제선 2017) 등 세부적인 주제가 논의되었다.

그리고 문학작품에 나타난 형평운동과 백정에 관한 논문이 여럿 나온 것도 특기할 만하다. 곧, 백정 후손을 다룬 황순원의 소설 『일월』(정영훈 2008), 일제강점기에 나온 조명희의 소설 『낙동강』(천정환 2008), 근대 사회의 역동적 변화를 그린 박경리의 대하소설 『토지』(윤철홍 2015), 신분제 변화에 따른 백정의 일상생활과 문학작품(신종한 2010), 백정 계급 의식을 다룬 김영팔의 희곡 『곱장칼』(이광욱 2020) 등이 다루어졌다.

또 2000년대에 들어와서는 형평사와 수평사의 비교 연구가 이루어졌다. 역사적으로 비슷한 배경을 가진 한국의 백정과 일본의 부락민이 같은 시기에 결성한 형평사와 수평사의 활동을 비교한 두 편의 논문이 나왔다(김중섭 2009; 박세경 2009). 그리고 두 단체의 배경, 활동 내용과 목표, 전략, 안팎의 환경 등을 다각적으로 분석한 저서가 출간되었다(김중섭 2015). 이 저서는 형평운동과의 비교 분석을 통해 일본의 부락민과 수평운동의 역사를 한국에 알리는 데 이바지한 것으로 평가되었다(이황직 2015).

그리고 2000년대에 다양한 주제의 석사학위논문이 여럿 나온 것이 주목된다. 형평운동 전개의 역사적 개관(이나영 2005; 윤혜연 2007), 충남지역의 형평운동(이혜경 2003), 여성 백정과 형평여성회의 활동(김언정 2005), 민족운동의 성격(강동순 2013), 형평사의 노선 분화와 성격 변화(이용철 2011; 2012), 신분 문제와 교과서 서술(홍성진 2014) 등 다양한 주제가 논의된 것은 그만큼 연구 영역이 확장되었음을 보여준다.

또 형평운동의 이념과 성격은 1970년대부터 2000년대에 이르기까지 여러 연구자의 관심 대상이 되었다. 곧, 한국 공산주의운동(김준엽·김창순 1973), 형평사 초기의 자유주의적 성격(진덕규 1976; 1993), 민권운동과 자유평등운동(조휘각 1995; 1999), 자유주의적 성격(최영성 2006) 등에 관한 탐구가 이루어졌다.

2000년대의 연구 경향은 2010년대로 이어졌다. 그 가운데 한일 연구자들의 협력 연구 활동이 활발하게 이루어진 것이 주목된다. 1993년 형평운동 70주년을 계기로 시작한 한일 연구자 교류는 2013년 형평운동 90주년 즈음에 한일 연구자 단체 결성으로 이어져 여러 활동을 했다. 그 결실 가운데 하나가 두 권의 『사료집』 발간이었다(部落解放·人權研究所 衡平社史料研究會 엮음 2016; 部落解放·人權研究所 朝鮮衡平運動史研究會 엮음 2021).

그리고 1993년 형평운동 70주년, 2003년 80주년 기념 국제학술회의에 이어서 세 번째 국제학술회의가 2015년 11월 진주에 소재한 경상국립대학교에서 열렸다. 이 학술모임에서 "형평운동을 다시 생각한다"라는 주제 아래 5명의 한국 연구자와 6명의 일본 연구자가 시론적 논지를 발표했다(경상대학교 인권사회발전연구소 2015). 주제는 진주 지역 백정층 동향, 형평사의 경제 활동과 생활 문제, 역사 인식, 다른 사회운동 단체와의 관계, 형평운동에 관련된 일본인 활동가와 연구자, 형평사 사료 분석, 형평운동 기념사업의 경과와 과제 등 다양했다. 특히, 앞으로의 형평운동 연구 방향을 모색하면서 2022년 수평사 100주년, 2023년 형평사 100주년을 기념하기 위한 연대의 필요성이 제기되었다(友永健三 2016).

3. 외국에서의 형평운동 연구 성과

1) 일본에서의 연구 성과

외국에서 형평운동 연구가 가장 활발한 곳은 일본이다. 2021년 조사된 일본어 형평운동 연구 목록을 보면 저서, 논문, 보고서 등 180여 편이나 된다(朝鮮衡平運動史研究会 2021). 이 목록이 모든 연구 결과물을 망라하고 있는지는 불분명하지만, 일본에서의 형평운동 연구 경향을 파악하는 데는 유용하다고 판단된다.

일본에서는 1970년대 초부터 형평운동 연구가 이루어졌다. 1923년부터 1928년까지 동아일보 형평운동 기사의 일본어 번역(池川英勝 옮김 1971-1972, 秋定嘉和 해설), 연표 정리(池川英勝 1974) 등을 통해 연구 토대가 마련되었다. 이것은 역사학자 이케가와 히데카쓰(池川英勝)의 개인적 노력이 낳은 결실이었다. 이어서 형평사 창립과 초기 형평운동(井口和起 1973), 형평사와 수평사의 연대 활동(秋定嘉和 1974), 형평운동의 전반기 전개 과정과 후기 운동(池川英勝 1977; 1978)을 논의한 논문이 나왔다. 아울러 김의환(1967)의 논문(金義煥 1976)과 김준엽·김창순(1973)의 『한국 공산주의운동사』 '형평운동' 부분이 일본어로 번역되었다(金俊燁·金昌順 1977).

1970년대의 선구적 연구는 이후 한국과 일본 양국에서 형평운동 연구의 초석이 되었다. 1980년대에 재일 한국인 연구자인 김정미(金靜美 1983; 1984; 1989), 신기수(辛基秀 1984; 1988ㄱ; 1992; 1993ㄴ), 안우식(安宇植 1984)이 일제 식민 통치와 연계하거나 수평사와의 연대에 초점을 맞추어 형평사 활동을 논의했다. 그리고 오사카에 소재한 부락해방연구소(나중에 부락해방·인권연구소로 이름을 바꿈)를 중심으로 번역된 한국의 형평운동 자료가 연구 활성화의 토대가 되었다. 특히, 1988년 연구소 창립 20주년 기념으로 이루어진 형평사원 후손 김영대 저서(1978)의 일본어 번역 출간(金永大 1988ㄱ), 그의 일본 초청강연회, 그리고 강연 내용의 학술지 게재(金永大 1988ㄴ) 등은 형평운동에 대한 관심을 불러일으키는 데 크게 이바지했다.

1993년 형평사 창립 70주년은 일본에서 형평운동에 대한 관심이 더욱 높아지는 계기가 되었다. 부락해방연구소는 2월 정기총회에 한국의 형평운동 연구자 김중섭을 초청하여 강연회를 열고 그 내용을 학술지에 실었다(金仲燮 1993). 그리고 4월 진주의 기념행사에 부락해방운동 관계자들이 대거 참석하여 국제학술대회 발표와 토론에 참여했다. 기념행사 참가자들은 그 내용을 일본의 여러 잡지에 보고하여 형평운동을 널리 알렸다(村越末男 1993; 辛基秀 1993ㄱ; 小犬丸裕 1995). 그리고 그 이듬해에는 학술대회 논문집을 일본어로 번역 출판했다(衡平運動70周年記念事業會 엮음 1994). 이 시기를 전후하여 형평사와 수평사의 연대 활동에 관한 글이 여럿 나왔고(辛基秀 1992; 1993ㄴ; 井口和起 1993; 文公輝 1993), 한국의 형평운동 관련 글이 번역 출간되었으며(高淑和 1991; 高宗錫 1993; 1994), 오사카인권역사자료관(훗날 오사카인권박물관으로 이름을 바꿈)의 형평운동 특별전이 기획 전시되었다(大阪人權歷史資料館 엮음 1993).

그 뒤 2000년대 초에 여러 글이 간헐적으로 나오다가(池川英勝 2000; 金井英樹 2000; 中尾宏 2001) 형평운동 80주년에 즈음하여 형평운동에 대한 관심이 다시 폭발적으로 늘어났다. 형평운동 역사를 개괄한 김중섭(2001)의 책이 소개된 뒤(高正子 2002) 이듬해에 번역 출간되었고(金仲燮 2003), 글쓴이 초청강연이 곳곳에서 열렸다. 그 뒤에도 이 책의 서평(赤嶺多賀生 2006)이 나오는 등 형평운동에 대한 관심이 지속되는 것을 볼 수 있다.

2003년 4월 형평운동기념사업회와 부락해방·인권연구소가 공동 주최한 형평운동 80주년 기념 국제학술회의가 열렸고, 발표문을 엮은 단행본이 한국과 일본에서 동시에 출간되었다(김중섭·도모나가 겐조 엮음 2004; 金仲燮·友永健三 엮음 2004). 그리고 이 기념행사에 관한 보고가 일본 잡지에 게재되었다(武者小路公秀 2003; 川瀬俊治 2003). 그해 말 오사카인권박물관은 기관지 특집으로 형평사 80주년을 다루었다(大阪人權博物館 엮음 2003).

이후에도 형평운동에 대한 관심이 지속적으로 늘어났다. 일본 인권 활동가와 연구자들이 줄지어 한국을 방문했고, 그 내용이 여러 잡지에 실렸다(廣瀬聰夫 2003; 中田理惠子 2004; 西尾紀臣 2006). 이와 더불어, 일본 여러 지역에서 한국 연구자를 초청하여 강연회를 열고 강연 내용을 게재했다(金仲燮 2007; 2012; 2013). 그리고 일본 연구자들의 글이 발표되었는데, 주제는 형평사 행사에 참가한 수평사 활동가(山下隆章 2004; 小正路淑泰 2005), 수평사와 형평사의 교류를 추진한 재일 조선인(塚崎昌之 2007), 한국의 백정 실태 조사 및 탐사(上原善廣 2006; 網野房子 2013) 등 광범위했다. 아울러 한국 유학생의 박사학위 논문이 나오고(徐知伶 2011), 형평운동가 장지필에 대한 논문이 발표되었다(李恩元 2014; 2015).

그리고 앞서 언급한 바와 같이, 형평사 창립 90주년인 2013년 '형평사 사료연구회'가 결성되면서 형평운동 연구가 더욱 활발해졌다. 부락해방·인권연구소의 지원 아래 조직된 이 연구회는 일본의 초기 형평운동 연구를 이끈 아키사다 요시카즈(秋定嘉和)와 한국의 김중섭이 공동대표를 맡고 양국의 연구자 16명이 참여했다.

이 연구회의 주된 목적은 한일 연구자 교류를 통한 연구 성과 공유, 형평운동 자료 수집과 정리 및 발간이었다. 봄·가을에 정기 학술모임을 열어 연구 활동을 공유했으며, 동시에 연구회 회원들이 분담하여 조선총독부 경무국, 각 도의 경찰부, 조선군 참모본부, 경성지방법원 검사국 등 일제 관헌의 형평운동 기록을 정리하여 컴퓨터에 입력했다. 그 성과로 2016년 『조선형평운동사료집』(이하 『사료집』으로 줄임)이 발간되었다(部落解放·人權研究所 衡平社史料研究會 엮음 2016).

일본의 대표적인 한국 역사 연구자인 미즈노 나오키(水野直樹)와 한국의 김중섭이 감수를 맡은 이『사료집』의 주요 내용은 형평운동 개관 자료, 1923년부터 1932년까지 연도별로 정리한 사건 자료, 1935년 대동사 이후의 관헌 자료 등으로 구성되었다. 이『사료집』은 곳곳에 흩어져 있던 자료를 모았을 뿐만 아니라 필사체로 기록된 자료를 인쇄체로 정리하여 출간함으로써 자료의 가독성을 높여 쉽게 활용할 수 있도록 했다.

2016년 4월 오사카에서 열린『사료집』발간 기념 강연회에서 김중섭의 "새로운 형평운동 연구 탐색"(金仲燮 2016), 미즈노 나오키의 "사료 성격"(水野直樹 2016), 와타나베 도시오(渡辺俊雄)의 "『사료집』구성과 내용" 등이 발표되었다. 그 뒤『사료집』발간의 의의(渡辺俊雄 2016),『사료집』발간 이후의 연구 전망(渡辺俊雄 2017),『사료집』서평(青野正明 2017) 등을 통해『사료집』의 가치와 유용성이 거듭 확인되었다.

『사료집』발간 이후 '조선형평운동사연구회'로 이름을 바꾼 이 연구회는 미즈노 나오키와 김중섭이 공동대표를 맡고 18명의 한일 연구자가 참여한 가운데 활동을 이어갔다. 봄·가을의 연구발표회와 발표 논문의 학술지 게재가 지속적으로 이루어지고, 한국의 형평운동 관련 지역 답사가 실행되었다. 이 과정에서 한국 연구자가 발표한 논문의 일본어 번역과 공람, 학술지 게재가 진행되어 형평운동 연구 성과의 학계 공유가 추진되었다. 그 결실로 호남지방 형평운동(金載永 2018), 형평청년전위동맹 사건(高淑和 2018), 예천 사건과 사회주의운동(崔保慜 2019), 형평사와 천도교(成周鉉 2020), 경북 지방의 형평운동과 사회운동 단체(金日洙 2020) 등에 관한 논문이 일본어로 번역되었다. 아울러 2015년 11월 경상국립대학교 국제학술모임 직후 경상남도 거제와 부산(割石忠典 2016; 矢野治世美 2016), 2017년 3월 전라북도와 서울(割石忠典 2017ㄱ; 2017ㄴ; 川瀬俊治 2018ㄴ; 2018ㄷ), 2019년 5월 경상북도와 대구(友永健三

2019) 등지에서 이루어진 답사 보고가 여러 잡지에 게재되었다.[2]

『사료집』 발간 이후에 발굴된 형평운동 자료는 2021년 『조선형평운동 사료집·속』(이하 『사료집·속』으로 줄임)으로 간행되었다(部落解放·人權研究所 朝鮮衡平運動史研究會 엮음 2021). 『사료집』 발간 때와 마찬가지로, 『사료집·속』에서도 일제 문헌, 신문, 잡지 등의 자료를 연구회 회원들이 번각하여 컴퓨터에 입력하고 미즈노 나오키와 김중섭이 감수하여 주제별로 분류 정리했다. 특히, 일제의 조작 사건인 '형평청년전위동맹 사건' 관련 경찰 보고서, 증거품, 피의자 심문조서, 의견서가 새로 발굴되어 게재되었다. 그 가운데 가족 관계, 성장 과정, 친구 관계, 참여 단체 등 개인 신상 기록을 담고 있는 피의자 심문조서는 형평운동가들의 배경과 관계를 밝혀주는 유용한 자료로 평가되었다. 『사료집』에서는 한글 사료의 원문과 일본어 번역문을 함께 실었는데, 『사료집·속』은 한국어 신문과 잡지 기사의 분량이 많아 일본어 번역문만 실었다.

형평운동의 전체 흐름을 보여주는 주요 자료를 체계적으로 정리해놓은 두 권의 『사료집』은 형평운동 연구의 활성화에 이바지할 것으로 기대된다. 실제로 『사료집』 발간 이후 연구 논문의 발표가 크게 늘어났다. 부락해방·인권연구소에서 간행하는 학술지 『부락해방연구』는 208호(2018년 3월), 210호(2019년 3월), 212호(2020년 3월), 214호(2021년 3월) 등 네 차례에 걸쳐 '조선형평운동사'를 특집으로 꾸몄다. 발표자는 대부분 조선형평운동사연구회 회원이었다. 주제는 형평분사의 지역적 전개(渡辺俊雄 2018ㄱ), 호적의 천민 호칭 기재와 형평사 활동(水野直樹 2018ㄱ), 형평운동 약사(渡辺俊雄 2018ㄴ), 형평운동 인물상(吉田文茂 2019), 형평운동의 활동 영역(駒井忠之 2020), 한일 피차별민의 연대 모색과 한계(八箇亮仁 2020ㄱ), 전쟁 시기 조선 피혁 통제와 형

평운동 관계자 활동(水野直樹 2021ㄴ), 형평운동사 연구 전망(渡辺俊雄 2021) 등 다양했다.

아울러 다른 학술지에도 형평운동 논문이 여럿 발표되었다. 주제도 형평사와 대동사의 활동(竹森健二郎 2017), 수평사 및 형평사와 교류하는 재일 조선인(塚崎昌之 2017), 형평운동과 수평운동의 교류와 한계(水野直樹 2018ㄴ), 북성회와 형평운동의 연대(川瀬俊治 2018ㄱ), 드라마에 묘사된 백정과 형평사(朝治武 2018), 형평사 대회 참가자 하라구치 고이치(原口幸一)의 활동(割石忠典 2019), 조선 민족운동의 '평등원칙'과 형평운동(水野直樹 2019), 형평사가 등장하는 드라마 「야인시대」의 역사 세계(朝治武 2020), 수평사와 형평사의 연대(八箇亮仁 2020ㄴ), 형평사 사칙 4조(渡辺俊雄 2020), 반형평운동 사례의 민중 폭력(小川原宏幸 2022), 형평운동의 전개와 수평사(水野直樹 2022) 등 다양했다.

그리고 2023년 4월 형평운동 100주년을 맞이하여 조선형평운동사연구회 회원들은 그간의 연구 결과에 기초하여 백정과 형평운동에 관한 여러 주제를 다룬 책을 출간했다(水野直樹 엮음 2023).

이와 같이 지난 5년 동안 일본 연구자의 논문이 적어도 20편 이상 발표된 것은 『사료집』 발간의 효과라고 평가된다. 한국에서는 종합적인 형평운동 자료집이 아직 발간되지 않았다. 체계적인 자료 수집과 정리를 통한 자료집 발간은 형평운동 연구를 위한 토대 구축에 꼭 필요한 사항이다. 이것은 자료의 효과적인 활용과 공유를 위해서도 필요하다고 생각된다.

지금까지 살펴본 것처럼 일본에서의 형평운동 연구는 오랜 기간 꾸준히 진행되며 많은 성과를 냈다. 조선 시대의 백정과 도쿠가와 시대의 부락민은 최하층 피차별민으로서 차별과 억압의 비슷한 역사적 경험을 갖고 있고, 비슷한 시기에 형평운동과 수평운동을 벌이면서 교류와 연대를 해왔다. 그런데 일제 식민 지배에서 해방된 한국에서는 신분이 사라져 백정 차별 문제가 가시화되지 않지만, 일본에서는 여전히 부락민 차별 문제가 빈번하게 일어나고 있다. 이와 같은 역사적·사회적 여건의 유사성과 차이를 보면서 일본에서 형평운동에 관한 관심이 높아졌을 것이라고 짐작된다. 상대적으로 한국에서의 형평운동 연구는 활발하지 않았다. 그러나 형평운동의 역사적 의미와 복합성을 감안할 때 앞으로 더욱 깊이 있는 연구가 요망된다.

2) 영어권의 연구 성과

일본을 제외한 다른 나라에서의 형평운동 연구는 그다지 활발하지 않다. 그나마 영어권에서 간헐적으로 이루어져왔다. 1950년대에 일본 연구자 패신이 백정을 소개했고(Passin 1956), 1970년대에 재미 종교사회학자 임순만이 무어(Samuel F. Moore) 선교사의 백정 선교 활동을 연구하며 백정에 관해 개관했다(Rhim 1974).

1980년대 후반에 수평사 연구자인 영국학자 니어리가 백정과 형평운동을 발표했고(Neary 1987), 한국의 인권에 관한 책을 엮은 쇼가 형평운동 역사를 개관했으며(Shaw 1991), 김중섭이 형평운동의 역동성을 논의한 논문을 발표했다(Kim 1999). 2000년대에 김중섭의 박사학위논문이 보완되어 단행본으로 출간되었고(Kim 2003), 이 책의 서평이 미국 아시아학회 학술지에 실렸다(Caprio 2005). 그리고 영국 일본학회 학술대회에서 형평사와 수평사의 비교 논문이 발표되면서(Kim 2012) 영어권의 연구 명맥이 이어져왔다.

영어권의 형평운동 연구는 일본이나 한국을 연구하는 학자들이 부차적으로 수행했다는 특징이 있다. 20세기 초 비서구 사회에서 일어난 형평운동 사례는 피차별민 소수 집단의 인권 증진 역사로서 앞으로 더욱 국제사회의 관심을 끌게 될 것으로 예상된다.

4. 형평운동 연구 방법과 경향

1) 연구 방법

지금까지 논의한 형평운동 연구는 대개 문헌 자료를 활용했다. 문헌 자료는 크게 세 종류다. 하나는 당시 간행된 신문·잡지 기사이고, 다른 하나는 일제의 관헌 기록이다. 그리고 형평사가 남긴 문건이나 포스터 같은 원자료다.

우선, 형평운동을 보도한 신문·잡지의 자료는 단편적으로 흩어진 것처럼 보이지만, 서로 연결하면 전체의 진행 과정을 보여주는 특징을 갖고 있다. 1919년 3.1운동의 영향으로 일제 정책이 이른바 무단통치에서 문화통치로 바뀌면서 창간된 한국어 신문과 잡지는 당시의 사회상, 특히 사회운동 단체 활동을 비교적 상세하게 보도했다. 언론 보도는 전국 차원뿐만 아니라 각 지역의 사회단체 활동을 담은 그 시대의 기록이 되었다. 또 언론에 종사하는 사회운동 활동가들이 많아 보도 내용은 참여자의 증언이기도 했다. 이와 같은 형평운동 기사는 『조선일보』, 『동아일보』, 『매일신보』, 『시대일보』, 『중외일보』 등 한국어 신문만도 연 2천 건이 넘고, 기사에 언급된 참여자 수는 연 6천 명이 넘는다(Kim 1989, 372; 김중섭 1994, 35). 이러한 신문 기사의 내용 분석은 형평운동 연구의 주요 방법으로 널리 활용되었다.

3.1운동 이후 창간된 여러 잡지도 그 시기의 사회상과 사회운동 활동을 보여주는 정보원이다. 단편적인 보도 중심의 신문 기사와 달리, 잡지 기사는 심층적인 내용을 전달하는 장점이 있다. 때로는 지식인이 견해를 밝히고 교환하는 광장이 되기도 했다. 『개벽』, 『신민』, 『이러타』, 『비판』 등의 잡지에 실린 형평운동 관련 글이 그 증거다.

창간호만 출간된 형평사 기관지 『정진』(1929)은 형평운동에 관한 정보와 활동 양상을 보여주는 유용한 자료다. 형평사는 『정진』 외에도 여러 차례 잡지 발간을 추진했지만, 일제의 검열과 탄압으로 발간되자마자 압수당하거나 출간 자체가 좌절되었다. 만약 이런 잡지의 초본이나 압수된 자료가 발견된다면, 더할 나위 없이 값진 자료가 될 것이다.

또 하나의 문헌 자료는 일제의 관헌 기록이다. 일제 경찰, 검찰, 법원의 기록은 대부분 통제 목적 과정에서 작성되었지만, 형평운동의 양상을 여러 각도에서 보여주는 유용한 자료임에 틀림없다. 현재 국사편찬위원회, 국가기록원, 여러 대학 도서관, 민간 기관 등에 소장되어있는 이러한 자료는 예전보다 비교적 손쉽게 접근할 수 있다. 앞서 언급한 두 권의 『사료집』은 이런 곳에 흩어져 있는 자료를 수집 정리한 것으로 자료 접근의 어려움을 해소하는 데 크게 기여할 것이다. 특히, 인쇄체로 발간되었기 때문에 일본어 해독의 어려움을 줄여줄 것이다. 자료 섭렵은 연구주제 발굴의 출발이라는 점에서 이 『사료집』은 자료 수집의 노고를 덜어주는 데 머무르지 않고 새로운 연구를 진작하게 될 것으로 기대된다.

마지막으로, 세 번째 유형의 문헌 자료는 형평사가 남긴 원자료다. 당시의 포스터(1928, 1929, 1930), 일제 관헌 문헌에 첨부된 형평사 측의 자료 등이 남아있다. 또한, 형평사 관련 사항을 기록한 수평사 활동가의 메모가 남아있는 것은 특기할 만하다.[3] 그러나 아쉽게도 형평운동 참가자들이 직접 기록하거나 작성한 자료는 지금까지 발견되지 않았다.

형평운동 자료의 가치를 높이기 위해서는 여러 성격의 자료를 종합하여 비판적으로 검토하여 활용하는 것이 필요하다. 이에 덧붙여 참여자나 관련 내용을 아는 사람들의 증언이 유용할 것이다. 구술사(oral history) 관점에서

---

[3] 일본 나라현의 수평사박물관에 소장된 이 자료는 2016년 유네스코 아시아 · 태평양 지역 세계 기억유산으로 등재되었다(水平社博物館事務局 2017). 아울러 수평사 홈페이지의 한글 설명 참조할 것. http://www1.mahoroba.ne.jp/~suihei/mowcap/index_k.html

이러한 자료를 활용하면 기록 자료의 한계를 보완하는 데 크게 도움이 될 것이다. 1950년대 말 형평사 창립에 참여한 신현수의 증언에 기초하여 형평사 창립 과정을 기술한 사례(김용기 1959)가 있다. 그러나 이 글은 특정 개인의 편향된 기억에 의존했다는 한계가 있다. 그런 점에서 구술 내용을 비판적으로 검토하여 활용하는 것이 중요하다. 그런데 형평운동 연구가 본격적으로 시작된 1980년대는 이미 관련자가 사망했거나 고령으로 증언하기 어려운 상황이었다. 게다가 신분에 대한 편견이 남아있어 후손들이 증언을 꺼렸다. 이러한 어려움에도 불구하고 형평사원 후손들과 지역 노인들의 증언을 확보하여 활용한 것은 다행스러운 일이었다(Kim 1989; 김중섭 1994, 37). 이와 같은 구술 자료는 교차 검증을 통해 문헌 자료를 보완하는 데 활용되어 형평운동의 역사적 전개와 활동 규명에 이바지했다.

2) 연구 경향

학문으로서 역사학의 특징은 우선 사실 규명이었다. 이에 충실하게 형평운동 연구는 역사적 사실 규명과 복원에 주력했다. 많은 연구가 형평운동의 전개 과정, 양상의 서술과 분석에 치중했다. 그리고 형평사 창립과 조직 확산 과정, 각 지역의 활동 양상, 파벌 대립, 성격 변화 같은 세부적인 역사적 사실을 규명하고자 했다.

이와 더불어 형평운동의 발생 조건, 지도 세력, 조직, 전략, 목표, 이념적 성향 등 여러 측면이 역사사회학적 관점에서 분석하고 해석되었다. 더 나아가 백정의 역사적 배경과 사회적 조건, 백정과 비백정 활동가의 협력, 3.1운동 이후 활성화된 다른 사회운동과의 연대와 협력, 반대 세력과의 갈등 양상, 일제와의 관계, 형평사의 목표와 내부 갈등, 형평운동의 이념적 배경 등에 대한 분석이 이루어졌다.

또 하나의 연구 경향으로, 역사학 이외의 분야에서 형평운동과 연계된 주제에 대한 연구가 생겨났다. 대표적으로, 황순원의 『일월』, 조명희의 『낙동강』, 박경리의 『토지』, 김영팔의 『곱장칼』 등 문학작품에 나타난 백정과 형평운동에 대한 연구를 들 수 있다.

한편, 형평운동의 성격이나 배경을 고려하여 특정 영역의 부분 역사로 다루어졌다. 일찍이 『한국 공산주의운동사』의 한 부분으로 논의되었고(김준엽·김창순 1973), 국가인권위원회가 기획 편찬한 『한국인권운동사』에서 '차별과 혐오를 넘어, 포용과 연대를 향하여' 영역의 사례로 다루어졌고(김중섭 2019), 형평사 창립의 지역 연고가 반영되어 진주시 통사(晋州市史編纂委員會 1994)와 경상남도 통사(경상남도 2020)에 포함되었고, 『서울항일독립운동사』의 한 사례로 다루어졌다(고숙화 2009).

형평운동 연구의 또 한 가지 특징으로는 여러 분야 연구자들이 참여한 학제적 연구가 활발했다. 역사학 연구가 가장 많았지만(고숙화, 김준형, 조미은, 김재영 등), 사회학(김중섭), 정치학(진덕규), 윤리학(조휘각), 철학(최영성), 문학(최시한, 윤철홍, 정영훈, 이광욱), 교육학(홍성진), 일본학(박세경, 서지영) 등 여러 분야에서 형평운동 연구가 이루어졌다. 이것은 형평운동의 복합적인 특성에서 비롯된 것이라고 이해된다.

5. 맺음말: 형평운동 연구 활성화를 위한 제안

형평사 창립 100주년을 맞이하여 그동안의 연구 성과와 동향을 살펴보았다. 자료의 제한과 저조한 사회적 관심에도 불구하고 여러 관점의 다양한 연구가 활발하게 이루어진 것을 확인했다. 특히, 형평사 창립 70주년과 80주년을 계기로 집단적인 연구가 이루어졌고, 그즈음에 활발해진 한국과 일본 연구자들의 교류와 협력이 연구 활성화에 크게 이바지했으며, 양국 연구자들의 연구회 결성으로 이어졌다. 이 연구회 중심으로 연구 결과가 공유되고 자료 수집과 정리를 통해 『사료집』이 발간된 것은 주목할 만한 성과라고 평가된다.

이제 새로운 100년을 시작하는 시점에 그동안의 연구 성과를 디딤돌삼아 앞으로의 연구 방향을 모색할 필요가 있다. 이런 점에서 다음과 같은 사항을 제안하고자 한다.

우선, 한국어 사료집 발간이 필요하다. 형평운동 같은 역사 연구에는 자료 수집과 활용이 핵심적인 요소다. 정보통신이 발달하여 신문, 잡지 같은 문헌 자료에 대한 접근이 쉬워진 것은 고무적이다. 특히, 국립중앙도서관, 국회도서관, 국사편찬위원회, 국가기록원 같은 공공 기관의 자료 제공이 확대되고, 검색 기능 발달로 필요한 자료를 쉽게 찾을 수 있는 것은 연구의 효율을 높이는 데 크게 이바지하고 있다. 그러나 일제 문헌이라든지 신문, 잡지의 관련 기사를 일일이 찾는 것은 여전히 많은 수고와 시간 및 비용이 요구된다. 그렇기 때문에 종합적인 사료집 발간은 형평운동 연구의 토대 구축에 꼭 필요한 사항이다.

둘째, 다양한 연구주제의 발굴이 요망된다. 형평운동은 일제강점기에 가장 오랫동안 지속된 사회운동이라는 점에서 그 시대의 복합적인 사회 양상을 잘 반영하고 있다. 특히, 형평사와 다른 사회운동 단체와의 협력과 연대, 형평운동의 이념적 배경과 성격은 전국 차원뿐만 아니라 지역 간에, 또 시대적 맥락에서 각기 다른 특성을 보여준다. 아울러 일제의 식민 통치는 특히 통제와 간섭 등을 통해 형평운동 전개에 커다란 영향을 미쳤다. 이와 같은 여러 가지 특징에 관련된 연구주제의 발굴은 형평운동을 둘러싼 그 시대의 역동적인 사회 과정을 설명하는 데 이바지할 것이다.

또 형평운동은 조선 시대 신분제의 해체와 인권 증진, 평등 사회 실현

등 전통 사회와 근대 사회를 잇는 다양한 주제와 밀접한 관계가 있다. 이런 점에서 형평운동의 중추 세력인 백정의 삶과 경제적·사회적 상황에 대한 탐구가 요구된다. 예컨대, 전통 사회에서, 그리고 근대 사회로의 이행 과정에서 백정이 겪은 경제적·사회적 여건에 대한 탐구는 전통 사회 질서의 와해, 자본주의 사회로의 전환 같은 다양한 영역의 연구로 이어질 것이다. 아울러 피차별민인 백정에 대한 민속학적(ethnography) 연구는 형평운동의 배경을 규명하는 데 필요하다. 이와 같은 특징을 반영한 학문 간의 다각적인 형평운동 연구는 다양한 주제의 연구 지평 확대에 이바지할 것이다.

형평운동이 피차별민 소수 집단으로서 교류와 연대 활동을 벌인 일본의 수평사와의 관계도 더 깊이 살펴볼 문제다. 양국의 피차별 집단이 선진적으로 수행한 국제적 인권 증진 연대 활동은 세계 인권운동사에서 높이 평가되고 있다. 이러한 두 단체의 활동은 인권보장체제 구축을 위한 국제 연대와 협력에 시사점을 제공하고 있다. 아울러 두 단체의 연대 활동은 제국주의 시대의 제약을 반영한 한계를 보인다는 점에서 또 다른 관점의 탐구가 요구된다. 이와 같은 미래지향적인 다양한 연구주제 발굴은 형평운동 연구의 가치를 더욱 높여줄 것이다.

마지막으로, 앞서 살펴본 한일 연구자의 협력 사례에서 보듯이, 연구 성과를 높여줄 국제 연구 협력이 필요하다. 일본어를 제외한 다른 언어권의 형평운동 연구는 대단히 미진한 상황이다. 그러나 인권운동으로서, 특히 소수자운동으로서 형평운동에 대한 국제적인 관심이 커지면서 탐구 영역의 발전 가능성도 커지고 있다. 여러 언어권의 국제 협력 연구는 세계적인 인권운동 사례로서 형평운동의 성격과 위상을 재인식하며 연구 활성화를 이끄는 데 이바지할 것이다. 이것은 또한 유럽이나 서양 중심의 인권운동 역사 인식에서 벗어나 인권의 보편성을 실현하고자 하는 국제 사회의 요구에 부응하는 연구가 될 것이다.

3장
형평운동의 역사사회학적 탐구 되짚어보기*

1. 머리글

널리 알려진 대로 형평사는 1923년 4월 24일 기성회, 25일 발기총회를 통해 창립한 뒤 1935년 4월 24일 전국정기대회에서 대동사로 이름을 바꿀 때까지 전국적인 활동을 이끌었다. 2023년 형평사 창립 100주년을 맞이하여 창립지 경남 진주를 비롯하여 전국 곳곳에서 형평운동의 역사를 기념하는 다양한 행사가 열렸다. 40여 년 동안 형평운동을 탐구해온 나에게는 이러한 행사가 더욱 특별하게 다가왔다. 개인적으로는 4월 24일 국사편찬위원회에서, 그리고 4월 26일과 28일 경상국립대학교에서 열린 학술회의에 참여했다.[1]

---

* 김중섭, 「형평운동의 역사사회학적 탐구 되짚어보기: 형평사 창립 100주년에 즈음하여」, 『東方學志』(연세대학교 국학연구원) 205, 2023, 115-141쪽을 수정 보완함.

[1] 세 편의 발표문은 모두 2023년 책자로 발간되었다. 김중섭, 「형평운동과 인권, 그리고 사회적 연대」, 국사편찬위원회 엮음, 『형평운동의 발자취: 평가와 현대적 함의』, 국사편찬위원회, 2023ㄱ, 1-58쪽; 「형평운동의 역사적 과정과 의의」, 김중섭·장만호 엮음, 『형평운동과 인권의 시대』, 도서출판 사람과나무, 2023ㄴ, 59-101쪽; 「형평운동 연구의 성과와 동향」, 김중섭·장만호 엮음, 『형평운동과 인권의 시대』, 도서출판 사람과나무, 2023ㄷ, 306-339쪽. 이 세 편은

형평운동의 역사적 의미를 찾는다면,[2] 우선, 형평운동의 주체는 조선 시대의 신분제에서 최하층 신분 집단인 백정이었고, 형평운동의 목적은 그들에 대한 차별을 철폐하고 평등한 사회를 만들려고 했다는 점에 주목하게 된다. 형평운동은 1894년 갑오개혁으로 신분제가 사라졌지만 20세기 초에도 여전히 자행되고 있는 신분제의 폐습을 타파하고자 했다. 3.1운동의 영향 아래 자유와 평등 사회를 건설하려는 구체적인 사례인 형평운동은 백정 차별 철폐와 평등 대우 실현을 통해 인권 회복과 증진을 도모한 활동이었다. 이렇게 조선 시대의 신분제 잔재를 없애고 평등 사회를 만들려는 형평운동의 배경과 과정에는 백정의 사회적·경제적 변화가 있었다. 전통 사회에서 도축이나 식육판매, 피혁 가공 등 특정 산업에 종사하던 백정은 산업화와 자본주의 사회로 이행되는 가운데 국가의 통제를 받으며 기존의 권익을 상실해가고 있었다. 이러한 변화에 집단으로 대응하기 위해 백정은 형평운동에 열성적으로 참여하며 예전의 공동체적 관계를 복원하고자 했다.

형평운동은 일제강점기에 단일 조직으로 전국에서 가장 오랫동안 활동한 사회운동으로 기록된다. 사회개혁을 추구하는 역동적인 사회 흐름에 따라 다른 사회운동과 연대하며 활동한 형평운동에는 일제강점기의 격변, 신분제의 잔재 청산, 근대의 평등 사회를 향한 집합행동, 산업화 및 자본주의 사회로의 이행 등의 변화가 반영되어 있었다.

요컨대, 형평운동은 전통 사회에서 근대 사회로 이행하는 과정에서 신분제의 잔재를 없애고 평등 사회를 만들고자 한 역사적 과정이었고, 산업화와 자본주의 사회로의 이행 과정에 백정 집단의 변화가 투영된 역사였으며, 일제의 식민 통치 아래 겪은 통제와 억압이 반영된 역사였다.

이 책의 6장, 2장, 3장 참조할 것.

2) 김중섭, 위의 글(2023ㄴ).

글쓴이는 1981년 경남 진주에 소재한 경상대학교(2022년 경상국립대학교로 이름 바꿈)에 부임하면서 형평사가 진주에서 창립되어 전국적인 사회운동으로 발전했다는 것을 우연히 알게 되었다. 그런 계기로 형평운동을 탐구하기 시작하여 1988년 첫 논문[3]을 발표한 이후 지금까지 탐구를 이어왔다. 형평운동 100주년에 즈음하여 그동안 탐구한 형평운동의 연구 방법과 내용을 되짚어보고자 한다. 특히, 역사사회학적 관점에서 형평운동의 사회적 조건, 참여자와 조직, 목적과 성격, 안팎 환경의 역동적 관계 등을 살펴보려고 한다. 이것은 그간의 형평운동 연구를 성찰하며 앞으로의 연구 지평을 확대할 방안을 모색하기 위함이다.

2. 형평운동 연구 방법의 유산

1) 형평운동 연구의 성과

1980년대까지 형평운동 연구는 그다지 활발하지 않았다. 전체적인 역사적 사실조차 파악되지 않았고, 연대기적 과정은 개괄적 수준으로도 정리되지 않았다. 1980년까지 발표된 학술논문은 불과 3편에 지나지 않았고,[4] 『경상남도지』와 『한국 공산주의운동사』의 부분으로 2편의 글이 실렸으며,[5]

---

3) 김중섭, 「1920년대 형평운동의 형성 과정: 진주 지역을 중심으로」, 『동방학지』 59, 1988, 231-273쪽.

4) 김의환, 「일제 치하의 형평운동 고: 천민(백정)의 근대로의 해소 과정과 그 운동」, 『향토 서울』 31, 1967, 51-90쪽; 김의환, 「일제하의 형평운동」, 『한국사상』 9, 1968, 177-208쪽; 진덕규, 「형평운동의 자유주의적 개혁 사상에 대한 인식」, 『한국정치학회보』 10, 1976, 169-181쪽.

5) 김용기, 「형평운동의 발전」, 『경상남도지』 상권, 경상남도지 편찬위원회, 1959, 810-824쪽; 김준엽·김창순, 『한국 공산주의운동사』 전 5권, 고려대학교 출판부, 1973.

형평운동 관련 신문 기사를 편집한 책자가 나왔다.[6]

반면에 한국보다 일본에서 형평운동에 대한 탐구가 활발했다. 1970년대에 이케가와 히데카쓰가 동아일보의 형평운동 기사를 일본어로 번역하고,[7] 형평사 활동 연표를 작성했다.[8] 그리고 이를 활용한 4편의 논문이 발표되었다.[9]

해방 이후 2022년까지 우리나라에서 발표된 형평운동 연구 글은 64편이 파악되었다.[10] 발표 시기를 살펴보면, 1980년대 후반부터 형평운동에 대한 학계의 관심이 증폭되어 여러 관점의 논문이 나온 것을 알 수 있다. 그리고 전문 연구자가 등장하기 시작했는데, 그 가운데 고숙화는 역사학에서,[11] 김중섭은 역사사회학적 방법으로 여러 논문을 발표했다.[12]

---

6) 김영대, 『실록 형평』, 송산출판사, 1978.

7) 池川英勝 옮김, 秋定嘉和 해설, 「東亞日報(1923-1928年)にみられる朝鮮衡平運動記事」(1-3), 『朝鮮學報』60(1971. 7), 62(1972. 1), 64(1972. 7).

8) 池川英勝, 「朝鮮衡平運動史年表」, 『部落解放研究』3, 1974, 51-94쪽.

9) 井口和起, 「朝鮮の衡平運動: 衡平社の創立と初期の運動」, 『水平社運動史の研究』6, 1973, 277-298쪽; 秋定嘉和, 「朝鮮衡平社運動: 日本の水平社運動と關連して」, 『部落解放』52, 1974, 45-57쪽; 池川英勝, 「朝鮮衡平社運動について」, 『朝鮮學報』83, 1977, 141-162쪽; 池川英勝, 「朝鮮衡平運動の史的展開: 後期運動を通じて」, 『朝鮮學報』88, 1978, 73-101쪽.

10) 김중섭, 「형평운동의 연구 동향과 자료」, 『현상과인식』46(2), 2022 여름호, 29-62쪽; 이 글을 보완한 김중섭, 위의 글(2023ㄷ) 참조할 것.

11) 그 가운데 고숙화, 「형평사에 대한 일연구: 창립배경과 초창기(1923-25) 형평사를 중심으로」, 『사학연구』38, 1984, 645-690쪽; 「일제하 형평사 연구: 1926년 이후의 형평사를 중심으로」, 『사학연구』40, 1989, 327-362쪽; 「'예천사건'을 통해 본 일제하의 형평운동」, 『수촌 박영석 교수 화갑 기념 한민족독립운동사논총』, 논총간행위원회, 1992, 275-292쪽; 「일제하 사회운동과 형평운동의 연관 관계」, 『형평운동의 재인식』, 솔출판사, 1993, 155-190쪽; 「일제하 형평사 연구」, 이화여자대학교 대학원 박사학위논문, 1996; 『형평운동』, 독립기념관 한국독립운동사연구소, 2008 등이 있다.

12) 김중섭, 위의 글(1988); 「일제 침략기 형평운동의 지도 세력: 그 성격과 변화」, 『동방학지』76, 1992, 103-134쪽; 「형평운동의 지향과 전략」, 『형평운동의 재인식』, 솔출판사, 1993, 103-136쪽; 「한국 형평사와 일본 수평사의 인권 증진 협력 활동 연구」, 『사회와 역사』84, 2009ㄱ, 133-175쪽; 「신분 사회 해체와 형평운동」, 『사회운동의 시대: 일제침략기 지역 공동체의 역사사회

형평운동 연구 확장의 주목할 만한 계기는 형평사 창립 70주년에 즈음한 국제학술회의 개최와 발표문을 모은 단행본 간행이었다.[13] 이것은 한국을 비롯한 미국, 영국, 일본 등지의 연구자들이 모여 학술회의를 열고, 발표문을 단행본으로 발간하기로 기획한 결과였다. 그리고 그 단행본은 이듬해 일본어로 번역되어 일본의 형평운동 연구에 널리 활용되었다.[14]

형평운동 연구의 또 하나의 특징은 여러 분야에서 다각적으로 다루어진 점이다. 1990년대에는 역사학뿐만 아니라 정치학, 사회학, 교육학, 문학 등 여러 분야에서 논문이 발표되었고, 그 추세는 2000년에 들어와 더욱 활발하게 나타났다. 양적으로 늘어났을 뿐만 아니라 주제도 다양해졌다. 특히, 형평사 지역 활동, 형평운동과 다른 분야의 연계에 관한 연구가 이루어졌다. 2000년 이후에는 형평운동이 여러 분야의 석사학위논문으로 다루어졌다. 그만큼 형평운동에 대한 관심이 확산된 증거였다.

형평운동 연구가 활성화된 또 하나의 전기는 형평사사료연구회(2016년 조선형평운동사연구회로 이름을 바꿈)의 결성이었다. 2013년 형평사 창립 90주년 즈음에 한국과 일본 연구자들이 결성한 이 연구회를 중심으로 다양한 학술 활동이 이루어졌다. 특히, 한일 양국 연구 성과의 공유, 연구자들의 교류와 연

학』, 북코리아, 2012 ㅁ; Joong-Seop Kim, "In Search of Human Rights: The Paekchong Movement in Colonial Korea," Gi-Wook Shin · Michael Robinson 엮음, *Colonial Modernity in Korea*, Cambridge, London: Harvard University Asia Center, 1999, 311-335쪽 등의 논문과 『형평운동연구: 일제침략기 백정의 사회사』, 민영사, 1994; 『형평운동』, 지식산업사, 2001; 일본어 번역본 『衡平運動: 朝鮮の被差別民・白丁, その歷史とたたかい』, 高貞子 옮김, 大阪: 解放出版社, 2003; 『평등 사회를 향하여: 한국 형평사와 일본 수평사의 비교』, 지식산업사, 2015; Joong-Seop Kim, "Social Equity and Collective Action: The Social History of the Korean Paekjong under Japanese Colonial Rule," 박사학위논문, Hull University, 1989; *The Korean Paekjong under Japanese Rule: The Quest for Equality and Human Rights*, London: RoutledgeCurzon, 2003 등의 단행본이 있다.

13) 형평운동70주년기념사업회 엮음, 『형평운동의 현대적 재인식』, 솔출판사, 1993.

14) 衡平運動70周年記念事業會 엮음, 『朝鮮の身分解放運動』, 民族教育センター 옮김, 大阪: 部落解放研究所, 1994.

구발표회 개최, 사료 수집, 현장 답사 등이 진행되었고, 수집된 사료를 묶은 사료집 2권이 발간되었다.[15]

2016년 발간된 『조선형평운동사료집』[16]은 조선총독부 경무국, 각 도 경찰부, 조선군 참모부 등 일제 관헌의 형평운동 개황 기록과 경성지방법원 검사국 문서 등을 실었다. 이 『사료집』은 한글 원문과 일본어 번역문을 함께 싣고 있어 경찰이 수집한 형평사 전국대회 자료나 통신문 등의 원문을 확인할 수 있다.

그리고 2021년 발간한 『조선형평운동사료집·속』[17]은 한국어와 일본 어 신문과 잡지의 형평운동 관련 주요 기사, 수평운동과의 교류 사료, 형평 청년전위동맹 사건에 관한 광주경찰서의 '보고서'와 증거품, '피의자 심문 조서'와 의견서, 광주지방법원의 '예심종결결정문', 대구복심법원의 '판결 문'을 게재했다.

두 권의 『사료집』 발간은 형평운동 연구의 촉진에 크게 이바지한 것으로 평가된다. 2022년 파악된 형평운동 관련 일본어 글이 160편 정도 되는 데,[18] 그 가운데 20편 이상의 논문이 지난 5년 동안 발표된 것이었다. 한국 과 일본 연구자의 연구회 활동과 『사료집』에 게재된 사료 활용 등이 일본인 의 연구 성과를 높이는 데 이바지했다고 판단된다.

---

15) 후속 사료집이 2025년 발간될 예정이다.

16) 部落解放·人權研究所 衡平社史料研究會 엮음, 『朝鮮衡平運動史料集』, 金仲燮·水野直樹 감수, 大阪: 解放出版社, 2016.

17) 部落解放·人權研究所 朝鮮衡平運動史研究會 엮음, 『朝鮮衡平運動史料集·續』, 金仲燮·水野直樹 감수, 大阪: 解放出版社, 2021.

18) 朝鮮衡平運動史研究会, 「朝鮮衡平運動史研究日本語文献一覧について」, 『部落解放研究』 214, 2021년 3월, 150-161쪽.

2) 자료의 교차 검증과 활용

연구 성과는 합당한 자료의 효과적인 활용을 통해 이루어진다. 지금까지의 형평운동 연구 성과를 보면, 시기별로 활용된 자료가 다르다는 것을 알 수 있다. 초기 연구에 가장 많이 활용된 자료는 당시의 신문, 잡지 기사였다. 형평사 측의 1차 자료가 별로 남아있지 않은 상황에서 형평운동 관련 사항을 상세하게 보도한 신문·잡지 기사는 대단히 유용한 자료였다. 그것은 형평운동의 전반적인 사실을 기록했을 뿐만 아니라 형평사 주지, 서광회 선전문, 동인회 격문, 전국대회 안건, 형평사 선언과 강령 등 형평사에서 발표한 문건의 원문을 싣고 있다.

3.1운동 이후 이른바 문화통치 정책으로 바뀌면서 발간이 허용된 한국어 신문과 잡지는 형평사가 활동한 1920년대와 1930년대의 사회운동을 상세하게 보도했다. 사회운동이 중요한 사회 현상이라는 점도 작용했지만, 언론 매체의 본사 및 지국에 종사하는 언론인들이 형평운동을 비롯한 사회운동 전반에 관심이 많은 지식인이었기 때문에 상세하게 다루어졌다. 특히, 일부 언론인은 실제로 사회운동에 참여한 활동가였다. 이런 점에서 어떤 경우의 언론 보도는 성격상 사회운동가들의 참여관찰 기록이라고 할 수 있다.[19]

이와 같은 언론 기사의 수집은 형평운동 연구를 위한 1차적 작업이었다. 연구자들은 개인적으로 노력하여 마이크로필름으로 보관된 당시 신문 기사를 검색하고 해당 기사를 프린트하여 정리하며 활용했다. 이른바 '가위와 풀'로 상징되는 자료 수집 작업이었다.

---

19) 예컨대, 형평운동 창립에 참여한 신현수는 현직 『조선일보』 진주지국장이었다. 『조선일보』, 1923년 4월 30일, "진주에 형평사 발기" 참조할 것.

나는 개인적으로 이렇게 수집된 신문 자료를 1980년대에 발전하기 시작한 컴퓨터 프로그램을 이용하여 자료은행(database)을 구축했다. 신문에 보도된 사건의 날짜, 지역, 활동 내용, 관련자 이름, 그리고 신문 이름과 발간일 등을 항목으로 설정하여 입력했다. 그렇게 만들어진 자료은행에 입력된 형평운동 관련 기사가 연 2천 건이 넘었고, 형평운동 관련 인물이 연 6천 명이 넘었다. 흩어져있는 개별 기사의 자료 가치는 별로 크지 않아도 많은 기사를 한데 모아서 정리하면 전체 흐름이나 서로 연계된 내용을 파악할 수 있는 자료로서 가치를 갖게 되었다. 이렇게 1980년대에 개인적으로 구축한 자료은행은 형평운동의 전반적인 흐름, 주요 사건이나 활동 내용, 활동가 배경 등을 파악하는 데 아주 유용했다.

오늘날에는 연구자 개인이 자료 입력 작업을 하거나 자료은행을 구축할 필요성이 크지 않다. 대개의 신문 잡지 자료는 공공 도서관이나 언론사에서 제공하는 자료 검색 기능을 활용하여 필요한 부분을 손쉽게 구할 수 있다. 과학기술의 발전 덕분에, 특히 컴퓨터 활용 범위가 크게 확장되면서 연구에 필요한 자료 수집과 분석이 한결 쉬워졌다.

신문·잡지 자료와 함께 형평운동 연구에 널리 활용되는 또 하나의 자료는 일제 관헌의 편찬 문헌이었다. 조선총독부 경무국이나 각 도 경찰의 연례보고, 특정 사건에 대한 검찰 조서와 재판 기록 등 다양한 일제 관련 자료는 형평운동 관련 내용을 기록하고 있다. 이 문헌들은 통제를 위한 첩보 수집 차원에서 기록했거나, 사건 조사와 처벌을 위해 기록한 것이지만, 형평운동의 양상을 이해하는 데 유용했다.

초기의 형평운동 연구 시기에는 일제 문헌 자료의 접근이 제한되어 있어서 활용 가능한 자료가 많지 않았고, 그에 따라 내용도 풍부하지 않았다. 대개의 경우, 신문이나 잡지의 보완 자료로 활용되는 수준이었다. 그러나 2000년대에 들어와서 대학, 국가 기관, 사립 연구기관 등이 보관하던 일제 관헌 자료의 열람이 허용되면서 자료에 대한 접근이 쉬워졌다. 특히, 일제 검찰과 법원의 자료를 인계받은 국사편찬위원회에서 자료은행을 구축하여 공개함으로써 일제 문헌 자료의 활용도가 조금씩 높아지기 시작했다. 그러나 원본을 스캔하여 제공되는 일제 관헌 자료가 대부분 일본어 필기체로 쓰인 탓에 해독의 어려움이 있었다. 이런 점에서 앞서 언급한 두 권의 『사료집』은 자료 내용을 컴퓨터 활자체로 번각하여 정리했기 때문에 훨씬 활용하기 쉽다. 게다가 형평운동 관련 자료를 체계적으로 정리해놓아 연구의 효율성을 높이는 데 효과적이다.

자료의 접근성은 연구 성과를 높이는 데 중요한 요소다. 따라서 한국어 자료집 발간이 시급하다. 신문, 잡지 등의 자료를 집대성하고 일본어 자료를 한국어로 번역하여 손쉽게 활용할 수 있도록 한다면 연구자의 수고는 한결 덜어질 것이다.

문헌 자료에서 유의해야 할 점은 내용의 오류 문제다. 그렇기 때문에 문헌 자료의 비판적 검토가 필요하다. 예컨대, 일제의 조작 사건인 '형평청년전위동맹' 사건의 피의자 심문조서는 그 배경을 충분히 감안하여 비판적으로 검토하며 활용해야 할 것이다.

문헌 자료의 오류를 피하는 방안 가운데 하나로 여러 자료를 교차 검증하며 활용했다. 곧, 활용 가능한 모든 자료를 교차 검증하여 자료의 신빙성을 높이고자 했다. 이를 위해 다양한 자료를 최대한 수집하여 활용했고, 아울러 자료를 신중하게 채택하되, 자료끼리 교차 검증하여 역사적 사실의 오류를 최대한 줄이려고 했다.

문헌 자료의 약점을 보완하는 또 하나의 방안으로서 역사적 사실과 경험을 증언하는 구술사를 활용했다. 역사적 사실을 아는 사람의 증언은 기록물의 내용을 보완할 수 있는 유용한 방법이다. 형평운동의 경우, 활동 주체인 백정의 삶과 활동가들의 배경, 구체적인 사실 확인과 활동 분위기 등 구술 증언을 통해 얻을 수 있는 영역이 많다. 형평사 측의 1차 자료나 참여자 기록 자료가 별로 없는 상황에서 관계자의 증언은 2차 문헌의 내용을 점검하고 맥락을 파악하는 데 큰 도움이 되었다.

그런데 형평운동에 관해 증언해줄 관계자가 많지 않은 것이 아쉬웠다. 1980년대에 대개의 참여자는 이미 작고했고, 역사적 사실이나 시대 상황을 기억하는 사람들은 대부분 고령이었다. 게다가 신분제는 사라졌어도 신분에 대한 편견이 남아있어 말하기를 꺼리는 분위기였다. 특히, 백정 출신이거나 그 후손들은 신분 배경이 드러날까 염려하여 증언하기를 주저했다. 그들의 의식에는 아직도 신분 차별의 잔재가 남아있었다.

다행스럽게 진주 지역에서 형평운동 관련 역사와 백정의 삶을 기억하는 노인들의 증언을 들을 수 있었다. 그리고 그들의 소개로 형평사원 후손들을 만날 수 있었고, 그들과 친밀한 관계를 형성한 뒤 형평운동 관련 역사와 시대 상황을 들었다. 증언자들은 옛날 일을 정확하게 기억하지 못하거나, 과장하거나 감추는 사례도 적지 않았지만, 증언은 기록되지 않은 역사를 밝혀줄 뿐만 아니라 문헌 내용을 검증하는 데 유용했다. 그 결과, 백정의 삶, 형평사 창립 시기 활동가의 신분 배경과 개인적 관계, 활동 내용을 파악하여 상설시장에서 식육판매를 하던 백정이 형평사 창립에 참여한 것을 확인했다. 그것은 백정이 형평운동의 형성과 발전에 직접 참여한 것을 밝힌 실증 사례였다.

오늘날에는 영상 기록, 녹음과 녹취 등에 관한 기술이나 방법이 크게 발전했지만, 1980년대의 연구 여건은 미비한 점이 많았다. 그런 한계 탓으로 기대만큼의 결과를 얻지 못하는 경우도 많았다. 특히, 진주 지역을 벗어나 다른 지역의 사례를 충분히 조사하지 못한 아쉬움이 크다.

3) 학제적 연구 지향

형평운동은 조선 시대 신분제의 잔재를 타파하려는 집합행동이었다. 그 수혜자는 최하층 신분 집단으로서 갖가지 차별을 받아온 백정이다. 또 일제강점기에 가장 오랫동안 지속된 사회운동으로서 역동적 과정을 겪었다. 이러한 특징 탓으로 형평운동은 복합적 양상을 갖고 있으며, 그에 따라 여러 학문 분야의 연구 대상으로 주목을 받으며 학제적 탐구가 활발하게 이루어졌다. 이와 같은 형평운동 연구는 지금까지 몇 가지 특징을 보여왔다.

우선, 많은 연구의 핵심 과제는 형평운동의 역사적 과정을 규명하는 것이었다. 1923년 형평사 창립부터 1935년 대동사로 바뀔 때까지 12년의 활동 과정을 복원하며 역사적 사실을 규명하고자 했다. 곧, 진주 지역의 형평사 창립 과정, 창립 초기에 벌어진 파벌 대립과 분열, 그리고 양측의 통합과 총본부의 서울 이전, 해마다 4월에 열리는 전국대회, 지도부의 구성과 조직 확장, 반형평운동 세력과의 갈등, 사회운동 세력과의 사회적 연대, 일제의 통제와 간섭, 그리고 고려혁명당 사건, 형평청년전위동맹 사건, 해소론 논쟁 같은 쟁점별 사건 등이 형평운동 연구의 주요 내용이었다. 이와 같이 오랫동안 학계의 주목을 받지 않은 형평운동의 역사적 과정을 밝히는 것이 연구의 1차적 과제였고, 그 결과 이제는 형평운동의 전개 과정이 대략 밝혀졌다고 판단된다.

형평운동의 역사적 과정의 복원과 함께 주체 세력인 백정 집단에 대한 경제적·사회적 탐구가 연구의 주요 대상이었다. 전통 사회에서 최하층 신분 집단으로서 억눌려오고 차별받아온 백정의 경험은 형평운동이 일어난 사회적 조건으로 작용했다. 따라서 형평운동을 설명하기 위해 형평사 창립 이전의 역사를 밝히는 탐구가 필요했다. 예컨대, 1894년 갑오개혁을 통해 신분제가 철폐되었지만, 그 이후 백정이 겪은 차별 상황과 삶의 변화는 형평운동 발발의 요인이 되었다. 또 도축, 식육판매, 피혁 가공과 거래 등 백정의 전통 산업에 대한 국가 통제와 간섭의 증대는 백정의 삶에 커다란 변화를 가져왔다. 따라서 형평운동의 발전을 설명하기 위해 형평사 이전에 백정이 겪은 사회적·경제적 변화를 규명하고자 했다.

형평운동 이전 역사와 마찬가지로 1935년 대동사로 바뀐 이후의 변화도 백정의 삶과 밀접하게 연관되어 있다. 형평운동의 인권 활동 성격을 상실한 채 일제에 부역한 백정의 삶은 그 시기의 역사적 격변을 반영하고 있다. 백정의 삶과 밀접하게 연관되어 있는 형평운동 이전 역사와 마찬가지로 형평운동 이후 역사에 대해 탐구하고자 했다.

마지막으로, 형평운동이 집합적으로 사회적 환경을 바꾸려는 사회운동이라는 점에서 백정의 삶과 생활 환경, 형평운동의 사회적 조건 등에 대한 역사사회학적 탐구가 이루어졌다. 곧, 어떤 사회적 조건에서 형평운동이 일어났고, 누가 참여했고, 어떻게 발전했고, 활동 목적은 무엇이었고, 목적 달성을 위해 어떤 전략을 활용했고, 어떤 성과를 거두었는지 등이 탐구 주제였다. 이와 같은 연구 과제의 설정과 탐구는 형평운동의 역사적 과정뿐만 아니라 성격이나 특징을 밝히는 데 유용하다고 판단했다.

일제강점기라는 시대 상황에서 일어난 형평운동은 그 시기에 사회 구성원들이 경험한 생활사 및 사회사와 밀접하게 관련되어 있다. 이런 점에서 개별 사건과 전체 사회의 불가분적 관계를 인식하며 형평운동을 둘러싼 바깥 환경인 일제의 통치, 형평운동 반대 세력과의 갈등, 다른 사회운동과의 협력과 연대 등을 탐구했다. 또 형평운동의 전국 상황과 함께 지역 활동에 대한 논의가 이루어졌다.[20] 아울러 형평운동의 역동적 양상을 규명하기 위한 다양한 접근 방법이 활용되었다.

---

20) 김재영, 『일제강점기 형평운동의 지역적 전개』, 전남대학교 대학원 박사학위논문, 2007ㄱ.

요컨대, 형평운동 전개 과정의 역사적 사실을 밝히고, 백정의 삶을 탐구하고, 사회운동으로서 형평운동을 규명하여 복합적이며 역동적인 형평운동의 특징을 설명했고, 이를 위해 학제적·융합적 연구 방법을 활용했다.

　　지금까지 논의한 다양한 연구 방법과 내용은 앞으로 형평운동 탐구에 유용하게 활용될 것이다. 그러한 과정을 통해 학문 성과가 축적되며, 새로운 연구를 촉진할 것으로 기대된다. 예컨대, 형평운동의 이념이나 사상적 배경에 대해 『한국 공산주의운동사』의 부분으로 설명하거나,[21] 자유주의적·이념적 바탕을 살펴보거나,[22] 자유평등운동으로 보는[23] 초기의 연구 성과물은 형평운동의 시대적 변화에 수반된 이념을 이해하는 데 도움이 되었고, 또 다른 연구를 자극했다고 생각된다. 또 다른 사례로, 백정이나 형평운동을 소재로 삼은 문학 작품으로 일제강점기 조명희의 소설 『낙동강』, 김영팔의 희곡 『곱장칼』, 그리고 해방 후 황순원의 소설 『일월』, 박경리의 대하소설 『토지』 등에 대한 연구가 활발하다.[24] 문학에 비친 형평운동은 역사적 사실을 뛰어넘는 새로운 영역이라는 점에서 이러한 연구는 형평운동 연구의 지평을 넓히는 데 이바지했다고 생각된다.

21)　김준엽·김창순, 위의 글(1973).

22)　진덕규, 위의 글(1976).

23)　조휘각, 「형평사의 민권운동 연구」, 『국민윤리연구』 34, 1995, 617-652쪽; 「1920년대 자유 평등운동 연구: 형평사의 활동을 중심으로」, 『윤리연구』 42, 1999, 225-247쪽.

24)　최시한, 「〈일월〉과 형평운동의 관련 맥락」, 『서강어문』 10, 1994, 391-409쪽; 정영훈, 「백정 관련 연구의 맥락에서 본 〈일월〉」, 『한국현대문학연구』 24, 2008, 323-351쪽; 천정환, 「근대적 대중지성의 형성과 사회주의 (1): 초기 형평운동과 『낙동강』에 나타난 근대 주체」, 『상허학보』 22, 2008, 155-193쪽; 윤철홍, 「박경리 『토지』에 나타난 진주 지역에서의 형평사운동에 관한 소고」, 『법과 사회』 49, 2015, 173-201쪽; 이광욱, 「문제적 표상으로서의 '백정'과 역사극을 통한 재현의 낭만화: 김영팔의 〈곱장칼〉과 형평운동 겹쳐 읽기」, 『한국극예술연구』 69, 2020, 13-58쪽.

3. 형평운동의 역사사회학적 분석

이제, 앞서 논의한 연구 방법을 활용하여 이룬 형평운동의 연구 내용을 살펴보고자 한다. 연구의 주요 과제는 형평운동의 역사적 복원과 함께 복합적이며 역동적인 양상을 규명하는 것이었다. 특히, 사회적·역사적 맥락을 살펴보면서 형평운동의 사회운동 성격에 주목했다. 이를 위해 네 가지 사항, 곧 형평운동의 사회적 조건, 참여자의 복합성, 목적과 성격, 사회적 역동성에 초점을 두고 탐구했다. 이것이 형평운동의 특징을 드러내는 핵심 요소라고 판단했기 때문이다. 그 연구 내용을 간략하게 정리하며 되짚어보고자 한다.

1) 사회적 조건의 규명

형평운동은 전통 사회에서 근대 사회로 이행하는 과정에서 일어난 대표적인 역사적 사건이다. 역사사회학적 탐구의 문제의식은 형평운동이 일어나고 발전한 사회적 조건을 밝히는 것이었다. 이에 따라 백정이 겪은 사회적 상황, 형평운동 시기의 사회적 변화, 형평운동 발생과 전개의 사회적 여건을 탐구하고자 했다. 이와 같은 사회적 조건의 규명은 근대 사회로의 이행 과정을 반영하는 형평운동의 성격을 밝혀주는 것이었다.

형평운동의 사회적 조건을 규명하기 위해 세 가지 측면에 주목했다.[25] 첫째, 형평운동이 바꾸려고 하는 사회적 환경이다. 곧, 형평운동의 목적으로 백정 차별 철폐를 내걸게 된 요인인 사회적 억압과 속박이다. 둘째, 형평운동을 일으키고 이끌어갈 사회적 역량과 허용 조건이다. 셋째, 형평운동의

---

25) 김중섭, 위의 글(1994), 18-22쪽.

정당함과 방향을 제시하는 사회적 가치다. 사회운동 발생의 핵심 요소인 이 세 가지 측면의 사회적 조건을 '사회적 구속성', '사회적 허용성', '새 사상의 퍼짐'이라고 이름 붙였다. 그리고 이러한 사회적 조건을 규명하기 위해 형평운동의 이전 역사와 전개 과정을 탐구했다.

우선, 신분 차별을 겪은 백정의 상황과 차별 내용, 그로 말미암은 갈등과 충돌 등 형평운동을 일으키게 된 사회적 구속성에 주목했다. 이를 규명하기 위해 신분제에서 백정의 경험, 신분제 잔재의 사회적 상황을 살펴보았다. 이것은 제도적 측면뿐만 아니라 일상생활의 교제 과정 등에서 광범위하게 상존하는 차별과 억압을 밝혀내는 일이었다.

1894년 신분제 철폐를 법으로 규정했어도 일상생활에서 신분 차별 관습이 지속되었다. 예컨대, 서양 선교사들이 전도한 교회에서 일어난 백정과의 동석 예배 거부, 관청이나 관리들의 신분 차별과 부당한 요구, 심지어 형평사 창립 직전인 1922년 백정 야유회의 기생 동반에 대한 지역 주민의 지탄 행위 등 백정을 대상으로 한 차별과 억압, 그로 말미암은 갈등과 충돌이 빈번하게 일어났다.

백정 차별은 일상생활이나 의식에 머무르지 않고 학교 입학 제한, 호적의 신분 표기 등 제도나 관행으로 공공 영역까지 산재해 있었다. 한마디로, 그들은 수백 년 동안 '백정'이라는 정체성 아래 '버림받은 사람(outcast)'으로 취급받으며 억압과 속박을 겪었다. 그렇기 때문에 형평사원들은 백정 호칭과 신분 차별의 철폐를 강력하게 요구하며 저항했던 것이다.

또 전통 산업에서 누리던 독점 권한의 상실은 백정에게 생존을 위협하는 사회적 구속성으로 인식되었다. 도축, 식육판매, 피혁 생산 등에 대한 국가의 관리와 통제가 강화되면서 백정은 전통 사회에서 누리던 기득권을 잃게 되었다. 게다가 일본인을 포함한 비백정 출신의 자본가들이 백정의 전통 산업에 유입되면서 백정의 경제적 곤란은 더욱 심해졌다. 이와 같이 산업화와 자본주의화 과정에 일어난 전통 산업의 권익 박탈에 대해 백정은 부당하고 불합리한 사회적 구속성으로 인식했다. 이러한 상황은 형평운동을 일으켜서 바꾸고자 한 사회적 환경이었다.

사회 전반에 자행되는 신분제 유습의 사회적 구속성과 함께 형평운동의 또 다른 사회적 조건은 사회운동을 일으키고 이끌어가는 사회적 역량과 허용 여건이었다. 사회적 허용성이라고 정의한 이 조건은 억압, 불만, 부당함의 사회적 구속성을 타파하려는 사회운동이 일어날 수 있도록 만드는 것이었다. 형평운동의 주체 세력인 백정의 역량 성장, 그리고 형평운동의 형성과 발전을 지원하는 사회적 인식의 확산과 여건 조성은 형평운동의 주요한 사회적 조건이었다.

형평운동에 필요한 인적·물적 자원의 성장은 사회적 허용성의 주요 양상이었다. 신분 차별의 피해자 집단인 백정의 신분 해방 활동 경험, 그것을 둘러싼 사회적 여건의 조성 등과 함께 활용 가능한 인적·물적 자원의 축적, 특히 잠재적 참여자의 역량 성장은 형평운동의 사회적 조건으로 작용했다.

이와 같은 백정의 인적·물적 자원이나 동원 능력의 성장은 백정 집단의 경제적·사회적 변화와 병행하여 일어났다. 식육판매, 피혁상 등 전통 산업에 종사한 일부 백정은 산업화와 자본주의화 과정에서 생긴 상설시장에서 부를 축적하게 되었다. 그러면서 그들은 형평운동에 물적 자원을 제공할 능력을 갖추게 되었다. 백정 공동체는 소수의 부유한 집단과 다수의 빈곤 집단으로 계층 분화가 심화되었지만, 모두 차별 철폐 활동에 쓰이는 형평운동의 인적 자원이 되었다. 또 사회 전반에 교육 열의가 확산하면서 교육받은 백정 자녀들이 증가했다. 그렇게 교육받은 백정은 형평운동을 이끄는 인적 자원의 원천이 되었다. 이와 같은 백정 집단의 경제적·사회적 변화는 형평운동 발전의 사회적 허용성으로 작용했다.

형평운동 발전을 이끄는 사회적 허용성의 성장은 전체 사회에서도 나타났다. 3.1운동 이후 근대 사회로의 갈망과 개혁을 실현하려는 다양한 사회운동이 활발하게 일어났다. 사회운동 단체가 크게 늘어나고, 직업적 사회운동가들이 생기고, 사회운동 단체와 활동가들로 구성된 사회운동권이 형성되어 사회적 영향력을 키워갔다. 사회개혁을 지향하는 사회운동의 확산은 백정 차별의 부당함을 인식하며 타파하고자 하는 사회적 흐름을 조성했다. 이러한 전체 사회의 분위기는 형평운동 발전을 이끄는 사회적 허용성의 성장에 이바지했고, 더 나아가 다른 사회운동과의 협력과 연대를 이끄는 여건으로 작용했다.

마지막으로, 사회적 구속성을 인식하고 사회적 허용성을 증진하며 사회운동을 일으키는 사회적 가치에 주목했다. "새 사상의 퍼짐"이라고 이름 붙인 이러한 사회적 조건은 형평운동의 창립과 발전을 이끄는 또 하나의 핵심 요소였다. 자유, 평등, 신분 차별의 부당함 같은 사회적 가치나 사상은 차별 철폐를 주창한 형평운동을 이끄는 '새 사상'이었다.

신분제의 부당함을 인식한 새 사상의 형성과 확산은 19세기 말 조선 사회의 변화를 반영하고 있다. 예컨대, 1894년 갑오농민전쟁 때 농민군이 요구한 폐정개혁안, 갑오개혁의 "피장(백정)의 신분 해방" 법제화 등에 내재된 가치는 신분 차별의 부당함을 인식하는 원동력으로 작용했다. 그러나 사회적 억압과 속박이 지속되는 가운데 차별 관습 철폐 요구와 이에 대한 반발이 교차되는, 이른바 '개혁과 저항(반발)'이 빈번하게 일어났다.

이와 같은 상황에서 19세기 말 동학의 인내천(人乃天) 사상이 제시한 신분 타파, 조선 사회에 유입된 서구 문물, 특히 기독교의 평등 사상, 20세기 초 3.1운동의 사회개혁 의식 등이 중첩적으로 영향을 미치며 신분 차별과 억압의 부당함을 인식하고 형평운동을 이끄는 새 사상으로 작용했다. 백정을 둘러싼 사회적 구속성을 인식하고 형평운동의 사회적 허용성을 활성화하는 새 사상은 근대 사회로 나아가고자 하는 새로운 가치였다. 또 그것은 근대 가치인 인권을 자각하며 형평운동을 발전시키는 이념적 동력으로 작용했다. 더 나아가 사회주의 같은 새 사상과 결합하여 '인생권', '생활권' 같은 인권 개념을 발전시키며 인권 인식의 지평을 확대하는 데 이바지했다.

지금까지 간략하게 살펴본 바와 같이, 형평운동의 사회적 조건은 서로 복합적으로 작용하며 근대 사회로 나아가는 역사적 과정의 토대가 되었다. 이와 같은 형평운동의 생성과 발전을 이끄는 사회적 조건에 대한 탐구는 형평운동의 사회적·역사적 맥락을 규명하며, 아울러 전통 사회에서 근대 사회로 이행하는 역동적 과정을 밝히는 작업이었다.

2) 참여자의 복합성

사회운동은 여러 사람이 집합행동을 통해 사회적 환경을 바꾸려는 활동이다. 따라서 참여자는 사회운동의 전개에 영향을 미치는 주요 요소다. 곧, 참여자의 배경이나 성격이 형평운동의 전개 과정에 다양하게 영향을 미친다는 점에서 형평운동에 누가 참여했고, 지도 집단은 어떻게 구성되었으며, 지도 집단의 변화가 형평운동의 전개에 어떻게 영향을 미쳤는지 탐구했다.

신분 차별 철폐를 도모하는 형평운동의 수혜 집단은 백정이다. 그러나 백정뿐만 아니라 지도부에 참여한 비백정이 형평운동의 창립과 전개에 중요한 역할을 했다. 이러한 참여자의 배경과 역할은 형평운동의 복합적 양상으로 나타났다.

형평사 창립을 주도한 진주 지역의 참여자를 보면,[26] 지도자인 위원 5인은 비백정 출신 3인과 백정 출신 2인으로 구성되었다. 비백정 출신 위원

---

26) 김중섭, 위의 글(1988); 김중섭, 위의 글(2012ㅁ), 217-262쪽 참조할 것.

은 진주의 여러 단체에서 활동한 사회운동가들이었고, 백정 출신 위원은 공설시장에서 식육판매로 부를 축적한 백정 공동체 유지와 일본 메이지대학을 중퇴한 지식인이었다. 그리고 실무진들은 공설시장에서 식육판매를 하는 백정 출신들이었고, 그 가운데 일부는 인척 관계였다.

그리고 형평사 창립 20일 만에 창립 축하식이 열렸는데, 참석자는 대부분 여러 지역에서 온 백정이었지만, 행사 진행을 맡은 이들은 비백정 출신의 사회운동가들이었다. 이렇듯이 형평운동은 창립 때부터 백정이 주축을 이뤘지만, 비백정 사회운동가들이 적극적으로 협력했다.

형평사는 창립 축하식을 계기로 전국 조직으로 빠르게 발전했다. 중부 이남의 여러 지역에서 백정의 적극적인 참여와 지역 사회운동가들의 협력으로 지사와 분사가 창립되었다. 특히, 지역의 백정 유지들이 창립을 주도하는 양상이었다. 이렇게 빠르게 확장되어 창립 첫해 1년 동안 79개의 지사 및 분사가 결성되었다.[27]

형평사 발전에 백정과 비백정이 협력한 것은 가입 자격에 제한을 두지 않은 개방 방침 덕분이었다. 창립 때 채택한 형평사 사칙에 "조선인은 누구나 가입할 수 있다."고 규정했다. 그리고 백정과 비백정의 협력 배경에는 3.1운동 이후 확산된 개혁적인 사회운동의 영향도 있었다.[28] 3.1운동의 영향으로 각 지역에서 개혁운동이 활발하게 전개되는 사회적 분위기에서 지역 활동가들은 형평사의 결성과 발전에 적극적으로 협력했고, 형평운동도 사회운동권의 일원이 되어 개혁을 지향하는 사회적 연대에 동참했다. 요컨대, 백정의 적극적인 참여, 백정과 비백정의 협력, 사회운동권의 후원과 연

---

27) 村山智順, 『朝鮮の群衆』, 朝鮮總督府 조사자료 16집, 1926, 183쪽.

28) 김중섭, 위의 글(2023ㄱ); 김중섭, 『사회운동의 시대: 일제침략기 지역 공동체의 역사사회학』, 북코리아, 2012ㅁ.

대 활동을 통해 형평운동이 빠르게 발전했다.

비백정 사회운동가들이 참여하고 있었지만, 형평운동의 주체 세력은 수혜자인 백정이었다. 참여자의 절대 다수를 차지한 백정은 조선 시대부터 유지해온 결속력을 활용하여 형평운동에 인적·물적 자원을 제공했다. 그들은 형평사를 자신들의 단체라고 인식했다. 그 바탕에는 결혼, 거주 지역, 직업 등으로 형성된 공동체의식이 있었다. 형평사는 조선 사회의 백정 인구 총수를 지칭하는 40만 사원을 내세워 공동체의 결속을 강조했다.

형평운동 참여자의 복합성은 백정과 비백정의 공동 참여와 협력뿐만 아니라 백정 사회의 계층 측면에서도 나타났다. 20세기 초 백정 공동체의 계층 분화가 심화되었지만, 계층에 상관없이 모든 백정이 형평운동에 직극적으로 참여했다. 그 결과, 형평운동 참여자는 부유한 백정, 젊은 청년 백정, 일반 백정 등이 뒤섞인 복합적 성격을 갖고 있었다. 아울러 그들은 역할을 분담하여 형평운동 발전에 이바지했다. 대체로 부유한 백정은 물적 자원을 제공했고, 젊은 청년 활동가들은 형평청년회, 형평학우회 같은 하위단체와 분사 활동에 열성적으로 참여했으며, 일반 백정은 형평사가 요청하는 일에 적극적으로 호응했다.

참여자의 복합적 성격은 지도 집단의 구성에도 반영되었다.[29] 창립 때 형평사 임원은 진주 출신의 백정과 비백정으로 구성되었지만, 창립 축하식을 계기로 다른 지역의 백정 유지들이 보강되었다. 그리고 파벌 대립을 극복한 1924년 8월의 통합 대회에서 지도부는 전국 여러 지역의 백정 유지들과 사회운동 전력이 있는 비백정 출신 활동가들로 구성되었다. 이렇게 시기에 따라 다소 달랐지만, 전반적으로 지도 집단은 백정과 비백정, 노장층과 소장층, 그리고 각 지역의 유지들, 직업적인 형평운동가 등이 골고루 참여

---

29) 김중섭, 위의 글(1992).

하는 양상이었다.

형평사는 창립하면서부터 본사, 지사, 분사로 명명된 위계질서의 전국 조직 체계를 계획했다. 파벌 대립을 극복한 통합 대회에서 결의한 대로 본 사를 서울로 이전하며 중앙총본부로 개칭하고 중앙집행위원회와 상무집행 위원회를 설치했다. 중앙집행위원은 검사장 및 검사위원과 함께 전국대회 에서 선출했고, 중앙집행위원 가운데 상무집행위원을 선출하여 총본부 업 무를 담당하도록 했다.

전국대회에서 선출한 중앙총본부 임원은 형평운동에 전념하는 활동 가들과 지역 유지들로 구성되었다. 지역 출신의 임원은 피혁상, 식육판매상 등으로 부를 축적한 유지들이 많았다. 그리고 시간이 흐르면서 형평운동에 전념하는 직업적인 활동가들이 중앙총본부 지도자로 자리를 잡아갔다. 총 본부 임원의 지리적 분포를 보면 여러 지역 출신이 골고루 구성되어있어 형 평사 총본부는 지역 대표의 연합조직 성격을 갖게 되었다. 요컨대, 형평사 의 지도 집단은 출신 신분, 지역, 직업 등이 다양한 활동가로 구성된 복합적 성격을 갖고 있었다.

형평운동을 이끄는 지도자는 총본부 임원이었지만, 형평운동의 발전 과 퇴보를 결정짓는 요소는 일반 사원들의 참여였다. 그들의 참여 정도에 따 라 조직 활동이 활발해지거나 위축되었다. 곧, 일반 사원들의 참여는 형평운 동의 활성화를 결정짓는 잣대였다. 그리고 조직은 참여자를 연결하며 형평 운동의 목적을 실현하기 위한 활동을 이끄는 도구였다. 또 활동에 필요한 인 적·물적 자원을 동원하는 중추 역할을 했고, 안팎 환경을 잇는 통로가 되었 다. 그렇기 때문에 조직을 이끄는 지도 집단의 역할이 중요했다. 그러나 조 직의 유지와 활성화를 결정짓는 것은 일반 사원들의 참여 수준이었다.

1920년대 말까지 지역 조직인 분사가 늘어나면서 형평운동은 꾸준히 발전했다. 형평사는 중앙총본부, 지사, 분사의 위계질서 조직 아래 활발하게 활동했다. 이와 함께 직능별 하위단체인 청년회, 여성회, 학우회, 정위단 등이 지역별로 결성되어 활동했다.

그러다가 1920년대 말부터 사원들의 참여가 저조해지면서 제대로 활동하지 않거나, 심지어 해체된 분사가 늘어났다. 하위단체도 더 이상 활동을 지속하지 않았다. 주요 요인은 사원들의 경제적 곤란이었다. 1920년대 말 전 세계를 휩쓴 경제공황의 영향으로 사원들의 경제적 곤란이 심해지면서 활동을 중단하는 사원들이 늘어났다. 사원들의 참여가 줄어들면서 유명무실한 분사가 크게 증가했고, 형평운동이 전반적으로 퇴보했다. 자연스럽게 총본부에 분담금을 납부하는 분사가 줄어들어 총본부는 운영과 활동에 어려움을 겪게 되었다. 이러한 추세에서 1930년대 전반기에 급속도로 위축된 형평사는 1935년 대동사로 명칭을 바꾸고 인권운동의 성격을 상실한 채 이익집단으로 전락했다.

조직 상황의 변화에 따라 지도부의 구성도 달라졌다. 1920년대 후반 형평운동이 활발해지면서 청년회, 학우회 등 하위단체에서 활동하는 젊은 활동가들이 중앙총본부 지도부에 참여하게 되었다. 그 결과 창립 초기부터 형평운동을 이끌어온 노장층 지도자들과 새로 등장한 소장층 활동가들이 지도부를 분담하는 양상을 보였다. 그러면서 총본부 지도부의 온건한 노장층과 진보적인 소장층은 형평운동의 활동 방향과 방식을 둘러싸고 갈등을 빚었다. 특히, 진보적인 소장층은 형평사의 해소론 제안을 지지한 반면에, 노장층은 형평사의 존속을 주장하며 해소론에 반대했다.

1930년대 초 진보적인 젊은 활동가들이 일제가 조작한 형평청년전위 동맹 사건으로 체포되어 활동할 수 없게 되면서 형평사 지도부의 다양성이 쇠퇴했다. 식육판매, 피혁상에 종사하는 부유한 형평사원들 중심의 지도부는 경제적 이익 활동에 치중했다. 결국 대동사로 개칭한 이후 이익집단 성격이 더욱 강화되었다.

지금까지 간략하게 살펴본 것처럼 형평운동에는 백정과 비백정의 협력, 여러 계층 백정의 참여와 공동체의식 공유, 소장층과 노장층의 지도부 공동 구성 등 참여자들의 복합적 성격이 반영되어 있었다. 그리고 지도부 구성도 여러 지역의 유지들, 비백정 사회운동가들, 진보적인 소장파 활동가 등 복합적인 모습을 보였다. 이와 같은 참여자나 지도 집단 구성의 복합성은 형평운동이 역동적으로 전개되는 요인으로 작용했다.

3) 형평운동의 목적과 성격

형평운동의 목적은 창립 집회에서 채택한 형평사 주지를 통해 분명하게 제시되었다. "계급 타파, 백정 호칭 철폐, 교육 장려를 통해 '참사람'이 되고자 한다."는 목적은 신분제의 잔재인 신분 차별을 철폐하고 평등 사회를 만들겠다는 창립 취지를 구체적으로 제시했다. 이 목적에서 형평운동의 성격을 엿볼 수 있다.

우선, '참사람'이 되고자 한다는 목적은 형평운동의 인권운동 성격을 뚜렷하게 보여주고 있다.[30] 인권은 영국, 프랑스 등 유럽 중심으로 발전해 온 역사적 산물인데, 20세기 초 동아시아 지역의 식민지 지배를 받는 나라에서 인권을 주장하며 실행하고자 한 것은 특별한 현상으로 인식되었다. 1923년 창립 때 발표된 형평운동 문건은 '인권'을 적시하며 자유와 평등을 인간의 타고난 기본 권리라고 강조했다. 또 인간은 천부불가침의 자유와 평등을 누릴 권리가 있으며, 인권 침해와 억압은 인간에 대한 범죄라고 인식했다. 이러한 주장의 바탕에는 인간의 존엄성에 대한 가치가 깔려 있다. 형평사의 인권 인식과 주장은 근대 사회에서 볼 수 있는 모습이었다. 그렇기

---

30) 형평운동의 인권운동 성격을 논의한 김중섭, 위의 글(2023ㄱ), 10-14쪽 참조할 것.

때문에 형평운동은 전통 사회에서 근대 사회로 이행하는 역사적 과정의 대표적 사례라고 보는 것이다.

형평운동은 신분을 없애고, 차별을 철폐하고, 자유와 평등을 누리는 '참사람'이 되는 것을 목표로 삼고, 이를 실현하기 위해 교육과 교양을 함양하고, 차별 관습에 저항할 것을 결의했다. 특히, 형평운동 반대 세력과의 갈등과 충돌에 적극적으로 대항했다. '백정'이라는 이유로 차별받거나 업신여김을 당하는 것에 강력하게 대항한다는 형평사의 방침과 행동은 인권의식의 깨달음을 반영하는 것이었다. 인권의식이 확고해지면서 차별에 적극적으로 대항하며 형평운동 반대 세력을 응징하고자 했다. 요컨대, 형평사원 차별이나 형평운동 반대 활동에 집단적으로 대항하는 것이 형평사의 기본 방침이었다. 그에 따라 신분 차별이나 형평운동 반대 행위를 인권 침해로 인식하여 총본부에 보고하도록 분사에 지침을 하달했다. 차별에 대응하지 않는 경우, 형평사 차원에서 처벌한다는 규정도 마련했다. 따라서 반형평운동 세력과의 갈등이나 충돌이 빈번하게 일어났다. 심지어 차별 관습을 둘러싼 사소한 다툼이 집단 충돌로 확대되었다. 그렇기 때문에 형평운동 반대 세력과의 갈등과 충돌 건수의 증가는 인권의식이 높아지고 인권운동 성격이 강화된 것을 보여주는 지표로 이해되었다.

형평운동의 인권운동 성격이 강화되면서 차별 사건은 형평사원 개인뿐만 아니라 형평사 전체가 대응해야 할 문제로 인식했다. 차별 사건이 보고되면, 형평사 총본부는 전국의 분사에 통지하여 공동 대응하도록 촉구했다. 예컨대, 1925년 형평사 역사상 가장 대규모 충돌 사건인 예천 사건이 일어났을 때, 형평사 총본부는 전국 조직에 통지하여 대항을 촉구했다. 이에 따라 일부 분사는 예천 사건의 책임자를 규탄하고 대표단을 파견하여 예천

사원들을 응원했다.[31]

이와 같이 형평사는 백정 호칭의 철폐 요구, 관리들의 부당한 대우에 대한 적극적인 대항 등을 지속적으로 벌이는 한편, 교양 함양 활동, 교육 확대 등을 통해 인권의식의 확산을 도모했다. 곧, 모든 인간은 자유와 평등을 누릴 권리를 갖고 있다는 것을 강조하고, 백정이 겪은 인권 유린의 사회 제도와 관습의 역사를 일깨우며 잃어버린 인권 회복을 주장했다. 요컨대, 형평사의 인권 실행 요체는 '인권 회복' 개념이었다.

1926년 형평사는 선언과 강령을 채택하여 "상실한 인권을 다시 찾자"고 주창하며 "경제적 조건을 필요로 한 인권 해방을 근본적 사명"으로 한다고 천명했다. 이후에 표현이 조금씩 수정되었지만, 형평사 선언과 강령은 1920년대 후반 내내 인권 회복과 증진의 목표를 재확인하며 교육과 교양 함양, 경제적 조건에 기반한 사원들의 권익 보호를 위한 형평운동의 인권운동 취지를 강조했다.

1920년대 말 형평운동은 인생권과 생활권이라는 개념을 도입하여 인권 인식을 강화하며 인권의 지평을 넓혀갔다. 인생권은 생명권과 자유·평등에 기초한 인권을 의미하는 권리 영역으로 이해되고, 생활권은 사람답게 생활하는 데 필요한 기본 권리로서 사회적·경제적 권리 영역으로 이해된다. 1930년 전국대회는 "인생권과 생활권을 획득하자"는 슬로건을 채택하여 인권 개념의 확장을 공고히 했다. 이와 같이 형평운동은 인권 의식을 일깨우는 한편, 인권 영역을 확장하여 인권 회복과 차별 철폐를 실현하고자 했다.

형평운동은 인권운동과 더불어 공동체운동 성격을 갖고 있었다.[32] 형

---

31) 김중섭, 위의 글(1994), 160-179쪽.
32) 김중섭, 위의 글(1992), 103-134쪽.

평운동의 목적은 1차적 수혜 집단인 백정의 권익을 옹호하여 공동 이익을 추구하는 것이었다. 그것은 산업화·자본주의화 과정에서 박탈된 백정의 경제적 권익을 회복하고 백정 공동체를 강화하려는 것이었다. 이렇게 백정의 관점에서 형평운동은 차별 피해자의 집단운동이었고, 당사자의 공동체 회복운동이었으며, 사회적 소수자(minority) 집단의 권익 옹호 활동이었다. 그들의 목표는 백정 공동체의 단결과 결속을 통해 공동체 구성원의 권익을 지키려는 것이었다. 그들의 활동은 기본적으로 구성원 모두에게 이익이 되는 것이었다. 예컨대, 교양 함양과 교육 증진 활동은 백정 공동체 모두에게 필요했고, 또 혜택을 주었다. 이와 같은 형평운동의 공동체운동 성격은 백정 공동체의 역사적·사회적 독특함이 있었기 때문에 가능했다. 그런 점을 인식하여 형평사는 반복적으로 백정의 단결과 참여를 강조하며 공동체 구성원의 책임과 의무 이행을 요구했다.

공동체운동으로서 형평운동의 또 하나의 목적은 구성원의 공동체의식에 기초한 공동체 복원이었다. 오랜 기간 특정 직업에 종사해온 동료 관계, 집단 내 결혼으로 형성된 혈연관계, 제한된 구역에 거주해온 이웃 관계 등을 통해 만들어진 동질성 탓으로 백정은 강한 공동체의식을 공유하고 있었다. 형평운동은 이와 같은 공동체의식에 기초하여 안팎 환경의 변화로 느슨해져가는 백정 공동체의 관계를 복원하며 구성원의 권익을 지키고자 했다. 그에 따라 구성원들은 백정 공동체의 일원으로 연대 의식을 갖고 결속과 단결을 도모했다.

형평운동은 공동체운동으로서 구성원 전체의 권익을 위한 활동을 벌였다. 특히, 공동체 전체를 위한 교육 활동과 전통적 업종의 권익 증진 활동에 치중했다. 예컨대, 일본인 거류민 단체인 학교조합으로 넘어간 건피장의 운영권을 되찾고자 했고, 도축장의 도축 세금과 고기 가격 및 물량의 일방적 결정에 저항하는 활동을 벌이며 구성원의 이익을 지키려고 했다.

그리고 일제의 통제와 관리가 강화되고 자본주의 세력의 영향력이 커지면서 잃어버린 경제적 권익을 되찾고자 했다. 이것은 공동체운동의 성격을 이용하여 집단 이익을 지키려는 활동으로 이어졌다. 예컨대, 1920년대 중반에 도부조합이 결성되어 그들을 중심으로 파업이 일어났고, 1920년대 후반과 1930년대에는 수육상조합과 피혁조합의 결성이 시도되었다.

이와 같은 구성원들의 공동 이익을 위한 활동 방향과 방법을 둘러싼 견해 차이가 구성원들 사이의 파벌 형성과 대립으로 발전하여 형평사 전개 과정에 영향을 미치기도 했다. 그러나 파벌 대립을 벌여도 모두의 궁극적인 목표가 백정 공동체의 권익 보호였음을 보게 된다. 대표적인 사례가 창립 초기 진주파와 서울파의 대립이었다. 진주파는 사원 교양과 교육을 강조한 반면, 서울파는 전통 산업의 권익을 보호하기 위한 혁신을 요구했다. 이렇게 활동 방안의 우선순위에 대한 차이가 있었지만, 두 파벌이 주장하는 저변에는 모두 궁극적으로 백정 공동체의 권익을 위한 것이었으며, 그 대립은 총본부의 서울 이전과 전통 산업의 권익 보호 활동에 치중하면서 종결되었다.

또 다른 사례는 1920년대 후반과 1930년대 초 노장층 지도자들과 소장층 활동가들 사이의 파벌 대립이었다. 이것은 온건한 노장층과 진보적인 소장층의 이념 차이에서 비롯되어 활동 방향을 둘러싼 대립으로 나타났다. 결국, 해소론 제안에 대한 의견 대립으로 이어졌지만, 다수의 사원이 해소안에 반대하며 형평사 중심의 백정 공동체가 유지되기 바란다는 것을 보여주었다. 이와 같이 형평운동은 인권운동의 목적을 표면에 내세웠으며, 아울러 공동체운동의 성격을 바탕에 두고 있었다.

4) 사회적 역동성

마지막으로, 형평운동 연구에서 주목한 것은 형평운동을 둘러싼 역동적 모습이었다. 형평운동은 일제강점기에 오랫동안 지속된 사회운동으로서 그 시기의 역동적 양상을 반영하고 있다. 이런 점에서 형평운동 연구가 일제강점기의 역동적 양상을 규명하는 데 일조할 것이라고 기대하게 된다. 예컨대, 앞서 언급한 형평운동 반대 세력과의 갈등과 충돌은 조선 사회의 신분제 해체 과정에서 나타난 사회적 역동성을 반영했다. 이와 같이 일제강점기의 사회적 여건에서 여러 행위자가 상호작용하면서 역동성이 활발하게 나타났다는 것에 주목하여 형평운동의 안팎 환경에 뒤얽혀서 일어나는 사회적 역동성을 살펴보고자 했다.

형평사의 대외적 관계는 지지와 협력, 또는 탄압과 통제 같이 여러 가지 양상으로 나타났다. 예컨대, 형평운동에 반대하는 고루한 보수주의 세력과 갈등을 겪으며 충돌한 반면, 형평사를 지지하는 사회운동 단체들과는 협력과 연대를 했다. 또 일제 식민 통치 아래에서 형평운동을 지속적으로 감시하고 통제하는 권력 집단인 경찰과는 긴장·갈등 관계를 드러냈다. 그러면서도 경찰은 형평사와 반형평운동 세력 사이의 충돌 상황에서 방관적인 자세를 보였다. 이와 같은 바깥 환경 구성원과의 복합적 관계는 사회적 역동성의 요인이 되었고, 때로는 형평운동의 성격 형성과 전개 과정에 영향을 미쳤다.

이런 관점에서 우선, 사회운동 단체와의 협력과 연대에 주목했다.[33] 앞서 언급한 대로, 형평사는 창립 때부터 다른 사회운동 단체와 밀접한 관계를 갖고 있었다. 사회운동가들은 형평사 창립과 발전에 적극적으로 협조했

---

33) 김중섭, 위의 글(2023ㄱ), 24-44쪽.

고, 형평사도 사회운동 단체의 연대 활동에 동참하면서 빠르게 사회운동권의 일원이 되었다. 특히, 총본부가 서울로 이전한 뒤 형평사는 서울 중심으로 활동하는 사회운동 단체와 더욱 밀접한 관계를 갖고 협력했다.

이와 같은 사회운동 단체와의 관계는 이념적 지향성에 따라 여러 형태로 나타났다. 그 가운데 하나는 민족주의 단체와의 연대였다. 일제강점기라는 시대 상황에서 민족 독립은 형평사원들에게도 중요한 관심사였다. 그러한 경향을 보여준 대표적인 사례가 1927년의 고려혁명당 사건이었다.[34] 형평사와 천도교, 그리고 만주에 소재한 독립운동 단체인 정의부 활동가들이 민족 해방운동을 목표로 고려혁명당을 결성한 것이다. 형평사 측에서는 책임비서를 맡은 이동구를 비롯하여 중앙총본부의 임원들이 참여했고, 일부는 실형을 언도받아 감옥살이를 했다.

형평사의 민족주의 경향을 보여주는 또 하나의 사례는 민족단일당 신간회와의 협력과 후원 활동이다.[35] 두 단체는 상대방 집회에 대표자를 보내 축사를 했고, 각 단체 지부는 상대방의 전국대회에 축전, 축문 등을 보내 연대감을 밝혔다.

형평운동의 대외적 협력은 사회주의 단체와도 활발하게 이루어졌다. 1920년대 중반부터 형평사 내부에 젊은 활동가 중심으로 사회주의 이념이 활발하게 유입되었다. 그 영향으로 1920년대 후반에 사회주의 단체와의 협력과 후원이 여러 형태로 이루어졌다. 1926년 채택한 형평사 강령에 "아등은 일반 사회단체와 공동 제휴하야 합리적 사회 건설을 기함"이라고 명시하며 다른 사회운동과의 협력 및 제휴를 강조했다. 또 진보적인 활동가들이 추구하는 근대 사회를 의미하는 '합리적 사회 건설'을 목표로 설정했다.

---

34) 김중섭, 위의 글(1994), 250-256쪽.
35) 김중섭, 위의 글(2023ㄱ), 38-39쪽.

이와 같은 진보적 이념은 1930년대 형평운동에 커다란 영향을 미쳤다. 대표적인 사례가 해소론을 둘러싼 갈등이었다. 앞서 언급한 바와 같이, 1930년대 초에 코민테른의 지시에 따라 형평사의 해소[해체]를 제안하는 해소론이 전국의 형평운동을 휩쓸었다.[36] 진보적인 소장층 활동가 중심으로 사회단체를 해체한 뒤 노동운동 단체로 편입하자는 해소론이 제안되었지만, 온건한 노장층 지도자들은 이 제안에 반대했다. 결국 신간회 해체와 달리, 형평사는 유지되었다. 그렇지만 해소론 논쟁을 통한 내부 갈등의 파장은 형평사에 커다란 흔적을 남겼다. 구체적으로 진보적 활동가의 존재가 확인되었고, 그것은 훗날 형평청년전위동맹 사건의 빌미가 되었다.

형평사의 대외적 활동 가운데 하나는 일본 수평사와의 교류였다.[37] 백정과 유사한 피차별 부락민의 해방운동 단체인 수평사와 서신 교환, 대표자 상호 방문 등 교류를 가졌다. 차별 철폐 목적에 공감하는 두 단체가 인권 증진의 국제적 교류를 가진 것이다. 이것은 식민지 지배 국가와 피지배 국가의 구성원인 부락민과 백정이 상호 지지를 표방하고 연대를 모색했다는 점에서 의미가 있었다.

이와 같이 사회운동 단체와의 협력과 연대, 그리고 수평사와의 교류와 연대 모색 등은 형평운동의 역동적 과정을 잘 보여주었다. 특히, 3.1운동 이후 활발하게 일어난 사회운동권의 협력과 연대는 형평운동 과정에 커다란 영향을 미쳤다.

형평운동의 역동적 과정에 영향을 미친 또 하나의 요소는 식민 통치 세력인 일제와의 관계였다.[38] 일제는 형평사 창립 초기에 백정의 동향만 파

---

36) 김중섭, 위의 글(1994), 266-275쪽.
37) 김중섭, 위의 글(2015), 389-417쪽.
38) 김중섭, 위의 글(2015), 351-388쪽.

악했을 뿐 형평운동에 개입하지 않고 방관하는 입장을 보였다. 특히, 형평 사원과 반형평운동 세력 간의 충돌 사건을 조선인끼리의 갈등으로 인식하여 방관했다. 그러면서도 충돌 사건의 처리 과정에서는 식민 통치에 협조하는 보수 세력에 우호적인 태도를 보였다. 다른 한편, 일제는 수평사나 다른 사회운동 단체와의 교류와 협력이 활발해지는 것을 경계하면서 지속적으로 감시했다.

이렇듯이 다면적인 입장의 일제는 형평운동이 사회운동 세력과 결합하여 진보적인 성격이 강화되면서 사회 안정을 해칠 잠재적인 세력으로 인식하며 감시와 통제, 간섭을 늦추지 않았다. 결국 일제가 형평운동 전개에 크게 영향을 미친 형평청년전위동맹 사건이라는 조작 사건을 일으켰고, 투옥된 핵심적인 활동가들은 최종적으로 무죄 선고를 받을 때까지 3년 가까이 감옥에 갇혀 있었다. 그렇게 형평사 내의 진보 세력이 더 이상 활동할 수 없게 된 사이 형평사는 대동사로 개칭하면서 이익집단으로 전락했다.

이와 같이 형평운동 과정은 일제강점기의 사회적 역동성을 반영하고 있다. 따라서 형평운동의 역동적 양상에 대한 탐구는 그 시기의 사회적 과정을 파악하는 데 유용하다고 판단된다.

4. 맺음말

지금까지 백정의 신분 차별 철폐와 평등 사회를 실현하고자 한 형평운동에 대한 연구를 방법과 내용으로 나누어 되짚어보았다. 1990년대 연구가 활발해지기 시작한 이후 다각적인 방법으로 다양한 내용이 연구되어왔다. 활용된 자료를 보더라도 초기에는 당시의 신문, 잡지 중심의 제한된 자료가 활용되었지만, 오늘날에는 일제 관헌 문헌을 비롯한 여러 자료가 발굴되고

『사료집』 발간 등을 통해 연구 여건이 크게 개선되었다. 앞으로 학제적 접근 등 다양한 방법을 통해 연구가 더욱 활발해질 것으로 기대된다.

연구 내용을 보면, 형평운동의 역사적 과정의 복원과 함께 복합적이며 역동적인 양상을 분석하고자 했다. 곧, 역사사회학적 접근 방법을 활용하여 형평운동의 사회적 조건을 탐구하고 형평운동의 형성과 발전 과정 및 양상을 규명했다. 특히, 형평운동 이전과 이후를 구분하여 백정의 삶과 사회적·경제적 상황을 파악했다. 그리고 사회운동으로서 참여자의 성격이나 배경을 분석하여 형평운동의 지도집단, 조직, 활동가 등을 설명하고자 했다. 그 결과, 백정과 비백정의 협력, 다양한 계층의 백정 참여, 노장층과 소장층의 지도집단 구성 등 참여자의 복합적 성격을 확인했다. 그리고 형평운동은 인간의 존엄성 존중과 인권 회복을 주장하는 인권운동과 구성원의 공동 이익과 공동체 복원을 도모하는 공동체운동의 성격이 파악되었다. 마지막으로, 일제강점기에 가장 오랫동안 지속된 사회운동으로서 형평운동은 여러 측면에서 그 시기의 사회적 역동성을 반영하고 있다는 것을 확인했다. 특히, 형평운동 반대 세력과의 갈등과 충돌, 사회운동 단체와의 협력과 연대, 일제의 간섭과 통제 등 바깥 환경과의 관계가 형평운동의 전개에 커다란 영향을 미친 것을 살펴보았다.

이와 같이 형평운동은 전통 사회에서 근대 사회로 이행하는 역사적 사례로서 인권 증진의 과정, 백정이 종사한 전통 산업의 변화, 일제강점기의 역동적 흐름 등을 보여주고 있다. 그간의 미진한 연구 영역, 특히 신분 집단으로서의 백정의 역사, 형평운동의 지역 활동, 산업화 및 자본주의 사회로 이행하는 과정에서 백정 산업의 변화, 일제강점기 사회운동과의 관계 등에 대한 심층적 연구가 필요하다고 생각된다. 이에 덧붙여, 형평운동 연구를 위한 한국어 사료집 발간이 시급하다고 판단된다.

4장

백정의 소멸(시론 에세이)[*]

1. 오늘날의 백정 잔재

오늘날 한국에서 백정의 존재를 파악하려면 몇 가지 방안이 있을 것이다. 그 가운데 집단 거주지, 직업, 호적, 족보 같은 혈연관계 등의 파악이 유용할 것이다. 그런데 이 방법으로는 더 이상 백정 신분을 파악할 수 없다. 한국 현대사의 급격한 변동 과정에서 백정 집단 거주지가 해체되었고, 신분과 직업의 연계성이 사라졌으며, 호적이나 족보를 통한 신분 확인이 불가능해졌기 때문이다. 이러한 변화는 다음 세 시기에 특히 급격하게 일어났다.

첫째, 일제 말 전쟁과 해방 직후의 대이동이다. 일제 말에 생존을 위해 많은 사람이 일자리를 찾아서 고향을 떠났다. 만주로 떠난 유민이나 대도시로 유입된 빈민이 크게 늘어났다. 또 위안부나 징용으로 끌려간 사례도 많다. 정확한 수치는 파악되지 않지만, 1930년대 후반 일본 각지로 이주한 200만 명을 비롯하여 중국에 170만 명, 소련에 20만 명, 기타 미주 3만 명

* 金仲燮, 「白丁の消滅」, 水野直樹 엮음, 『植民地朝鮮と衡平運動: 朝鮮被差別民のたたかい』, 大阪: 解放出版社, 2023, 205–209쪽에 실린 글의 한글 원문임.

등 약 400만 명이 고국을 떠났다. 당시 인구 2,500만 명 가운데 15%가 넘는 수치다. 그 가운데 상당수는 해방 이후에도 고향으로 돌아오지 못하거나 돌아오지 않았다.

둘째, 1950~1953년의 한국전쟁 기간에 민족 대이동이 일어났다. 해방 이후 남북 분단이 고착되자 많은 이들이 정치적 박해를 피하거나 생존을 위해 고향을 떠났고, 이산가족도 대거 발생했다. 해방 당시 남한 인구가 약 1,600만 명이었는데, 한국전쟁 이후 1960년에는 2,500만 명으로 늘어났다. 북쪽에서 내려온 '피난민' 정착촌이 남한 곳곳에 생겼다. 자연스럽게 지역 공동체의 지형이나 성격이 크게 바뀌면서 신분 파악이 어렵게 되었고, 신분에 관계없이 일상생활의 교류가 이루어졌다.

셋째, 1960년대 이후 급격한 산업화와 도시화가 진행되면서 도시 이주자가 크게 늘어났다. 1960년 인구 2,500만 명 가운데 도시 거주자는 40%가 안 되었는데, 1970년에는 3,200만 명 가운데 50%, 1980년에는 3,800만 명 가운데 70%, 1990년에는 80%로 늘어났다. 농촌 인구가 크게 줄고 지역 공동체의 결속력이 약해지는 가운데 새로 형성된 도시에서 신분 배경은 사회관계 형성에 크게 작용하지 않았다. 게다가 서구 문물의 확산으로 전통문화와 관습이 빠르게 사라지면서 신분 배경은 더 이상 사회적 교류의 기준이 되지 않았다.

산업화에 따른 직업 구성도 크게 달라졌다. 농림어업의 1차 산업 종사자가 1970년 전체 인구의 50%, 1980년 34%, 1990년 18%, 2000년 10%로 크게 줄었고, 2차 산업 종사 인구는 1970년 14%, 1980년 22%, 1990년 27%, 2000년 20%였지만, 3차 서비스산업 인구는 1970년 35%, 1980년 43%, 1990년 54%, 2000년 68%로 크게 늘어났다.

산업화 과정에서 옛 백정 관련 직업의 구성원 배경도 크게 달라졌다. 통폐합과 근대화로 도축장 수가 크게 줄어들었고, 육식이 발전하면서 정육점 수가 크게 늘어났으며, 대자본이 피혁 가공산업에 침투했다. 도축장 노동, 정육점 운영, 피혁 제조 가공업 등 전통 사회의 백정 직업은 더 이상 백정 후손들이 전담하는 고유 영역이 아니었다. 게다가 종사자의 신분 파악이 불가능했다. 그것은 백정이 종사하던 산업 현장에 비백정 출신의 유입이 크게 늘어난 점도 작용했다. 또한 그 배경에는 "직업에는 귀천이 없다"는 인식과 함께 자본주의 영향 아래 경제적 수익이 직업 선택의 주요 기준으로 작용하는 풍조의 확산이 있었다.

다른 한편, 전통적인 직업을 버리고 전업하는 백정 후손들이 크게 늘어났다. 생계 수단으로 소작농이나 일용직 노동자가 되기도 하고, 고기를 이용하는 음식점을 개업하기도 했다. 전업한 이들이 기존의 종사자들과 섞이는 상황에서 신분 파악은 더욱 어렵게 되었다.

2. 백정 차별 관습

오늘날 한국에서 백정은 신분 집단으로서 더 이상 존재하지 않는다. 스스로 백정 후손이라고 밝히는 사람은 찾아볼 수 없다. 조선 시대의 지배층인 양반 후손들은 거리낌없이 자신의 신분 배경을 드러내지만, 천민 후손들은 그렇지 않기 때문이다. 이런 상황에서 백정 차별은 일어날 수 없다. 차별은 가해자와 피해자가 존재할 때 일어나는데, 백정의 존재가 파악되지 않는 상황에서 백정 차별이 일어난다는 것은 그 자체가 모순이다. 실제로 백정 차별이 보고된 사례가 없다.

그러면 백정은 한국인의 의식 세계에서 완전히 사라졌을까? '양반'과 '상놈'을 구분 짓는 전근대적 사고방식이 존재하는 한 천민 집단으로 차별받아온 백정에 대한 편견이나 선입견은 사라지지 않을 것이다. 일상생활에서 백정 차별 행위가 일어나지 않지만, 차별 의식이 남아있는 것을 보게 된다.

관념상 천민 집단이라는 인식이 남아있는 상황에서 차별과 천대의 부정적 이미지는 쉽게 사라지지 않고 있다. 예를 들어, 동물의 생명을 뺏는 작업의 이미지를 이용하여 살육자를 비난할 때 '인간 백정', '백정 같은 인간'이라고 표현하는 것을 본다. 조선 사회의 백정 상황을 올바로 인식하고, '백정' 호칭에 반대하며, 차별 철폐와 평등 대우를 요구한 형평운동의 역사를 이해한다면, 그런 표현은 용납될 수 없을 것이다. 그런데 아직도 백정에 대한 차별 의식이 남아있기 때문에 그런 잘못을 저지르는 것이다. 이런 상황 탓에 옛 백정 후손들은 선조의 신분을 감추게 된다. 특히, 노년층 형평사원 후손들은 피해의식에서 벗어나지 못하고, 형평운동 역사에 대한 자부심을 드러내지 못한다고 짐작된다.

그러면 일상생활에서 백정 차별 관습은 언제까지 남아있었을까? 형평운동의 활약에도 불구하고 1960년대까지, 특히 농촌이나 소도시에서 백정 차별을 목격했다고 증언하는 노인들이 많다. 명확하게 구분하기는 힘들지만, 산업화와 도시화가 급격하게 일어나기 전 신분 차별의 유습이 남아있는 상황에서 언어나 행동으로 옛 백정을 업신여기고 차별하는 관습이 존재했던 것이다.

3. 형평운동의 흔적

1940년대 초 대동사는 활동을 중지하면서 자연스럽게 소멸된 것으로 짐작된다. 1945년 일제의 식민 지배에서 해방되었지만, 형평운동은 다시 일어나지 않았다. 사회가 격변하는 가운데 신분 관습이 빠르게 사라지면서 옛 백정은 집단의 정체성을 유지할 필요가 없었을 것이다. 1964년 서울 우이동에서 형평사 지도자인 장지필의 아들 장영재 등 형평사원 후손들이 모여 가칭 '평우사(平友社)' 발기인회를 가졌다는 사진 자료가 남아있지만, 상설 조직으로 발전한 흔적은 없다.

오늘날 옛 백정의 고유 산업은 다양하게 분화되었다. 세분화된 도축업이나 축산가공업은 옛 백정과 관련되어 있다고 보기 어렵다. 반면, 식육판매 영업자들의 친목과 권익 신장을 위한 축산기업중앙회는 형평사와의 연관성을 표방하고 있다. 홈페이지의 연혁에는 1909년 집성조합으로 시작하여 형평사, 대동사로 이어졌다고 기록하고 있다. 해방 이후 1947년 서울 집성조합연합회가 창립되고, 이듬해 전국 식육업조합연합회가 결성되었다. 식육업조합연합회는 1952년 한국축산기업조합연합회로 개칭하는 등 변화를 겪으면서 지금까지 전국 조직의 연합체를 유지하고 있다. 그러나 직업집단이며 이익집단인 이 단체가 형평운동을 계승한다거나 옛 백정 집단의 조직체라고 볼 근거는 찾기 어렵다.

5장

형평운동 기념사업의 발전*

1. 머리글

경남도립미술관은 2022년 7월 15일부터 10월 2일까지 "형평의 저울"이라는 제목으로 특별전을 열었다. 이 전시회는 형평운동에 대한 이해를 높이는 데 이바지했다고 생각된다. 그런데 형평운동 기념사업 내용을 보면, "1992년 형평운동70주년기념사업회 창립, 1993년 형평운동 70주년 기념사업, 1996년 형평운동 기념탑 건립, 2003년 개편대회를 통한 장애인 인권운동 채택과 형평운동 80주년 기념사업"이라고 밝혔다. 2003년 이후 활동의 상세한 설명과 달리 너무 간략했다. 어떤 기념사업을 했는지 밝혔으면 좋았을 것이라고 생각된다.

신진균 형평운동기념사업회 운영위원장은 박노정 선생을 기리는 글에서 "1992년 형평운동 70주년을 준비하는 과정에서 출범한 형평운동기념사업회는 이후 별다른 활동이 없었다. 그러다가 지난 2003년 형평운동기념사

---

* 김중섭, 「형평운동 100주년을 기다리며」, 『문화고을 진주』(진주문화연구소) 16, 2022, 4-41쪽을 수정 보완함.

업회는 개편대회를 열고 새롭게 출범했다."라고 적었다.[1]

위 두 사례를 보면서 '형평운동70주년기념사업회'의 활동이 제대로 알려지지 않았다고 생각되었다. 그래서 해방 이후 거의 잊혀간 형평운동 역사를 되살리며 널리 알리고자 애쓴 활동을 기록해야겠다는 마음이 생겼다. 그래서 이 장에서는 1993년 형평운동 70주년 기념사업부터 2003년 형평운동 80주년 기념사업까지의 활동을 기록하려고 한다. 이는 형평운동의 역사와 정신을 기리며 되살리려는 진주 사람들의 열의와 활동에 대한 지역사의 기록이 될 것이다. 나의 개인적인 자료와 경험에 근거하여 쓴 것이어서 다른 기록이나 관점을 보완하면 좋을 것이다. 이 장은 개인적인 경험이나 소회를 반영하고 있어서 등장인물에 대해 적절하게 경칭을 붙이고자 한다. 그들이 속한 단체 이름이나 직책은 당시의 것임을 밝혀둔다.

2. 형평운동70주년기념사업회 창립

널리 알려진 바와 같이, 형평사(衡平社)는 1923년 4월 경남 진주에서 조선 시대의 최하층 신분 집단인 백정 차별 철폐와 평등 대우를 목적으로 창립되었다. 4월 24일 형평사 기성회가 진주 청년회관에서 열렸고, 다음 날 같은 장소에서 발기총회가 열려 창립이 마무리되었다. '저울[衡]처럼 평등한[平] 사회를 만들고자 하는 단체[社]'라는 이름 그대로 평등 사회를 위한 형평운동의 시작이었다.

형평운동은 전국으로 확산되어 조선 사회의 신분제 폐습을 없애며 근대 사회로 나아가는 데 크게 이바지했다. 1935년 4월 이익단체로 전락한 대

---

1) 진주사람박노정추모집간행위원회, 『진주사람 박노정』, 도서출판 사람과나무, 2022, 88쪽.

동사로 개칭되면서 형평운동은 막을 내렸지만, 13년간의 활동은 인권운동의 금자탑으로 평가된다. 한반도 최남단에 있는 진주에서 시작되어 전국으로 확산된 형평운동은 일제강점기에 가장 오랫동안 지속된 사회운동으로 기록된다.

해방 이후 형평운동 역사는 빠르게 잊혀갔다. 급변하는 사회 속에서 신분제 폐습이 사라졌고 신분 의식도 옅어졌다. 그 과정에서 형평운동 역사를 기록하거나 기억하려고 애쓰는 사람들은 별로 없었다.

1992년 형평운동 역사를 기억하며 그 정신을 되살리자는 움직임이 형평사 창립지 진주에서 일어났다. 차별을 없애고 평등 사회를 만들고자 한 형평운동의 역사와 가치를 귀중하게 여기는 사람들이 늘어났다. 나아가 형평운동을 기념하자는 뜻이 모아졌다.

4월 23일 진주 시내 금하식당에서 '형평운동 70주년 기념사업 추진위원회' 준비모임이 열렸다. 이 자리에 참여한 나로서는 개인적인 소회가 없지 않았다. 1981년 경상국립대학교에서 학생들을 가르치기 위해 진주에 오면서 우연히 형평운동의 역사를 알게 되었다. 그러면서 형평운동을 연구 과제로 정하고 자료를 찾고 증언자들을 만나면서 그 역사를 복원하고자 했다. 그 결실이 1989년 영국 헐대학교에 제출한 박사학위논문 「사회 형평과 집합행동: 일제 식민지 하의 백정 사회사」다. 그리고 귀국 후에 한글로 번역하고 있었다.

그러던 1991년 7월 어느 날, 전화 한 통을 받았다. "임순만입니다."라고 했다. 미국 뉴저지 윌리엄패터슨 주립대학교 교수였다. 나는 아주 놀랐다. 백정에 관한 몇 안 되는 영어 논문 가운데 하나를 발표한 분인데, 그에게서 직접 연락을 받은 것이다.

나는 여름방학을 맞아 고향에 갈 계획을 취소하고 진주에 온 임순만 교수를 만났다. 그는 "형평운동의 귀중한 역사를 시민들이 잘 모르는 것 같은데 널리 알려야 하지 않겠나?"라고 했다. 나는 다소 충격을 받았다. 형평운동 역사가 귀중하다고 생각은 했지만, 사람들에게 알릴 생각은 별로 하지 않았기 때문이다.

그는 일본에서도 형평운동 역사에 관심이 많다고 했다. 일본에서는 백정과 비슷한 집단인 부락민 해방운동단체인 수평사가 형평사보다 1년 먼저 창립되었다. 두 단체는 연대 의식을 갖고 교류했다. 그 연대와 교류 역사를 잘 알고 있는 일본인은 한국의 형평운동에 관심이 많았다. 1990년 1월 형평사원 후손인 김영대 선생이 내 영어 논문을 일본 부락해방연구소에 보내주면 좋겠다고 부탁하여 보낸 적이 있는데, 그 뒤로 잊고 있었다는 것이 기억났다.

임순만 교수의 이야기를 듣고 평등 사회로 나아가고자 했던 형평운동 역사를 되새겨보았다. 마땅히 널리 알려야 할 귀중한 자산이다. 그런데 연구실에 있던 나에게 시민들을 만나는 것은 새로운 세계로 나아가는 일이었다. 많은 궁리를 했다. 형평사 창립 70주년이 좋은 기회라고 생각되었다. 자연스럽게 박사학위논문의 한국어 번역 작업은 늦어지게 되었다.

1991년 가을, 형평운동 기념사업 단체를 만들기 위해 김영기(행정학과), 박재홍(사회학과), 조규태(국어교육과), 최시한(국어교육과) 등 경상대학교 동료 교수 몇 분과 의논했다. 모두 의미 있는 일이라면서 흔쾌히 동참해주었다. 그리고 김영기 교수의 제안과 소개로 여럿이 남성당한약방에서 김장하 선생을 만났다. 그는 장학사업에 열심이었고, 시민단체나 문화단체에 큰 도움을 준다는 이야기를 많이 듣고 있었다. 참석자들은 70주년에 맞추어 기념사업을 하기로 했다. 모두 김장하 선생에게 단체 대표를 맡아줄 것을 간청했다. 나는 그에게 대표를 맡아주면 열심히 일하겠다고 약속했다.

김장하 선생을 처음 만나면서 나의 선입견이 깨졌던 기억이 지금도 생생하다. 첫째는 한약방을 한다고 하여 나이 많을 것으로 생각했는데, 너무나 젊으셨다. 그때 그는 48세였으니까. 둘째는 명신고등학교 이사장이라고 하여 권위적일 것이라 생각했는데, 너무 겸손하고 소탈했다. 셋째, 학교를 갖고 있다고 하여 돈 많은 집 후손일 것으로 생각했는데, 자수성가했다고 한다. 1991년 8월 말 그가 명신고등학교를 국가에 헌납한 것이 언론에 알려지면서 미담의 주인공으로만 여겼을 뿐 그를 제대로 알지 못했던 것이다. 지금 생각하면 그분을 몰라도 너무 몰랐다.[2]

김장하 선생이 대표를 맡은 것은 형평운동 기념사업이 성공할 수 있었던 가장 큰 요인이었다. 이는 이후 전개될 기념사업의 모든 과정에서 잘 나타난다. 그는 말 그대로 물심양면으로 기념사업회를 이끌었다.

1991년 겨울과 1992년 봄에 걸쳐 여러 차례 남성당한약방에서 기념사업 단체 결성과 사업에 대해 논의했다. 그 결실로 1992년 4월 23일의 형평운동 70주년 기념사업 추진위원회 준비모임이 이루어졌다. 형평사 창립 시기를 기억하려고 의도적으로 정한 날이었다.

참석자는 김영기, 김장하, 김중섭, 박노정(진주신문 발행인), 박재홍, 조규태, 최시한이었다(가나다순). 모두 단체 목적에 공감했다. 그리고 형평사 창립 70주년인 1993년 4월 24일 즈음에 기념식, 강연회, 국제학술회의 등을 개최하기로 하고, 기념탑이나 기념관 건립은 차후에 모색하기로 했다.

5월 13일 남성당한약방에서 형평운동 70주년 기념사업 추진위원회 창립모임이 열렸다. 1923년 형평사 창립축하식이 열린 날이다. 창립축하식은 형평운동이 전국으로 확산되는 기폭제 같은 행사였다.

단체 목적은 "한국 근대기 최초의 반차별 인권운동으로서 1923년 4월 24일 진주에서 일어난 형평운동 70주년을 맞이하여 그 역사적 의미를 기리

---

2) 김중섭, 「남성문화재단을 기억하리라」, 『문화고을 진주』(진주문화연구소) 15, 2021ㄴ, 4-19쪽 참조할 것.

며 그 정신을 계승하고자 한다."고 했다. 그리고 추진위원장 김장하, 부위원장 김영기, 총무 김중섭, 추진위원 조규태, 박재홍, 박노정, 최시한을 선임하고, 명예추진위원으로 임순만, 김영대를 교섭하기로 했다. 아울러 추진위원회를 확대하기로 하고 섭외 대상자를 논의했다. 그리고 국제학술회의는 경상대학교 부설 경남문화연구소와 사회과학연구소에 맡기되, 예산 등 주요 내용은 추진위원회의 승인을 받도록 결의했다.

나는 5월 25일부터 매주 진주신문에 "형평운동"을 연재하기 시작했다. 형평운동은 기획시리즈 '진주정신을 찾아서'의 두 번째 주제였다. 그렇게 1993년 11월 29일까지 76회의 연재를 통해 형평운동 역사를 알리고자 애썼다.

6월 9일 남성당한약방에서 기념사업 추진위원회 2차 모임을 가졌다. 조직 명칭을 '형평운동70주년기념사업회'로 바꾸기로 결의했다. 직책은 회장, 부회장, 총무, 이사, 명예이사로 변경했다. 그리고 박상범 진주MBC PD, 하언승 한누리교회 목사, 하종갑 경남일보 정경부장, 홍수영 진주청년불교단체연합회 회장의 이사 선임을 승인했다. 이어서 국제학술회의의 일정과 예산 등을 승인하고, 기념사업회 취지와 사업 내용을 알리기 위해 홍보물 제작, 언론 홍보, 회원 제도 도입 등을 추진하기로 했다.

6월 24일 남성당한약방에서 형평운동70주년기념사업회(이하 '기념사업회'로 줄임) 창립모임 및 제1차 이사회를 가졌다. 김장하 회장의 인사말이 인상적이었다. "반차별 정신을 계승하고 … 평등 사상의 존귀함은 오늘날 사회에도 적용되어야 한다. 빈부 차별, 성차별, 지체부자유자들에 대한 차별, 노인 차별 등 사회 곳곳에 차별을 발견할 수 있다. … 70년 전의 반차별운동을 기념하며, 그 정신을 계승하여 정의 사회를 구현해야 한다. 오늘의 모임은 이러한 일을 시작하는 작은 옹달샘으로서 앞으로 큰 강물을 이룰 수 있기를 기대한다. …" 형평운동을 기념해야 할 이유를 너무나도 잘 요약한 인사말이었다.

이날 창립 취지문을 채택하고, 국제학술회의, 기념탑 건립, 회원 확보와 홍보 대책 등을 논의했다. 창립 취지문은 다음과 같이 시작했다. "형평사(衡平社)는 1923년 4월 24일 진주에서 창립되어 13년간이나 활동한 반차별 인권운동 단체입니다. 형평사는 지금 없으나 그 평등과 자주의 정신은 역사 속에, 그리고 지금 같은 땅에서 사는 우리의 핏속에 생생히 살아 숨 쉬고 있습니다." 취지문에는 "형평사를 만들고 키웠던 정신은 과거만의 것이 아닙니다. 민주화로 나아가는 오늘의 정신이고, 서로를 사랑하고 똑같이 사람답게 살고자 하는 인류의 영원한 정신입니다. 그 정신을 기리고 계승하는 것은 바로 우리가 우리의 삶을 일구는 일이며, 이 땅을 더 나은 삶의 터전으로 가꾸는 자랑스러운 일입니다."라고도 했다. 창립모임 소식은 『경남일보』(1992. 6. 26),[3] 『진주신문』(1992. 6. 29), 『동아일보』(1992. 7. 7) 등에 보도되었다.

7월 14일 강남동 청포횟집에서 기념사업회 제2차 이사회가 열렸다. 이 자리에는 형평사 창립을 이끈 형평운동 지도자 강상호 선생의 두 아들 강동수 선생과 강인수 선생이 참석하여 명예이사로 위촉되었다. 강인수 선생은 감사패를 만들어 김장하 회장에게 증정했다.

이어서 홍보는 최시한 이사가 책임을 맡고, 기념탑 건립은 박노정 이사 책임 아래 하종갑, 박상범, 홍수영 이사가 참여하기로 결의했다. 그리고 특별 초청을 받은 하중규 교수(경상대 미술교육과)가 상징 마크, 로고 타입, 홍보물 출판 등 홍보물 전반의 제작 계획을 설명했다. 재생종이로 홍보물을 만든다는 것이 특징이었다.

---

3) 당시 제호는 『신경남일보』였다. 최초의 지역신문인 『경남일보』는 제5공화국 언론 통폐합 정책으로 없어졌다가 다시 생기면서 『(신)경남일보』 제호를 달았다가 다시 『경남일보』로 돌아왔다. 이 장에서는 편의상 『경남일보』와 『신경남일보』를 혼용했다.

이후 시민 홍보와 함께 회원 가입 활동이 전개되었다. 많은 시민이 적극적으로 호응했다. 사업회 일에는 경상대학교 사회학과 김형옥·정현주 학생이 김중섭 총무를 도왔다.

경상대학교 경남문화연구소와 사회과학연구소는 국제학술회의 준비를 위한 특별위원회를 구성했다. 조규태(위원장), 박재홍(부위원장), 김준형(역사교육과), 이상필(한문학과), 최시한(국어교육과), 김홍범(경제학과), 유낙근(행정학과), 지승종(사회학과), 김중섭 교수가 참여했다.[4] 주요 업무로 행사 계획 수립, 발표자 섭외 등을 진행했다.

일본 부락해방연구소와 연락을 취해온 임순만 명예이사가 1993년 행사에 적극적으로 참여하겠다는 일본 측의 뜻을 전해왔다. 부락해방연구소는 1993년 2월 정기총회에 김중섭 교수를 초빙하여 기념강연을 갖고, 4월의 국제학술회의에 대표단을 파견하기로 결정했다고 했다.

8월 27일 제3차 이사회가 남성당한약방에서 열렸다. 기념탑 건립 추진 상황과 홍보 방법 등을 집중적으로 논의하며 『형평운동』이라는 제호의 소식지 발간과 시민강연회 개최를 결의했다. 그리고 임원진은 9월 16일 경상대 빈영호 총장을 방문하여 국제학술회의 진행 상황을 보고하며 협조를 요청했고, 9월 20일 기념탑 건립 장소를 물색하기 위해 시내 일원을 둘러보았다.

9월 29일 남성당한약방에서 제4차 이사회를 열고 활동을 점검하며 향후 활동 방안을 논의했다. 특히, 홍보 방안을 집중적으로 논의했으며, 최시한 이사가 준비한 소식지 제1호 시안과 초청강연회 방안을 토의했다.

10월 6일 소식지 『형평운동』 제1호가 발간되었다. 창립 취지문을 비롯하여 창립 일지, 언론 보도 내용, 사업 진행 상황이 실렸다. "형평사 창립 70주년(1993)을 맞아 '한시적으로 결성된 모임'으로서 회비 1회 납부로 회원

---

4) 형평운동70주년기념사업회 엮음, 『형평운동의 재인식』, 솔출판사, 1993, 281-284쪽 참조할 것.

이 된다."는 점을 특별히 명시했다. 9월 30일 현재까지 회원 192명 명단과 회비 및 기부금 총액 277만 원이라고 밝혔다.

10월 22일 남성당한약방에서 제5차 이사회가 열렸다. 소식지 『형평운동』 제1호 평가와 제2호 발간 계획, 제1회 초청강연회 홍보 계획이 논의되었다. 그리고 기념탑 건립 장소는 회원과 시민의 의견을 수렴하여 선정하기로 했다. 회원 확대 방안을 논의하면서 진주시치과의사연구회 회원의 집단 가입이 좋은 사례로 제시되었다. 이한우 회원의 제안으로 김중섭 총무와 최시한 이사가 이 단체 모임에 참석하여 형평운동 역사와 기념사업회에 관해 설명할 기회를 갖고, 그 자리에서 11명이 회원으로 가입하고 회비 53만 원을 기부했다. 그 이후 어느 단체이건 요청하면 찾아가서 형평운동에 대한 설명과 함께 기념사업회 참여를 권유했다.

11월 10일 남성당한약방에서 제6차 이사회가 열렸다. 놀이패 들소리의 70주년 기념공연 계획이 제안되었고, 소식지 제2호 가편집본, 제1회 강연회 개최, 기념탑 건립 추진, 회원 확보 방안 등이 논의되었다.

소식지 『형평운동』 제2호가 11월 9일 자로 발행되었다. 12월 1일로 예정된 초청강연회 안내, 회원 가입 및 사업 참여 권유, 기념탑 부지 의견 제시 요청, 국제학술회의 조직 상황, 이사회 내용, 극단 들소리 연극 준비 계획, 『진주신문』에 '형평운동' 연재 소개, 장지필 대담(『동아일보』, 1923. 5. 20)과 박노정 이사의 개천예술제 '여는 시' 일부 등이 게재되었다. 그리고 11월 7일 현재 회원 389명, 회비 총액 622만 원이라고 밝혔다. 진주치과의사연구회 회원, 명신고등학교 교직원, 경남일보사 사원, 박종어 세무회계사무소 임직원, 진농 43회 등이 단체로 가입했다.

11월 12일, 17일과 24일 김중섭 총무 집에서 초청강연회 준비모임을 했다. 김중섭, 최시한, 이명균, 권춘현, 전민규, 황정금, 이영선, 정현주 회원이 참석했다. 초청장 초안 검토, 발송 준비, 포스터 도안 및 부착, 현수막, 보도 의뢰 등 초청강연회를 위한 일체의 사항을 논의하며 역할을 분담했다. 참석자들은 여담으로 70주년 이후 활동에 대해 이야기를 나누면서 소외받고 어려운 처지에 있는 사람들을 위해 노력해야 한다는 점에 공감했다.

한편, 국제학술회의 준비위원회는 경상대학교에서 수시로 회의를 열어 추진 사항을 점검하고 행사 준비를 했다. 특히, 대외협력을 맡은 김홍범 교수는 발표자들과의 연락 사항을 준비위원들과 공유했다.

11월 26일 남성당한약방에서 제7차 이사회가 열렸다. 안건으로 놀이패 들소리의 공연 제안 검토, 소식지 제2호 평가 및 다음 호 발간 계획, 제1회 초청강연회 준비 사항, 기념탑 건립 추진 상황, 국제학술회의 준비 과정, 회원 확보 방안 등이 논의되었다.

제1회 초청강연회가 12월 1일 경남문화예술회관 소공연장에서 열렸다. 황필호 교수(전 동국대, 철학)가 "삶의 길, 형평의 길"이라는 제목으로 강연했다. 강연장은 약 350명이 참석하여 말 그대로 입추의 여지가 없었다.

강연에 앞서 김장하 회장이 인사말을 했다. 허유 시인의 시 「진주」 일부를 소개하면서 진주 역사를 개관하며 진주 정신을 강조한 것이 인상적이었다. 우리나라 3대 민권운동인 정방의의 난(1200), 진주농민항쟁(1862), 형평운동(1923)이 모두 진주에서 일어났다는 사실을 상기시키며 형평운동의 역사적 의미를 되새기는 기념사업의 중요성을 강조했다.

이어서 김영기 부회장이 경과보고를 했다. 진행 중인 주요 사업으로 (가칭) 형평운동 기념탑 건립과 국제학술회의 개최를 소개하고, 12월 1일 현재 회원 546명, 회비 840만 원이 적립되었다고 보고했다. 강연회 소식은 『진주신문』(1992. 11. 30), 『경상대신문』(1992. 11. 30), 『경남일보』(1992. 12. 2) 등에 보도되었다.

12월 16일 소식지 『형평운동』 제3호가 발간되었다. 주요 내용은 제1회 초청강연회 소식이었다. 김장하 회장의 인사말 전문과 함께 황필호 교수의

형평운동70주년기념사업회 홍보물(1993)

강연 요지가 "형평운동의 현대적 교훈"이라는 제목으로 실렸다. 그리고 "'진주 정신'의 샘이 되었으면"이라는 이영선 회원의 글이 실렸다. 또 "기념탑 건립 장소로 진주극장 자리 유력"이라는 제목으로 재건축 예정인 진주극장의 설계 도면을 본 뒤 최종 결정을 내리기로 했다는 소식을 전했다. 12월 15일 현재 회원 649명, 회비 및 기부금 총액 958만 원이라고 밝혔다. 가락청년회, 진주교대 교직원, 신일교통 임직원, 진양고교 교사, 선명여상 교사, 진주시청 공무원, 창원 한평회, 진주문화연구회 등이 단체로 가입했다.

기념사업회는 "형평사를 아십니까?"라는 제목의 광고를 진주신문에 수시로 게재했다. 형평사 역사를 소개하며 70주년을 맞이하여 기념사업을 벌인다고 알리면서 "지금은 평등과 정의의 실현이 절실한 때"라고 강조하며 시민의 동참을 요청했다.

형평운동 70주년이 되는 1993년에 들어와 기념사업회 활동은 더욱 활발해졌다. 2월 4일 신년 인사를 겸해 제8차 이사회가 일식집 어원에서 열렸다. 1992년 재정 결산 보고와 1993년 사업 계획이 논의되었다. 1992년 결산 내용으로, 회비와 기부금 998만 원이 기념탑 건립 기금으로 적립되었고, 일체의 사업 비용은 김장하 회장의 기부금 500만 원으로 충당했다고 보고되었다. 1993년 사업 계획으로는 4월 24일 경남문화예술회관 대공연장에서 70주년 기념식 개최, 기념식에 즈음하여 기념탑 기공식 거행, 가을에 제2회 초청강연회 개최, 소식지『형평운동』제4호 발간, 회원 확보와 홍보 전략 등이 있었다. 회원 740명, 회비와 기부금 총액 1,110만 원으로 보고되었다.

나는 1993년 2월 17일부터 23일까지 사단법인 부락해방연구소의 초청을 받아 일본 오사카, 나라 등을 다녀왔다. 연구소 창립 25주년을 맞아 2월 20일 열린 제37회 총회에서 "형평사 활동과 그 역사적 의미"라는 주제로 기념강연을 했다. 아울러 형평운동 70주년 기념사업 소식을 알리며 일본 측의 참여를 요청했다. 이 소식은『아사히(朝日)신문』(1993. 2. 21), NHK 등 일본 언론에 보도되었다.『교토(京都)신문』(1993. 2. 19)은 형평사 역사를 소개하며 형평사와 수평사의 교류 활동을 기리기 위해 일본 대표단이 4월의 형평사 기념식에 참석한다고 보도했다. 나는 피차별민 부락, 재일동포 단체 등을 방문하여 일본의 인권 상황을 이해할 기회를 가졌다. 이 여행기는 소식지『형평운동』제4호(1993. 3. 5)에 실렸다.

3월 4일 제9차 이사회가 남성당한약방에서 열렸다. 주요 안건은 기념사업의 일정 논의와 진행 상황 점검이었다. 4월 23일(금) 국제학술회의, 4월 24일(토) 기념식 및 강연을 확정하고, 강연 연사는 형평사원 후손인 김영대 선생을 초청하기로 했다. 그리고 기념탑의 기공식 여부는 진주극장 재건축 일정이 유동적이어서 추후 논의하기로 했다. 이어서 김중섭 총무의 일본 방문 결과와 일본 대표단의 방한 계획이 보고되었다.

3월 5일 소식지 『형평운동』 제4호가 발간되었다. 4월의 기념사업 일정과 이사회 소식, 김중섭 총무의 일본 여행기, 그리고 국제학술회의, 기념식 및 강연, 기념탑 기공식 일정이 실렸다. 회원 776명, 회비 및 기부금 총액 1,154만 원으로 보고되었다. 경상대학교 공과대학 교수, 선명여상 교직원, 진주로타리클럽, 가락청년회, 뉴욕 동포 모임인 만우회 등이 단체로 가입했다. 임순만 명예이사가 고문으로 있는 만우회는 회원 전원이 가입했다. 그리고 하중규 교수가 제안한 상징 마크와 로고 초안을 검토했다. 저울의 수평 유지 모습과 사람 모습을 형상화한 상징 마크는 형평, 곧 평등 정신을 상징했고, 로고는 목판 인쇄의 옛 책을 골라 조합하여 역사성을 표현하고자 했다.

그런데 소식지의 기념탑 기공식 일정은 오보가 되었다. 소식지가 이미 인쇄된 상황이었지만, 이사회는 진주극장 재건축이 불확실한 상황이어서 기공식 연기를 결정했다. 진주극장 앞 장소는 형평사 창립축하식이 열렸다는 역사적 의미가 있었지만, 너무 협소할 뿐만 아니라 사유지여서 불안정성이 크다고 판단되어 장소를 다시 검토하기로 했다.

3월 18일 제10차 이사회가 남성당한약방에서 열렸다. 소식지 『형평운동』 제4호를 평가하고 4월 기념행사의 진행 방안을 논의했으며, 4월 22일 학술회의 참가자와 저녁 식사, 23일 국제학술회의 진행과 저녁 초대연, 24일 기념식 식전 행사, 기념식 및 강연, 저녁 초대연 등의 일정을 확정했다. 현재 회원 778명, 회비 및 기부금 총액 1,166만 원으로 보고되었다.

한편, 경상대학교 국제학술회의 준비위원회도 진행 상황을 점검하며 홍보, 발표자 영접, 초대장 발송 등의 계획을 논의했다. 형평운동에 관한 논문을 발표한 국내외 학자 전원이 참석한다는 점에서 의미가 큰 학술회의였지만, 미국, 영국, 일본 등 외국 연구자의 초청에 따른 세심한 주의가 필요했다.

70주년 기념행사가 다가오면서 언론 보도가 활발해졌다. 김중섭 총무는『경상대신문』(1993. 3. 15)에 형평운동 역사에 관해 특별기고를 했고,『진주신문』은 기념사업회 동정을 수시로 보도했다.『부산일보』(1993. 3. 21)는 "일제하 '백정해방' 민중의 외침「형평운동」새롭게 조명한다."고 행사 내용을 소개했다.

4월 5일 소식지『형평운동』제5호가 발간되었다. "형평운동 70주년에다 함께 형평정신을 북돋웁시다."라는 김장하 회장의 참여 권유 글을 실었다. 그리고 국제학술회의 발표자 소개와 기념식 관련 소식, 간추린 형평운동사를 게재했다. 현재 회원 793명, 회비 및 기부금 총액 1,195만 원이라고 밝혔다.

4월 8일 제11차 이사회가 남성당한약방에서 열렸다. 소식지『형평운동』제5호 평가, 국제학술회의와 기념식 준비, 홍보 및 회원 확장 방안 등이 논의되었다. 기념사업회 개편에 관한 건이 상정되었으나 다음에 논의하기로 미루었다.

4월 15일 제12차 이사회가 남성당한약방에서 열려 기념사업 전반을 최종 점검했다. 조규태 이사의 국제학술회의 준비, 홍수영 이사의 기념식 준비 보고 뒤에 이사들의 역할을 정했다. 현재 회원 795명, 회비 및 기부금 총액 1,197만 원으로 보고되었다. 그리고 기념사업회 개편에 대해 다음과 같이 결정했다.

① 지속적인 사업을 계획한다.
② 궁극적인 목적은 실천운동으로 전환한다.
③ 구체적인 사업 내용과 목적 설정, 단체 이름 등은 다음 회의에서
　　계속 논의한다.
④ 이러한 내용을 기념사에 적절한 표현으로 반영한다.

3. 형평운동 70주년 기념행사

 기념사업 행사일이 다가오면서 언론의 관심이 점점 높아졌다. 경상대학교 영자신문 『경상헤랄드』(Gyeongsang Herald, 1993. 4. 12)는 김중섭 교수를 인터뷰하고, 『경상일보』(1993. 4. 15), 『한국일보』(1993. 4. 16), 『국민일보』(1993. 4. 16), 『진주신문』(1993. 4. 19) 등이 행사 내용을 상세하게 보도했다.

 4월 23일(금) 국제학술회의가 경상대학교 본관 대회의실에서 열렸다. 9시 30분 김덕현 교수(경상대, 지리학) 사회로 개막식이 시작되었다. 조규태 준비위원장의 개회사, 김장하 기념사업회 회장의 환영사, 빈영호 경상대학교

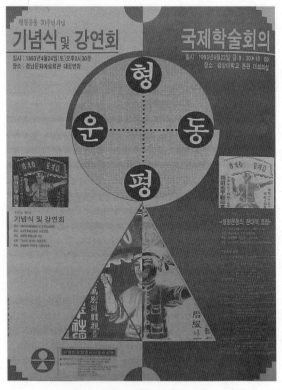

형평운동 70주년 기념사업 포스터(1993)

총장의 축사에 이어서 제1부 학술발표가 진행되었다. 진덕규 교수(이화여대, 정치학)의 "형평운동의 사상사적 인식", 김준형 교수(경상대, 한국사)의 "진주 지역 형평운동의 역사적 배경", 임순만 교수의 "기독교 전파가 백정 공동체에 미친 영향", 김중섭 교수의 "형평운동의 지향과 전략", 신기수 대표(일본 청구문화홀, 한일교류사)의 "형평사와 수평사의 교류"가 오전에 발표되었다.

제2부는 유낙근 교수(경상대, 행정학)의 사회로 진행되었다. 고숙화 박사(국사편찬위원회, 한국사)의 "일제하 사회운동과 형평운동의 연관 관계", 니어리 교수(Ian Neary, 영국 에섹스대학교, 일본학), 도모나가 겐조 소장(友永健三, 일본 부락해방연구소, 사회운동사)이 발표했다. 이어서 김중섭 교수의 사회로 종합 토론이 진행되었다.

학술회의가 열린 경상대학교 본관 대회의실은 진주 시민과 국내외 참석자로 꽉 찼다. 일본에서는 통역, 언론인을 포함하여 29명이 참가했다. 회의는 일본어 동시통역이 제공되었다. 이 시설은 경상대학교가 이 행사를 위해 특별히 설치한 것이었다.

학술회의를 마친 뒤 동방호텔 대연회장에서 만찬이 있었다. 기념사업회 임원, 학술회의 준비위원, 발표자, 일본 측 참가자, 경상대학교 보직자, 진주시장과 시의회 의장 등이 참석하여 교류 모임을 가졌다.

4월 24일(토) 형평운동 70주년 기념식과 강연이 경남문화예술회관 대공연장에서 열렸다. 식전 행사로 놀이패 '큰들'이 행사장 앞 광장에서 풍물놀이를 공연했다. 기념식은 박노정 이사의 사회로 김장하 회장의 기념사, 서정훈 진주시장, 임순만 반차별국제운동(IMADR) 이사, 무라코시 스에오(村越末男) 일본 부락해방연구소 이사장의 축사, 강인수 명예이사의 '형평사 주지' 낭독으로 이어졌다. 마지막으로, 김영대 명예이사가 "후손이 말하는 형평운동"이라는 제목으로 강연을 했다.

기념식을 마친 뒤 일본 부락해방연구소 측이 초청한 만찬이 사천 진주

횟집에서 열렸다. 기념사업회 임원, 학술회의 준비위원, 부락해방연구소 참가자 등이 참석하여 형평사와 수평사의 교류 역사를 되새기면서 앞으로의 연대를 약속했다. 그리고 일본 대표단이 기념탑 건립 기금 50만 엔(400만 원 상당)을 김장하 회장에게 전달했다.

70주년 기념행사에 대해 언론의 관심이 뜨거웠다. 『한국일보』(1993. 4. 16), 『국민일보』(1993. 4. 16), 『경향신문』(1993. 4. 18), 『조선일보』(1993. 4. 19), 『한 겨레신문』(1993. 4. 23), 『세계일보』(1993. 4. 23) 등 중앙지와 『경남일보』(1993. 3. 11; 4. 11; 4. 23), 『경상일보』(1993. 4. 15), 『경남신문』(1993. 4. 16; 4. 25), 『동남일 보』(1993. 4. 19), 『부산일보』(1993. 4. 21, 22), 『산업공단신문』(1993. 3. 31), 『진주신 문』(1993. 4. 26), 『경남매일』(1993. 4. 27) 등 지역신문이 상세하게 행사를 보도했 다. 신문뿐만 아니라 문화방송(MBC), 한국방송공사(KBS) 등 방송도 전국 뉴 스로 소식을 전했다.

김장하 회장은 『한겨레신문』(1993. 4. 25)에 "'형평운동' 절실한 '개혁시 대'"라는 칼럼을 기고했고, 『조선일보』(1993. 4. 19)의 이규태 코너는 "백정 한(白丁恨)"이라는 제목으로 백정 차별 역사를 소개하며 형평운동의 의미를 새겼다. 그리고 『부산일보』(1993. 4. 27)는 김장하 회장을 '초대석'에 소개했고, 『경남일보』(1993. 4. 17)는 김장하 회장의 인터뷰를 통해 "형평사 정신 과거만 의 것 아니죠"라는 제목으로 기념사업의 취지를 소개했다. 『동남일보』(1993. 4. 23)는 "역사기행"으로 형평운동의 진원지 진주를 다루면서 "도도한 남강 속 묻힌 민권의식"이라고 소개했다.

그리고 『경남일보』(1993. 4. 21)는 사설을 통해 "형평운동과 진주정신: 현대적 재조명으로 계승 발전시켜야"라고 주장했고, 『진주신문』(1993. 4. 19) 은 사설에서 "형평(衡平)정신의 부활을 기대한다."고 했다. 특히, 『경남일 보』(1993. 4. 23, 25)는 국제학술회의, 기념식 소식을 전한 뒤 김영대 명예이사 인터뷰를 실었고, 4월 23일부터 5월 2일까지 8회에 걸쳐 학술회의 발표문

요지를 자세하게 게재했다. 그리고 조규태 이사는 『경상대신문』(1993. 5. 10) 기고문을 통해 "평등 사회 지향의 형평운동 '학술적' 자리매김"이라고 국제 학술회의를 평가했다.

한편, 일본 언론도 이 행사에 대해 많은 관심을 보였다. 『아사히신문』은 국제학술회의를 보도(1993. 4. 23)한 뒤 기념식과 강연을 심층 보도했다(1993. 5. 5). 그리고 부락해방동맹 기관지 『해방신문』(1993. 4. 19)은 기념행사를 보도하면서 수평사와 형평사의 교류 중심으로 형평운동 역사를 소개했다.

5월 6일 제13차 이사회가 진주 시내 북경장에서 열렸다. 국제학술회의, 기념식 및 강연회 등 기념행사 평가와 결산보고가 있었다. 행사 비용은 김장하 회장의 기부금 2천만 원으로 지출되었다고 보고되었다. 그리고 학술회의 발표문을 엮은 도서 출간 등 향후 활동에 대해 논의했다. 현재 회원 841명, 회비와 기부금 1,322만 원이 보고되었고, 회비와 기부금은 기념탑

형평운동 70주년 기념식 및 강연회(1993. 4. 24)

건립을 위해 적립한다는 것을 거듭 확인했다.

4월 행사 이후 기념사업에 대한 지지와 관심이 크게 늘어났다. 미국 만우회원들이 기부금 400달러(50만 원 상당)를 보내왔고, 박영환 회원(합동주유소 대표)이 책자 발간비 400만 원을 기부했다. 일본 오사카인권역사자료관(훗날 오사카인권박물관으로 바뀜)은 6월 1일부터 27일까지 특별전을 열고 『형평사 창립 70주년 기념 형평사와 수평사: 조선과 일본의 반차별운동』이라는 책자를 발간했다. 그리고 3월 21일 방영된 진주문화방송(MBC)의 기념사업 소개 프로그램이 제20회 한국방송대상 지역문화 부문 우수상을 받았다.[5]

8월 20일 제14차 이사회가 금하식당에서 열렸다. 학술회의 책자와 소식지 제6호 발간, 기념탑 건립 계획 등이 주요 안건이었다. 논문집 출판은 최시한 이사가 섭외한 서울의 솔출판사에서 맡기로 했다.

9월 20일 제15차 이사회가 진주 시내 마포주물럭식당에서 열렸다. 국제학술회의 논문집 『형평운동의 재인식』 출간을 자축하는 자리를 겸했다. 이 책자를 1,100부 구입하여 회원들에게 무료 배포하기로 하고, 추가 구입은 정가의 70% 금액으로 제공하기로 했다. 아울러 일본어 번역을 추진하겠다는 무라코시 스에오 부락해방연구소 이사장의 편지도 소개되었다. 그리고 기념탑은 윤기열 회원(진주극장 대표)의 협조로 진주극장 토지 앞면 화단에 세우기로 하고, 1995년 2월 말로 예정된 진주극장 재건축까지 건립 시기를 늦추기로 결의했다. 이에 대한 진행은 회장단과 박노정, 최시한 이사에게 맡기기로 했다.

11월 1일 소식지 『형평운동』 제6호가 발간되었다. "기념사업 모두 순조롭게 진행돼"라는 제목 아래 국제학술회의, 기념식 및 강연회, 『형평운동의 재인식』 발간 소식과 함께 기념탑 건립 장소, 시기 등을 알렸다. 그리고

---

5) 『진주신문』, 1993년 8월 30일, "백정소재 '민들레와 신팽이' 방송대상 우수상".

언론의 뜨거운 관심을 소개하며, 『조선일보』(1993. 4. 17)의 이규태 코너 "백정한(白丁恨)"과 『한겨레신문』(1993. 4. 25)의 김장하 회장 기고문 "'형평운동' 절실한 '개혁시대'"를 실었다. 마지막 페이지에는 일본의 형평운동 자료전시회 소식과 이사회 일지, 회원 현황과 명단, 회비 및 기부금 총액 1,747만 원을 알렸다.

1994년에 들어와 기념사업회의 주력 활동은 기념탑 건립이 되었다. 4월 7일 제16차 이사회가 남성당한약방에서 열렸다. 기념탑 부지 선정이 주요 안건이었다. 진주극장 재건축 일정이 늦어지면서 장소를 다시 물색해야 했다. 진주극장 소유주가 바뀌었다는 소문과 함께 부지의 협소함이 거론되며 대안으로 진주성 동문 앞 공간(진주문화원 옆)이 고려되었다. 그런데 이 장소는 시유지였으므로 진주시의 허가가 필요했다. 회원들에게는 기념탑 건립 지연과 『형평운동의 재인식』 일본어판 발간 소식을 알리는 편지를 보냈다.

나 개인적으로는 오랫동안 준비한 책 『형평운동연구: 일제 침략기 백정의 사회사』(민영사)를 형평운동 71주년에 맞추어 발간했다. 이 소식은 『진주신문』(1994. 4. 25), 『한겨레신문』(1994. 4. 27), 『경남일보』(1994. 4. 27), 『부산일보』(1994. 5. 11), 『경상대신문』(1994. 5. 23), 『조선일보』(1994. 5. 28) 등에 보도되었다.

7월 10일 『형평운동의 재인식』의 일본어 번역본 『조선의 「신분」 해방운동』이 부락해방연구소에서 발간되었다. 번역은 재일교포 단체인 민족교육문화센터가 맡았다. 기념사업회는 일본어판 판권료를 인권 증진 활동을 성원하는 뜻에서 부락해방연구소에 기부했다.

4. 형평운동 기념탑 건립을 향하여

건립 부지의 불확실성이 커지면서 기념탑 건립 활동이 지지부진했다. 진주극장 앞 부지를 포기하고 진주성 동문 앞 부지를 추진했지만, 진주시는 비협조적이었다. 6월 27일로 예정된 민선 시장 선거를 앞두고 진주시장과 담당자의 빈번한 교체가 사업 추진의 걸림돌로 작용했다.

기념사업회는 1995년 2월 22일 진주시장에게 기념탑 건립 부지 사용 신청 공문을 보냈다. 첨부된 사업계획서에는 1995년 12월까지 건립하여 진주시에 기부채납한다는 내용이 있었다. 그러나 진주시장은 3월 2일 회신을 통해 "주변 상가 및 주택지의 도로 이용과 진주성 관광객의 주차난이 크게 우려되고 있어 사용이 어려운 실정이라고 보여집니다."라고 부정적 입장을 보였다.

나는 4월 2일 일본에 강연하러 가서 수평사 기념비를 둘러보았다. 수평사 창립대회가 열린 교토 공회당 앞 정원에 세워져 있었다. 교토시가 수평사 창립 60주년(1982)을 맞이하여 세운 것이다. 지방자치단체가 수평사 창립지라는 역사를 알리는 데 앞장선 것이 인상적이었다. 진주시가 형평운동 기념탑 건립에 조금 더 적극적이면 좋겠다는 생각이 들었다.

4월 6일 기념탑 건립 추진위원회가 진주 시내 미락식당에서 열렸다. 이사회의 위임을 받은 김장하 회장, 김영기 부회장, 박노정 이사, 김중섭 총무로 구성된 회의체다. 참석자들은 진주시의 비협조로 진주성 동문 앞이 어렵다고 판단하며 다시 진주극장 앞을 고려했다. 그리고 9월 말 완공 예정인 진주극장 재건축 일정에 맞추어 기념탑을 건립하기로 했다.

4월 21일 기념탑 건립 추진위원회가 미락식당에서 열렸다. 공모 형식의 어려움을 감안하여 추천받은 몇몇 작가의 경력과 작품 도록을 놓고 논의했다. 작가들의 개인 사정이 얽혀 있어서 결론을 내기가 쉽지 않았다. 결국,

최종 작가 선정은 회장과 총무에게 위임하기로 결정했다. 선정된 작가에게 형평운동의 역사적 배경, 기념탑 건립 취지 등을 충분히 설명하여 계획안에 반영하도록 요청하는 한편, 최종안은 이사회에서 결정하기로 했다. 그리고 기념탑에 새길 글씨는 진주의 서예가 천갑녕 회원에게 맡기기로 했다.

5월 17일 기념탑 건립 추진위원회는 서울의 심정수 작가에게 기념탑 제작을 의뢰하기로 결정했다. 심정수 작가는 성균관대학교의 심산 김창숙 선생과 서울 양재 시민공원의 매헌 윤봉길 의사 동상을 건립한 중견 조각가였다. 숙명여자대학교로 옮겨간 최시한 이사가 섭외하기로 했다.

5월 22일 심정수 작가가 진주에 와서 건립 중인 진주극장 공사장을 둘러보았다. 진주극장 설계 도면이 3차에 걸쳐 변경되면서 건물이 보도 쪽으로 많이 나와 있는 것을 알게 되었다. 심 작가는 그 공간에 기념탑을 세울 수 없다고 진단했다. 새로운 곳을 찾아야 했다. 기념탑 부지 선정이 난제였다.

6월 27일 지방자치단체 선거에서 시장과 시의원이 선출되었다. 민선으로 선출된 백승두 시장이 기념탑 건립에 관심을 보이면서 이전에 거부당한 진주성 동문 앞 공간을 다시 추진하기로 했다.

11월 24일 기념사업회는 진주시장에게 기념탑 건립 협조 요청 공문을 보냈다. 진주시는 1996년 2월 8일 진주시청 회의실에서 형평운동 기념탑 건립을 위한 공론화 추진 간담회를 열었다. 시의회, 문화원, 예총, 학계, 언론계 등 여러 분야의 대표자들이 참석한 가운데 기념탑 부지가 논의되었다.

진주시는 기념탑 건립 대상지로 ① 성지 앞 정문 매표소 논개시비 앞, ② 성지 앞 문화관광센터 앞, ③ 성지 밖 공북문 우측면 언덕, ④ 칠암동 문화거리 조성지구 내, ⑤ 망경산 팔각정 건립 예정 부지, ⑥ 석류공원, ⑦ 비봉산 등을 제시했다. 진주성 안이나 주변은 문화재관리국 승인 사항이므로 ①, ③은 불가능했다. 문화거리나 석류공원, 비봉산 등 ④, ⑤, ⑥, ⑦은 외졌다는 단점이 지적되었다. 기념사업회에서 요구한 ② 진주성 동문 앞 문화관광센터 옆은 설치가 쉽고 관광객의 접근성이 용이하다는 장점이 있었다. 기념사업회 측은 진주(외)성 안의 이 부지는 조선 500년 동안 성안에서 살지 못한 '백정'의 원혼을 달래준다는 의미를 갖게 된다고 강조했다. 결국, 이곳으로 결정되었다.

기념탑 부지 선정 소식은 이튿날 『경남일보』, 『동남일보』, 『국제신문』 등의 보도를 통해 널리 알려졌다. 진주시는 3월 19일 형평운동 기념탑 건립 장소 결정 사실을 공문으로 기념사업회에 통보했다.

3월 19일 오랜만에 제17차 이사회가 금하식당에서 열렸다. 1996년 내로 기념탑을 건립한다는 계획 아래 홍보와 모금 활동을 적극적으로 펴기로 했다. 홍보물을 제작 배포하고 신문 광고를 하는 한편, 지역 언론과 사회단체의 후원과 협력을 추진했다. 특히, 기공식과 제막식을 통해 널리 홍보하기로 했다.

4월 9일 기념사업회를 대표하여 김장하 회장은 심정수 작가와 기념탑 건립 도급 계약서를 작성했다.[6] 계약 금액은 1억 3천만 원이었다. 서울에서 심 작가를 처음 만났을 때 "모금액이 얼마인가요? 그 안에서 제작하겠습니다."라고 한 말이 잊히지 않는다. 심 작가는 형평운동 정신을 이해하고 기념사업 취지에 공감하면서 제작 비용을 '실비'만 받겠다는 것이었다. 심 작가와 이야기를 나눌수록 민중 예술 분야에서 활동해온 경력과 형평운동에 대한 이해의 마음을 느낄 수 있어 기념탑 건립의 적임자라고 생각했던 기억이 생생하다.

4월부터 기념탑 건립 홍보와 비용 마련을 위한 활동이 더욱 활발하게 전개되었다. 『진주신문』과 『경남일보』에 광고를 싣고, 각급 학교와 약사회,

---

6) 『진주신문』, 1996년 4월 22일, "'형평운동 기념탑' 11월 건립 예정, 조각가 심정수씨 제작, 인권 상징물로 자랑거리 될 듯".

치과의사회, 한의사회 등 많은 단체에 공문을 보내 참여를 요청했다. 그리고 출향 인사인 백선기 선생(백남훈 일신여고보 교장 아들), 허완구 회장(승산그룹), 곽묘연 여사(일신여고보 5회 졸업생), 재경 진주향우회 등을 만나거나 연락하여 협조를 요청했다.

기념탑 건립 소식은 『경남일보』(1996. 3. 27), 『동아일보』(1996. 4. 1), 『진주신문』(1996. 4. 22), 『진주기독신문』(1996. 5. 6), 진주시보 『촉석루』(1996. 5. 1) 등을 통해 널리 알려졌다. 조규태 이사는 『경상대신문』(1996. 5. 13)에 기념사업회의 활동과 기념탑 건립 추진 과정을 알리는 글을 기고했고, 김장하 회장은 『동아일보』(1996. 5. 21) 인터뷰를 통해 기념탑 건립 취지와 추진 상황을 알렸다.

일본에서도 형평운동 역사와 기념사업에 대한 관심이 고조되었다. 세계인권선언 오카야마(岡山)현 실행위원회는 3월 26일 김중섭 총무를 초청하여 형평사 역사에 대한 강연회를 열었고, 부락해방동맹 기관지 『해방신문』(1996. 5. 27)은 기념탑 건립 모금 소식과 참여에 관한 기사를 실었으며, 여러 곳의 부락해방운동 단체는 모금운동을 벌였다.[7] 그리고 가가와(香川)현 나카타도(仲多度)군은 형평운동 역사 탐방의 인권투어를 조직하여 진주를 방문하고 건립 기금 10만 엔(당시 80만 원 상당)을 기부했다.[8]

기념사업회는 6월 초 기념탑 건립비 모금 진행에 관한 보도 자료를 냈다(『경남일보』, 1996. 6. 6; 『진주신문』, 1996. 6. 10). 그리고 진주시보 『촉석루』(1996. 6. 25)에 단체와 개인의 기부 현황을 알리는 광고를 냈다. 회비와 기부금은 3월 31일까지 4천만 원이 넘었고, 그 이후 모금된 1,100여만 원, 합계 5,200여만

---

7) 『경남일보』, 1996년 5월 7일, "형평운동 기념탑 건립 일 등 해외서도 큰 관심".

8) 『경남일보』, 1996년 8월 8일, "형평운동 세계 홍보 계기, 일본 부락민 단체 진주 유적지 견학"; 『진주신문』, 1996년 8월 12일, "일본인권단체 형평탑 현장 찾아, 일본서 모금한 지원금 기부".

원이 되었다.

7월 15일 제18차 이사회가 금하식당에서 열렸다. 주요 안건은 형평운동 기념탑 모형(안)과 비문(안)에 대한 토의였다. 기념사업회 임원, 심정수 작가와 제작 협력자, 김인태 진주시 기획실장을 비롯한 관계자가 참석했다. 참석자들은 심정수 작가가 제작한 기념탑 조형물을 놓고 의견을 교환했다. 김인태 기획실장은 건립 부지 관련 행정 사항을 적극적으로 협력하기로 했다. 그리고 단체 명칭을 '형평운동기념사업회'로 바꾸기로 결의했다(『경남일보』, 1996. 7. 17; 『진주신문』, 1996. 7. 22). 1993년 기념사업을 위한 한시적 단체인 형평운동70주년기념사업회에서 지속적인 형평운동 기념사업 단체로 발전하게 된 것이다. 애초에 70주년 기념사업으로 계획되었던 형평운동 기념탑 건립은 자연스럽게 형평운동 기념사업이 되었다.

9월 6일 제19차 이사회가 진주 시내 예향식당에서 열렸다. 주요 안건은 기념탑 기공식과 준공식에 관한 사항이었다. 기공식은 간략하게 거행하는 반면, 준공식은 진주 시민 전체가 참여하는 성대한 자리가 되도록 만들기로 했다. 그리고 진주극장 자리에는 '형평사 창립축하식 개최지'라는 표지석을 설치하기로 했다.

기공식은 9월 23일 기념탑 건립 예정지에서 열기로 하고, 『진주신문』(1996. 9. 23) 광고를 통해 회원들에게 알렸다. 이 광고에는 9월 15일까지의 회비 및 기부자 명단과 함께 모금 총액이 6,341만 4,185원이라고 공지되었다. 아직은 예산액의 절반에 못 미치는 액수였다.

9월 23일 기념탑 기공식이 건립 예정지(진주성 앞, 문화관광센터 옆)에서 열렸다. 제1부 제례는 박노정 이사의 집례로 초헌 김장하 회장, 독축 박노정 이사, 아헌 김영기 부회장, 종헌 강인수 명예이사, 내빈의 헌작 순으로 진행되었다. 제2부는 김중섭 총무의 사회로 김장하 회장의 개회사, 심정수 작가의 작품 설명, 기념사업회 임원들의 삽질 순으로 진행되었다. 식후에 저녁

식사를 곁들여 제20차 이사회를 열어 간략하게 경과보고를 했다.

기념탑 기공식 소식은 『경상대신문』(1996. 9. 23), 『조선일보』(1996. 9. 24), 『경남일보』(1996. 9. 24), 『진사신문』(1996. 9. 25), KBS진주(1996. 10. 1), 『진주신문』(1996. 10. 7), 『진주기독신문』(1996. 10. 7), 경상대 영자신문 『Pioneer』(1996. 10. 14) 등을 통해 널리 알려졌다.

5. 형평운동 기념탑 준공: "인간 존엄과 평등 사회를 여는 날"

10월 16일 제21차 이사회가 예향식당에서 열렸다. 주요 안건은 기념탑 준공식에 관한 사항이었다. 준공식은 유엔에서 세계인권선언을 채택한 12월 10일에 열기로 했다. 준공식에 앞서 진주인권회의를 개최하기로 했다. 형평운동 정신에 비추어 오늘날 진주의 인권 상황을 살펴보려는 것이었다. 기획과 진행은 김중섭 총무가 맡기로 했다. 그리고 준공식에 맞추어 진주극장 앞에 형평사 창립축하식 개최지 표지석을 설치하기로 하고, 박노정 이사가 섭외하기로 했다. 아울러 식전 행사로 진혼무와 길놀이를 열기로 했다.

기념탑 기공식이 열리면서 시민의 참여가 더욱 활발해졌다. 개인뿐만 아니라 단체 가입도 크게 늘어났다. 명신고, 진주상호신용금고, 칠암성당, 우리살림 '들소리' 등이 단체로 가입했고(『진주신문』, 1996. 10. 14), 축산기업 단체에서 기부금을 보내왔다. 10월 15일 현재 총 6,537만 4,185원이 모금되었다(『진주신문』, 1996. 10. 21).

11월 13일 제22차 이사회가 예향식당에서 열렸다. '96 진주인권회의 계획안, 홍보 자료, 진주극장 앞 표지석 안, 식전 행사, 준공식 진행 등에 대해 논의했다.

한편, 11월에 들어와서 매주 『진주신문』 광고를 통해 준공식 소식을 알렸다. 11월 25일 광고는 "1,486명과 33단체의 참여에 감사드립니다. 12월 10일을 '인간 존엄과 평등 사회를 여는 날'로 만듭시다."라고 호소했다. 11월 20일 현재 회비 및 기부금 총액이 7,134만 7,185원이라고 밝혔다. 이후에도 개인과 단체의 기부가 이어졌다.

11월 25일 제23차 이사회가 예향식당에서 열렸다. 기념탑 준공식 준비를 최종 점검했다. 일본, 미국 등 외국에서 기념식에 참가하겠다는 희망자가 늘어났다. 『경남일보』(1996. 11. 27)는 12월 10일 세계인권선언일에 맞춰 기념탑 준공과 기념행사가 열린다고 보도했다.

12월 10일 형평운동 기념탑 준공식이 열렸다. 세계인권선언 48주년 기념일이었다. "1996년 12월 10일은 인간 존엄과 평등 사회를 여는 날"이라고 이름 붙여 형평운동 기념탑 준공의 의미를 높이고자 했다.

'96 진주인권회의가 오전 10시 반부터 12시 반까지 진주상호신용금고 문화관에서 열렸다. 주제는 "지역사회의 인권문제와 형평정신"이었다. 김장하 회장은 인사말을 통해 "형평정신 구현은 지역사회로부터"라고 강조했다. 김중섭 총무의 사회로 김기수 회장(한국지체장애인협회 진주시지회)이 장애인 문제, 이재환 원장(노인요양원 '프란치스코의 집')이 노인 문제, 강문순 주비위원(진주성폭력상담소 주비위원회)이 여성 문제, 이규성 관장(진주평거종합사회복지관)이 빈민·결손 가족 문제에 대해 발표했다.

발표자들은 진주의 인권 상황을 구체적으로 살펴보면서 인권증진 방안을 모색하고자 했다. 일본 대표자 17명을 비롯하여 장내를 가득 메운 참석자들은 형평정신의 현대적 실현에 대해 많은 관심을 보였다. 발표 내용은 사회적으로 크고 작은 파장을 일으켰다. 그 후 진주여성민우회가 창립했고, 장애인, 노인, 빈민 문제에 대한 관심이 높아졌다. 가장 기억에 남는 것은 시각장애인 창식이네 가족 사례였다. 임순만 명예이사를 통해 창식이네 이야기를 전해 들은 뉴욕 거주 재미동포가 그 가족에게 매달 생활 지원금을

형평운동 기념탑 준공식에 맞추어 거행된 '96 진주인권회의(1996. 12. 10)

보내왔고, 나중에는 창식이를 대구의 맹아학교로 보내서 자립하도록 도왔다.[9]

　1시 반부터 형평사 창립축하식 거행지 표지석 제막식이 진주극장 앞에서 열렸다. 형평운동이 전국으로 발전한 역사를 밝혀주는 징표가 생긴 것이다. 놀이판 '큰들'의 길놀이로 표지석 제막 분위기가 고조되었다.

　참가자들은 표지석 제막을 마치고 진주성 동문 앞으로 이동했다. 길놀이가 끝나고 김중섭 총무의 사회로 기념탑 준공식이 진행되었다. 식전 행사로 김덕명 춤패와 이영희 춤패의 춤이 소개되었다. 학춤 무형문화재 김덕명과 박월산의 춤, 강순금 명창의 소리로 「차별받던 이들의 넋을 달래며」라는 진혼무가 진행되었다. 이어서 이영희 교수(경상대 체육학과)를 비롯한 민준기 등이 「평등 사회를 위하여」라는 무용극을 공연했다.

　김영기 부회장의 개회선언에 이어서 김중섭 총무의 경과보고, 김장하

---

9)　김중섭, 「창식이네 이야기」, 소식지 『형평운동』 새판 제5호(2005. 8. 24) 참조할 것.

회장의 식사가 있었다. 그리고 백승두 진주시장, 임순만 반차별국제운동 이사, 무라코시 스에오 부락해방연구소 이사장의 축사가 이어졌다. 일본어 통역은 오사카 민족교육문화센터의 고정자 선생이 맡았다. 이어서 일본 대표자의 기부금(55만 엔) 전달식이 있었고, 미국 만우회 이영인 회장, 백남훈 일신여고보 교장의 아들인 백선기 선생 등의 축전 답지 소식이 전해졌다. 그리고 강인수 명예이사가 '형평사 주지'를, 박노정 이사가 축시를 낭독했다.

진주성 앞 광장에서 식을 마치고 찻길을 건너 기념탑 장소로 가서 제막을 했다. 제막에는 백승두 시장, 양윤식 시의회의장을 비롯한 지역 인사, 김장하 회장, 심징수 작가, 일본 참가단 대표, 그리고 미래 세대의 평등을 상

형평운동 기념탑 준공식(1996. 12. 10)

징하는 남녀 어린이가 참여했다. 참여자들이 모두 끈을 당기자 기념탑을 감쌌던 천이 벗겨졌다. 기념탑의 모습이 드러나면서 형평운동의 또 하나의 상징물 탄생을 알렸다. 제막에 이어서 김영기 부회장의 기념탑 비문 낭독, 심정수 작가의 작품 해설, 김장하 회장이 백승두 진주시장에게 기념탑 기부증서 전달, 박재홍 이사의 폐회선언이 차례대로 진행되었다.

참가자들에게 배포된 기념탑 준공식 자료집은 박노정 이사의 축시 "가슴을 적시는 그리움으로", 김장하 회장의 인사 "인간 존엄과 평등 사회를 희구하며", 간략한 형평운동 소개, 심정수 작가 소개와 작품 해설, 형평운동 기념사업회 소개와 기념탑 건립 경과, 활동 보고, 기념탑 건립 참여자 명단, 준공식 식순이 실렸다.

전국의 언론이 형평운동 기념탑 준공 소식을 알렸다. 『한겨레신문』(1996. 12. 10), 『중앙일보』(1996. 12. 10), 『한국일보』(1996. 12. 10), 『조선일보』(1996. 12. 11), 『동아일보』(1996. 12. 14) 등 전국지와 『경남매일』(1996. 12. 10), 진주시정지 『촉석루』(1996. 12. 10), 『국제신문』(1996. 12. 10), 『경남신문』(1996. 12. 11), 『경남일보』(1996. 12. 11), 『진사신문』(1996. 12. 16), 『진주신문』[1996. 12. 9(사설), 16] 등 지역 언론이 보도했다. 『진주신문』(1996. 12. 16)은 '96 진주인권회의 내용과 임순만 이사와 무라코시 스에오 이사장의 축사를 요약하여 실었다.

12월 19일 제24차 이사회가 예향식당에서 열렸다. 주요 안건은 기념탑 준공식 평가와 결산 보고였다. 총수입은 1억 4,539만 7,227원, 총지출은 기념탑 시공비 1억 3천만 원을 포함하여 1억 4,515만 4,980원이었다. 지출액에는 김장하 회장이 찬조한 진주신문 광고비, 준공식 행사 준비비, 초청 강연회 강사료 등은 포함되지 않았다. 김장하 회장의 찬조 덕분에 예산 1억 5천만 원 안에서 행사를 마친 셈이었다. 참석자들은 기념사업회 임원들의 적극적인 참여와 효과적인 역할 분담을 자축하며, 경상대학교 사회학과 학생으로 구성된 '형평 사회를 위한 모임' 회원들의 자원봉사가 원만한 행사

진행에 이바지했다고 평가했다.

기념탑 준공 이후에 진주는 형평운동의 메카라는 인식이 더욱 확산되었다. 특히, 일본 부락해방운동 단체가 빈번하게 진주를 방문했다. 1997년 2월 10일 오사카부 이즈미시 청년단체가 진주를 방문하여 형평운동 기념탑 관광, 김중섭 교수의 강의 수강, 경상대학교 학생들과 교류 모임 등을 가졌다.[10] 3월 29일 오사카부 이즈미사노시 국제교류추진위원단이 진주를 방문하여 김중섭 교수와 정동주 작가의 강의를 듣고 형평운동 기념탑과 진주성을 견학했다.[11] 이후에도 후쿠오카현, 사가현, 시가현 등 일본 각지의 인권투어 단체가 진수를 방분했다. 그들은 대개 진주, 경주, 서울, 천안 독립기념관 등지를 둘러보는 한국 방문 일정을 가졌다.

나는 1997년 8월 미루었던 연구년을 보내기 위해 영국으로 출국했다. 1년 반 동안 에섹스대학교에서 인권을 집중적으로 연구하고 1999년 2월 한국으로 돌아왔다. 그 뒤 인권사회학을 개설하여 경상대학교는 우리나라에서 인권 강좌를 개설한 최초의 대학 가운데 하나가 되었다. 그리고 2001년 7월 『형평운동』을 출판했다. 남성문화재단의 지원으로 제작된 '진주문화를 찾아서' 시리즈의 세 번째 책이다. 이 시리즈는 진주의 역사, 문화, 인물 등을 읽기 쉽게 내는 것이 목표였다.

이후 형평운동기념사업회는 한동안 새로운 활동을 하지 않았다. 그 뒤 2000년대에 전개한 주목할 만한 활동은 형평운동과 인권을 잇는 진주인권회의 개최였다. 형평운동 기념탑 준공식 때 처음 열린 진주인권회의가 형평운동기념사업회와 경상대학교 통일평화인권센터의 공동 주최로 2001년부

---

10) 『진주신문』, 1997년 2월 10일, "일본 인권단체 청년회 진주 방문, '형평운동서 인권배운다'".

11) 『진주신문』, 1997년 4월 7일, "일본인들에게 '종군위안부 과오 인정 필요' 발언, 경상대 김중섭 교수, 일본인 대상 형평 강연서 제기".

터 3년간 다시 열렸다. 사회단체 활동가들이 1년 동안 특정 주제의 워크숍을 가진 뒤 그 결과를 세계인권선언일인 12월 10일 즈음하여 발표하는 방식이었다.[12] 2001년 주제는 "지역사회의 인권", 2002년 주제는 "어린이·청소년 인권", 2003년 주제는 "시민권·여성·장애인 인권"이었다.[13] 형평운동기념사업회 김장하 회장은 2001년 책자에 "인권도시 진주의 빛나는 앞날을 기대하며", 2002년 책자에 "밝은 내일을 위해 우리 아이들의 인권에 관심을"이라는 머리글에서 진주 지역 인권에 대한 관심을 강조했다.

6. 형평운동 80주년 기념행사

2003년 형평운동 80주년을 맞이하여 기념행사가 다시 계획되었다. 그 준비는 2002년 겨울부터 시작되었다. 12월 하순 도모나가 겐조 부락해방·인권연구소 소장이 진주를 방문하여 80주년 기념사업에 대해 협의했다.[14] 그는 한국의 형평운동기념사업회와 일본의 부락해방·인권연구소가 80주년 기념사업을 공동 개최할 것을 제안했다. 그리고 80주년에 맞추어 나의 책 『형평운동』의 일본어 번역 출간 계획을 밝혔다.

12월 25일과 26일 극단 현장은 형평운동을 소재로 한 연극 「불꽃」을 공연했다. 강상호와 장지필의 대립을 통해 형평운동 활동가들의 지향성을 연극화한 것이다. '진주정신 찾기' 시리즈 제2탄이었다. 김장하 형평운동기

---

12) 자세한 내용은 김중섭, 『인권의 지역화: 일상생활의 인권 증진을 위하여』, 집문당, 2016, 제5장 "형평운동의 역사적 유산과 인권 활동: 한국 진주시 사례" 참조할 것.

13) 2001년과 2002년의 발표 자료는 책자로 발간되었으나 2003년에는 자료집만 나왔다. 김중섭 엮음, 『한국 지역사회의 인권: 2001 진주 지역 사례 연구』, 도서출판 오름, 2001; 김중섭 엮음, 『한국 어린이·청소년의 인권: 진주 지역 사례 연구』, 도서출판 오름, 2002 참조할 것.

14) 『경남일보』, 2002년 12월 21일, "경상대 형평운동 기념사업 협의 가져".

넘사업회 회장은 축사를 통해 형평운동은 "전통 사회의 불평등한 질서를 청산하고 인간의 존엄성과 평등을 상징하는 반차별운동 ⋯ 인권을 강조하고 평등 사회를 추구하며 공동체 권익을 보호하려는 운동"의 귀중한 역사라고 강조했다. 그러면서 「불꽃」 공연을 계기로 "형평운동을 새롭게 재인식하며, 발상지인 진주를 널리 알리고 살맛 나는 세상을 만드는 데 크게 기여하리라 믿는다."고 격려했다.

형평운동 80주년이 되면서 언론의 관심이 커졌다. 마산MBC(2002. 12. 26), 진주KBS(2003. 1. 1) 등은 김중섭 총무와의 인터뷰를 통해 80주년 기념사업을 보도했다. 이후 기념사업에 대한 언론 보도가 크게 늘어났다.

1월 22일 기념사업회 이사회 개편을 위한 준비모임이 진주 시내 식당 '섬'에서 열렸다. 1996년 기념탑 준공식 이후 침체된 형평운동기념사업회에 새로운 방향이 필요하다는 문제의식이 있었다. 진주인권회의를 통해 시도된 인권 영역과의 접합에 대해서는 그다지 높이 평가하는 분위기가 아니었다.

확대 개편을 위한 준비모임이 다섯 차례 더 열린 뒤 3월 3일 형평운동기념사업회 개편대회가 진주문고 북카페에서 열렸다. 김중섭 총무의 경과 및 결산 보고에 이어서 회칙 개정과 임원 선출, 2003년 사업계획 보고와 의결, 예산안 승인이 이루어졌다. 회장과 총무, 이사 체제에서 이사장, 이사, 운영위원장, 사무국장 체제로 개편한 것이 가장 큰 변화였다. 나는 그때까지 준비된 80주년 기념사업의 연속성을 위해 80주년 기념사업 특별위원장을 맡아서 사업을 총괄하게 되었다. 이 글은 80주년 기념사업에 한정하고, 이후의 기념사업회 활동에 대한 정리는 별도의 과제로 남겨두고자 한다.

3월 12일 특별위원회 제1차 회의가 '섬'에서 열렸다. 김중섭 특별위원장, 고능석 극단 현장 극장장, 강동옥 진주오광대보존회 사무국장, 김정남 경상대 통일평화인권센터 소장, 형평운동기념사업회의 장승환·권춘현·윤

경순·이기동 이사와 박노정 감사가 참석했다. 참석자들은 그동안 진행해 온 기념사업의 주요 내용을 다시 점검했다.

80주년 기념사업은 형평운동기념사업회, 경상대학교 통일평화인권센터, 일본 부락해방·인권연구소가 공동 주최하고, 남성문화재단, 진주시, 국립진주박물관, 그리고 진주의 여러 언론사가 후원했다. 내용이나 규모 면에서 70주년 기념사업보다 훨씬 다양하고 규모가 컸다.

주제는 "형평운동과 문화의 만남, 그리고 인권증진의 국제적 연대"였다. 크게 두 가지 주제 가운데 '문화와의 만남'에는 연극 「불꽃」 공연, 창작탈춤 「백정」 시연 등이, '인권증진의 국제적 연대'에는 국제학술회의, 백정, 부락민, 달리트에 관한 국제사진전 및 초청강연회 등이 계획되었다. 특별위원들은 홍보, 언론 보도, 티켓 판매, 사진 전시 및 초청강연회, 국제학술회의 등에서 역할을 분담했다.

나는 2002년 겨울부터 사진전 및 강연회, 국제학술회의 등을 위해 일본 측과 긴밀하게 연락하며 준비했다. 연락은 이메일과 팩스를 병행하여 이용했다. 70주년 기념사업 때는 팩스를 이용했는데, 10년 사이에 커다란 변화를 느꼈다. 그런데 지금은 더 이상 팩스를 쓰지 않고 이메일을 이용하니 참 빠른 변화가 실감 난다.

부락해방·인권연구소는 차별받는 세 집단인 백정, 부락민, 달리트의 역사와 인권 상황을 보여주는 사진 패널을 준비했다. 백정 자료는 한국으로부터, 달리트 자료는 인도 인권단체로부터 제공받았다. 그리고 세 단체에 대한 설명을 일본어와 한글로 만들고자 하여 나는 백정뿐만 아니라 부락민, 달리트에 대한 한글 표현을 감수하게 되었다.

3월 20일 특별위원회 2차 회의가 '섬'에서 열려 각 사업의 진행 과정을 점검했다. 국제사진전 주제는 "차별받는 사람들: 인도, 일본, 한국"으로, 초청강연회 주제는 "차별받는 사람들의 증언: 부락민, 달리트, 그리고 백정"

으로 정해졌으며 모두 국제행사가 되었다. 사진전은 국립진주박물관 후원으로 진주박물관 전시장에서 열고, 강연회는 진주박물관 강당에서 하기로 했다.

4월이 되면서 80주년 기념사업에 대한 언론의 관심이 고조되었다. KBS진주는 4월 1일 특별기획으로 4부작 「다시 형평을 말한다」를 방영했다. 사이사이에 뉴스가 짧게 끼어 있었지만, 오전 8시 35분부터 11시 40분까지 이어지는 대형 특집 프로그램이었다. 현장에서 전하는 제1부는 형평 기념탑, 형평운동 기념사업, 형평운동 역사 등을 소개하고, 제2부는 진주오광대의 탈춤 연습 현장을 취재하고, 외국인, 청소년, 소년소녀 가장, 장애인 등 오늘날의 불평등 문제를 다루었다. 제3부는 극단 현장의 연극 공연을 보여주면서 형평운동의 역사, 진주와의 관계, 기념사업의 방향 등을 다루었다. 그리고 마지막 제4부는 형평운동의 의미와 오늘날 기념해야 하는 이유, 앞으로의 방향 등을 다루면서 마무리했다. 형평운동 연구자와 활동 단체 관계자들이 대거 출연하여 형평운동의 역사와 기념사업, 현대적 의의 등을 다각적으로 소개하는 프로그램이었다.

일본에서는 4월 1일부터 13일까지 오사카인권박물관에서 "형평사: 조선의 피차별 민중 백정의 투쟁"이라는 주제의 사진전을 열었다. 일본 부락해방·인권연구소와 오사카인권박물관이 공동 주최한 이 사진전은 진주 전시회 이전에 일본 시민에게 형평운동 역사를 알리려는 의도에서 기획된 것이었다.

나는 졸저 『형평운동』의 일본어 번역본[15] 출간에 즈음하여 4월 2일부터 6일까지 일본을 방문했다. 이 책의 일본어 출간으로 일본 사람들이 형

---

15) 金仲燮, 『衡平運動: 朝鮮の被差別民·白丁, その歴史とたたかい』, 강동호 감수, 高貞子 옮김, 大阪: 解放出版社, 2003.

평운동 역사를 좀 더 쉽게 이해할 수 있게 되었다.[16] 오사카인권박물관에서 특강을 한 뒤 사진전을 둘러봤다. 그리고 미나미오지(南王子) 수평사 창립 80주년 기념집회에 참석하여 특강을 하고, 나라현의 수평사박물관 견학, 인권NPO 법인 닷슈(DASH)의 활동 상황 등을 둘러봤다. 이렇게 여러 곳을 방문하면서 진주에서 열리는 형평운동 80주년 기념사업을 홍보하며 한국 방문을 권유했다.

4월 10일 국제학술회의 준비위원회 모임이 경상대학교 사회대에서 열렸다. 전반적인 진행 상황을 점검하며 초청장 발송, 발표자 및 토론자 연락, 행사 진행 예상 시나리오, 보조 학생 역할, 뒤풀이 등 세세한 점까지 살펴보았다.

4월 11일 특별위원회 제3차 회의가 '섬'에서 열렸다. 진행 순서대로 연극 「불꽃」 공연(4. 22-23), 국제학술회의(4. 24), 사진전시회(4. 25-5. 9), 초청강연회(4. 25), 창작탈춤 「백정」 공연 및 문화한마당(4. 25) 등을 점검했다.

4월 중순이 되자 80주년 기념행사에 대한 언론 보도가 활발했다. 특히, 일본 호세이(法政)대학 오하라(大原)사회문제연구소가 소장하고 있는 제8회(1930) 조선형평사 전국대회 포스터가 널리 소개되었다. 『부산일보』(2003. 4. 12), 『경남일보』(2003. 4. 12), 『경남신문』(2003. 4. 15), 『경상대신문』(2003. 4. 15), 『진주신문』(2003. 4. 16), 진주MBC(2003. 4. 18), KBS진주(2003. 4. 19) 등이 보도했다. 그런데 70주년 때와 달리, 중앙 언론 보도는 거의 없었다.

행사 즈음에 『경남신문』(2003. 4. 21, 22)은 창작탈춤 「백정」과 연극, 국제학술회의, 사진전 등을, 『경남도민일보』(2003. 4. 23, 25)는 연극 「불꽃」 등의 행

---

16) 일본에서 형평운동 연구가 활성화된 과정을 논의한 渡辺俊雄, 「衡平運動史研究の展望 · 続: 『朝鮮衡平運動史料集 · 続』刊行にあたって」, 『部落解放研究』 214, 2021. 그리고 한국과 일본의 형평운동 연구 성과를 살펴본 김중섭, 「형평운동의 연구 동향과 자료」, 『현상과인식』(한국인문사회과학회) 46(2), 2022년 여름호, 29-62쪽; 이 책의 2장 참조할 것.

사와 국제학술회의의 인권 발전 국제연대 모색 성과를, 『부산일보』(2003. 4. 22, 25)는 기념행사와 학술회의 내용을, 오마이뉴스(2003. 4. 27)는 인도의 불가촉천민 소개, 학술회의 진행 과정을 보도했다. 4월 21일(월)부터는 KBS진주, 진주MBC, 서경방송, 마산MBC, CBS경남방송 등 지역 방송에서 현장 소식 알림이나 인터뷰를 통해 형평운동 역사, 기념사업 내용 등을 전달했다. 그리고 나는 홍보를 위해 4월 4일부터 매주 『경남일보』의 경일춘추 칼럼에 형평운동 관련 내용을 썼다.

4월 22일(화) 오후 4시 청소년수련관 강당에서 연극 「불꽃」 1회 공연이 시작되었다. 대안학교인 간디학교 학생들이 단체 관람을 했다. 기념사업회 임원들은 7시 30분의 2회 공연을 단체 관람했다. 이 연극은 다음 날인 4월 23일(수) 4시와 7시 30분 등 총 4회 공연했다.

4월 23일 일본 방문단 39명과 국내외 발표자 및 토론자들이 진주에 도착했다. 7시 30분부터 진주 시내 갑을가든에서 부락해방·인권연구소 측이 초청한 만찬이 있었다. 기념사업회 임원, 학술회의 발표자 및 토론자, 일본 방문단이 참석했다.

4월 24일(목) 오전 10시 15분부터 경상대학교 남명학관 남명홀에서 학술회의 참가자 접수가 시작되었다. 10시 반에 시작된 개막식에서 김장하 기념사업회 이사장과 도모나가 겐조 부락해방·인권연구소 소장이 인사말을 했다. 이어서 제1부가 김정남 경상대학교 통일평화인권센터 소장의 사회로 진행되었다. 무샤코지 긴히테 교수(일본 주부대, 국제관계학)가 "글로벌 시대 인권의 과제와 전망: 형평사와 수평사의 메시지 의의를 중심으로"라는 제목의 기조 발제를 했다. 이어서 제1부 "한일 양국의 인권 발전"이라는 주제로 곽상진 교수(경상대, 법학)가 "한국의 인권 발전과 국가제도", 도모나가 겐조 소장이 "21세기 일본의 인권 상황과 과제", 김중섭 교수(경상대, 사회학)가 "한국의 시민사회 발전과 인권증진"을 발표했다.

제2부는 "세계화 시대의 아시아 인권 발전"이라는 주제 아래 윤성이 교수(경상대, 정치학)의 사회로 진행되었다. 윌리엄 스틸 교수(William Steele, 일본 국제기독교대학, 역사학)가 "역사적 관점에서 아시아의 인권 발전에 관하여", 이정옥 교수(대구가톨릭대학, 사회학)가 "21세기 인권 개념의 변화와 NGO의 대응", 김동훈 교수(일본 류코쿠대학)가 "21세기 아세아·태평양 지역의 인권 현황과 과제"를 발표하고, 이삼열 원장(한국유네스코 국제이해교육원)의 원고 "인권 발전과 국제이해 및 인권교육"이 지면으로 보고되었다.

그리고 김중섭 교수의 사회로 종합 토론이 진행되었다. 참가자 토론에 앞서 지정 토론자로 박진환 교수(경상대, 윤리교육), 김미숙 교수(청주대, 사회학), 아쿠자와 마리코 교수(일본 히메지공업대학, 국제인권법)가 발표했다. 이날 발표된 글을 모은 책자가 한국과 일본에서 동시에 발간되었다.[17] 학술회의를 마친 뒤 국제학술회의 준비위원회 초청으로 내동면의 국궁음식점에서 만찬이 있었다. 기념사업회 임원, 학술회의 발표자 및 토론자, 일본 방문단이 참석하여 교류 기회를 가졌다.

일본 방문단은 4월 25일(금) 오전 9시에 숙소인 동방호텔을 출발하여 진주시청을 방문했다. 진주시 홍보 영상을 시청한 뒤 형평운동 유적지를 둘러보는 학습투어를 했다. 그리고 오후 3시에 국립진주박물관 전시실에서 열린 국제사진전 개막식에 참석했다. 사진전 주제는 "차별받는 사람들의 현장: 인도, 일본, 한국"으로, 인도의 달리트(불가촉천민), 일본의 부락민, 한국의 백정 및 형평운동에 관한 사진을 전시했다. 박노정 감사의 사회로 진행된 개막식은 도모나가 겐조 소장의 경과보고를 들은 뒤 한국 측과 일본 측 관계자의 테이프 커팅이 있었다. 한국 측은 김장하 이사장, 홍창신 운영위

---

17) 김중섭·도모나가 겐조 엮음, 『세계화와 인권 발전』, 도서출판 오름, 2004; 金仲燮·友永健三 엮음, 『グローバル時代の人權を展望する』, 大阪: 解放出版社, 2004.

원장, 정영석 진주시장, 고영진 진주시 교육장, 고경희 국립진주박물관장, 일본 측은 다니모토 아키노부(谷元昭信) 부락해방동맹 중앙본부 서기차장, 도모나가 겐조 소장, 일본 류코쿠대학의 김동훈 교수, 그리고 인도의 부나드 파티마 나티산 반차별국제운동 이사 등이 참여했다. 커팅 후 백정과 형평운동, 일본 부락민, 인도 달리트 사진 설명이 있었다.

4시에는 "차별받는 사람들의 증언: 인도의 달리트, 일본의 부락민, 그리고 한국의 백정"이라는 주제의 초청강연회가 진주박물관 대강당에서 시작되었다. 조규태 이사의 사회로 진행된 개막식에서 김동훈 교수의 환영사와 고영신 교육장의 축사가 있었다. 그리고 강연이 이어졌다. 맨 먼저, 부나드 파티마 나티산 '타밀 나두 여성포럼' 대표가 인도의 인권 상황, 특히 달리트의 인권 침해를 사진과 함께 발표했다. 달리트 여성의 권리 옹호와 생활 향상 활동을 하는 그녀의 발표는 일본어와 한국어로 통역되었다.

이어서 다니모토 아키노부 부락해방동맹 중앙서기차장 및 반차별국제운동 일본위원회 사무차장이 일본 부락민의 인권 상황에 대해 발표했다. 오카야마(岡山)현 피차별 부락에서 출생한 그는 대학 때부터 부락민 권익 보호·증진 활동을 했다. 오늘날 일본에서 자행되는 부락민 차별에 대한 그의 발표에 한국 청중은 놀라움을 감추지 못했다. 일본어 강연은 한국어로 통역되었다.

마지막으로, 김중섭 교수가 전통 사회에서의 백정 차별과 형평운동에 대해 발표했다. 달리트와 부락민의 경우에는 오늘날에도 차별이 심각하지만, 한국에서는 그러한 차별 갈등이 없다는 점이 달랐다. 강연회를 마친 뒤 참석자들은 기념사업회 초청으로 박물관 구내식당에서 만찬을 하며 교류 모임을 가졌다.

이날 저녁에 박물관 앞뜰에서 열릴 예정이던 문화한마당 및 창작탈춤 「백정」 공연은 비가 많이 오는 바람에 보건소 강당으로 옮겨서 거행되었다.

형평운동 80주년 기념사업 포스터(2003)

7시 30분에 시작된 개막식은 성은경 회원의 사회로 김장하 이사장의 기념
사, 정영석 진주시장의 축사, 박노정 시인과 최은애 회원의 형평시 낭송 순
으로 진행되었다. 그리고 진주검무보존회의 진주검무, 노래패 '맥박'의 공
연, 진주오광대보존회의 창작탈춤 「백정」 공연이 이어졌다.

　　이렇게 형평운동 80주년 기념행사는 한일 양국 단체들의 협력에 힘입
어 성공적으로 진행되었다. 5월 9일까지 예정이던 국제사진전은 관람객의
호응이 높아 5월 25일까지 2주간 연장되었다.[18] 그리고 이 사진전은 독립기

---

18)　『진주신문』, 2003년 5월 14일, "형평운동기념 국제사진전 연장 전시".

념관과 형평운동기념사업회의 공동 주최로 7월 22일부터 8월 6일까지 "일제하의 사회운동: 형평운동과 신분해방운동"이라는 제목 아래 독립기념관 특별기획전시실에서 전시되었다.

7월 24일 소식지 『형평운동』 제7호를 발간했다. 형평운동기념사업회 개편대회, 80주년 기념사업 진행, 장애학생인권증진특별위원회의 활동, 기념사업회의 소식을 알리며, 김중섭 특별위원장과 홍창신 운영위원장의 『경남도민일보』 기고문을 재수록했다. 그리고 80주년 기념행사 후원 회원 명단과 함께 기념사업 결산을 보고했다. 수입 2,528만 7,719원, 지출 2,546만 9,550원으로 약 18만 원의 적자를 기록했다. 일본 부락해방·인권연구소와 공동 주최했으므로 일본 측이 부담한 국제학술회의 일본인 발표자 초청 경비, 사진전 제작비, 강연회 초청 경비 등은 결산 보고에 계상되지 않았다.

80주년 기념사업을 마친 뒤, 일본 측과의 협력 활동은 더욱 활발해졌다. 부락해방·인권연구소의 월간 잡지 『Human Rights』 183(2003년 6월호)은 "형평운동 80주년에 연대하며"라는 특집으로 국제학술회의 내용을 다루었다. 그리고 "형평사·수평사의 연대로부터 '인권증진의 국제연대'로"라는 히로세 노부오 인권NPO법인 닷슈(DASH) 이사장의 글을 실었다.

인권NPO법인 닷슈는 2003년 8월 경상대 학생 13명과 진주 지역 활동가 6명으로 구성된 '형평인권기행단'을 초청하여 일본의 부락해방운동과 인권운동을 견학할 기회를 제공했다. 그리고 진주오광대보존회는 부락해방·인권연구소의 초청을 받아 2004년 4월 일본을 방문하여 오사카시와 이즈미시에서 창작탈춤 「백정」을 두 차례 공연했다. 그 밖에 일본 여러 단체가 진주로 인권학습 투어를 와서 형평운동 역사를 배울 기회를 가졌다.

나 개인적으로는 2004년 1월부터 1년 동안 연구년으로 미국 뉴욕의 컬럼비아대학교 인권연구소에서 인권 연구를 했다. 그리고 귀국하여 인권의 지역화를 강조하며 인권조례 제정운동을 벌여나갔다. 2008년 진주에서 처음 시도된 인권조례 제정은 성공하지 못했어도 다른 지방자치단체의 인권조례 제정에 촉매제 역할을 했다. 지역의 인권실행이 중요하다는 것을 인식한 많은 지자체가 다양한 인권증진 정책과 사업을 펼쳐나갔다. 이러한 움직임의 뿌리는 진주에서 일어난 형평운동 역사와 정신에 있었다.

7. 맺음말: 형평운동 100주년을 기리며

지금까지 형평운동 70주년과 80주년 기념사업을 살펴보았다. 그 기념사업은 잊혔던 형평운동의 역사를 다시 기억하고 기리며, 그 정신을 오늘날의 삶에 구현하려는 바람에서 시작되었다. 그 활동이 성공적으로 진행된 것은 형평운동이 일어난 진주 역사와 전통에 대한 애정과 자부심 덕분이었다.

작은 나비의 날갯짓이 커다란 변화를 불러일으킨다는 얘기가 있다. 형평운동 70주년과 80주년 기념사업은 여러 형태의 결실을 맺게 되리라고 생각한다. 실제로 그런 활동이 낳은 결실은 예상치 않은 곳에서 일어날 수도 있을 것이다. 하나의 사례가 국제학술회의 결실이다.

2013년 형평운동 90주년 즈음에 한국과 일본의 연구자들이 일본에서 '형평사사료연구회'(2016년 '조선형평운동사연구회'로 개칭)를 결성했다. 단체 목적은 한국과 일본의 형평운동 연구 결과를 공유하며, 형평운동 관련 사료를 수집 정리하는 것이었다. 이 단체의 태동은 70주년과 80주년 학술회의 결과물의 일본어 번역 책자에서 시작되었다고 볼 수 있다.

일본에서 형평운동 연구는 1970년대부터 시작되었지만, 1993년 형평운동 70주년 기념 국제학술회의에 일본 학자들이 참가하고, 발표문 책자가 일본어로 번역되면서 널리 확산되었다. 아울러 부락해방·인권연구소가 형평운동 80주년과 연구소 창립 35주년을 기념하여 번역한 『형평운동』 책자도 일조했다. 이렇게 형성된 형평운동에 대한 관심이 일본과 한국 연구자들의 연구회 결성으로 이어진 것이다.

이 연구회 회원들은 조선총독부 경무국, 각 도의 경찰부, 조선군 참모본부, 경성지방법원 검사국 등 일제 관헌의 문헌 자료, 그리고 신문·잡지 등에 게재된 형평운동 관련 자료를 수집하여 자료집을 만드는 작업을 했다. 그 결실이 2016년의 『조선형평운동사료집』과 그 후속편인 2021년의 『조선형평운동사료집·속』 발간이다.[19] 형평운동의 전체 흐름을 밝혀주는 두 권의 『사료집』 발간으로 일본에서 형평운동 연구가 더욱 활성화되었다.[20] 이 흐름은 한국의 형평운동 연구 활성화에도 이바지할 것으로 기대된다.

마지막으로, 이 기록이 형평운동 기념사업의 형성 과정을 기억하는 데 이바지하면 좋겠다. 더 나아가 형평운동과 인권을 접합시키는 노력의 계기가 되면 좋겠다. 형평운동을 과거의 역사로만 가두지 말고 오늘날 우리가 사는 사회에 대해 성찰하고 더 나은 삶을 사는 사회를 만드는 좌표로 활용한다면 더욱 의미 있을 것이다. 이것이 우리의 삶을 살펴보고 개선하는 데 역사적 유산을 활용하는 이유다.

역사를 어떻게 기억하고 기념하고 활용할 것인가는 오늘날 우리의 몫이다. 형평운동 역사를 되살리며 기리는 기념사업이 필요한 이유다. 그 바탕에는 형평운동을 현대적 관점에서 연구하고 교육하여 그 정신을 오늘날에 구현하면 좋겠다는 바람이 깔려있다. 이러한 생각과 활동이 씨앗이 되어 진주가 차별 없이 인권을 존중하는 도시로 나아가기를 기대해본다.

---

19) 部落解放·人權研究所 衡平社史料研究會 엮음, 『朝鮮衡平運動史料集』, 金仲燮·水野直樹 감수, 大阪: 解放出版社, 2016; 部落解放·人權研究所 朝鮮衡平運動史研究會 엮음, 『朝鮮衡平運動史料集·續』, 金仲燮·水野直樹 감수, 大阪: 解放出版社, 2021.

20) 김중섭, 위의 글(2022), 29-62쪽; 이 책의 2장 참조할 것.

2023년 우리는 형평사 창립 100주년을 맞이하게 된다.[21] 어떻게 기억하고 기념할 것인지 주목된다. 언론 보도에 따르면 다양한 형태의 기념사업이 준비되고 있다고 한다. 진주시에서 거액의 예산을 편성하여 여러 형태의 기념사업을 지원한다고 알려졌다. 형평운동의 역사적 유산을 오늘날에 더욱 의미 있게 활용할 때 그 역사는 더욱 빛나게 될 것이다.

---

21) 이 글은 2023년 형평사 창립 100주년을 내다보며 2022년에 썼다는 점을 참작하기 바란다.

제II부

인권과
연대

6장
형평운동과 인권, 그리고 사회적 연대*

1. 머리글

　1923년 4월 형평사 창립으로 시작된 형평운동은 1935년 4월 대동사로 개칭될 때까지 일제강점기에 가장 오랫동안 지속한 단일 단체의 사회운동으로 기록된다. 형평운동의 목적은 조선 사회 신분제에서 최하층민으로 억압과 차별을 받아온 '백정'에 대한 차별 관습 철폐와 그들의 경제적·사회적 권익 신장이었다. 이에 주목하여 형평운동을 크게 인권운동과 공동체운동으로 규정하게 된다.[1]

　근대 인권운동 역사에서 뚜렷한 발자취를 남긴 금자탑으로 평가받는 형평운동은 짧은 기간에 전국 조직으로 발전하며 경기, 강원 이남의 한반도 지역에서 활발하게 활동했다. 그러한 배경에는 조선 500년 동안 혼인, 집단 거주, 직업 등을 통해 형성된 백정의 동질성 및 결속력과 함께 3·1운동 이

---

*　　김중섭, 「형평운동과 인권, 그리고 사회적 연대」, 국사편찬위원회 엮음, 『형평운동의 발자취: 평가와 현대적 함의』, 국사편찬위원회, 2023ㄴ, 1-58쪽을 수정 보완함.

1)　　김중섭, 『형평운동연구: 일제 침략기 백정의 사회사』, 민영사, 1994, 125-131쪽; 김중섭, 『평등사회를 향하여: 한국 형평사와 일본 수평사의 비교』, 지식산업사, 2015, 143-153쪽.

후 전국에서 활발하게 일어난 여러 목적의 사회운동이 구축한 사회적 연대가 있었다. 아울러 구성원들의 대립, 편협한 보수 집단의 반대 활동, 사회운동권의 지지와 협력, 일제 지배집단의 통제와 탄압 등 여러 요소가 형평운동의 역동적인 전개 과정에 영향을 미쳤다.[2]

형평사는 창립 초기부터 '인권', '권리' 같은 용어를 쓰며 인권을 강조했고, 1920년대 후반에는 '인생권', '생활권' 같은 개념을 도입하며 인권 인식의 지평을 넓혔다. 이러한 변화에 다른 사회운동 단체와의 협력과 연대가 연관되어 있었다. 일제 식민 지배라는 시대 상황에서, 특히 3.1운동 이후 다양한 사회운동이 활발하게 확산하는 가운데 형평사는 창립 초기부터 사회운동 활동가들과 협력 연대하며 사회운동권의 일원으로 활동했다. 요컨대, 차별 관습 철폐를 위한 인권 인식과 다른 사회운동 단체와의 협력과 연대가 형평운동 과정에 크게 작용했다.[3]

이 장에서는 형평운동의 전개에 커다란 영향을 미친 형평사의 인권 인식 변화와 다른 사회운동과의 연대에 대해 논의하고자 한다. 곧, 인권 개념이 시기에 따라 어떻게 바뀌었고, 다른 사회운동과의 협력과 연대가 형평운동의 목적인 인권 지평 확장과 어떻게 연계되는지, 그리고 그 두 요소가 형평운동의 역동적인 전개에 어떻게 영향을 미쳤는지 살펴보고자 한다.

형평운동 연구는 해방 이후 오랫동안 지지부진했다. 그러다가 1980년대 후반 민주화 경험과 함께 일제강점기 연구가 활발해지면서 형평운동의 인권운동 성격에 주목한 여러 연구가 이루어졌다.[4] 특히, 형평운동의 지향

---

2) 형평운동 역사에 관해서는 김중섭, 위의 글(1994); 김중섭, 위의 글(2015); 고숙화, 『형평운동』, 독립기념관 한국독립운동사연구소, 2008 참조할 것.

3) 김중섭, 위의 글(1994); 고숙화, 「일제하 사회운동과 형평운동의 연관 관계」, 형평운동70주년 기념사업회 엮음, 『형평운동의 재인식』, 솔출판사, 1993, 155-190쪽; 고숙화, 위의 글(2008).

4) 김중섭, 「형평운동의 연구 동향과 자료」, 『현상과인식』(한국인문사회과학회) 46(2), 2022, 29-62쪽; 이 책의 2장 참조할 것.

과 목적,[5] 신분 사회 해체,[6] 신분 차별과 인권 발전,[7] 동아시아 인권 투쟁,[8] 형평사의 메시지,[9] 민권운동,[10] 자유주의적 신분 해방운동[11] 등에 관한 연구가 나왔다. 그리고 일본어권에서도 형평사와 일본 수평사의 교류 중심으로 형평운동의 인권 투쟁 연구가 발표되었다.[12]

이 장에서는 그동안 깊이 논의되지 않은 인권 인식의 변화와 다른 사회운동 단체와의 관계를 살펴봄으로써 형평운동 연구의 지평을 넓히고자

5) 김중섭, 「형평운동의 지향과 전략」, 형평운동70주년기념사업회 엮음, 위의 글(1993), 103-136쪽; 김중섭, 위의 글(1994).

6) 김중섭, 「신분 사회 해체와 형평운동」, 『사회운동의 시대: 일제 침략기 지역 공동체의 역사사회학』, 북코리아, 2012, 217-262쪽.

7) 김중섭, 「형평운동: 신분 차별과 인권 발견」, 국가인권위원회 엮음, 『대한민국 인권 근현대사』 제3권(차별과 혐오를 넘어, 포용과 연대를 향하여), 국가인권위원회, 2019, 11-44쪽.

8) 이안 니어리, 「형평사와 수평사: 동아시아의 인권 투쟁」, 형평운동70주년기념사업회 엮음, 위의 글(1993), 191-214쪽; 도모나가 겐조, 「아시아의 반차별 운동과 형평운동」, 형평운동70주년기념사업회 엮음, 위의 글(1993), 215-253쪽.

9) 무샤코지 긴히테, 「글로벌시대 인권의 과제와 전망: 형평사와 수평사의 메시지의 의의를 중심으로」, 김중섭 · 도모나가 겐조 엮음, 『세계화와 인권 발전』, 도서출판 오름, 2004, 15-26쪽.

10) 조휘각, 「형평사의 민권운동 연구」, 『국민윤리연구』(한국국민윤리학회) 34, 1995, 617-652쪽; 조휘각, 「1920년대 자유 평등운동 연구: 형평사의 활동을 중심으로」, 『윤리연구』(한국국민윤리학회) 42, 1999, 225-247쪽.

11) 진덕규, 「형평운동의 자유주의적 개혁 사상에 대한 인식」, 『한국정치학회보』 10, 1976, 169-181쪽; 진덕규, 「형평운동의 사상사적 인식」, 형평운동70주년기념사업회 엮음, 위의 글(1993), 11-30쪽; 최영성, 「일제시기의 형평운동과 자유주의: '신분 해방운동'의 성격이 지닌 의미를 중심으로」, 『한국철학논집』(한국철학사연구회) 19, 2006, 451-475쪽.

12) 辛基秀, 「朝鮮の人權鬪爭 / 衡平社の結成—水平社との交流 · 連帯を中心に」, 徐龍達先生還曆記念委員会 엮음, 『アジア市民と韓朝鮮人』, 日本評論社, 1993; 武者小路公秀, 「グローバル下の人権の課題と展望: とくに衡平社 · 水平社のメッセージの意義」, 『ヒューマンライツ』 183, 2003; 八箇亮仁, 「日朝被差別民の提携模索とその意義と限界」, 『部落解放研究』 212, 2020, 23-55쪽; 金靜美, 「朝鮮の被差別民'白丁': 日帝下における生活と解放運動」, 『喊聲』 5, 1983, 七四書房, 44-62쪽; 金靜美, 「朝鮮獨立, 反差別, 反天皇制: 衡平社と水平社の連帯の基軸はなにか」, 『思想』 786, 1989, 86-124쪽. 그리고 형평사와 수평사의 교류에 관해서는 김중섭, 위의 글(2015); 박세경, 「1920년대 조선과 일본의 신분해방운동: 형평사와 수평사를 중심으로」, 『일본근대학연구』(한국일본근대학회) 23, 2009, 123-136쪽 참조할 것.

한다. 아울러 이 연구는 형평운동의 인권운동 성격과 일제강점기 사회운동권의 유기적 관계를 밝히는 데 이바지할 것으로 기대된다.

2. 인권 인식의 변화

1) 1923년 창립기

1923년 4월 25일 발기총회에서 채택한 형평사 주지는 '평등은 사회의 근본'이라는 인식 아래 '우리도 참사람이 되기를 기약'하려고 한다는 목표를 천명했다.[13] 그 바탕에는 백정 압박과 차별로 점철된 역사의 부당함에 대한 인식이 깔려 있다. 곧, 차별 없이 자유와 평등을 누리며 사람답게 살 때 '참사람'이 된다고 보았다. 이렇게 형평사는 처음부터 인권의 핵심 요소인 자유와 평등을 실현하여 사람으로서 기본 권리를 회복하겠다는 목적을 분명히 밝혔다.[14] 그렇기 때문에 형평사는 창립하면서부터 백정 차별 철폐와 평등 대우를 목적으로 하는 인권 단체라는 것이 널리 각인되었다.

형평사 창립의 영향으로 5월 28일 창립총회를 연 전북 김제의 서광회(나중에 형평사 김제분사로 개칭)는 구체적으로 '인권'이라는 용어를 썼다. 창립총회에 앞서 5월 20일 발기회에서 채택한 서광회 '선전문'은 "권리 없고 의무 없는 백정 계급"이라고 했다. 그들은 "백정! 백정! 불합리의 대명사, 부자연의 대명사, 모욕의 별명, 학대의 별명인 백정이라는 명칭 하에서 인권의 유린, 경제의 착취, 지식의 낙오, 도덕의 결함을 당하야 왔다."고 백정이

---

13) 『조선일보』, 1923년 4월 30일.
14) 김중섭, 위의 글(2015), 136-157쪽.

처한 상황을 인식했다.[15] 곧, 모욕과 학대 등으로 인권 유린을 당하면서 경제 착취, 지식 낙오, 도덕 결함을 겪었다고 했다. 이렇게 그들은 형평사가 제기한 백정 차별의 부당함을 인식하며 '인권'을 강조했다.

익명의 형평사원은 자신들이 겪은 차별 상황을 형평사 기관지 『정진』에 다음과 같이 묘사했다.[16] 이웃 사람들은 자기 마을을 '피촌[血村]'이나 '백정촌'이라고 부르고 자신들을 '칼잡이'나 '백정놈'이라고 불렀다. 수백 년 동안 대대로 들어온 차별 호칭은 멸시와 학대, 억압의 상징이었다. 자신들은 소나 돼지를 잡는 기계였고, 행락의 먹이를 제공하는 일에 대대로 평생을 바치며 억눌려 살았다. 그런데도 사람들은 자신들을 매질하고 멸시와 학대를 가하여 자신들은 마치 총부리에 앉은 참새와 같이 가련한 동물이었다고 했다.

이와 같이 형평사 주지, 서광회 선전문, 익명의 사원 글이 공통으로 묘사한 백정의 인권 유린 상황은 형평사 참여자들이 뼈저리게 공감하는 내용이었다. 그들은 '인권' 관점에서 백정 차별, 혐오 행위를 인식하며 인권 회복과 증진이 형평운동의 핵심 과제라고 보았다. 곧, 신분 차별 관습이나 행위를 혁파하고 차별 없는 평등 사회를 만들고자 했다.

계급 타파, 모욕적 호칭 폐지, 교육 장려 등 제도 개선과 인식 변화를 내건 형평사는 창립 직후 경남 경찰국을 방문하여 호적부의 백정 신분 표시 삭제를 요구하여 이행 약속을 받아냈고,[17] 형평 야학이나 강습소 설립, 학교 취학 권장 활동 등을 했다. 그리고 전북 순창,[18] 경북 예천[19] 등지에서 보

---

15) 『조선일보』, 1923년 5월 26일; 『동아일보』, 1923년 5월 26일.

16) 한사원, 「나의 追憶」, 『正進』 창간호(1929), 30-34쪽.

17) 『조선일보』, 1923년 5월 14일.

18) 『동아일보』, 1923년 10월 3일.

19) 『조선일보』, 1923년 11월 6일.

듯이 전통 관습의 상징인 상투를 집단으로 단발하는 등 신분 폐습 타파를 도모했다. 이 과정에서 차별 관습의 혁파에 저항하는 사람들과의 갈등과 충돌을 빈번하게 겪었고, 형평사는 창립 취지와 정신을 실현하고자 이에 적극적으로 대항했다.

형평운동 반대 활동을 둘러싼 충돌도 형평사 창립지 진주에서 맨 처음 일어났다.[20] 그 충돌은 형평운동 과정의 갈등 양상을 상징적으로 보여주었다. 충돌의 조짐은 창립 20일 만인 5월 13일 열린 형평사 창립축하식에서 나타났다. 형평사 측은 형평운동이 전국으로 확산하는 계기가 된 이 행사를 위해 진주기생조합에 여흥을 요청했다가 거부당했다. 대대적인 이 행사를 목격한 주민은 "천한 집단"이 오만방자해졌다는 반응을 보였다. 개인적으로 형평사원들에게 폭력을 휘두르는 주민도 있었다. 그런 충돌이 증폭되어 농민 집단인 농청이 조직적인 형평사 반대시위를 벌였다. 그들은 형평사 반대 현수막을 들고 거리 행진을 하며 형평사 창립을 이끈 비백정 활동가들을 '신백정'이라고 성토했다. 그리고 형평사원들의 경제 활동을 방해할 목적으로 수육 불매운동을 펴는 한편, 형평사에 협력하는 청년회나 노동공제회에 형평사와의 단절을 요구했다.

이런 형평운동 반대 활동에 대해 형평사도 적극적으로 대항했다. 백정 차별이나 형평운동 반대 활동에 형평사 전체가 공동 대처한다고 결의하고, 형평사원들의 재산과 활동가들을 보호하기 위해 결사대를 조직하여 활동했다. 그렇게 형평사가 단호하게 대항한 배경에는 1894년 신분제 폐지 이후 차별 폐습을 혁파하려는 개혁 활동에 대한 '편협한 보수 집단'의 반발과 탄압의 역사적 교훈이 있었다.[21] 그리고 차별이 부당하고 인권 회복과 증진

---

20) 김중섭, 위의 글(2012), 244-247쪽.
21) 형평사 창립 이전의 역동적 과정에 대해서는 김중섭, 위의 글(1994), 53-57쪽 참조할 것.

을 위해 형평운동이 필요하다는 인식이 깔려 있었다.

　　형평운동 반대 집단과의 갈등 양상은 형평운동 과정에 빈번하게 일
어났다. 이러한 차별 사건과 형평운동 반대 활동에 대해 형평사 전체가 단
호하게 공동 대응했다. 이와 같은 대응 방침은 형평사 전국대회와 지역 집
회에서 거듭 확인했다. 예컨대, 형평사 창립 이듬해인 1924년 2월 10일
과 11일 부산에서 열린 "전조선 임시총회", 1925년 4월의 제3회 전국대회,
1926년 4월의 제4회 전국대회에서 다음과 같이 결의했다.

　　전 조선 임시총회(1924년 2월)[22]
　　◇ 관습적 사회에 대한 건
　　1. 종래 불합리한 계급의식에 의하여 인권 유린적 행동을 하는 시(時)
　　　는 전 사원은 결속하여 차(此)에 최후까지 대항할 일.

　　제3회 전국대회 결의 사항(1925년 4월)[23]
　　1. 운동 진행 방침
　　　나. 우리 운동에 박해를 가하는 자에 관한 건: 박해당한 일체 사실
　　　　을 들어 관계 당국에 진정할 것. 그 진정도 무효가 되는 시는
　　　　40만 사원의 단결력으로 최후의 태도를 취할 것.

　　제4회 전국대회 의제(1926년 4월)[24]
　　1. 차별문제: 백정이라는 모욕적 호칭을 철저히 규탄할 것. 호적, 관

---

22) 『동아일보』, 1924년 2월 13일.

23) 『조선일보』, 1925년 4월 25일; 4월 28일; 『동아일보』, 1925년 4월 26일; 4월 28일.

24) 『조선일보』, 1926년 4월 25일; 4월 26일; 『동아일보』, 1926년 4월 26일; 『시대일보』, 1926년 4월
　　25일; 4월 26일.

공리 차별 철폐 등을 위원에게 일임할 것.

이와 같이 단호한 대응을 거듭 결의한 배경에는 차별이나 부당한 대우
에서 비롯한 충돌 사건이 전국 곳곳에서 빈번하게 일어났기 때문이다.[25] 게
다가 충돌이 대규모로 확대되어 전국적인 커다란 파장을 몰고 온 사례도 적
지 않았다. 특히, 앞서 언급한 1923년 5월의 진주 사건을 비롯하여 8월의
김해 사건, 1924년 7월과 8월의 충남 천안 입장 사건, 1925년 8월의 경북
예천 사건 등이 언론에 크게 보도되어 커다란 사회적 충격을 주었다.

언론에 보도된 충돌 사건은 1923년 13건, 1924년 8건, 1925년 23건 등
창립 초기 3년 동안 44건이었다.[26] 또 1926년 4월까지 형평사 총본부에 보

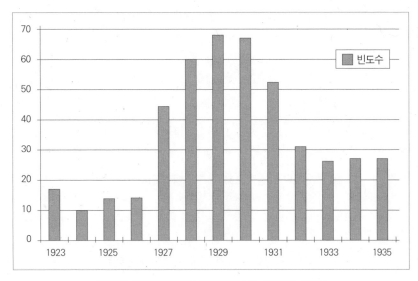

〈그림 2〉 연도별 형평운동 반대 충돌 사건 수(1923-1935)

25) 김중섭, 위의 글(1994), 162-179쪽.
26) 김중섭, 위의 글(1994), 181-182쪽.

고된 충돌 건수는 110건이었다.[27] 그리고 일제 경찰이 파악한 형평운동 반대 충돌 건수의 연도별 추세는 위의 〈그림 2〉와 같이 나타났다.[28]

이 세 자료의 충돌 건수 통계는 서로 일치하지 않지만, 적어도 차별 사건이나 형평운동 반대 활동을 둘러싼 갈등이 빈번하게 일어났음을 보여준다. 일제 경찰 자료의 충돌 사건 건수 변화 추세를 보면, 1926년까지는 10여 건이었는데, 1927년 44건, 1928년 60건으로 크게 늘어났다. 그러다가 1930년 67건으로 정점을 이룬 뒤 1930년대에 급격하게 줄어들어 1932년 31건, 1933년 26건, 1934년 27건, 1935년 27건으로 보고되었다. 특히, 대동사로 바뀌기 전 3년 동안에는 20여 건에 머물렀다.

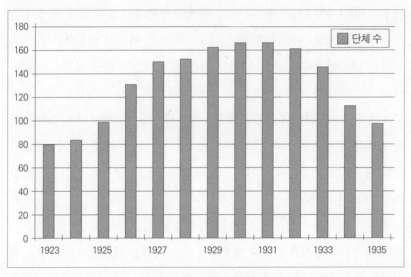

〈그림 3〉 형평사 조직 수의 변화

---

27) 平野小劍, 「朝鮮衡平運動の概觀」, 『人類愛』(關東水平社靑年聯盟) 2, 1927, 221쪽.

28) 朝鮮總督府警務局, 『最近に於ける朝鮮治安狀況』(1933); 朝鮮總督府警務局, 『最近に於ける朝鮮治安狀況』(1935).

이러한 변화 추세가 형평운동의 발전과 쇠퇴 추세와 비슷하다는 점이 주목된다. 형평사 조직 수를 파악한 일제 경찰 자료에 기초한 위의 〈그림 3〉에서 보듯이,[29] 형평사는 창립 첫해인 1923년 80개 조직이 결성되었다. 그리고 계속 늘어나서 1925년 99개, 1926년 130개, 1927년 150개가 되었고, 1930년 165개, 1931년 166개로 정점을 기록한 뒤 줄어들기 시작하여 1932년 161개, 1933년 146개, 1934년 113개, 1935년 98개로 급감했다. 이렇게 1930년대 전반기에 급속하게 줄어든 배경에는 여러 요인이 있었는데, 그것은 다음 절에서 살펴보고자 한다.

이와 같은 조직의 증가와 감소는 형평운동의 활발함과 쇠퇴를 반영한다. 그와 함께 충돌 사건이 많아지다가 줄어든 것이 주목된다. 특히, 1925년 이후 1930년까지 충돌 사건의 증가 추세와 형평사의 조직 발전 추세가 비슷한 양상을 보인다. 단지, 형평사 조직 수는 창립 때부터 급증했는데, 충돌 사건은 1927년부터 급증했다. 이와 같은 충돌 사건의 급증 요인으로 차별이나 억압에 대한 형평사원들의 의식 변화와 대외적 연대 활동의 활성화가 주요하게 작용했다고 추론된다.[30] 곧, 전통 사회에서 차별이나 억압의 관습을 감내하던 형평사원들이 그 부당함을 인식하여 적극적으로 저항하면서 충돌 사건이 더 빈번하게 일어난 결과라고 판단된다. 그즈음 인권운동을 강화한 1926년의 형평사 선언과 강령이 채택된 것도 주목된다. 또 형평사 총본부는 차별 사건에 적극적으로 대항하라고 하위 조직에 지시했고, 충남 천안 입장분사와 같이[31] 차별에 저항하지 않는 사원은 처벌한다는 규칙을 제정하는 등 강경하게 대응한 형평분사도 생겨났다. 요컨대, 차별의 부당함을

29) 朝鮮總督府警務局, 위의 글(1933); 위의 글(1935).
30) 김중섭, 위의 글(2015), 298-300쪽.
31) 『동아일보』, 1928년 2월 22일.

인식하고, 인권 의식이 확산되어 차별에 적극적으로 대응하면서 충돌 사건이 늘어난 것이다.

2) 1926년 형평사 선언과 강령

형평사 선언과 강령이 1926년 9월 25일 서울 총본부 사무실에서 120명의 대의원이 참석한 가운데 열린 임시 전국대회에서 채택되었다.[32] 창립 초기부터 모욕적 백정 호칭을 규탄하고 차별 철폐를 주장했지만, 형평사가 공식적으로 인권 회복을 강조하며 인권운동을 강화할 것을 명문화했다는 점에서 이 문건의 의미가 크다. 그 전문은 다음과 같다.[33]

* 형평사 선언(1926)

1. 인생은 천부불가침의 자유가 있다. 인격과 자유를 억압된 자에게 어찌 생의 의의가 있으랴!

1. 수천 년의 역사를 겪은 노예인 아등(我等)은 상실한 인권을 다시 찾자!

1. 궐기하라! 형평 계급이여! 모여라! 이 형평 기치 아래로!

---

32) 『매일신보』, 1926년 9월 28일. 선언과 강령이 1928년 제6회 전국대회에서 채택되었다는 기록이 있지만(권승덕, 「형평사의 해소운동은 어떠케 되었는가」, 『별건곤』 40, 1931), 1926년 채택되고 그 이후 전국대회에서 부분적으로 수정되어 활용되었다고 판단된다. 일제 자료(조선총독부 고등법원 검사국)도 1926년 9월 개최된 임시대회에서 4개 항의 강령을 결정했다고 기록했다. 高等法院檢事局, 「衡平運動」, 『思想月報』 1(8), 1931; 部落解放 · 人權研究所 朝鮮衡平運動史研究會 엮음, 『朝鮮衡平運動史料集 · 續』 金仲燮 · 水野直樹 감수, 大阪: 解放出版社, 2021 (이하 『사료집 · 속』으로 줄임), no. 13, 73-74쪽.

33) 『매일신보』, 1926년 9월 28일(현대문 표기로 일부 수정함).

* 형평사 강령(1926)

1. 아등(我等)은 경제적 조건을 필요로 한 인권 해방을 근본적 사명으로 함.

2. 오등(吾等)은 아등 자신으로 단결하야 형평운동의 원만과 단일의 촉성을 기함.

3. 아등은 일반 사회단체와 공동 제휴하야 합리적 사회 건설을 기함.

4. 아등은 본 계급의 당면한 실제적 이익을 위하야 투쟁함.

5. 아등은 본 계급의 훈련과 교양을 기함.

'형평사 선언' 첫째 항은 "인생은 천부불가침의 자유가 있다."라고 규정하며 "인격과 자유를 억압된 자"는 사람다운 삶을 누릴 수 없다고 천명했다. 곧, 인격과 자유를 가질 때 사람으로서 살아가는 의의가 있다고 본 것이다. 선언의 둘째 항은 수천 년 동안 노예로 살아오며 잃어버린 자신들의 인권을 다시 찾자고 주장했다. 이러한 '천부인권' 인식은 전통 사상을 재해석하며 사람의 가치를 하늘과 같다고 본 19세기 말의 동학사상, 그리고 조선 사회에 본격적으로 들어오기 시작한 서구 문물의 영향 아래 형성된 것으로 짐작된다.[34] 선언의 셋째 항은 '형평 계급'의 궐기와 형평사로의 결집을 요구한다. 백정 집단의 인권 회복과 증진을 위해 형평사원들이 적극적으로 참여하고 형평사 중심으로 활동해야 한다고 밝혔다.

그리고 선언을 실현할 5개 항의 강령을 채택했다. 강령 1번과 4번은 선언의 첫째 항의 실천 방안이다. 강령 1번에 '경제적 조건'에 기반한 '인권 해방'을 실현해야 한다고 규정하고, 강령 4번에 '당면한 실제적 이익을 위해 투쟁함'을 규정했다. 인권 회복을 위한 형평운동이 경제적 권익을 위하여

---

34) 형평운동의 역사 인식과 이념적 바탕에 관해서는 김중섭, 위의 글(2015) 참조.

싸워야 함을 강조한 것이다. 이렇게 창립 초기부터 강조한 차별 철폐와 형평사원의 경제적 권익 증진이 형평운동의 과제라는 것을 재확인했다.

'인권 해방'을 위해 '경제적 조건'과 '실제적 이익'을 강조한 배경에는 형평사원들의 경제 상황이 있었다. 20세기로 넘어오면서 일제 침략과 그에 동반한 일본 자본의 침투가 도축, 식육판매, 피혁 등 백정의 전통 산업에 크게 영향을 미쳐서 형평사원들은 경제적으로 더욱 곤궁해졌다.[35] 형평사 창립 초기의 파벌 대립 과정에서 혁신파가 이 문제를 제기한 바 있었다. 전통 산업에서 사원들이 누려온 기득권을 상실하며 겪는 경제적 곤란의 해결은 형평사의 주요 과제였다. 특히, 형평사원들은 이러한 경제 활동에서 부당한 대우나 불이익을 겪고 있다고 인식했다.

인권 회복과 증진을 위해 강령은 두 가지 방안을 제시했다. 하나는 형평사원의 단결이다. '선언' 셋째 항에서 제시한 "형평사원의 궐기와 형평사로의 결집"을 실행하기 위해 강령 2번은 형평운동의 원만한 추진과 단일을 촉구했다. 그리고 다른 한 방안은 사회적 연대다. 강령 3번은 "일반 사회단체와 공동 제휴하여 합리적 사회 건설을 도모한다."고 규정했다. 곧, 인권에 기초한 합리적 사회 건설을 목표로 설정하고, 그 방안으로서 다른 사회운동 단체와의 협력과 연대를 제시했다. 요컨대, 형평운동은 인권 회복과 증진이라는 목표를 달성하기 위해 다른 사회운동 단체와 연대하여 '합리적 사회'를 건설하고자 했다. 이와 같은 인권과 사회적 연대의 밀접한 관계는 다음 절에서 더 깊이 살펴보고자 한다.

강령 5번은 형평사원의 훈련과 교양의 실행을 규정함으로써 창립 초기부터 강조한 교육 활동의 중요성을 명확히 했다. 이는 자유와 평등에 기초한 인권 회복 방안으로서 사원 교양을 위한 잡지 발간, 교양 강좌 개설,

---

35) 김중섭, 위의 글(1994), 63-69쪽; 김중섭, 위의 글(2015), 71-76쪽.

야학과 강습소 같은 교육 기관의 설립과 운영 등을 시행하고자 했다. 그에
따라 교육은 전국대회나 지역 회의의 주요 안건으로 빈번하게 등장했다. 예
컨대, 1925년 전국대회에서 야학, 강습소 설치, 사원 자녀의 정규 교육을 논
의했고, 1926년 전국대회에서 "교양 문제: 형평 소년의 교양 보급, 사원 교
양, 월간 잡지에 관한 건"을 다루며 활동 방향을 모색했다.

　이와 같이 1926년에 채택한 형평사 선언과 강령은 형평운동의 목적
과 활동 방침이 인권 회복과 증진, 사회적 연대를 통한 합리적 사회 건설임
을 거듭 밝혔다. 그리고 실현 방안으로 교육과 교양 함양과 함께 경제적 조
건에서 사원들의 권익 보호를 강조했다. 이것은 창립 초기 혁신파가 제기
한 과제였다. 생활 문제는 자연스럽게 전국대회와 지역 집회의 주요 안건이
되었다. 1925년 전국대회에서는 도수장, 수육 판매, 우피 건조장, 도부 임금
등 생활 문제 항목이 논의되었다.[36] 이것은 형평사원 공동체의 이익 보호와
기득권 회복을 위한 문제였다. 참가자들은 총본부의 적극적인 역할을 촉구
하면서 집행위원에게 해결 방안을 일임했다.[37] 1926년 4월의 전국대회에서
도 "생활 문제: 도축장 세금, 우육 판매, 우피 건조장, 도부 요금 등에 관한
건"이 상정되어 다루어졌다. 이렇듯이 사원들의 경제적 권익 증진, 공동체
의식에 기초한 단결과 형평사 중심의 활동 강화는 형평운동의 핵심 내용이
었다.

　인권 회복과 증진, 그리고 합리적 사회 건설을 목표로 천명한 형평사
선언과 강령은 전국대회나 지역 집회에서 안건 채택이나 집회 슬로건 선정

---

36) 『조선일보』, 1925년 4월 25일; 4월 28일; 『동아일보』, 1925년 4월 26일; 4월 28일. 『사료집』,
162쪽.

37) 京鍾警高秘(1925. 4. 25), 「衡平社大會ニ関スル件(第3回大會)」, 『大正14年 檢察事務ニ關スル
記錄』 I, 部落解放 · 人權研究所 衡平社史料研究會 엮음, 『朝鮮衡平運動史料集』, 金仲燮 · 水野
直樹 감수, 大阪: 解放出版社, 2016(이하 『사료집』으로 줄임), 164쪽.

등에 활용되며 활동 방향의 지침이 되었다. 예컨대, 형평운동이 가장 활발한 시기였던 1928년 제6회 전국대회를 보면, 포스터에 "전선(全鮮)에 산재한 형평 계급아 단결하자", "천차만별의 천시를 철폐하자"라는 슬로건을 제시하고, 대회장인 서울 천도교 강당에 "우리들은 경제적 조건이 필요한 인권 해방을 근본적 사명으로 한다", "천차만별의 차별을 철폐하자", "이론적 투쟁과 투쟁적 이론을 전개하자" 같은 표어를 내걸었다.[38] 그리고 차별 대우 적극적 철폐, 사원 교양, 기관지 발간, 사원 생활권 보장, 형평 여성 특수 교양 등의 안건을 상정했다. 일반 사회단체와 공동 제휴하여 합리적 사회 건설을 도모한다는 강령을 실행하기 위해 대외적 문제로 "전 민족적 단일당의 매개체인 신간회 적극적 지지", "노농운동의 유기적 연락", "제반 봉건적 사상 지지 기관 적극적 반대" 등을 논의했다.[39] 그리고 다음 사항을 결의했다.[40]

1. 조직 문제: 명칭을 바꿔 중앙집권제로 하여 본부를 '형평사전국총 본부'로, 지방은 '형평사 * * (지명)지부'로 개칭한다.

1. 차별 문제: 경찰관, 학교, 일반 민중 특히 무식자 관련 사항은 토의가 금지되었으나 "천차만별의 차별을 철폐하자"는 표어의 실현 방안을 신임 임원에게 일임한다.

1. 일반 여성운동의 건: 단일제 여성단체를 적극적으로 지지

1. 청년 및 소년운동의 건: 형평운동과 필요할 때 유기적 연락을 위한 공동위원회 조직하기로 가결

---

38) 京鍾警(京城鍾路警察署)高秘(1928. 4. 30),「朝鮮衡平社第六回全鮮大会状況報告通牒」,『昭和 3年 思想問題ニ關スル調査書類』I,『사료집』, 234-256쪽.

39) 『동아일보』, 1928년 4월 17일;『조선일보』, 1928년 4월 21일.

40) 京鍾警(京城鍾路警察署)高秘(1928. 4. 30), 위의 자료,『사료집』, 235-237쪽.

아울러 각 지역의 차별 사건을 보고하고 총본부 차원의 적극적인 대응
방안을 모색했다.[41] 그리고 차별 문제 대응, 사원 교양, 대외적 연대 등에 대
해 총본부 중심으로 적극적으로 활동하기로 결의했다.

이후에도 형평사 선언과 강령은 전국대회나 지역 회의에서 형평운동
지침으로 널리 활용되었다. 예컨대, 1928년 8월 4일 총본부가 각 지부에 발
송한 충남대회 소집 공고는 다음과 같이 '인권적·경제적 해방'을 강조하고
있다.[42]

> "인권을 박탈당한 우리는 소위 특권계급과 용감하게도 백절불굴로
> 전투하엿스며 경제적으로 정신적으로 박해를 당한 우리의 백정계급은
> 말할 여지도 업시 사선에서 신음하엿음에도 불구하고 투쟁에 투쟁을
> 하게 된 것이다. … 완전무위(無違)한 인권적 경제적으로 해방의 전로(前
> 路)를 찾지 안이하면 아니되겟다는 것이다."

그리고 1928년 8월 12일로 예정된 형평사 충남대회 및 예산지부 설립
6주년 축하식 선전문은 "인생은 자유와 평등의 권리를 갖는다", "… 천차만
별의 천시를 철폐하자", "경제적 조건을 필요로 한 인권 해방인 형평운동"
이라고 강조했고,[43] 집회에서 다음과 같은 인권 증진 방안을 결의했다.[44]

---

41) 京鍾警(京城鍾路警察署)高秘(1928. 4. 30), 위의 자료, 『사료집』, 240–243쪽.

42) 衡總 제170호, 朝鮮衡平社總本部 「忠南大會召集에 關한 件」, 1928, 『사료집』, 263쪽.

43) 京鍾警高秘(1928. 8. 6), 「朝鮮衡平社印刷文ニ関スル件」, 『昭和3年 思想問題ニ關スル調査書
     類』 I, 『사료집』, 262쪽.

44) 京鍾警高秘(1928. 8. 22), 「衡平社總本部印刷文發送ノ件」, 『昭和3年 思想問題ニ關スル調査書
     類』 I, 『사료집』, 266–268쪽.

"교양 문제에 관한 건. 무산 아동에게는 야학부 또는 강습소를 설립하고 교양케 하고 사원들은 강연회, 강좌회를 개최하여 교양에 전력(全力)을 들이자는 의견이 일치 가결되다."

"조혼폐지에 관한 건. … 조혼이라는 것은 좆치 못한 것이다. 우리는 조혼폐지를 해야 한다. 실행 방법: 여자는 18세 이상, 남자는 20세 이상으로 할 일."

"차별대우 적극적 철폐에 관한 건. 우리는 과거에 잇서서 말할 것도 없시 많은 차별을 밧어왔다. 그러나 지금에 잇서도 많은 차별을 당하고 잇슴을 말하지 아니하더라도 잘 알 것이다. 그럼으로 우리는 차별대우 적극적 항의운동을 일으키자."

이와 같이 형평사는 인권 증진의 구체적인 실행 방안으로서 무산 아동 교육, 사원 교육, 조혼 폐지, 차별 철폐 활동 시행 등을 제시했다. 특히, 교육, 조혼 문제 등 사회 전반의 인권 증진 사항도 다루었다.

이후에도 1926년 채택된 '형평사 선언'의 기조는 계속 유지되었지만, 표현은 조금씩 바뀌었다. 1929년 4월 제7회 전국대회에서 '선언'은 다음과 같이 수정 배포되었다.[45]

＊ 형평사 선언(1929)

1. 인생은 자유와 평등의 권리를 가젓다. 자유와 평등의 권리가 업는 사람에게 엇지 생의 의의가 잇스랴!

1. 반천 년 동안 노예의 역경에 처하엿던 우리는 상실한 인권을 차저

---

45) 京鍾警高秘(1929. 6. 15), 「朝鮮衡平社宣言綱領規約印刷ニ関スル件」, 『昭和4年 思想問題ニ關スル調査書類』 II, 『사료집』, 331–334쪽.

야한다!

1. 궐기하라! 백정계급아! 모혀라, 이 형평 깃발 아래로!

1926년의 선언 첫째 항은 "인생은 천부불가침의 자유가 있다. 인격과 자유를 억압된 자에게 어찌 생의 의의가 있으랴!"라고 했는데, 1929년의 선언에서는 "인생은 자유와 평등의 권리를 가졌다."고 규정했다. 곧, 인권의 핵심 내용으로 자유와 평등을 강조한 것이다. 그런데 이 변화는 새삼스럽지 않다. 단체 이름 형평사(衡平社)에서 보듯이, 평등은 창립 때부터 주창한 핵심 사항이었다. 백정의 상용 도구인 저울의 상징성을 이용하여 저울 같은 평등 사회를 만드는 것이 형평사의 목표였다. 요컨대, 자유와 평등은 백정 차별 철폐를 실현하려는 형평운동의 요체였다.

1926년의 선언에서는 "수천 년의 역사를 겪은 노예인 아등(我等)은 상실한 인권을 다시 찾자!"라고 했는데, 1929년의 선언 둘째 항은 조선 500년 동안 노예로서 살아온 치욕스러운 역사를 구체적으로 언급하면서 상실한 인권을 찾아야 한다는 당위를 제시했다. 그리고 셋째 항은 1926년 선언에서 표현한 "형평 계급"을 직설적으로 "백정 계급"으로 바꾸면서 궐기와 형평사로의 단결을 강조했다.

요컨대, 형평사 선언의 기조를 유지하면서 인권의 개념과 역사적 인식을 확실하게 밝히며 형평운동의 방향을 제시했다. 곧, 자유와 평등에 기초한 인권 회복과 증진은 1920년대 후반 형평운동의 목표이자 좌표였다. 총본부는 이러한 형평사 선언과 강령, 규약을 인쇄하여 각 지부에 배포했다.[46]

---

46) 京鍾警高秘(1929. 6. 15), 위의 자료, 『사료집』, 331쪽.

3) 1930년 인생권과 생활권

인권 회복을 위한 차별 철폐와 경제적 권익 신장은 1920년대 후반 형평운동의 핵심 목표였다. 더 나아가 형평사는 인권 영역을 확장하여 '인생권'과 '생활권'의 개념을 도입했다. 형평사가 이 개념을 어떻게 정의하는지 밝혀주는 자료는 아직 발견되지 않았지만, 통상의 인권 개념으로 다음과 같이 추론된다.[47]

> 인생권은 사람이 누리는 삶의 권리라는 사전적 의미로 풀이할 때, 사람의 생명을 비롯하여 자유, 평등, 차별 철폐와 같이 살아가는 데 필요한 기본 권리라고 이해된다. 오늘날의 인권 개념으로는 생명권, 자유권, 평등권으로 설명될 수 있을 것이다. 또 생활권은 생활하며 살아가는 데 필요한 권리라고 풀이할 때, 오늘날의 경제적 권리, 사회적 권리에 해당하는 인권 영역이다. 곧, 먹고사는 데 필요한 의식주, 직업 등을 권리로 인식하여 주장했던 것으로 이해된다.

사람으로서 갖는 권리인 인생권은 자유와 평등에 기초한 기본적 권리로서, 형평사가 주창해온 차별 철폐와 평등 대우를 담는 개념이었다. 그리고 생활권은 형평사원들의 경제적 상황을 개선하는 권리 증진을 위한 개념이었다. 곧, 먹고사는 문제를 인권의 관점에서 인식하여 만든 결과물이었다. 이와 같이 인생권과 생활권은 형평사가 초기부터 주장해온 인권을 구체적으로 개념화한 것이다.

생활권 개념은 1928년 4월 24일과 25일 서울에서 열린 제6회 전국대

---

47) 김중섭, 위의 글(2015), 148쪽.

회에서 처음 등장했다. 경제적 문제로 '사원 생활권 보장'을 의제로 상정한 것이다. 도수장, 건피장, 도부 노동 환경과 조건, 수육 공급과 가격 등 생활과 직결된 다양한 경제 사항을 인권 관점에서 인식한 것이다. 곧, 추상적 개념이 아니라 생활 속의 구체적인 인권으로 인식한 것이다. 그러한 생활권의 문제의식은 앞서 언급한 대로 창립 초기 혁신파의 주장에서 엿볼 수 있고, 1926년 채택한 형평사 강령 제1조 "아등은 경제적 조건을 필요로 한 인권 해방을 근본적 사명으로 기함"에 반영되어 있었다.

그런데 이날 회의 내용을 기록한 일제 경찰 보고서는 '생활권'이라는 용어 대신에 "생활난 보장의 건"이라는 제목으로 다음과 같이 기록했다.[48]

1. 영업권을 지키기 위하여 수육판매조합을 조직하고, 당국의 허가를 얻기 위해 본부에서 지도하고 지방의 조합 조직을 각 지역 대표에게 위임함. 지방 조직이 불가능한 지역은 본부에서 조치함.

2. 고기 가격에 대하여 경관의 간섭 등으로 생활에 위협을 받으면 본부에 보고하고, 본부에서 조사위원(김경삼, 이동환)을 파견하여 상급 관청에 교섭함.

3. 도살료 획정 방법에 관하여 통일이 어려우면 상기 본부 위원이 현지 조사함.

4. 관청에서 영업 중인 건피장 인수에 관한 사항은 조사위원에게 일임함.

그런데 한글 신문에는 회의 안건이 '생활난 보장' 대신에 '생활권'이라

---

48) 京鍾警(京城鍾路警察署)高秘(1928. 4. 30), 「朝鮮衡平社第六回全鮮大会状況報告通牒」, 『사료집』, 236쪽.

고 기록되어 있다.[49] 곧, 형평사는 생활 문제를 권익 측면에서 '생활권'이라고 한 것이다. 이와 같이 생활권이라는 인권 측면의 접근은 전국대회뿐만 아니라 지역 집회에서도 나타났다. 예컨대, 1928년 8월 12일 형평사 충남 대회를 소집하면서 형평사 강령 제1조를 강조하며 도수장, 건피장, 도부, 수 육가격, 차별 등의 문제나 차별 분쟁 사건을 둘러싸고 "완전무위(無違)한 인 권적·경제적으로 해방의 전로(前路)"를 찾아야 한다고 주장했다.[50] 그리고 12월 5일 형평충남산업주식회사의 설립 취지서에서 생활 문제는 인간다운 생활에 필요한 사항이라면서 다음과 같이 주장했다.[51]

"우리는 인간으로써 인간 아닌 생활을 하야왓다. 생명도, 영업도 자 유로 살지 못하야왓다. 그래서 옷, 밥, 집(衣食住)을 풍더분하게 맘대로 먹고 살고 입지 못하여 왓다. …"

"우리는 자기 집흔 마루걸네갓치 짓발피웟스며 착취를 당하여왓다. 이 얼마나 인권 박탈에 몰낙적(沒落的) 생활이랴."

"여러분아 암흑한 속에서 꿈꿈이 세음으로 반돈박이 생활하든 그것 을 버서치고 대대적(大大的) 새로운 규모로써 영업상 개량과 생활상 안 정을 위하야 경제상(經濟上) 융통 즉 우리의 사업의 자본을 우리가 합 자(合資)하야 자유롭게 우리 손에서 신출(新出)되는 생산기관의 산업에 운용(運用) 장녀(獎勵) 즉 수이출판매(輸移出販賣)를 우리의 손으로 경영 하자는 이것이 우리의 일대 갈망적(渴望的)으로 바라고 기다리든 형평 충남산업주식회사 창립이 곧 이것이다."

---

49) 『조선일보』, 1928년 4월 21일; 『동아일보』, 1928년 4월 17일.

50) 衡總 제170호, 朝鮮衡平社總本部 「忠南大會召集에 關한 件」, 1928, 『사료집』, 263쪽.

51) 京鍾警高秘(1928. 12. 5), 「衡平忠南産業株式會社設立趣旨書配布ニ關スル件」, 『昭和3年 思想 問題ニ關スル調査書類』 II, 『사료집』, 283~284쪽.

형평사는 자신들의 경제적 어려움이 인권 박탈의 결과라고 인식하면서 경제적 개선을 통한 생활 안정을 위해 형평충남산업주식회사를 설립한다고 주장했다. 사원들이 경제 활동에서 겪는 부당한 대우나 불합리한 조치를 개선하는 것은 인간의 기본 권리를 증진하는 것이라고 강조했다. 요컨대, 사원들의 경제적 어려움을 개선하기 위한 생활권 쟁취는 인권 증진이라고 인식하며 형평운동의 주요 과제로 설정했다. 경제적 권익을 도모하는 이러한 활동에 대해 진보적인 활동가들은 무산 사원에 대한 착취라고 비난했다. 그렇지만, 형평사원들이 겪고 있는 경제적 어려움의 해결은 형평사의 당면 과제였다.

인생권과 생활권은 1930년 더욱 강조되었다. 1930년 1월 4일 형평사 총본부는 중앙위원 이준호의 비행을 알리는 서신을 각 지부에 보내면서 형평운동의 역사를 다음과 같이 썼다.[52]

"기백년 간 인권을 상실하고 착취와 압박에서 씨달니고 잇은 우리도
시대 순응에 따라서 만인평등(萬人平等) 인권 자유를 부르짓고 형평운동
이 이러남으로부터 과거 7개 성상을 경과하여 …"

곧, 7년간의 형평운동 역사를 "수백 년의 인권 상실과 착취, 압박 속에서 만인평등의 인권 자유를 부르짖는 활동"이라고 서술했다. 이와 같은 인식에서 4월에 열린 제8회 전국대회의 슬로건 "인생권과 생활권을 획득하자"가 채택되었다. 그리고 포스터는 형평사 총본부로의 결집, 인생권과 생활권의 획득을 강조했고, 대회장 서울 천도교 강당에 "오등은 경제적 조건

---

52) 京鍾警高秘(1930. 1. 4),「衡平社本部通文ニ関スル件」,『昭和5年 思想問題ニ關スル情報綴』II,
『사료집』, 358쪽.

에 필요로 하는 인권 해방을 기본적 사명으로 한다."는 형평사 강령을 크게 게시했다.[53] 요컨대, 형평사 깃발 아래 인생권과 생활권을 획득하여 인권 회복과 증진을 이루자는 것이었다. 이와 같이 형평사는 경제적 조건에 기초한 인권을 재확인하며 형평사원들의 열악한 경제 상황을 개선한 인권 해방의 쟁취를 핵심 과제로 삼았다.

인생권과 생활권의 사항은 전국대회의 핵심 안건이었다. 일상생활에서 빈번하게 일어나는 차별과 억압 상황은 차별 철폐와 평등 대우를 통한 인권 회복의 중요성을 일깨워주었다. 충남 공주·천안·서천·부여·결성·선장·공주·청양, 충북 청주·진천, 전북 구례·군산·금구, 경기 안성·서정리, 황해 진남, 강원 춘천 등 전국 곳곳에서 일어난 충돌 사건이 보고되었다.[54] 그리고 사원들의 생활 문제에 직결된 다음 사항이 논의되었다.[55]

제8회 전국대회 주요 의제(1930년)

3. 생활 문제

　가. 도살 요금 감하 운동에 관한 건.

　나. 도부 요금에 관한 건.

　다. 수육 정가 제한 철폐에 관한 건.

　라. 산업별 조합 조직에 관한 건.

형평사원들의 생활 문제는 형평운동의 핵심 내용이 되었다.[56] 형평사

53)　京鍾警高秘(1930. 4. 28), 「衡平社(第8回)全鮮大會狀況報告」, 『昭和5年 思想ニ關スル情報綴』 IV, 『사료집』, 382쪽.

54)　京鍾警高秘(1930. 4. 28), 위의 자료, 『사료집』, 396-401쪽.

55)　『조선일보』, 1930년 4월 17일; 『중외일보』 1930년 4월 17일.

56)　형평사의 경제적 권익 활동에 대해서는 김중섭, 위의 글(1994), 243-248쪽 참조할 것.

원들의 전통적 일터인 도축장의 소유와 운영이 일제 관청이나 일본인 거류민단체인 학교조합으로 넘어가면서 도축 요금이나 도부 임금의 조건이 점점 악화됨에 따라 곳곳에서 노동 환경 개선을 위한 도부 파업이 일어났고, 도축물 공급과 가격의 일방적인 결정에 항의하며 시정을 요구하는 식육판매 사원들의 집단행동이 벌어졌다. 이와 같은 형평사원들의 생계 유지에 직결된 문제를 인권으로 인식하며 생활권으로 접근했던 것이다.

그리고 인생권 보장의 주요 내용인 차별 철폐를 위해 형평사는 총본부와 지사 및 분사가 협력하여 차별 사건에 적극적으로 대응했다. 창립 초기부터 유지되어온 이 방안은 1930년대 초에도 각급 회의에서 반복되어 강조되었다. 예컨대, 1930년 전국대회 직후 4월 28일 형평사 총본부 회관에서 열린 상무집행위원회는 다음과 같이 결의했다.[57]

1. 천시차별 적극적 철폐의 건: 본부에 사실 전말을 상세히 보고, 전 국적으로 총동원하여 최후까지 항쟁

정기대회나 총본부 회의에서 결의된 사항은 각 지부에 전달되어 시행되었다. 1930년 전국대회에서 활용된 "인생권과 생활권을 획득하자! … 싸흠 단체의 기념은 싸흠으로! 차별을 업세기 위한 기념전(紀念戰)에!" 등의 슬로건이 각 지부에 전달되어 활동에 활용되었다.[58]

이와 같이 1930년 전국대회에 등장한 "인생권과 생활권의 획득"은 형평사 초기부터 강조한 인권 회복과 보장을 발전시켜 정립한 개념에 근거한

---

57) 京鍾警高秘(1930. 4. 30), 「集會取締狀況報告(常務執行委員會)」, 『昭和5年 思想ニ關スル情報綴』V, 『사료집』, 422쪽.

58) 京鍾警高秘(1930. 5. 3), 「衡平社印刷文ニ關スル件」, 『昭和5年 思想ニ關スル情報綴』V, 『사료집』, 423-430쪽.

활동 목표였다. 곧, 차별 철폐와 평등 대우의 인권 영역을 새롭게 정의 내린 인생권은 자유와 평등에 기초한 인권 개념이었고, 경제적 어려움을 극복하기 위한 활동 근거로서 확립한 생활권은 인권 영역의 새로운 개념이었다.

요컨대, 형평사의 목표인 인권 회복과 증진이 인생권과 생활권으로 분화되어 발전했다. 이와 같이 형평사가 발전시킨 인생권과 생활권의 인권 개념은 생명권, 자유권, 사회권, 경제권 같은 현대적 인권 개념과 맞닿아 있다. 이것은 형평운동이 비서구 사회에서 보기 드물게 일찍이 1920년대와 1930년대에 인권 개념을 발전시키며 실천한 인권운동이었음을 보여준다. 곧, 오랫동안 지속된 신분 질서의 불합리와 부당함에 대한 역사 인식 아래 백정 차별을 인권 유린으로 규정하고 인권 보장과 증진을 위한 "합리적 사회 건설"을 실현하고자 하는 인권 활동이었다.[59]

형평사의 인권 개념 발전 과정에 3.1운동 이후 형성된 사회운동권의 협력과 연대가 작용했다. 그리고 1930년대 일제의 탄압, 사회적·경제적 환경의 변화 아래 형평운동이 쇠퇴하면서 인권 증진 활동 성격도 사라졌다. 이와 같은 인권 인식과 영역의 확대와 퇴조, 활동 목표의 변화가 다른 사회운동과의 협력과 연대 활동과 밀접하게 연관되어 있다는 점을 다음 절에서 살펴보고자 한다.

3. 사회적 연대의 변화

형평운동은 3.1운동 이후 활발하게 일어난 여러 사회운동과 밀접하게 관계를 맺으며 전개되었다. 그러한 관계의 양상과 성격이 시기별로 달라지

---

59) 김중섭, 위의 글(2015), 136-153쪽.

면서 형평사의 인권 인식 변화를 포함한 형평운동 전개에 다양하게 영향을 미쳤다는 것을 상세하게 살펴보고자 한다.[60]

1) 창립기

1923년 4월 진주의 형평사 창립과 초기 활동에 백정 출신 자산가들과 비백정 출신 사회운동가들의 협력이 중요하게 작용했다. 창립을 주도한 비백정 출신의 강상호, 신현수, 천석구는 진주 지역 사회운동 단체의 활동가들이었다.[61] 또 비백정 출신으로 발기총회와 창립 축하식에 참여하여 형평사를 지지한 강달영, 강대창, 조우제, 이진우, 정희찬 등도 3.1운동 이후 진주노동공제회, 진주청년회 등에서 활동한 '직업적 사회운동가'들이었다. 이런 배경에서 형평사는 사원 자격의 개방성을 사칙에 규정했다.[62]

형평사와 다른 사회운동 단체와의 협력은 반대 세력의 공격을 받을 때 더욱 분명하게 드러났다. 반형평운동 주동자들이 진주청년회와 노동공제회에 형평사와의 단절을 요구했지만, 진주의 활동가들은 오히려 형평사를 지지하는 입장에서 두 집단의 충돌을 중재하여 형평운동 반대 활동의 중지를 이끌어냈다.

사회운동 단체의 형평운동 지지는 5월 13일 열린 형평사 창립 축하식에서 거듭 확인되었다. 예컨대, 북성회, 평문사, 전진사, 적기사 등 전국의 여러 사회단체가 축전을 보내며 연대를 표명했다.[63] 그러한 사회운동 단체

---

60) 형평운동과 다른 사회운동의 관계를 논의한 김중섭, 위의 글(2015), 제8장; 고숙화, 위의 글(1993) 참조할 것.

61) 김중섭, 위의 글(2012), 233-236쪽 참조할 것.

62) 사칙 제4조 "본사원의 자격은 조선인은 하인(何人)을 불문하고 입사할 수 있다."

63) 『동아일보』, 1923년 5월 17일; 『조선일보』, 1923년 5월 19일.

는 형평사 창립을 사회개혁 활동으로 인식하며 적극적으로 지지했다.

특히, 북성회는 기관지 『척후대』를 통해 형평사 창립을 널리 알리며 지지 의사를 밝혔다.[64] 제1면에 "형평사의 출현"이라는 제목 아래 백정 역사를 서술하면서 "자세히는 모르지만, '형평'이란 특수 계급의 단결, 무산자적 단결의 필연적 속성과 역사적 사명을 추찰하는 바이며, 오즉 그 단결의 굿세임과 그 운동의 야화(野火) 갓흔 진전이 있기를 바란다."며 응원했다.[65] 그리고 7면에 형평사 조직 발전을 소개하면서 진주의 '형평사 주지', 이리의 '동인회 취지서', 김제의 '서광회 취지서'를 게재했다. 8면에 실린 칼럼을 통해 형평운동이 사회주의 사회 건설로 나아가기 바란다는 뜻을 다음과 같이 밝혔다.

"그러한 학대 하에서 인종(忍從)하야 오든 그들은 이제야 참으랴 하여도 더 참을 수 업스며 동시에 사회 개조의 시기에 목적에 도달하얏슴을 각오하고 이제 분기하여 대동단결의 하(下)에 자유와 평등을 요구하며 불합리하고 불공평한 이 사회를 개조할 목적으로 이에 일사(一社)를 조직하야 명(名)을 형평사라 하며 그 운동을 이러키고저 하는 바 그 운동은 형평운동이라 한다. 오인(吾人)은 이에 백정단체의 형평운동이 다만 자기들의 지위 향상과 대우 개선에 지(止)치 안코 장차 이 자본주의 불공평한 사회를 파괴하고 사회주의 형평(衡平)한 사회를 건설하기까지 그 대운동이 진보하야 가기를 바래고 비오며 이에 붓을 멈추노라."[66]

---

64) 『斥候隊』(北星會 기관지) 3, 1923년 5월 15일.

65) 如星(이여성), 「衡平社의 出現」, 『斥候隊』 3, 1923년, 1면.

66) 종모(김종모), 「진주에서 창립된 형평사와 그 운동에 대한 희망」, 『斥候隊』 3, 1923년, 8면.

형평사는 창립 초기부터 창립지 진주뿐만 아니라 전국 곳곳에서 사회
운동 단체의 협력과 지지를 받았다.[67] 예컨대, 전북 정읍노동공제회 간부
최중진, 광주노동공제회 간부 서정희는 고문으로 형평사 분사 창립에 참여
했고,[68] 마산의 사회운동가 여해는 교육부에서 활동했다.[69] 그리고 정읍, 나
주, 영광, 담양, 군산, 고창, 경주 등지에서는 지역 사회운동 활동가들이 창
립식이나 정기대회 같은 행사에 참석하여 내빈 축사를 하면서 형평운동 지
지 의사를 밝혔다. 또 1923년 여름방학 북성회 순회강연에 진주와 김해 형
평사가 참여한 것처럼,[70] 형평사와 다른 사회운동 단체는 특정한 활동을 위
해 협력을 했다. 그러면서 형평사는 지역 사회운동의 일원으로 빠르게 자리
잡았다. 진주의 경우 1923년 8월 일본 유학생 단체인 북성회가 순회강연을
할 때 형평사도 환영 단체로 참여했고,[71] 1924년 1월에는 진주노동공제회
주최의 경남 노농운동자 신년 간친회 참석 단체들이 형평운동 지지를 결의
했다.[72] 이와 같은 협력과 연대는 자연스럽게 형평사가 전국 조직으로 발전
하는 데 이바지했다.

형평사 창립 시기에 개인이나 개별 단체 차원에서 이루어지던 사회적
협력과 연대는 사회운동권의 전국 조직이 생기면서 더욱 발전했다. 특히,
1924년 4월 조선청년총동맹이나 조선노농총동맹 같은 전국 조직의 결성은

67) 김중섭, 위의 글(1994), 115쪽.

68) 고숙화, 위의 글(2008), 173쪽.

69) 김재영, 「일제 강점기 형평운동의 지역적 전개」, 전남대학교 대학원 박사학위논문, 2007ㄱ,
     84쪽.

70) 김중섭, 위의 글(1994), 162-165쪽. 북성회 강연단의 김해 방문에 즈음하여 형평사원들과 함께
     활동하게 된 비백정의 불만이 촉발되어 비백정 주민과 형평사원들 사이의 충돌이 일어나기도
     했다.

71) 『조선일보』, 1923년 8월 6일.

72) 『조선일보』, 1924년 1월 20일.

사회운동권의 형평운동 지지가 더욱 활발해지는 계기가 되었다.

요컨대, 형평사는 창립되자마자 사회운동 단체와의 협력과 연대에 힘입어 전국적인 사회운동 단체로 빠르게 발전했다. 3.1운동 이후 널리 퍼진 사회개혁의 시대적 가치와 조류는 신분제 유습을 타파하고 백정 차별 철폐와 평등 사회 건설을 내건 형평사의 창립 취지와 잘 어울렸다. 신분제 잔재를 청산하려는 형평운동은 사회운동권이 지향하는 근대 사회로의 이행을 실현하는 활동으로 인식되었다. 이런 분위기에서 각 지역의 사회개혁 활동 세력은 형평운동을 적극적으로 지지했다. 사회운동가 집단은 형평운동 확산을 돕는 후원세력이 되었고, 그 가운데 일부는 형평사 활동에 직접 참여하기도 했다. 곧, 조선 사회의 신분제에서 차별과 억압을 받던 백정 집단의 결속력에 기초한 적극적인 참여와 함께 형평운동의 목적에 공감하는 사회운동 세력의 협력과 연대는 형평운동이 빠르게 확산하는 원동력이었다.

2) 파벌 대립과 통합 시기

다른 사회단체와의 협력과 연대는 형평사 지도부의 파벌 대립과 통합 과정에 영향을 미쳤다. 사회운동권은 공식적으로 진주파나 서울파 어느 한 쪽을 지원한다고 밝히지 않았지만, 지역별로 가까운 곳과 협력하는 양상을 보였다. 예컨대, 1924년 4월 25일 형평사 창립 1주년 기념식이 진주와 서울에서 따로 열렸는데, 서울 경운동 천도교당에서 열린 서울파 주최 기념식에는 서울청년회, 언양무산자동맹회, 천도교혁신청년회, 천도교연합회 등 서울 지역 단체 대표자들이 참석하여 축사를 한 반면,[73] 진주파의 창립 기념

---

73) 京鍾警高秘(1924. 4. 25), 「衡平社創立1週年紀念祝賀式ノ件」, 『大正13年 檢察行政事務ニ關スル記錄』 I, 『사료집』, 150쪽.

식에는 주로 경상도 지역에서 온 34개 단체, 220여 명이 참석했다.[74] 곧, 서울파는 서울 중심의 사회운동 단체로부터 지지받는 양상이었고, 진주파는 경상도 지역에서 지지를 받았다.

이런 지리적 차이가 있었지만, 사회운동권의 형평운동 지지는 빠르게 확산했다. 1924년 4월 전국 사회운동 단체를 대표하는 조선청년총동맹과 조선노농총동맹이 서울에서 열린 창립대회에서 형평사 지지를 결의했고,[75] 경남 사회단체연합체도 4월 집회에서 형평운동 지지를 결의했다.[76] 이러한 지지 현상에 대해 일제는 사회주의 운동 세력이 '계급투쟁'을 위해 형평운동을 포섭하려는 것이라며 경계했다.[77]

사회운동권은 형평운동을 지지하는 한편, 형평사 지도부의 파벌 대립을 비판하며 통합을 촉구했다. 예컨대, 차천자는 백정의 암담한 역사를 일깨우며 형평운동의 통일을 주장했고,[78] 김덕한은 천부인권과 생존권을 강조하며 형평사에 파벌 대립을 끝낼 것을 촉구했다.[79] 그리고 형평사 안팎의 여러 단체가 지도부의 파벌 대립을 우려하며 해소를 요구했다. 이와 같은 안팎의 요구와 압력은 형평사 지도부의 파벌 종식에 일정 부분 작용했다.

1924년 8월 15일 대전에서 통합 임시 전국대회가 열리고 형평사 지도부가 재결합하면서 총본부가 서울로 이전했다. 그러면서 형평사와 사회운동 단체의 협력과 연대 활동이 더욱 활발해졌고, 많은 사회운동 단체들이

---

74) 『시대일보』, 1924년 4월 28일.

75) 『조선일보』, 1924년 4월 22일; 『동아일보』, 1924년 4월 22일; 『시대일보』, 1924년 4월 22일.

76) 『동아일보』, 1924년 4월 2일.

77) 『동아일보』, 1924년 4월 25일; 4월 26일.

78) 車賤者, 「白丁 社會의 暗澹한 生活狀을 擧論하야 衡平 戰線의 統一을 促함」, 『開闢』 5(7), 1924, 39-45쪽.

79) 金德漢, 「衡平社의 內訌과 衡平運動에 對한 批判」, 『開闢』 5(8), 1924, 39-42쪽.

형평운동 지지를 선언했다. 예컨대, 1924년 8월 경남 합천군 삼가의 지역사
회단체가 잇달아 형평사 지지를 선언했고,[80] 11월에 사상단체인 북풍회는
형평운동 지지를 강령에 포함했으며,[81] 12월에는 전남 목포 지역사회단체
들이 형평사 지지에 동참했다.[82]

　형평운동 지지 단체의 전국적인 확산 추세는 1925년 이후 더욱 뚜렷
하게 나타났다. 전남 광주·나주, 경남 합천·진영, 경북 상주·안동, 충남 보
령, 강원 통천, 황해 사리원, 평안 평양 등 전국의 많은 단체가 형평운동 지
지를 결의했다.[83] 그리고 전남, 전북, 경북, 황해도 등에서는 사회운동단체
도(道)연합회 차원에서 형평운동 지지를 밝혔다.[84]

　1925년 4월 24일과 25일 서울 천도교당에서 열린 형평사 전국대회에
노동, 청년, 여성 등 여러 분야의 사회운동 단체가 축전이나 축사를 보내왔
다.[85] 다음 날 열린 창립 축하식에도 많은 단체와 개인이 축문을 보내왔는
데,[86] 대개 형평운동이 인권운동으로서 백정뿐만 아니라 무산자계급 전체

---

80)　『동아일보』, 1924년 8월 1일.

81)　『조선일보』, 1924년 11월 29일.

82)　『조선일보』, 1924년 12월 24일.

83)　김중섭, 위의 글(2015), 326쪽.

84)　『조선일보』, 1925년 3월 14일; 3월 24일; 4월 1일;『동아일보』, 1925년 2월 26일; 3월 22일; 4월
　　1일.

85)　京鍾警高秘(1925. 4. 25),「衡平社大會ニ關スル件(第3回大會)」,『大正14年 檢察事務ニ關スル
　　記錄』I, 『사료집』, 165-167쪽. 조선노동당, 인천무산청년동맹, 한용(漢勇)청년회, 인천화요회,
　　인천노동총동맹회, 인천노동동지회, 신흥청년동맹, 화요회, 대구용진(勇進)단, 예안(禮安)청년
　　회, 진남포면옥노동조합, 안동청년회, 평양노농연합회, 평양청년동맹, 평양노동동맹회, 경성여
　　자청년회, 조선여성동우회, 조선청년총동맹, 혁청(革淸)단, 서울청년회, 안동화성(火星)회, 안동
　　풍산소작인회, 신의주신만(新灣)청년회, 사회운동자맹, 경성여자청년회, 적박단(赤雹団), 대
　　구철성(鐵城)단등의 단체와 장수산, 권오설, 동경 히라노쇼겐(平野小劍), 동경 미나미 우메키치
　　(南梅吉) 등 개인이 축전, 축문, 축사를 보내왔다.

86)　京鍾警高秘(1925. 4. 26),「衡平社2週年創立紀念祝賀式ノ件」,『大正14年 檢察事務ニ關スル
　　記錄』I, 『사료집』, 171-172쪽. 이헌(재일본조선노동총동맹 중앙집행위원장), 이협(형설회 총

의 해방을 위해 활동하기 바란다는 내용이었다. 서울청년회는 "부락민(백정을 의미함)의 인권운동이 경제적 해방을 목표로서 무산자계급의 생활 운동과 연쇄적으로 연결되어 끝없이 노력할 것을 기대한다."고 했고, 경성노동회는 "모두의 해방과 전 무산계급의 이익을 위해 신세력을 획득하고 계급적 단계를 목표로 하여 노동운동과 제휴 발전할 것을 바란다."고 했다.[87] 이렇게 전국의 다양한 사회운동 단체는 형평사가 파벌 대립을 끝내고 통합하여 사회운동권의 일원으로 활동할 것을 기대했다.

많은 사회단체가 신분 차별 철폐와 평등 사회를 주장하는 형평운동을 지지하며 연대를 표명하는 가운데 비백정 출신 사회운동가들이 형평사 임원으로 참여하여 형평운동 전개에 중요한 역할을 맡는 사례가 늘어났다. 예컨대, 서울의 사회단체 활동가 서광훈은 소장파 및 혁신파의 핵심 활동가로서 고려혁명당 사건, 형평청년전위동맹 사건 등 형평운동의 변곡점에 깊이 관련되는 등 1930년대까지 형평운동을 이끄는 위치에 있었다.[88] 그리고 강원도 횡성의 천도교도 이동구는 1925년과 1926년 전국대회에서 총본부 중앙집행위원으로 선임되어 활동하다가 형평사, 천도교, 정의부 활동가들이 참여한 민족해방운동 단체인 고려혁명당의 책임비서로 일했다.[89]

무), 유진걸(재일본무산청년동맹회), 삼각동맹, 삼가청년회, 삼가노동우애회, 북풍회, 경성청년회, 안동청년회, 용진단(勇進團), 신흥청년사, 신의주 신만청년회, 안동 예주청년회, 안동 일진청년회, 평양 대동노동조합, 평양 조선노동동맹회, 평양 청년동맹, 화성회, 조선노농총동맹, 안동 와룡청년회, 화요회, 신흥청년동맹, 혁청단, 안동풍산소작인회, 서울청년회, 경성노동회, 사회주의자동맹, 천도교연합회(오지영, 송헌, 김봉국), 목포무산청년회, 전북민중운동자동맹, 전남광주해방운동사동맹, 대전제일선(第一線)동맹, 목포무목(務木)청년동맹 등이 보내왔다.

87) 위의 자료, 『사료집』, 171쪽.

88) 서광훈은 북풍회, 신흥청년회, 한양청년동맹에 참여했다는 기록이 있다. 「朝鮮衡平社關係人物調査」, 『倭政時代人物史料』 1, 『사료집』, 140쪽.

89) 이동구(이소, 1886-1933)는 고향인 강원도 횡성의 3.1운동을 주도하여 1년간 복역한 뒤 형평운동에 참여했다. 김중섭, 위의 글(1994), 153쪽, 주석 82번 참조할 것.

사회운동 단체의 형평운동 지지가 활발해지면서 형평사도 다른 사회운동 단체와의 협력 활동에 적극적으로 참여하며 사회운동권의 일원으로 자리를 굳혀갔다. 그렇게 쌍방 교류가 활발해지면서 형평사에 미치는 사회운동권의 영향이 점점 커졌고, 그 결과 형평사는 사회운동 단체 사이의 갈등과 파벌 다툼, 이념적 흐름의 영향을 피할 수 없었다. 대표적인 사례가 조선민중운동자대회를 둘러싸고 일어난 갈등이었다.

1920년대 중반 사회운동권이 화요회 계열과 서울청년회 계열로 나뉘어서 치열하게 대립하는 가운데 화요회가 1925년 4월 서울에서 '조선민중운동자대회' 개최 계획을 세웠다.[90] 토의 안건에는 형평운동에 관한 사항도 포함되었다. 공식적으로 형평운동 지지를 결의하고, 백정 차별 철폐 활동을 벌일 계획이었다. 전국 조직인 형평사를 화요회 계열로 끌어들이려는 의도가 있다고 하지만, 형평사 총본부도 민중대회 참여에 긍정적인 입장이었다. 총본부 임원 장지필이 민중대회 준비위원으로 참여했고, 많은 형평분사가 대회 참가를 신청했다.[91] 민중대회 주최 측은 18개 형평사 단체가 신청했다고 밝혔다. 이런 상황에서 화요회 경쟁 단체인 서울청년회가 '민중운동자대회 반대단체연합회'라는 집회를 계획했다.[92] 이 대응 집회에 서울청년회 계열 단체들이 참가 신청을 했다. 그들과 가까운 형평분사도 신청했다. 주최 측은 12개 형평사 단체가 신청했다고 발표했다.

결국, 사회운동권의 대립 상황에서 형평사도 의도치 않게 분열된 양상을 보였다.[93] 사회운동 단체와의 친소 관계에 따라 형평사도 두 진영으로

90) 『동아일보』, 1925년 2월 19일; 4월 19일, 20일, 21일; 『조선일보』, 1925년 4월 20일; 金俊燁 · 金昌順, 『韓國 共産主義運動史』, 2권, 고려대학교 출판부, 1973, 269-284쪽.

91) 『동아일보』, 1925년 4월 25일.

92) 『조선일보』, 1925년 4월 20일; 『동아일보』, 1925년 4월 21일.

93) 김준엽 · 김창순, 위의 글(1973), 2권 160-174쪽; 3권 157-164쪽.

나누어진 것이다. 이런 갈등을 겪은 형평사는 4월 25일 열린 제3회 전국대회에서 외부의 파벌 다툼에 일체 개입하지 말고 독자적인 형평운동 발전을 위해 노력한다는 결의안을 채택했다.[94] 그리고 총본부의 형평청년연맹도 각 지역 형평청년회에 파벌 싸움에 개입하지 말고 형평운동에만 매진할 것을 권고했다.[95]

이러한 파열을 겪기도 했지만, 형평사와 다른 사회운동 단체와의 협력과 연대는 계속 유지되었다. 특히, 차별 사건이나 형평운동 반대 세력과의 충돌 사건이 일어났을 때 형평사와 사회운동 단체들이 공동 대응했다. 지역 사회운동 단체들은 형평사 측을 적극적으로 돕거나 충돌을 빚는 양측을 중재하여 갈등 해소에 이바지했다. 그들은 대개 형평사원을 공격하는 편협한 보수 세력의 전근대적 사고와 행동을 비판하는 입장을 취했다. 그러한 협력을 통해 양측의 관계는 더욱 공고해졌다. 대표적 사례가 1925년 8월의 예천 사건이었다.

이 사건의 발단은 형평사 예천분사 창립 2주년 기념식에서 벌어진 소란이었다.[96] 이것을 빌미로 주민이 집단 난동을 부리며 형평사원들에게 폭력을 휘둘러 많은 사상자가 발생했다. 예천의 대규모 폭력 사건이 알려지면서 전국의 형평사와 사회운동 단체가 사건을 일으킨 세력을 규탄하는 한편, 예천 형평사원들을 응원했다. 형평사 중앙총본부는 각 지부에 사건 경과를 알리며 응원을 촉구했다.[97] 많은 형평분사가 예천분사를 지지하는 집회를

---

94) 『동아일보』, 1925년 4월 25일, 26일. 京鍾警高秘(1925. 4. 25), 「衡平社大會ニ關スル件(第3回大會)」, 『大正14年 檢察事務ニ關スル記錄』I, 『사료집』, 165쪽.

95) 『시대일보』, 1925년 12월 20일.

96) 예천 사건은 여러 글에서 자세하게 논의되었다. 김중섭, 위의 글(1994), 169-179쪽; 고숙화, 위의 글(2008), 209-226쪽 참조할 것.

97) 衡總 제603호(1925. 8. 15), 「慶北醴泉分社 襲擊事件에 對하야 우리 衡平社員의 取할 態度」, 『사료집』, 180쪽.

열었고, 일부 분사는 예천에 응원단을 보내기도 했다.

그리고 많은 지역의 사회운동 단체들이 예천 사건을 일으킨 형평운동 반대 세력을 규탄하며 형평사와의 연대를 결의했다. 사회운동권의 적극적인 연대 표명은 전례 없이 대규모로 광범위했다. 함흥, 인천, 군산, 이리, 대구, 안동, 영천, 마산, 영양 등 많은 지역의 사회운동 단체들이 집회나 긴급회의를 통해 예천 사건의 난동자를 규탄하며 형평사 지지를 표명했다. 특히, 전국의 사회운동을 이끄는 단체들이 적극적으로 형평사를 지지했다. 8월 18일 서울에서 일본 작가 나카니시 이노스케(中西伊之助)와 여성운동가 오쿠 무메오(奧むめお) 초청간담회에서 예천 사건 현장에 있던 『조선일보』 안동지국장 김남수가 상황 보고를 했다.[98] 또 조선노농총동맹 외 14개 단체 대표는 경성청년회에서 회의를 열어 예천 사건 대책을 논의하고 형평사 지지를 결의했다.[99]

그리고 예천 행사에 참석했다가 폭력 사건에 휘말려 부상당해 입원했던 형평사 총본부 임원 장지필과 이소(이동구)가 서울로 돌아오자 사회운동 단체 활동가들이 환영회를 크게 열어주었다. 9월 18일 열린 환영회에는 북풍회 등 17개 사회운동 단체 대표자와 신문기자들이 참석했고, 허정숙(여성동우회), 김찬·정백(서울청년회), 송봉우(한양청년동맹), 김혁명(노동자구락부), 박일병·이극광(노동당), 김남수(안동 조선일보 지국 기자), 이영(서울청년회) 등 대표적인 사회운동 단체 활동가들이 내빈 환영사를 했다.[100]

---

98) 京鍾警高秘(1925. 8. 18), 「衡平社ノ中西等主義者招待二關スル件」, 『大正14年 檢察事務二關スル記錄』 I, 『사료집』, 177쪽.

99) 京鍾警高秘(1925. 8. 20), 「醴泉衡平社事件對策集會二關スル件」, 『大正14年 檢察事務二關スル記錄』 I, 『사료집』, 183-187쪽.

100) 京鍾警高秘(1925. 9. 18), 「衡平社幹部歡迎會二關スル件」, 『大正14年 檢察事務二關スル記錄』 II, 『사료집』, 194-197쪽. 형평사 측에서 이소, 장지필, 김경삼, 이지영이 참석했고, 여러 파벌의 사회단체 활동가들이 참석했다. 참석자는 북풍회 마명·손영극, 노농총동맹 김홍작·김남수,

이렇게 예천 사건을 겪으며 형평사와 사회운동권의 협력과 연대가 더욱 강화되면서 경찰의 삼엄한 감시와 탄압을 받게 되었다. 특히, 일제 경찰은 형평사뿐만 아니라 사회운동권 전반에 미치는 커다란 파장을 인지하여 이러한 동향을 예의주시했다.[101]

그 후 형평사의 사회적 연대 활동은 더욱 활발해졌다. 1926년 1월 형평사 대표 장지필이 화요회, 북풍회 등이 개최한 '재경(在京) 사상단체 신년 간담회'에 참석하여 경과 보고를 했고,[102] 4월 25일 열린 형평사 3주년 기념식에 무산자동맹의 박일병이 축사를 했다. 그리고 청년, 농민, 노동, 여성, 사상, 수평사 등 다양한 분야의 사회단체가 축문과 축전을 보내왔다.[103]

이와 같이 사회운동 단체와의 협력과 연대가 강화되면서 앞서 논의한 바와 같이 형평사의 인권 인식과 증진 활동도 활발해졌다. 1926년 전국대회 직후 4월 26일 열린 중앙집행위원회에서 잡지 발간, 각 분사 분담금, 지방 순회 건 등을 다루면서 분사는 충돌 사건을 중앙본부에 통보하고 상무집

혁청단 권태휘 · 김혁, 화요회 원우관 · 김경재, 무산자동맹 박일병, 노동자구락부 김혁명, 경성청년회 김평산 · 이칠성, 신흥청년동맹 김찬, 한양청년연맹 송봉우, 여성동우회 허정숙, 경성여자청년동맹 주세죽, 노동당 이극광, 그리고 서울청년회파의 청년총동맹 이영 · 정학원, 서울청년회 정백, 무산자청년회 윤식 · 이윤식, 경성노동회 이병희 · 김경식, 노동자구락부 이일심 · 이명희, 신문기자로 김단야 · 박헌영 · 홍덕유 · 임원식이다. 분류와 단체 이름, 참석자 이름은 일제의 자료에 따랐다.

101) 京高秘(1925. 8. 20),「慶北醴泉事件ニ對スル衡平社員其ノ他ノ動靜ニ關スル件」,『大正14年 情報綴』제2책,『사료집』, 188-191쪽.

102)『동아일보』, 1926년 2월 1일.

103) 京鍾警高秘(1926. 4. 26),「衡平社3週年記念式ニ關スル件」,『大正15年 檢察事務ニ關スル記錄』,『사료집』, 204-208쪽. 축문을 보내온 단체는 개성청년연맹, 자유회, 송도청년회, 안동풍산소작인회, 천도교회연합회, 경성목공조합, 길림성천도교회, 경성노동연맹, 현법구(佐法溝)노동강습소, 성북구락부, 조선노농총동맹, 강릉청년회, 경남김해농민연맹, 경성무산청년회, 전진(前進)회, 사회단체중앙협의회, 경성청년연합회, 자유노동조합, 경북흥해청년회, 노동구락부, 프로여성동맹, 경기도청년연맹, 경성청년회, 호용(虎勇)청년회, 양말직공조합, 재령무산청년회, 재령청년회와 일본의 전국수평사청년동맹, 가가와(香川)현 수평사, 오사카 니시하마(西浜)전국수평사 등이었다.

행위원이 적극적으로 대응한다는 내용을 결의했다.[104] 그리고 명칭, 조직, 집회, 임원, 권리 의무, 재정 등을 규정한 규칙을 통과시키면서 제2조에 "본부는 형평사 강령의 주지를 관철하고, 일반 사원을 대표하며, 형평운동을 방해하거나 인권을 유린하고 재산을 침탈하는 등 모든 박해의 당면 과제를 해결하는 것을 목적으로 한다."고 명시했다.

그리고 앞서 언급한 바와 같이 1926년 9월의 임시 전국대회에서 인권 인식의 확립과 적극적인 대응, 사회적 연대를 명시한 형평사 선언과 강령을 채택했다. '선언'은 천부불가침의 자유를 강조하며 수백 년 동안 억압받으며 상실한 인권을 되찾아야 한다고 밝히면서 인권 회복과 증진의 중요성을 거듭 확인했다. 그리고 강령에 "일반 사회단체와 공동 제휴하야 합리적 사회 건설을 기한다."고 활동 목표를 명확히 설정했다. 합리적 사회는 사회개혁을 지향하는 진보적인 사회운동단체가 주장하는 '새로운 사회'라는 점에서 사회적 연대의 방향을 더욱 뚜렷하게 밝힌 것이었다.

이와 같이 형평사는 '경제적 조건을 필요로 한 인권 해방'을 실현하며 다른 사회운동과의 협력과 연대 활동을 통한 새로운 사회 건설이라는 형평운동의 목적과 방법을 거듭 천명했다. 그러한 모습에는 사회운동 전반에 확산된 진보적 이념의 영향이 반영되어 있었다.[105] 그리고 그것은 1920년대 후반기 형평운동의 역동적 변화를 이끄는 주요 요인으로 작용했다.

---

104) 京鍾警高秘(1926. 4. 26), 「衡平社中央執行委員會二關スル件」, 『大正15年 檢察事務二關スル 記錄』, 『사료집』, 208-211쪽.
105) 『동아일보』, 1929년 1월 4일.

3) 이념의 영향과 연대, 그리고 갈등

형평사는 1920년 중반에 조직이 확장되고 활동이 활발해지면서 다른 사회운동과의 협력과 연대 활동을 더욱 활발하게 벌여나갔다. 아울러 노동, 농민, 청년, 사상 등 여러 분야의 사회운동 단체들도 형평운동을 지원했다.[106] 특히, 1924년부터 1928년까지 청년단체가 형평운동 지지를 결의한 언론 보도 사례가 39개나 될 정도로[107] 많은 지역의 청년단체들이 형평사 청년 활동가들을 연결고리로 하여 적극적으로 형평운동과 협력하며 형평운동 후원, 형평운동과 그 정신의 민중 교육, 백정 차별 철폐 활동을 벌였다.

그렇지만 다른 사회운동 단체와의 협력과 연대 활동이 활발해지면서 형평사 내에 그들의 영향이 커지는 데 대한 우려도 생겼다. 그에 따라 1926년 12월 형평사 총본부 집행위원회는 형평운동의 독자적 활동을 결의하기도 했다.[108] 그러나 사회적 연대 활동은 전혀 위축되지 않고, 오히려 확대되는 양상이었다. 그 결과 형평운동에는 핵심 목적인 신분 해방에 덧붙여, 사회주의적 관점의 계급해방 활동, 일제 식민 치하에서의 민족해방 활동 등의 모습이 나타났다.[109] 이러한 양상은 신분 해방과 함께, 부당하고 억압받는 경제 행위를 타파하고자 하는 계급의식, 일제 강점의 민족 상황을 타파하고자 하는 민족의식이 형평운동 내에 확산되었음을 보여준다.

민족 해방 활동의 대표적인 사례가 1927년 초 일제에 발각된 고려혁명당 사건이었다.[110] 형평사 활동가들이 만주의 독립운동 단체인 정의부,

---

106) 고숙화, 위의 글(2008), 173-190쪽.

107) 고숙화, 위의 글(2008), 181-182쪽.

108) 『조선일보』, 1926년 12월 2일; 『동아일보』, 1926년 12월 2일; 『중외일보』, 1926년 12월 2일.

109) 김중섭, 위의 글(1993).

110) 이 사건에 대해서는 김중섭, 위의 글(1994), 250-256쪽 참조할 것.

민족주의 경향의 천도교 활동가들과 연합하여 민족 해방을 위한 고려혁명당을 결성한 것이다.[111] 일제 경찰 자료에 따르면, 고려혁명당 강령은 다음과 같다.[112]

> 1. … 계급적 기성 제도와 현재 조직을 일체 파괴하고, 물질계와 정신계를 통한 자유 평등의 이성적 신사회를 건설한다.
> 1. 제국주의와 자본주의에 대하여 근본적으로 반항하는 우리들에 공명하는 각 피압박민족과 결합하여 동일 전선에 있어서 일치된 보조를 취한다.

이 자료의 직성자가 누구인지 분명하지 않지만, "제국주의와 자본주의에 대하여 근본적으로 반항하는 우리들"이라는 참여자의 성격이나 "물질계와 정신계를 통한 자유 평등의 이성적 신사회 건설"이라는 목표는 형평사가 지향하는 바와 크게 다르지 않다. 또 형평사 활동가들이 고려혁명당을 통해 자유, 평등에 기초한 독립 국가와 새로운 사회 건설을 이루고자 정의부, 천도교 활동가들과 함께 협력할 정도로 민족주의적이었다. 그렇게 고려혁명당에 참여한 죄목으로 기소된 형평사 활동가들은 다음과 같다.[113]

> 피고인 이동구(이소, 당 43세)
> 피고인 오성환(당 34세)
> 피고인 서광훈(당 28세)

---

111) 高等法院檢事局, 『高麗革命黨事件ノ硏究』(抄), 『사료집 · 속』, 65쪽.
112) 朝鮮總督府警務局, 「高麗革命黨事件」, 『治安狀況』, 1927, 『사료집 · 속』, 62-63쪽.
113) 高等法院檢事局, 위의 글, 『사료집 · 속』, 65쪽.

피고인 유공삼(송기석, 당 32세)

피고인 조귀용(조기용, 당 38세)

피고인 장지필(당 44세)

이들은 모두 형평운동의 핵심 활동가들이었다. 고려혁명당 책임비서를 맡은 이동구는 1924년과 1925년 형평사 중앙집행위원을 역임했고, 재판정에서 이동구의 권유로 참여했다고 인정한[114] 오성환도 형평사 총본부 중앙집행위원이었으며, 유공삼도 1926년 전국대회에서 중앙집행위원으로 선출된 활동가였다. 이들 셋은 모두 1심과 2심에서 유죄 판결을 받아 이동구는 5년, 오성환은 3년, 유공삼은 2년을 복역했다.[115] 그리고 혐의 사실을 부인하며 1심에서 무죄 선고를 받아 1년 4개월 만에 풀려난 장지필과 조귀용, 2심에서 무죄 선고로 1년 10개월 만에 풀려난 서광훈도 총본부 상무집행위원을 맡은 핵심 활동가들이었다.

일제는 공산주의 운동을 했다고 주장했지만, 참여자 배경이나 활동 내용을 보면, 고려혁명당은 제국주의나 자본주의에 대항하여 민족해방과 신사회 건설을 목표로 한 단체였다. 곧, 3.1운동 이후 국내외에서 민족 독립을 목표로 활동하는 세력의 연합체였다. 이처럼 형평사에 민족주의 성향이 퍼져있었다.

고려혁명당 사건 이후에도 형평운동과 다른 사회운동과의 협력과 연대 활동은 활발했다. 또 하나의 대표적인 사례는 민족단일당 신간회와의 협력과 상호 지지였다. 1928년 4월 형평사 전국대회에서 신간회의 백기만과 권태휘가 내빈 축사를 했고, 1929년 4월 형평사 제7회 전국대회에서 신간

---

114) 『조선일보』, 1928년 3월 11일; 『동아일보』, 1928년 3월 11일.

115) 김중섭, 위의 글(1994), 253쪽.

회 본부 박한경이 내빈 축사를 하다가 불온하다는 이유로 중지당하기도 했다.[116] 그리고 신간회 순천지회와 구마산지회가 축전을,[117] 적어도 18개 이상의 지회가 축문을 보내왔다.[118] 1929년 11월 신간회 중앙집행위원회에서 형평운동 지지를 공식 결의했고,[119] 많은 지역의 신간회 지부가 중앙 본부의 방침에 따라 형평사 지지를 밝혔다.

한편, 형평사도 1928년과 1929년 전국대회에서 신간회 지지를 결의했다. 그리고 형평사 대표 박평산이 1930년 6월 신간회 경성지회 창립 3주년 기념식에서 축사를 하다가 불온하다는 이유로 경찰의 중지 명령을 받기도 했다.[120] 이와 같이 형평사는 민족주의 계열과 사회주의 계열의 단체가 연합 결성한 신간회와 전국 차원뿐만 아니라 지역 차원에서 활발하게 협력했다.

이 밖에도 형평사는 여러 사회단체와 활발하게 협력했다. 그러한 사회적 연대 활동이 가장 활발한 시기는 1928년 즈음이었다. 1928년 4월 24일부터 26일까지 3일간 열린 전국대회의 핵심 안건은 차별 사건의 인권 문제

116) 京鍾警高秘(1929. 4. 25),「朝鮮衡平社第7會定期大會ノ件」,『昭和4年 思想問題ニ關スル調査書類』II,『사료집』, 304-305쪽. 그 밖에 출판노동 김섬, 신지회, 고헌식, 서울청년회 심치택, 고학당 졸업생 최봉환 등이 내빈 축사를 했고, 고헌식과 박한경은 축사 중에 불온하다고 이유로 경찰의 중지를 받았다.

117) 京鍾警高秘(1929. 4. 25), 위의 문건,『사료집』, 308쪽. 27통의 축전 중에는 순천자유노동연맹, 순천농민조합, 고성하리소작조합, 제주청년동맹, 양양청년동맹, 양양농민조합, 경성소년연맹, 평양노동총동맹랑강연맹, 구마산근우회지회 등의 사회단체 축전이 있다.

118) 위의 문건, 308-310쪽. 150통의 축문이 왔다. 그 가운데 신간회 본부와 오사카, 경서(京西), 상주, 영주, 봉화, 대구, 밀양, 울산, 정읍, 순창, 구례, 남원, 당진, 홍성, 안주, 선천, 성진, 강릉 등 적어도 18곳 이상의 신간회 지회에서 축문을 보내왔다. 신간회 자매단체인 근우회도 경성, 서산, 목포, 강릉 등지의 지회에서 보내왔고, 청년, 노동, 농민, 소년 등의 단체와 시천교, 천도교 등에서 보내왔다.

119) 『조선일보』, 1929년 11월 23일; 『동아일보』, 1929년 11월 23일, 26일; 『중외일보』, 1929년 11월 23일.

120) 京鍾警高秘 제8815호(1930. 6. 10),「集会取締状況報告(通報)」.

와 다른 사회운동단체와의 협력 활동이었다.[121] 특히, '일반 사회문제'라는
항목으로 다음과 같은 안건이 상정되었다.

A. 단일협동전선, 당 적극 지지 건.
B. 노농농민운동과의 유기적 연락 건.
C. 제반 봉건사상 지지 기관 적극적 반대 건.

그 밖에도 전국대회의 여러 모습에서 다른 사회단체와의 연대가 확인
된다. 신간회의 백기만과 권태휘가 내빈 축사를 했고, 혁우(革友)청년동맹,
전북 익산군 황등청년회, 경용(京龍)합동노동조합, 조선노동총동맹, 조선농
민총동맹 등이 축문을,[122] 화순청년동맹 춘양지부와 서울청년회가 "무산
대중의 전 세계적 대동단결"을 주장하는 축사를 보내왔다.[123] 이러한 사회
적 연대 분위기에 따라 경찰의 감시는 더욱 삼엄해졌다. 첫날 도착한 축전
12개, 축문 29통 중 13통과 대회 2일째 축문 2통이 불온하다는 이유로 경찰
에 압수되었다.

사회적 연대 분위기는 지역 집회에도 나타났다. 1928년 8월 12일 열린
형평사 충남대회는 일반 사회문제를 논의하며 "아등은 일반 사회단체와 공
동 제휴하야 합리적 사회 건설을 기함"이라는 총본부 강령대로 실행할 것
을 만장일치로 결의했다.[124]

---

121) 京鍾警高秘(1928. 4. 30), 「朝鮮衡平社第6會全鮮大會狀況報告通報」, 『昭和3年 思想問題二關
スル調査書類』 I, 『사료집』, 234-256쪽.

122) 京鍾警高秘(1928. 4. 30), 위의 문건, 『사료집』, 249쪽.

123) 京鍾警高秘(1928. 4. 30), 위의 문건, 『사료집』, 252쪽.

124) 京鍾警高秘(1928. 8. 6), 「朝鮮衡平社印刷文二關スル件」, 『昭和3年 思想問題二關スル調査書
類』 I, 『사료집』, 262쪽.

이와 같이 다른 사회운동 단체와의 협력과 연대가 형평운동 전반에 확산하면서 사회주의 영향이 두드러지게 나타났다. 앞서 언급한 북성회 기관지 칼럼과 같이, 형평사는 창립 때부터 사회주의 세력의 연대 대상이었다. 그러한 조짐은 다른 사회운동 단체와의 협력이 활발해지면서 더욱 두드러지게 나타났다. 특히, 1925년경부터 형평청년회, 형평학우회 같은 하위 조직에서 활발하게 활동한 젊은 활동가들이 사회운동권에 확산된 사회주의 이념에 호의적이었다. 게다가 그러한 진보적인 젊은 형평운동 활동가들이 고려혁명당 사건으로 투옥된 지도자들의 자리를 메꾸면서 사회주의 이념이 더욱 빠르게 확산했다.

형평사 내의 사회주의 확산은 1920년대 후반기 형평운동 진로에 커다란 영향을 미쳤다. 그것은 지도 세력 사이의 이념적 긴장과 갈등으로 나타났다. 곧, 형평사 창립 때부터 형평운동을 이끌어온 노장층과 진보적인 입장에서 열성적으로 활동하는 소장층의 대립이 드러났다. 온건한 정책을 지향하는 노장층의 핵심 인물은 장지필, 김삼봉, 조귀용 등이었다. 진보적인 소장층은 고려혁명당 사건으로 감옥에 갔던 비백정 출신인 서광훈을 비롯하여 박평산, 길한동, 이선동, 이종순, 이준호, 심상욱 등이 주축이었다. 노장층과 소장층은 활동 방향을 둘러싸고 입장 차이를 보였다. 예컨대, 노장층이 계획한 산업주식회사 설립에 대해 사회주의 영향을 받은 소장층은 무산 사원을 착취하는 기관이라고 반대했다. 이와 같은 형평사 본부 내홍에 관해 일제 경찰은 구간부파(구파)와 신간부파(신파)의 대립으로 보았다.[125] 그러면서도 소장층에 속한 이동환은 서광훈의 주장에 반대하며 개별적으로 다소 다른 입장을 갖고 있다고 파악했다.

---

125) 京鍾警高秘(1929. 8. 15),「衡平社本部內訌ニ關スル件」,『昭和4年 思想問題ニ關スル調査書類』III,『사료집』, 343쪽.

1929년에 드러난 지도부의 내홍은 1930년 4월 제8회 정기 전국대회에서 다시 첨예하게 표출되었다. 특히, 장지필의 중앙집행위원장 선출을 둘러싸고 충돌했다.[126] 대다수 대의원은 온건한 입장의 노장층 지도자들을 지지했지만, 다른 사회운동 단체와 긴밀한 협력 관계를 유지하는 진보적인 소장층 활동가들은 노장층 지도자들을 비판하는 입장이었다.

지도부 구성을 둘러싸고 대립했지만, 회의는 예전과 같이 진행되었다.[127] 회의 안건에는 인권 인식의 지평 확대, 사회적 연대를 둘러싼 대외적 관계, 일제의 감시 탄압 등의 쟁점이 뒤섞여 있었다. "인생권과 생활권을 획득하자. … 차별을 없애기 위한 기념전에"를 내건 슬로건을 통해 1928년 4월의 전국대회에서 등장한 '생활권' 개념을 전면에 내세우며 차별 철폐와 경제적 권익 등의 인권 증진 활동을 강조했다. 경찰이 축사를 2인으로 제한하여 근우회 본부 김정원과 강계청년동맹 이송규만 축사를 했다. 전국에서 온 119통의 축전과 축문 가운데 축전 8통, 축문 27통이 불온하다는 이유로 경찰에 압수당했다. 연착한 축전 축문 12통 가운데 4통도 압수당했다.

생활권에 관련된 "도살 세금 감하 운동"이 회의 안건에 상정되었다. 세계 경제공황으로 물가가 하락하는데, 소 한 마리에 매매세, 도살세, 판매영업세 등 3-4종의 도살 세금이 징수되고, 생우 1두에 원가 2할을 징수당하는 상황에서 생활권 보장을 위해 당국과 교섭하기로 하고 교섭위원으로 신현수, 장지필, 조귀용을 선임했다.

4월 25일 형평사 제7주년 기념식에서 이동환은 개식사를 하며 인권이 유린되던 옛일을 회고하며 형평운동의 의의를 강조했다. '그리고 낙동강농

---

126) 京鍾警高秘(1930. 4. 28), 「集會取締狀況報告(第7週年紀念)」, 『昭和5年 思想ニ關スル情報綴』 IV, 『사료집』, 416-419쪽; 『조선일보』, 1930년 4월 26일; 4월 27일.

127) 衡總第1號(1930. 4. 25), 형평사총본부, 「第8會 定期大會 記念式 執行委員會及常務執行委員會에 關한 顚末」, 『사료집』, 423-430쪽.

민조합, 조선청년총동맹, 장흥청년동맹 등 전국 사회단체에서 보내온 축문 25통 가운데 2통이 불온하다는 이유로 낭독이 금지되며 압수당했다. 1인으로 제한된 축사는 신간회 본부 김진국이 했다. 그는 "형평 인권해방을 위해 적극적으로 투쟁할 것"을 주장하다가 불온하다는 이유로 경찰의 중지를 당했다.

이와 같이 1930년 전국대회는 형평사의 인권 인식 확대와 다른 사회운동 단체와의 활발한 연대 모습을 보여주었다. 특히, 인생권과 생활권이라는 인권 인식의 확대는 형평운동의 취지를 반영했다. 온건 세력이나 진보 세력은 차별 철폐를 강조하는 인생권에 관해 입장 차이가 별로 없었지만, 생활권의 실행 방법에 관해서는 다른 입장을 보였다. 온건 세력은 생활권을 내세우며 전통 산업에서 누려온 형평사원의 기득권을 되찾으려는 활동을 추진한 반면, 진보 세력은 임금, 노동 시간 등 열악한 노동 환경을 개선하여 사람답게 생활하는 권리를 증진하고자 했다. 더 나아가 진보 세력은 형평사원들 사이의 계급 문제를 인식하여 '유산 사원의 무산 사원 착취'를 주장했다. 특히, 사원들 사이의 불평등과 착취 문제를 제기하며 도살장 노동자나 고리제품 생산자 같은 무산 사원의 조합 결성을 시도했다.

이와 같은 갈등과 대립을 벌이는 1930년의 지도부를 일제는 구파(노장층)와 신파(소장층), 그리고 중간파로 분류하여 파악했다.[128] 그러면서 1929년 상황보다 더 내홍이 깊고 복잡해진 것으로 보았다. 일제 경찰 보고에 따르면, 구파는 장지필과 길순오가 이끌며, '무식사원'[129]이 전부 가담하고 있었다. 일제 경찰은 구파가 형평운동 목적을 인권운동이라고 설정하고, 일반

---

128) 京鍾警高秘(1930. 5. 3), 「衡平社本部內ノ內訌ニ關スル件」, 『昭和5年 思想ニ關スル情報綴』 V, 『사료집』, 436~437쪽.

129) 일제는 형평사의 일반 사원을 '무식사원'으로 폄훼했다.

사회단체와 제휴하여 무산운동을 일으키면 지식이 낮은 무식한 지방사원들이 오류에 빠지게 된다고 인식하여 인권해방운동을 통해 무식사원의 교육을 향상하고자 했다고 보았다. 그러면서 구파는 청장년 간부들이 가볍게 행동하여 급진적 좌경분자들과 연결되어 있다고 보며 신파에 비판적인 입장이라고 파악했다.

반면, 신파는 이한용, 심상욱, 박평산, 길한동, 이종순으로, 사회주의자 이종률 등이 개입하고 있다고 보았다. 그들은 장지필이 우경화되어 전횡적 행동을 한다고 보고, 일반 사회단체와 제휴하여 무산대중운동을 일으키며 급진적으로 전환하여 형평운동을 달성하기 위한 공동 전선을 펴야 한다는 입장으로 파악했다. 그리고 중간파는 오성환, 서광훈, 이동환, 김종택 등으로, 구파의 주장이 적법하고 합리적이기 때문에 구파에 찬성하는 입장이었지만, 신파를 배척하면 형평운동이 활기를 잃어 침체되기 때문에 쌍방이 양보점을 찾아야 한다고 보았다.

일제 경찰은 지도부 갈등이 이한용, 박평산을 비롯한 사회주의 경향의 신파 청년들이 장지필, 조귀용 등 구파를 배척하여 생긴 것으로 보았다.[130] 임윤재, 서팔(徐叭) 등이 3년 전에 장지필을 우경화된 세력이라고 배척하면서 그러한 대립이 일어났으며, 신파는 사회주의자 이종률 등의 지원을 받는다고 했다. 이와 같이 일제 경찰은 신·구파 지도부 갈등의 배후에 사회주의 활동가들의 지원이 있다고 보았다.

형평사 지도부는 기본적으로 여러 지역 출신의 다양한 집단으로 구성되어 있기 때문에 창립 초기 진주파와 서울파의 파벌 대립 같은 갈등이 빈번하게 일어났어도 협력과 타협을 통해 형평운동을 이끌어 왔다. 그런데

---

130) 京鍾警高秘(1930. 4. 28), 「衡平社(第8會)全鮮大會狀況報告」, 『昭和5年 思想問題ニ關スル情報綴』 IV, 『사료집』, 378-382쪽.

1920년대 말, 1930년대 초에 형평사 지도부 갈등은 형평운동의 활동 방향과 생활권에 대한 인식 차이, 다른 사회운동 단체와의 협력과 연대를 둘러싸고 더욱 두드러지게 표출되었다. 그와 같은 상황에서 여러 요소가 복합적으로 작용하며 형평운동은 더욱 역동적으로 전개되었다. 그러한 복잡한 양상은 1930년 전국대회 직후 4월 28일에 열린 중앙 집행위원회의 다음 안건에 반영되었다.[131]

1. 천시차별 적극적 철폐의 건.

1. 형평 데이: 형평운동 선전 기념일을 정하여 형평 데이로 함(신파 박호군, 이한용 등의 제안).

1. 구산업별 조합 조직: 공주지부 제안 제출 의안, 생활보장부에 일임.

1. 도살세금 감하 운동의 건: 경무국에 교섭위원 조귀용, 장지필, 신현수 선정.

1. 부서 분담 … 생활보장부장 오성환, 부원 길만학.

여러 안건을 논의한 중앙집행위원회에 이어 열린 상무집행위원회는 "천시차별 적극적 철폐의 건"을 중점적으로 논의하며 차별 사건 전말의 상세한 조사와 전국적인 총동원을 통한 항쟁을 결의했다.[132] 이와 같이 형평사는 전국대회, 총본부의 중앙집행위원회와 상무집행위원회 등 여러 차원의 회의체를 통해 차별 철폐, 생활 여건 개선 등 현안 문제 해결을 도모했다. 그러나 1930년대 전반기 안팎 환경의 변화 속에서 형평사의 활동 여건

---

131) 京鍾警高秘(1930. 4. 28),「集會取締狀況報告(中央執行委員會)」,『昭和5年 思想ニ關スル情報綴』IV,『사료집』, 420쪽.

132) 京鍾警高秘(1930. 4. 30),「集會取締狀況報告(常務執行委員會)」,『昭和5年 思想ニ關スル情報綴』V,『사료집』, 421쪽.

은 점점 악화되었다.

4. 형평사의 쇠퇴와 활동 성격 변질

1) 형평운동의 침체와 인권 활동 퇴보

1920년대 말까지 형평운동의 인권 활동과 사회적 연대 기조는 유지되었지만, 1930년 전국대회를 정점으로 형평운동은 급속도로 침체되었다. 그러한 변화 조짐은 1920년대 말부터 나타나기 시작했다. 특히, 세계 대공황의 영향으로 형평사원들의 경제 상황이 빠르게 나빠지면서 활동을 중단하는 사원들이 급증했고, 실제 활동하지 않는 지부가 점점 늘어났다. 1929년 1월 형평사 총본부가 각 지부에 통지문을 보내 재정 곤란을 강조하며 유지금 납부를 요청할 정도였다.[133] 2월 중앙집행위원회에서는 회관 매입 때 빌린 부채의 미해결 문제를 밝히면서 4월 전국대회 이전까지 각 지부 부담금의 적극적인 징수를 결의했다.[134]

이러한 노력에도 불구하고 총본부의 재정 문제는 해결되지 않고, 오히려 계속 악화되었다. 1930년 12월 중앙집행위원회는 최대 현안 과제인 재정 문제 해결을 위해 다음과 같은 안건을 논의했다.[135]

---

133) 衡總○○號(1928. 12. 30), 朝鮮衡平社總本部, 「月損金督促ノ件」, 『사료집』, 290쪽.

134) 京鍾警高秘(1929. 2. 27), 「朝鮮衡平社中央執行委員會開催ニ關スル件」, 『昭和4年 思想問題ニ 關スル調査書類』, 『사료집』, 294-295쪽.

135) 京鍾警高秘(1930. 12. 11), 「集會取締狀況報告(中央執行委員會)」, 『昭和5年 思想ニ關スル書 類 副本』, 『사료집』, 448쪽.

1. 침체 지부에 관한 건: 격려문 발송, 부진한 경우 폐지를 명하기로
   결의.
1. 본부 재정 문제.
1. 생활보장부 사업에 관한 건: 우피 수출 방법을 연구하여 배포.

　활동 침체에 따른 총본부의 재정 문제는 형평운동의 퇴조를 가속화시
켰다. 총본부는 형평사원들의 열악한 경제 상황을 개선하기 위해 전통 산업
의 활성화 방안을 모색했다. 그 과정에서 온건한 노장층과 진보적인 소장층
의 갈등이 더 드러났다. 온건 세력은 전통 산업의 경제적 권익을 증진하기
위해 형평산업주식회사 설립, 식육조합 결성 등을 모색했는데, 계급해방의
사회 변혁을 지향하는 진보 세력은 이에 반대하는 입장이었다. 심지어 그들
은 집회 장소에 무산 사원에 대한 유산 사원의 착취를 규탄하는 슬로건을
내걸었다.[136] 이와 같은 입장 차이는 형평운동 방향에 대한 인식에도 반영
되었다. 아울러 사회적 연대에 대한 접근 방식도 달랐다. 단적인 사례가 다
음 절에서 살펴볼 해소론을 둘러싼 갈등이었다.
　이와 같이 경제적 침체, 온건 세력과 진보 세력의 내홍 등 여러 요인이
복합적으로 작용하며 형평운동은 1930년대 전반기에 빠르게 침체되었다.
그것은 1931년 형평사 지부 활동 상황을 파악한 일제 자료인 〈표 5〉에서도
엿볼 수 있다.[137]
　형평운동이 침체되면서 인권 활동도 점차 퇴보했다. 예전에 강조하
던 인생권이나 생활권 같은 개념은 더 이상 등장하지 않았다. 1931년 10월

---

136) 李양코(이동환), 「衡平社 慶南道支部 聯合會를 보고」, 『批判』 15(3·4), 1931, 73쪽.
137) 京鍾警高秘(1931. 4. 27), 「集會取締狀況報告(第9回大會)」, 『昭和6年 思想ニ關スル情報 副
　　本』, 『사료집』, 473-474쪽.

<표 5> 형평사 지부의 활동 상황(1931)

행정구역	총 지부 수	활동 지부 수	침체 지부 수	비고
경기도	16개소	10개소	6개소	
강원도	26개소	16개소	10개소	
전라북도	25개소	13개소	12개소	
전라남도	29개소	4개소	25개소	
충청북도	16개소	11개소	5개소	
충청남도	32개소	26개소	6개소	
경상북도	36개소	7개소	29개소	
경상남도	33개소	25개소	8개소	
황해도	10개소	1개소	9개소	
평안남도	2개소			평양, 성천
평안북도	1개소			박천
함경남도	5개소			고산, 고원, 함흥, 덕원, 순령
합계	231개소	113개소	118개소	

* 참고: 평남, 평북, 함남의 8개소는 설치 후 약간 활동했을 뿐 최근에는 침체 상황임.

30일 열린 임시 전국대회와 직후의 중앙집행위원회에서 "형평운동 금후 방침", "인습적 편견의 차별 철폐의 건"이 안건으로 상정되었지만, 논의의 효과나 영향력은 찾아볼 수 없었다.[138] 그리고 앞서 〈그림 2〉에서 보았듯이, 차별 사건 보고 건수의 급격한 감소도 인권 활동의 퇴조를 반영했다.

---

138) 京鍾警高秘(1931. 10. 31), 「集會取締狀況報告(臨時大會)」, 『昭和6年 思想ニ關スル情報』, 『사료집』, 505쪽; 京鍾警高秘(1931. 11. 2), 「集會取締狀況報告(中央執行委員會)」, 『昭和6年 思想ニ關スル情報』, 『사료집』, 508쪽.

2) 사회적 연대의 와해

1930년대 전반기 형평운동의 침체는 다른 사회운동과의 협력과 연대 활동에도 반영되었다. 1930년에는 1920년대의 대외 협력 기조가 그런대로 유지되는 모습이었다. 예컨대, 경상북도 기근 구제금 모집, 함경남도 갑산 화전민 방축 사건, 민족주의자 이승훈 사회장 반대운동 등 사회적 현안 쟁점에 형평사는 다른 사회단체들과 보조를 맞추었다.[139] 그러한 양상은 4월의 정기 전국대회에도 나타났다.

전국대회가 열린 서울 천도교 강당에는 "오등은 일반 사회단체와 공동 제휴하여 합리적 사회 건설을 기한다."라는 강령이 게시되었다.[140] 신간회, 근우회를 비롯한 노동, 청년, 여성, 소년, 천도교 등 여러 사회단체의 축전 9통과 축문 90통이 답지했다. 그 가운데 37개가 불온하다는 이유로 경찰에 압수당했다.[141] 축문 내용은 대개 사회운동권 분위기를 반영하여 자유, 평

---

139) 憲兵司令部,「朝鮮に於ける衡平運動」,『思想彙報』16, 1930,『사료집·속』, no. 12, 73쪽.

140) 京鍾警高秘(1930. 4. 28),「衡平社(第8回)全鮮大會狀況報告」,『昭和5年 思想ニ關スル情報綴』,『사료집』, 382쪽.

141) 京鍾警高秘(1930. 4. 28), 위의 자료,『사료집』, 384-386쪽. 경성, 경서(京西), 함흥, 함북 부령 부암면, 문천, 수원, 홍성, 대구, 안동, 칠곡, 부산, 울산, 상례 등 많은 신간회 지회가 축문을 보내왔다. 신의회, 경성, 대구, 경동(京東), 광주(압수) 등 5개의 근우회 지회가 보내왔고, 경성양복기공조합, 조선노동총동맹, 신우회본부, 상례(相禮)청년동맹, 용인청년회, 문천농민동맹, 고원소작인조합, 고원청년동맹, 수원노동조합, 수원소년동맹, 수원청년동맹, 프로예술동맹 수원지부, 예산지부 내 여성친목회, 청년동맹 수원지회, 수진농민조합, 광천청년회, 광천노동조합, 안동청년동맹 임하지부, 풍산농우회, 천도교당 연합회, 천도교혁신청년동맹, 천도교회연합회, 조선농민총동맹, 경성염세(染洗)노동조합, 조선청년총동맹 장흥청년동맹, 조선학생과학연구회, 홍제소년군본부, 조선청년총동맹, 충북 영동청년동맹, 평양재봉직공조합, 조선청년동맹 회령청년동맹 등이고, 압수당한 곳은 중앙청년동맹, 조선청년총동맹 부산청년동맹, 조선소년군 제63호대, 중앙청년동맹 동구지부, 조선농총 평양연맹, 평양노동대회, 함열청년회, 조선청년 총동맹 광주청년동맹, 조선청총 평양청년동맹, 조선청총 보성청년동맹, 조선청총 전남도연맹, 근우회 광주지회, 신흥농민조합, 평양대동 내 노동조합, 수평사 대판니시나리(西成)지구, 대판(오사카)피혁노동조합 양화공부, 부산합동노동조합, 도요하시(豊橋)합동노동조합, 낙동강

등, 인권 등을 강조했다.[142] 보기를 들어, 형평사 순창지부는 "자유와 평등을 근본적으로 하는 사회 실현을 바란다."라고 했고,[143] 일본의 도요하시(豊橋) 합동노동조합은 다음과 같이 사회 전반의 개혁을 주장했다.

"부패계급의 추악한 구사상과 구제도에 의한 인도 정의를 무시하고, 인권을 유린하고, 자유를 침략하고, 모욕적 차별을 벌이는 반동계급을 철저하게 타도하고, 자본주의를 근본적으로 타파하고, 권위의 불합리를 제거하고, 자유 평등의 신사회를 건설하기 위해 투쟁하고 약진할 것을 확신한다. 인권 차별 절대 반대! 전국 백정 계급해방 만세! 전 무산계급 해방! 반동 총독 정치 타도 만세!"[144]

그런데 1931년 4월의 전국대회는 1930년의 분위기와 달리 크게 위축된 모습이었다. 참석자는 형평사원 121명(남), 방청 남 50명, 여 7명에 불과했고,[145] 축전 6통, 축문 70통이 왔다. 이튿날 참석자가 3명 늘고, 축전 9통, 축문 7통이 더 왔지만, 1930년 전국대회와 비교할 수 없을 정도로 참석자나 축전, 축문 수가 크게 줄었다. 게다가 경찰의 삼엄한 감시 아래 첫날 축문 5통, 둘째 날 2통이 불온하다는 이유로 압수되었다.

1931년 최대 쟁점이었던 해소론 논쟁을 둘러싼 대립이 전국대회에서

농민조합, 대판피혁노동조합, 효고현 가와니시(川西)피혁노동조합 등 노동조합, 농민, 청년, 수평사 단체가 축문을 보내왔다.

142) 京鍾警高秘(1930. 4. 28), 위의 자료, 『사료집』, 388-389쪽.

143) 위의 자료, 『사료집』, 388쪽.

144) 위의 자료, 『사료집』, 393쪽.

145) 京鍾警高秘(1931. 4. 27), 「集會取締狀況報告(第9回)」, 『昭和6年 思想ニ關スル情報 副本』, 『사료집』, 465쪽.

도 나타날 것으로 예상되었다.[146] 해소론 대립에는 노장층과 소장층의 갈등이 반영되어 있었다. 진보적인 소장층 활동가들은 다른 사회운동 단체와 연대하여 코민테른의 공산주의운동 전략인 해소론을 지지했다. 그들은 형평사를 해소(解體)하고 지역이나 산업별 노동조합에 합류해야 한다고 주장했다. 반면, 노장층 활동가들은 고유한 성격을 갖고 있는 형평사 해소는 시기상조라며 반대 입장을 표명했다.

형평사는 이미 해소론을 경험한 바 있었다. 1928년 사회주의 영향을 받은 형평사 청년 활동가들의 해소 주장으로 형평청년총동맹이 해체되었다. "형평 청년의 사회적 의식을 완전히 관철시켜 무산대중의 최대 이익을 목표로서 형평 청년을 지도한다."는 형평청년총동맹의 창립 취지[147]가 충분히 달성되지 않았지만, 이 단체가 해체되면서 형평운동에 활력을 불러일으키던 젊은 활동가들은 구심점을 잃게 된 경험이 있었다.

1931년의 형평사 해소안은 수원지부와 양양지부의 제안으로 전국대회에 상정되었다. 이한용, 심상욱, 길한동, 박호군, 편귀남, 이명록, 김정원 등 소장층 활동가들이 이종률, 정경열, 안균, 김혁 같은 비사원 사회운동가들과 협의하여 형평운동을 무산운동으로 전환하려는 의도 아래 제안한 것이다. 그러나 장지필을 비롯한 노장층의 반대로 해소안은 부결되었다. 그리고 소장층의 해소론 주장과 같은 맥락에서 형평사의 상공업적 전환 반대에 관한 건이 상정되었지만,[148] 역시 채택되지 않았다. 압도적 세력을 형성하고 있는 노장층이 반대했던 것이다.

---

146) 해소론에 관해서는 김중섭, 위의 글(1994); 김중섭, 위의 글(2015); 고숙화, 위의 글(2008) 참조할 것.

147) 형평청년총동맹의 주지, 목적, 임원에 관해서는 京畿道警察部, 「衡平運動團體」, 『治安槪況』, 1928, 『사료집·속』, no. 10, 64쪽 참조할 것.

148) 京鍾警高秘(1931. 4. 27), 위의 문건, 『사료집』, 470쪽.

결국, 1931년 해체된 단일민족당 신간회의 경우와 달리, 형평사는 존속되었다. 그러나 해소론을 둘러싼 갈등과 해소론 부결을 겪으면서 형평사와 다른 사회단체와의 연대는 급속도로 와해되었다.

게다가 1933년 일제의 조작 사건인 '형평청년전위동맹 사건'으로 대외적 연대를 이끌어가던 형평사 내의 진보 세력이 크게 위축되었다.[149] 이 사건으로 경찰에 구금되어 조사를 받은 전국의 100여 명 활동가들은 대부분 각 지역에서 열성적으로 활동하는 진보적인 젊은 사원들이었다. 결국 경찰의 감시 대상이 된 그들은 더 이상 형평사 활동을 지속하기 어려웠다.

최종적으로 51명이 불구속으로 검찰에 넘겨졌고, 그 가운데 18명은 불기소 처분으로, 33명은 기소유예 처분으로 풀려났지만, 구속된 14명은 재판에 회부되었다. 기소된 피의자들은 1936년 3월에 끝난 1심과 11월에 끝난 복심(2심)에서 다른 사건으로 유죄를 받은 이종률을 제외한 전원이 무죄 판결을 받았다.

'형평청년전위동맹 사건'에 연루된 소장층 활동가들이 활동할 수 없게 되면서 형평사와 다른 사회운동 단체와의 연대 고리도 사라지게 되었다. 이와 같이 지부 활동이 침체되고, 사원 참여가 줄어들고, 재정적 어려움이 심해지고, 진보적 젊은 활동가들이 활동하지 못하는 복합적인 상황에서 형평운동은 급속도로 침체되었고 인권운동 성격도 사라져갔다. 이런 상황을 간파한 일제는 형평사가 자연히 해체의 길로 갈 것이라고 예상했다.[150]

결국 집단 이익을 강조하는 세력이 형평사의 주도권을 장악하면서 인권운동을 애써 벌이려고 하지 않고, 전통 산업에서 누리던 형평사원들의 기

---

149) 김중섭, 위의 글(1994), 279-285쪽; 고숙화, 위의 글(2008).

150) 京鍾警高秘(1931. 10. 8),「衡平社本部ノ動靜ノ件)」,『昭和6年 思想ニ關スル情報綴』II,『사료집』, 497쪽.

득권을 되찾으려는 활동에 치중했다. 1935년 4월 형평사는 '대동사'로 개칭된 이후 피혁산업 등 경제적 이익을 추구하는 이익집단으로 변질되어갔다. 일제가 중일전쟁, 제2차 세계대전으로 치달아가는 소용돌이에서 일제 부역집단으로 전락한 대동사는 1940년 즈음 더 이상 활동하지 않고 해체된 것으로 추정된다.

5. 맺음말

지금까지 살펴본 바와 같이, 형평사는 창립 초기부터 차별 철폐를 내세우며 자유와 평등에 기초한 '참사람'이 되기 위한 활동을 벌였다. 인권 회복과 증진이라는 창립 목표는 형평운동의 핵심 과제이자 활동 지표였다. 그러한 인권운동 성격은 1926년 채택한 형평사 선언과 강령을 통해 거듭 확인되었다. 곧, 형평사 목적이 천부불가침의 자유에 근거한 인권 회복이라고 선언하고, 경제적 조건에 기초한 인권 해방의 사명을 제시하면서 다른 사회운동 단체와의 협력과 연대를 통해 합리적 사회를 건설한다는 목표와 방안을 밝혔다. 1920년대 후반기에 형평사의 인권 인식은 더욱 확장되어 인생권과 생활권이라는 구체적인 개념을 제시했다. 이러한 인권 활동은 1930년 전국대회에서 "인생권과 생활권을 획득하자"는 슬로건을 내걸 정도로 활성화되었다.

인권 인식의 확대와 함께 형평운동의 전개 과정에 중요하게 작용한 또 하나의 요소는 다른 사회운동 단체와의 협력과 연대 활동이었다. 창립 초기에는 개인적·지역적 차원에서 이루어지던 대외적 협력과 연대가 파벌 대립과 통합 과정을 거쳐 전국적인 사회운동 조직으로 발전하면서 더욱 활발해졌고, 그 결과 형평운동은 사회운동권의 일익을 담당하는 위상을 갖게 되었다. 이와 같은 사회적 연대는 1920년대 후반기 인권 인식의 확장과 함께 '경제적 조건에 기초한 인권 해방', '인생권과 생활권의 획득', '일반 사회단체와 공동 제휴한 합리적 사회 건설' 등을 주창하는 데 작용했다.

이러한 변화와 함께 형성된 진보적인 젊은 활동가 집단은 형평사 창립 이후 활동을 주도해온 온건한 노장층과 이념적 대립을 벌이며 활동 방향을 둘러싼 갈등을 빚었다. 이러한 갈등은 공산주의 세력이 제안한 해소론을 둘러싸고 더욱 심해졌다. 그러나 형평사는 신간회와 달리, 형평사원 다수의 반대로 해체되지 않았다. 그 후 일제가 조작한 '형평청년전위동맹' 사건을 겪으면서 진보적인 소장층 활동가들이 더 이상 활동하지 못하게 되어 다른 사회운동과의 협력과 연대도 빠르게 위축되었다. 1920년대 말, 1930년대 초에 세계 경제공황, 형평사 지부의 활동 침체, 일제의 탄압, 지도부의 보수화 등을 겪으면서 형평운동은 인권운동의 성격을 잃어버렸고, 결국 1935년 대동사로 개칭하며 이익집단으로 전락했다.

이와 같이 일제 강점 상황에서 인권 실행과 함께 다른 사회운동 단체와의 협력과 연대는 형평운동의 역동적인 전개에 영향을 미쳤다. 특히, 인권 인식이 공고화되고 인권 지평을 확대하고 사회운동권과의 연대 활동을 활성화하면서 형평운동은 역동적인 변화를 겪었다. 요컨대, 인권 인식과 사회적 연대는 형평운동의 역동적 전개에 밀접하게 작용한 주요 요소였다.

7장
형평사 창립과 진주 지역 형평운동

1. 머리글

2023년 형평사 창립 100주년을 맞이하여 형평운동에 대한 관심이 더욱 널리 확산되었다. 조선의 신분제 사회에서 최하층 신분 집단으로 온갖 차별과 억압을 당해온 백정의 차별을 철폐하고 평등 대우를 실현하고자 한 형평사 활동은 인권의 중요성을 강조하는 오늘날에 특별히 더 의미 깊은 역사로 평가되기 때문이라고 생각된다.

널리 알려진 바와 같이, 형평사는 1923년 4월 한반도 최남단 도읍인 경남 진주에서 창립되었다. 창립된 지 1년도 되지 않아 지도부가 분열되어 진주파와 서울파의 파벌 대립을 겪었고, 1924년 8월에 열린 통합대회에서 총본부의 서울 이전이 결정되어 형평운동의 중심지는 진주에서 서울로 옮겨갔다. 그런 탓으로 창립지 진주의 형평운동은 창립 시기를 제외한 대개의 활동이 충분히 논의되지 않았다.

형평운동 연구를 시작한 나의 첫 논문은 1988년 발표한 진주 지역의 형평운동 형성 과정에 관한 것이었다.[1] 그 뒤에도 나는 형평운동에 관해 여러 논문과 책을 꾸준히 발표했다.[2] 형평사의 창립 배경과 과정을 다시 정리하여 일제 침략기 진주 지역의 사회운동 역사를 다룬 저서의 한 부분에 포함했다.[3] 그렇지만 창립지 진주의 형평사 활동에 대한 논의가 충분히 이루어지지 않아서 아쉬웠다. 특히, 형평사 창립 시기의 활동과 지도부의 파벌 대립에 대해서는 어느 정도 논의되었지만, 창립 과정이나 창립 이후 활동에 대한 논의는 여전히 미흡한 상태다.

이 장에서는 창립 과정과 배경에 대한 여러 가지 설을 논의하면서 부정확하고 불충분한 점을 파악하여 형평사 창립 과정을 밝히고자 한다. 특히, 지역의 사회적 경험과 여건이 작용했다는 것을 살펴보고자 한다. 이러한 논의는 전국 최초의 백정 해방운동 단체인 형평사 창립이 진주 지역의 역사적 경험과 사회적 · 문화적 바탕에서 이루어졌다는 것을 확인하게 될 것이다.

그리고 이 장의 후반부에서는 파벌 대립 이후 총본부의 서울 이전 후에도 진주 지역의 형평운동이 역동적으로 전개되었다는 것을 논의할 것이다. 진주 형평사는 본사로서 창립 초기 형평운동 발전을 주도했을 뿐만 아니라 지역 형평사로서 지역 사원들의 권익을 위해 활동했다. 또한 파벌 대립의 앙금과 파장이 형평운동 전 기간에 걸쳐 간헐적으로 표출되면서 형평

1) 김중섭, 「1920년대 형평운동의 형성 과정: 진주 지역을 중심으로」, 『동방학지』(연세대학교 국학연구원) 59, 1988, 231-273쪽.

2) 초기 연구로 김중섭, 「일제 침략기 형평운동의 지도 세력: 그 성격과 변화」, 『東方學志』(연세대학교 국학연구원) 76, 1992, 103-134쪽; 「형평운동의 지향과 전략」, 형평운동70주년기념사업회 엮음, 『형평운동의 재인식』, 솔출판사, 1993, 103-136쪽; 종합적인 연구 저서로 『형평운동연구: 일제침략기 백정의 사회사』, 민영사, 1994; 『평등 사회를 향하여: 한국 형평사와 일본 수평사의 비교』, 지식산업사, 2015 등을 참조할 것.

3) 김중섭, 「신분 사회 해체와 형평운동」, 『사회운동의 시대: 일제 침략기 지역 공동체의 역사사회학』, 북코리아, 2012, 217-262쪽.

운동 발전에 방해가 되었다는 것을 살펴보며 진주 형평사 활동이 그러한 파벌 대립과 연계되어 있다는 데 주목하게 될 것이다. 이와 같은 진주 형평사에 대한 탐구는 지역 활동 사례로서 형평운동 전반의 역동적 전개를 이해하는 데 도움을 줄 것으로 기대된다.

2. 형평사의 창립 과정

형평운동 역사를 처음 들었을 때 첫 의문은 '왜 진주에서 시작되었을까?'였다. 그에 대한 탐구의 결실이 진주 지역 형평운동에 관한 몇 편의 글로 쓰여졌다.[4] 거기에서 다룬 형평사 창립 과정을 정리하면 다음과 같다.

1923년 4월 24일 진주청년회관에서 70여 명이 참석하여 형평사 기성회를 열었다. 다음 날 같은 장소에서 80여 명이 다시 모여 발기총회를 가지면서 형평사가 공식적으로 창립되었다. 임시의장 강상호의 사회로 진행된 발기총회에서 형평사 주지 채택, 규칙 통과, 임원 선출, 유지 방침 수립, 교육 기관 설치, 회관 설치, 지방 출장 선전, 발회식의 신문 광고 등의 안건을 결의했다. 그 가운데 전국에 형평사 취지를 선전하며 조직 확산을 위한 2개 조의 선전대 편성, 4월 29일부터 경남 각지 출장, 인쇄물 배포와 신문 광고, 5월 13일 발기 축하회 개최 같은 적극적이며 구체적인 홍보 전략을 세웠다. 그리고 이 집회에서 기부받은 600원의 동정금으로 임시회관을 설치하기로 했다. 발기총회는 이렇게 많은 안건을 논의한 뒤 밤 12시에 폐회되었다.

---

4) 김중섭, 위의 글(1988); 김중섭, 위의 글(2012); 김중섭, 「근대 사회로 이끈 3.1운동과 형평운동: 진주 지역을 중심으로」, 김명희 외, 『경남의 근현대사: 사건, 공간, 운동』, 경상국립대학교 출판부, 2023, 20-69쪽; 김중섭, 「형평사 창립 과정과 창립을 이끈 사람들」, 『문화고을 진주』(진주문화연구소) 17, 2024, 24-42쪽 참조할 것.

형평운동의 취지와 성격은 형평사 주지와 규칙에 잘 드러난다. "공평은 사회의 근본이요 애정은 인류의 본량이다."로 시작된 주지는 평등 사회의 보편적 가치를 인식하며 차별 관습 철폐와 공평한 사회를 지향한 창립 취지를 뚜렷하게 밝히고 있다.

19개 조의 사칙은 단체 목적, 사원 자격과 권리, 의무, 임원, 조직, 집회, 경비 등에 관한 사항을 규정하고 있다. 제2조에 본사 위치를 진주에 두고, 각 도에 지사, 군에 분사를 둔다고 규정하여 처음부터 전국 조직화 계획이 있음을 보여주었다. 제3조의 단체 목적은 "계급 타파, 모욕적 칭호 폐지, 교육 장려, 상호 친목"이라고 명시했고, 제4조에 "조선인은 누구라도 입사할 수 있다."고 규정하여 누구에게나 열려 있는 단체임을 밝혔다. 그리고 6개항의 세칙은 사원의 책무와 부조에 관한 사항을 규정하고 있다.

발기총회에서 진주 지역의 비백정 출신 사회단체 활동가들과 백정 출신 유력자들로 구성된 임원진을 선임했다. 임원진의 직책과 명단은 다음과 같다.

> 위원: 강상호, 신현수, 천석구, 장지필, 이학찬
> 간사: 하석금, 박호득
> 이사: 하윤조, 이봉기, 이두지, 하경숙, 최명오, 유소만, 유억만
> 재무: 정찬조
> 서기: 장지문

형평사 창립 소식을 가장 먼저 보도한 진주발 『조선일보』 기사는 형평사 창립 과정, 발기총회 결의 사항, 형평사 주지, 임원 명단을 싣고 있다.[5]

---

5) 『조선일보』, 1923년 4월 30일.

이와 같은 내용의 이 기사는 형평사 창립을 비교적 소상하게 기록한 역사적 자료가 되었다.

『조선일보』에 이어서 서울에서 발행되는 일본어 신문 『경성일보』[6]와 조선총독부 한국어 기관지 『매일신보』[7]가 형평사 창립 소식을 보도했다. 『경성일보』는 형평사 주지의 일본어 번역문, 임원 명단, 5월 13일의 창립 축하식 개최 계획 등을 실었고, 『매일신보』는 "위원 강상호 외 4인, 간사 하금석 외 1인, 이사 하윤조 외 7인"이라고 임원 명단을 간략하게 실었다. 흥미롭게도 이 세 신문은 모두 간사 하석금을 하금석이라고 잘못 썼다. 『조선일보』의 오식을 『경성일보』와 『매일신보』가 그대로 베낀 것으로 짐작된다.

그다음 주에 일본의 『오사카아사히신문』 조선판이 형평사 창립을 보도했다.[8] 이 기사는 고등보통학교 설립 부지 조성 사업에 부역을 나갔다가 차별을 겪은 백정이 일반인과 평등을 이루기 위해 형평사를 창립했다고 썼다.

형평사 창립 소식이 전국 각지에, 더 나아가 일본에까지 빠르게 전해지면서 형평사 지지 움직임이 곳곳에서 나타났다. 전북 이리의 동인회, 김제의 서광회 같이 일부 지역에서는 형평사를 본뜬 백정 해방운동 단체가 결성되었다. 일본에서도 재일 한국인을 중심으로 형평사를 지지하는 단체들이 생겼다. 재일 유학생 단체인 북성회 기관지 『척후대』는 지면 전체에 형평사 지지와 기대에 대한 글을 게재했다.[9]

형평사 창립 축하식이 계획대로 5월 13일 진주좌에서 열렸다.[10] 400여 명이 참석한 역사상 최대의 백정 공개 집회였다. 주로 경남 지역에서 왔지

---

6) 『京城日報』, 1923년 5월 1일.

7) 『매일신보』, 1923년 5월 2일.

8) 『大阪朝日新聞』, 1923년 5월 9일.

9) 『척후대』3(1923. 5. 15)

10) 『동아일보』, 1923년 5월 17일; 『조선일보』, 1923년 5월 19일.

만, 경북, 충남, 충북 등지에서 온 사람들도 있었다. 창립 축하식은 강상호의 개회사에 이어 신현수의 취지 설명, 정희찬의 축전 낭독 순서로 진행되었다. 이어서 이진우, 강달영, 강대창, 조우제, 가쓰다 이스케(勝田伊助) 등 진주 지역 사회단체 활동가들이 내빈 축사를 했고, 남홍(남해룡)이 "우리 민족의 계급관"이라는 연제로 강연을 했다. 그리고 각 지역 대표자들이 과거 소감을 나누는 교류 모임을 갖고 하오 5시경에 형평사 만세 삼창으로 축하식을 마쳤다. 그 뒤에도 참석자들은 여흥을 즐기다가 오후 6시 30분경에 해산했다.

다음 날 진주청년회관에서 임시의장 신현수의 사회로 각 지역 대표자 회의를 열고 임원진을 개편했다.[11] 위원으로 진주의 강상호·신현수·천석구·정희찬·장지필·이학찬, 부산의 이성순·조익선, 마산의 박유선·이상윤, 대구의 김경삼, 이사로 하경숙 외 23명, 지사장으로 조주선(경남 부산), 김경삼(경북 대구)·천명순(충남 논산)·강태원(충북 옥천)을 선임했다. 창립 당시 진주 사람들로 구성된 임원진에 부산, 마산, 대구 등 경상도의 백정 유지들이 가담한 것이다. 그리고 충남·충북·부산·대구 지사장을 선임하여 전국 조직의 면모를 갖추었다.

창립 축하식 이후 장지필, 신현수, 강상호, 이학찬 등 진주본사 임원들은 충청도, 전라도, 경상도 삼남 지방을 순회하며 형평사 창립 소식을 전하면서 지역 조직을 결성하고자 했다. 그들의 활동에 지역의 백정 후손들과 사회운동가들이 적극적으로 협력했다. 백정 후손들은 강한 동료 의식과 연대감을 갖고 형평운동에 적극 참여했다. 그리고 3.1운동 이후 각 지역에서 활발하게 일어난 사회단체 활동가들이 적극적으로 협조하여 형평운동 확산에 커다란 도움이 되었다. 그러면서 형평운동은 짧은 기간에 빠르게 전국

---

11) 『조선일보』, 1923년 5월 21일.

으로 확산했다. 일제 경찰 보고에 따르면, 1923년 1년 동안 결성된 형평사 조직은 본사 1개, 지사 12개, 분사 67개에 이르렀다.[12]

3. 형평사 창립 배경의 재검토

지금까지 형평사 창립 과정을 살펴보았지만, 창립 계기와 배경은 여전히 불분명한 점이 많다. 그동안 제기된 창립 과정에 대한 설은 크게 세 가지로 정리할 수 있다.

첫째, 비백정 출신 사회단체 활동가들이 백정을 설득하여 형평사를 창립했다는 '비백정 주도설'이다. 형평사 창립을 가장 먼저 보도한 진주발 『조선일보』 기사는 다음과 같이 썼다.[13]

이 계급의 아래에 처한 백정 사회에서는 반만년 장구한 사이에 얼마
나한 피의 눈물을 흘리였으리오. 이와 같이 생각한즉 동정의 눈물을 금
치 못하겠도다. 이것을 깨다른 진주의 강상호, 신현수, 천석구 삼씨가
어느날 그 촌락을 심방하고 계급타파의 시급함을 이야기한 바 혹은 붙
들고 통곡하며, 혹은 "우리의 전명은 바리엇스나 우리의 후손이나 문명
의 길에 나아가게 하야주시오."하며 혹은 우리의 가슴에 끌는 피가 엇
지 밤과 낮이나 이천년의 원한은 잊으리요 하며 한편으로는 환희하며
한편으로는 슬퍼하는 모양이 나타나더라.

---

12) 朝鮮總督府, 『朝鮮の群衆』, 1926, 183쪽.

13) 『조선일보』, 1923년 4월 30일, "진주에 형평사 발기, 계급 타파를 절규하는 백정 사회"(부분적
     으로 현대문으로 바꿈).

조선 시대에 피눈물을 흘리며 살아온 백정을 동정한 강상호, 신현수, 천석구 3인이 백정 마을에 가서 계급 타파의 시급함을 이야기하자 마을 사람들이 환호하며 반겼다고 했다. 심한 계급(신분) 차별을 겪고 있던 그들은 차별 철폐를 주장하는 형평사의 결성을 환영하면서 자신들은 버렸지만 후손만큼은 '문명의 길'로 나아가게 해달라고 호소했다. 요컨대, 형평사는 조선 사회에서 지속된 신분을 없애자는 비백정 활동가들의 설득과 차별 철폐에 대한 백정의 기대가 작용하여 창립되었다는 것이다.

비백정 출신 3인의 백정 마을 방문과 백정의 반응, 발기총회 결의 내용과 이후 계획 등 형평사 창립 소식을 소상하게 보도한 진주발 이 기사는 당시 『조선일보』 진주지국장인 신현수 자신이 썼거나 그가 제공한 정보에 토대를 두었을 것으로 짐작된다.

둘째는 자제 교육 차별에 불만을 가진 백정 이학찬이 비백정 활동가들에게 요청하여 형평사를 창립했다는 '이학찬 불만설'이다. 이 주장은 고등보통학교 부지 조성 작업에서의 차별 경험을 보도한 일본의 『오사카아사히신문』 기사[14]와 치안 상황을 기록한 일제 경찰 자료[15]에서 엿볼 수 있다. 일제 경찰 자료는 다음과 같이 기록했다.

경상남도 진주군 진주면 대안동에 백정 이학찬이란 자가 있다. 옛날과 달리 사민평등의 오늘날, 그는 자제 교육을 위해 공사립학교에 입학시키려고 했는데 거절당했다. 1922년 봄 진주 제3야학교에 100엔을 기부하고 입학을 시켰는데 교사의 냉혹한 처우, 학생들의 학대 등으로 중도 퇴학하고, 서울 모 사립학교에 입학을 시켰는데 백정이라는 것이 밝

14) 『大阪朝日新聞』, 1923년 5월 9일.
15) 朝鮮總督府警務局, 『大正十三年十二月 治安狀況』(1924)

혀지면서 퇴학을 당했다. 이런 사회에 불만을 갖고 있던 차에 이학찬은 1923년 1월 진주에서 사립 일신고등보통학교 설립이 추진되어 땅고르기 공사에 나와달라는 구장의 부탁을 받고 백정 70여 호와 함께 기쁜 마음으로 응했다. 그런데 학교 창립위원으로부터 백정 입학은 불가능하다는 얘기를 듣고 실망한 이학찬은 1923년 초부터 관서 지방에서 수평운동이 활발해져가는 것을 신문에서 보고 동지 수 명과 함께 보통민으로 진주의 보안법위반 전과자 강상호, 조선일보 진주지국장 신현수, 진주 화산상회 주인 천석구에게 고충을 호소하며 운동을 의뢰하자 전기 3인은 이에 호응하여 백정해방운동을 위한 형평사 창립에 착수했다.

요컨대, 자제 교육에 백정 차별을 많이 겪은 이학찬이 일신고보 부지 조성 작업 과정에 또 차별을 겪으면서 불만이 고조되었다. 그런 중에 일본의 수평운동 소식을 듣고 '보통민' 3인에게 호소하여 형평사를 창립했다는 것이다.

일제 치안 업무를 총괄하는 조선총독부 경무국은 사회운동을 감시한 연례보고서를 발간했다. 1924년의 치안 상황 보고서는 전국적인 사회운동으로 발전한 형평사 활동을 청년, 노동, 사상운동 등과 함께 기록했다. 그 가운데 진주경찰서의 정보 보고에 근거했을 것으로 짐작되는 형평사 창립 과정이 포함되어 있다.

이 보고서는 형평사 창립 과정뿐만 아니라 사무실을 진주 비봉동에 설치했고, "장지필은 1910년 이후 4년간 일본 메이지대학에 재학한 자로서 백정 해방운동에 뜻을 갖고 형평사 창립 소식을 듣고 스스로 와서 참가했다."고 기록했다. 그렇지만 진주 대안동 백정 정찬조 집에서 창립 총회를 개최했다거나, 위원 6인을 선임했다는 등 부정확한 내용도 있다.

이와 같이 교육 차별에 대한 이학찬의 불만, 수평운동의 자극, 비백정

3인의 협력을 통해 형평사가 창립되었다는 내용은 일제의 다른 문헌에 반복되어 언급되었다.[16] 그렇게 이학찬의 불만설이 널리 퍼지면서 통설로 굳어졌다.

셋째는 신현수의 제안에 백정 출신 강상호가 동의하여 형평사가 결성되었다는 '신현수 제안설'이다. 이 주장은 1958년 발행된 『경상남도지』에 처음 언급되었는데, 내용은 다음과 같다.[17]

신현수는 국권 회복의 민족 운동에 투신하여 기미 독립운동 때에는 전위대로서 역할을 했다. 그리고 민족 해방의 첩로는 민중의 계몽 국민 교육이 선결 문제라는 사회 풍조에 따라서 유치원과 보통학교 설립을 발기하고 자금 모금을 위해 백정 계급에 돈이 많다는 소문을 듣고 대표자인 강상호를 찾아가 쾌락을 받았다. 1922년 겨울이었다. 그 뒤 강씨와 친교가 깊어져서 학교 설립을 추진하던 중 진주 사람들 여럿이 다음해 3월에 전라북도 정읍의 보천교 본부를 방문하여 교사 건축 자금을 충당하려고 했으나 여의치 않았다. 귀로에 신과 강, 두 사람은 민족 광복을 위해 민족 계몽과 단합이 가장 필요하다는 것에 의견 일치를 보고 백정 계급의 해방이 선결책이라는 결론을 갖었다. 그리고 그 결사의 명칭으로 신씨가 일본의 동태를 알고 수평사가 활발한 것에 착안하여 형평사를 제안하니 강씨가 절대 찬동했다. 때는 1923년 3월 중순이었다. 그리고 강씨가 장지필을 추천하여 4월 15일 신현수, 강상호, 장지필 등

---

16) 朝鮮總督府警務局, 『最近における朝鮮の治安狀況: 昭和八年』, 1933(옮긴 글, 『1930년대 민족해방운동』) 거름, 1984, 13-122쪽; 慶尙北道警察部, 『高等警察要史』, 1934; 李磐松, 『朝鮮社會思想運動沿革略史』, 東京: 嚴南堂, 1934; 김정명, 『식민지시대 사회운동』, 한대희 엮어 옮김, 한울림, 1986; 坪江汕二(이반송의 일본 이름), 『朝鮮民族獨立運動秘史』, 1966 등 참조할 것.

17) 金龍基, 「衡平運動의 發展」, 『慶尙南道誌』 상권, 1959, 810-824쪽.

수 명은 형평운동의 준비 회합을 열고 취지 목적을 결정하고 결성대회를 4월 25일로 결정했다. 1923년 4월 25일은 형평사 결성의 역사적 대회일이었다. 이 대회에서 신현수를 정식 회장에, 강상호를 부회장에, 장지필을 총무에 각기 위원으로 선출했다.

필자 김용기는 글 말미에 "형평운동의 태(胎)는 신씨의 제의로 백정 출신인 강씨의 협조를 얻어서 1923년 3월 하순경에 결성했다는 것을 알 수 있다."고 결론을 맺었다. 그러면서 "이 사실은 재작년 강상호 생존시에 방문하여 그것을 질문했던 바 일치했고, 또 기타의 사실에 있어서도 별 차이가 없으므로 신씨 담화를 위주한 것이다."라고 출처를 밝혔다.

이것은 형평사 창립의 핵심 인물인 신현수의 증언이라는 점에서 주목받을 만하지만, 역사적 사실에 부합되지 않는 점이 많다는 문제점이 있다. 예컨대, 강상호가 돈 많은 백정이라거나, 신현수가 1922년 겨울에 강상호를 처음 만났다거나, 결성대회에서 회장 신현수 등이 임원으로 선출되었다는 것은 사실과 다르다.

강상호는 대안면장을 역임한 지주 강재순의 장남으로 백정 출신이 아니었다.[18] 이름난 사회운동가인 강상호와 신현수는 인구 1만 2천 명의 작은 도읍 진주의 보통학교 동문이었고, 3.1운동 이후 진주 지역의 여러 단체에서 함께 활동했다. 그러므로 둘이 1922년 겨울에 처음 만났다는 것은 사실이 아니다.

또 결성대회의 임원 구성이 『조선일보』 기사를 비롯한 언론 보도나 일제 관헌 자료와 다르다. 그 자료들은 모두 회장, 부회장, 총무 직제가 아니라 위원과 여러 직책의 이사 명단을 밝히고 있다. 그뿐만 아니라 신현수(1893-

---

18) 강상호의 이력에 관해서는 이 책 8장 참조할 것.

1961)가 회장인데, 그보다 여섯 살 많은 강상호(1887-1957)가 부회장으로, 열 살이나 많은 장지필(1883-1958)이 총무로 선출되었다는 것은 당시의 연령 서열 관행 측면에서도 신뢰하기 어렵다.

지금까지 형평사 창립 과정에 관한 세 가지 설을 살펴보면서 모두 검토되어야 할 부분이 적지 않다는 것을 확인했다. 우선, '비백정 주도설'의 경우, 비백정 출신인 '강상호, 신현수, 천석구'를 병렬로 기록하여 역할과 비중의 차이를 드러나지 않게 했다. 그리고 '이학찬 불만설'의 근거인 일제 경찰 자료도 "보통민으로 진주의 보안법위반 전과자 강상호, 『조선일보』 진주지국장 신현수, 진주 화산상회 주인 천석구"가 형평사 창립에 착수했다고 기록하여 비백정 3인의 창립 주도를 기정사실로 만들었다. 게다가 이 세 사람은 발기총회에서 위원으로 선임되어 그들의 형평사 창립 주도는 통설처럼 굳어졌다.

그러나 형평사 창립과 형평운동 확산 과정을 살펴보면, 이 세 사람이 주도했다는 것은 불충분한 점이 적지 않다. 우선, 세 사람의 참여 정도와 역할이 달랐다. 특히, 천석구는 강상호나 신현수와 달리 창립 이후 형평사 활동에 거의 참여하지 않았다. 창립 축하식 이후 장지필과 신현수, 강상호와 이학찬은 짝을 지어 삼남 지방을 순회하며 지역 형평사 창립을 도왔는데, 천석구는 경북 대구지사 발회식에만 참석했다.[19] 잡화도매상인 화신상회를 운영하는 천석구가 전국을 돌아다닐 만한 시간을 내기가 힘들었을 것이다. 게다가 그는 형평사의 진주 지역 활동에 거의 참여하지 않았고, 진주 형평사 대표로 전국대회에 참석하거나 출장 간 기록도 찾을 수 없다. 그러면서도 그는 형평사 창립 시기에 진주금주단연회, 보천교소년회 등에서 활발하게 활동했다. 따라서 천석구가 형평사 창립 당시 임원 명단에 들어 있다고

---

19) 『동아일보』, 1923년 6월 10일.

해도 형평운동에 적극 참여한 비백정으로 보기는 어렵다고 생각된다.

천석구와 달리, 형평사 창립 때만 아니라 이후에도 지속적으로 형평운동에 참여한 비백정 활동가들이 있다. 대표적인 사례가 정희찬이다. 그는 5월 13일 진주좌에서 열린 창립 축하식에서 형평사 지도급 임원인 '위원' 자격으로 축전을 낭독했고,[20] 다음 날 열린 지방대표자 회의에서도 위원으로 선출되었다.[21] 그리고 6월 19일 본사 위원회에서 임시의장을 맡아 회의를 진행했고, 장지필, 신현수, 이학찬과 함께 지역 분사 창립식에 파견될 위원으로 선임되었다.[22] 이날 회의 내용을 보도한 『조선일보』는 형평사가 강상호, 신현수, 정희찬, 천석구, 장지필 등 5인의 발기로 조직되었다고 썼다.[23] 요컨대, 정희찬은 발기총회에서 선출된 임원 명단에는 없었지만 형평사 창립에 참여했고, 이후에도 핵심 활동가로 계속 활동한 것은 분명한 사실로 보인다.

정희찬은 자선 활동을 펼쳐 주변 사람들로부터 칭송을 듣던 상인이었고,[24] 진주 지역의 현안 문제에 적극적으로 참여하는 활동가였다. 그는 1923년 1월 진주 상설시장의 조선인 상인대표로 진주면장의 차별 대우에 대해 항의 활동을 이끌었고,[25] 일본인 진주면서기가 시장 상인 대상으로 세 보증금을 받아 착복하는 부정 사건이 일어났을 때 임시의장으로 시민대회를 주재했으며, 진상 규명과 대책을 위한 실행위원으로 활동했다.[26] 1924년

---

20) 『조선일보』, 1923년 5월 19일.

21) 『조선일보』, 1923년 5월 21일.

22) 『조선일보』, 1923년 6월 21일.

23) 『조선일보』, 1923년 6월 21일. 통상 알려진 이학찬 대신에 정희찬이 포함된 것이 특이하지만, 정희찬이 형평사 창립 단계부터 중추적인 역할을 한 것을 보여주고 있다.

24) 『조선일보』, 1923년 2월 2일; 3월 29일.

25) 『조선일보』, 1923년 1월 28일.

26) 『조선일보』, 1923년 12월 7일.

1월 경남도 평의원이며 진주 일본인 사회의 유력자로 솜[陸地棉] 전매권을 가진 시미즈 사타로(清水佐太郎)의 저울 조작 사건에 대한 진상 규명 요구와 규탄 활동이 일어났을 때 정희찬은 강상호, 신현수 등과 함께 실행위원으로 활동했다.[27]

정희찬은 진주 지역뿐만 아니라 전국 차원의 형평운동에도 적극적으로 참여했다. 1924년 4월 전국 최초로 진주형평청년회가 창립되었을 때 서무부를 맡아 활동했고,[28] 1925년 1월 10일 서울 총본부에서 열린 정위단 창립총회에서 의장을 맡아 회의를 주재했으며,[29] 같은 해 3월 마산의 전조선 형평유지위원회 이후 열린 진주형평분사 총회에서 결성된 정행단의 단장으로 선임되었다.[30] 형평운동의 비행분자를 처리하기 위한 조직인 정행단 단장으로 선임된 것은 정희찬이 형평사 내의 핵심 활동가로 인정받고 있었다는 것을 보여준다.

정희찬은 형평사뿐만 아니라 노동 단체에서도 열심히 활동했다. 1925년 2월 25일 진주노동공제회 창립 3주년 기념식에서 새 임원으로 선출되었고,[31] 다음 해 2월에 열린 진주노동공제회 5주년 기념식에서 소감 발표를 했다.[32]

이와 같이 진주 지역의 여러 단체에서 활동한 사회운동가 정희찬은 형평사 창립 때부터 활발하게 참여했다. 이런 점에서 '강상호, 신현수, 천석구'의 형평사 창립 주도 통설은 수정되어야 한다고 생각된다. 정희찬 외에도

---

27) 『조선일보』, 1924년 1월 11일. 악덕 상인 시미즈 규탄 활동에 대해서는 『동아일보』, 1924년 1월 8일; 1월 11일; 1월 17일; 1월 20일; 『조선일보』, 1924년 1월 9-14일; 1월 17-19일 참조할 것.
28) 『시대일보』, 1924년 4월 3일.
29) 『조선일보』, 1925년 1월 11일; 『시대일보』, 1925년 1월 12일.
30) 『조선일보』, 1925년 3월 28일.
31) 『조선일보』, 1925년 2월 28일.
32) 『조선일보』, 1926년 2월 23일.

형평운동에 적극 참여한 비백정 활동가는 적지 않다. 예컨대, 창립 축하식에서 내빈 축사를 한 직업적 사회운동가 조우제는 1920년부터 1930년대에이르기까지 진주청년회, 진주노동공제회, 진주공존회, 진주소유원(小幼院), 동우사(중성회), 신간회 등 여러 단체에서 활동했는데, 1930년 형평사 경남도연합회 설립대회에 준비위원으로 선임되는 등[33] 형평사도 직접 참여했다.

정희찬과 조우제 사례에서 보듯이, 형평운동 발전에 이바지한 비백정활동가들의 활동이 제대로 평가되어야 할 것이다. 또 형평운동에 직접 참여한 증거는 발견되지 않았지만, 창립 축하식에서 내빈 축사를 맡거나 형평운동 반대 활동을 중재하며 형평사 측을 지원한 사회운동가들이 많았다. 이와같이 통설의 세 사람만이 아니라 진주 지역의 많은 비백정 활동가들이 형평사 창립과 형평운동 발전에 이바지했다는 것은 제대로 평가해야 할 것이다.

'비백정 주도설'의 또 하나의 문제는 백정 출신 활동가들의 역할을 과소평가하거나 언급하지 않았다는 것이다. 백정은 형평운동의 직접적인 수혜자이면서 활동의 주축 세력이었다. 그 가운데 일부는 실무를 맡아 실질적으로 형평운동을 이끌어간 활동가들이었다. 특히, 임원들은 백정 공동체의유지로서 백정의 참여를 이끌어낸 지도자들이었다. 그런데 비백정 주도설은 그들의 역할을 간과한 채 형평사 창립에 환호하는 주변인으로 간주하는위험을 내포하고 있다. 비백정 출신 활동가들이 형평사 창립에 참여하면서백정과 비백정의 협력 체제를 구축하고 누구에게나 사원 자격을 부여한 '열린 단체'로 만드는 데 기여한 것은 분명하다. 그렇다고 하여 형평사 창립과발전에 주체적으로 참여한 백정 활동가들의 역할과 기여를 간과해서는 안될 것이다.

둘째, '이학찬 불만설'의 경우, 우선 내용의 진위 여부가 의문이다. 특

---

33) 『중외일보』, 1930년 5월 12일; 『조선일보』, 1930년 5월 23일.

히, 자제가 겪은 교육 차별에 대한 이학찬의 불만이 형평사 창립의 계기였다는 것은 검증이 필요하다. 왜냐하면 일제 기록을 알지 못하는 진주 사람들은 이학찬에게 딸이 하나 있었는데 천연두를 앓아 얼굴에 상처 자국이 많았다고 증언했기 때문이다. 그 딸을 위해 서울까지 유학 보냈을 가능성은 그리 크지 않았을 것이다.

그리고 일신고보 부지 조성 작업에서 차별을 겪어 형평사 창립을 모색하게 되었다는 연관성도 의문이다. 초등교육도 제대로 받지 못한 백정이 새로 짓는 고등보통학교에 입학할 수 없다는 차별에 불만을 갖고 단체를 결성하게 되었다는 것은 다소 비약적인 인과관계라고 생각된다. 그렇지만 일상생활에 널리 퍼져있는 차별에 대한 불만이 일신고보 부지 조성 작업에서의 차별 사건으로 촉발되어 단체 결성을 추진했을 가능성은 있다고 생각된다. 그렇다고 하더라도 조직 결성을 추진하게 된 다양한 사회적 요인을 간과해서는 안 될 것이다.

1894년 신분제가 법적으로 폐지되었지만, 백정 차별 관습이 사라지지 않아 20세기 초에도 갈등이 곳곳에서 빈번하게 일어났다. 예컨대, 형평사 창립 전해인 1922년 5월 대구의 백정 야유회에 기생들을 데리고 간 것을 지역 주민이 거세게 비난하면서 기생조합은 그 기생들을 제적했다.

갖가지 차별 가운데 가장 대표적인 것이 교육 차별이었다. 서구식 교육이 도입되고 교육 열의가 높았던 탓으로 백정은 교육 차별을 더욱 심각하게 인식했다. 특히, 1919년 3.1운동 이후 사회적으로 교육 열의가 고조된 덕분에 진주 곳곳에서도 비인가 학교인 야학이나 강습소가 설치되고 학교 설립 운동이 벌어졌다. 그 가운데 하나가 지역 유지들이 주도한 일신고등보통학교 설립 운동이었다.[34] 중등학교가 없는 지역 상황에서 진주뿐만 아니

---

34) 일신고보 설립 운동에 관해서는 김중섭, 「일제 식민 통치와 주민교육운동」, 『사회운동의 시대:

라 인근 지역에서도 일신고보 설립에 대한 기대가 컸다. 1923년 4월 개교될 거라는 기대가 커지면서 1922년 말, 1923년 초에 학교 부지 조성 작업이 진행되었다. 겨울철 농한기였으므로 지역 단체와 주민이 자발적으로 부지 조성 부역에 참여했다.[35] 경찰 기록대로라면, 이 부역에 참여했던 백정이 차별 사건을 겪었을 것으로 짐작된다. 이 점에 주목하여 일본인 연구자 미즈노 나오키는 교육 차별 경험이 형평사 창립 동기로 작용했다고 주장했다.[36]

이와 같이 일신고보 부지 조성 작업 중에 일어난 차별 사건이 백정의 불만을 폭발시키는 뇌관으로 작용하여 형평사를 창립하게 되었을 거라는 추측은 어렵지 않게 설득력을 얻었을 것으로 생각된다. 특히, 교육 차별에 대한 백정의 불만이 컸다는 점을 감안할 때 그 사건은 더욱 파급력이 컸을 것이다.

그렇다고 하더라도 일신고보 부지 조성 작업에서 일어난 차별 사건의 직접적인 피해자가 이학찬일지는 의문이다. 앞서 언급한 바와 같이, 자제 교육 차별을 겪은 이학찬의 불만은 허구일 가능성이 있기 때문이다. 피해자가 누구인지 불분명하지만, 이 차별 사건을 계기로 백정 불만이 폭발했고, 그러면서 백정 대표자 이학찬이 동료들과 함께 강상호 등에게 호소하여 형평사 창립 활동을 시작했을 것으로 짐작된다.

요컨대, 형평사 창립은 차별을 겪은 이학찬의 개인적 불만보다 오랜 기간의 사회적 차별 관습과 제도에 대한 백정의 불만과 부당함에 대한 인식이 확산되며 차별 철폐와 평등 대우를 위한 활동의 필요성을 공유한 결과였다. 그러면서 차별 철폐 활동의 움직임이 시작되었다. 이런 점에서 형평사

일제 침략기 지역 공동체의 역사사회학』, 북코리아, 2012, 85-140쪽 참조할 것.

35) 『동아일보』, 1923년 1월 10일; 1월 17일.

36) 水野直樹, 「衡平社創立過程の再檢討」, 『部落解放研究』 220, 2024, 2-34쪽.

창립 배경 탐구는 개별적인 차별 사건이 촉발 요인으로 작용했는가를 따지기보다 백정 신분 차별의 역사사회적 요인에 주목해야 할 것이다.

셋째, '신현수 제안설'의 경우, 역사적 사실의 오류가 너무 많아 세세하게 검토할 필요가 있을지 의문이다. 신현수의 자기중심적 증언을 엄격한 검증 없이 수용한 탓으로 부정확한 내용이 많기 때문이다. 앞서 지적한 점 외에도 "민중의 계몽 국민 교육"을 위한 교육기관을 설립하는 데 필요한 자금을 얻기 위해 백정 대표자 강상호를 찾아갔다거나, 학교 설립 추진 중에 보천교 본부를 방문했다가 귀로에 민족 계몽과 단합의 필요성에 의견 일치를 보고 그 선결책이 백정 계급 해방이라는 결론에 도달했다거나, 자신이 제안하고 강상호가 찬동하여 형평사 창립을 추진했다거나 하는 여러 내용이 다른 자료와 배치될 뿐만 아니라 논리적 근거를 찾기 어렵다.

우선, 민족 계몽과 단합이 가장 필요하다는 의견 일치에 백정 계급의 해방이 선결책이라는 결론을 갖고 형평사를 창립했다는 신현수의 증언은 사실 여부가 의심된다. 게다가 앞에서는 민중의 계몽 국민 교육이 선결문제라는 사회 조류에 따라 학교 설립을 추진하는 중에 백정 대표자 강상호를 만났다고 하면서 "민족 계몽과 단합"을 위한 선결책으로 형평사 창립을 추진했다는 논리적 비약의 근거를 제시하지 않았다. 민족 계몽과 단합이 형평사 창립으로 이어지는 연결점에 민족주의가 작용했다고 짐작되는데, 형평사의 신분 차별 철폐가 민족 단결을 위한 것이라는 주장은 다른 어떤 자료에서도 찾을 수 없다. 곧, 민족주의 영향 아래 형평사가 창립되었다는 것은 확인되지 않을 뿐만 아니라 논리적 근거도 찾기 힘들다.

1923년 3월 진주 사람들이 정읍의 보천교 본부를 방문했다가 돌아오는 길에 형평사 창립을 논의했다는 신현수의 증언은 신흥종교 보천교와 형평사 창립이 관련되었다는 추측을 낳았다.[37] 더 나아가 김재영은 보천교가 신도 조우제를 통해 형평사에 활동 경비를 지원하며 백정의 차별 철폐운동을 간접적으로 지지했다고 주장했다.[38] 그는 그 근거로 『동아일보』(1923. 5. 17) 기사를 인용했는데, 그 기사에는 그런 내용이 없다.

보천교와 형평사의 관계를 따지기 위해서는 진주 활동가들의 보천교 본부 방문과 그것이 형평사 창립에 영향을 미쳤다는 것을 분리해서 봐야 한다. 우선, 진주 활동가들이 1923년 3월 보천교 본부를 방문한 것은 당시 잡지에 보도된 것으로 보아 사실로 판단된다.[39] 보천교가 진주에 전파되면서 보천교에 대한 관심이 늘어나고 조직 활동에 참여하는 사회운동가들이 생겨났다. 그들 중심으로 보천교 본부를 방문하여 지원을 기대했지만, 기대와 달리 보천교 측의 지원을 얻지 못한 것으로 짐작된다. 이러한 일은 충분히 예상되는 것이지만, 그렇다고 하여 그들의 방문이 형평사 창립에 영향을 주었다고 판단할 근거는 없다.

오히려 형평사 창립 즈음 보천교에 대한 진주 지역의 인식은 양가적이었다. 5월 초에 일부 활동가들이 보천교소년회를 창립했지만,[40] 5월 중순에는 보천교의 진정원 설치에 반발하여 진주청년회, 진주노동공제회를 비롯한 사회단체들의 반대 활동이 일어났다. 신흥종교 보천교에 대한 사회적 비판 분위기가 확산하면서 보천교에 대한 적대감이 형성될 정도였다. 심지어 보천교를 방문했던 활동가들 가운데 보천교를 비판하는 이들도 생겼다.[41]

---

37) 김재영, 「형평사와 보천교」, 『신종교연구』(한국신종교학회) 21, 2009, 267-288쪽.

38) 김재영, 위의 글, 279-280, 284쪽.

39) 진주의 여러 사회운동가들이 1923년 3월 15일 정읍으로 떠났다. 『개벽』 4(5), 1923, 59쪽.

40) 5월 6일 강대창, 정성호, 천석구 등 지역 활동가들이 보천교소년회를 창립했다. 『동아일보』, 1923년 5월 10일.

41) 『조선일보』, 1923년 5월 22일.

예컨대, 보천교 방문을 증언한 신현수는 보천교 규탄 연설회에 연사로 참여했다. 또 진주노동공제회는 형평운동 반대 활동 배후에 보천교가 있다고 주장했다.[42] 만약 보천교가 형평사 창립을 지원할 정도로 밀접한 관계였다면 그렇게 짧은 기간에 상충되는 현상이 일어나지 않았을 것이다.

지금까지 살펴본 것처럼, 신현수의 증언은 오류가 많아 전면적인 검토가 필요하다. 강상호와 장지필이 사망한 뒤 홀로 남은 신현수가 자신의 제안으로 형평사를 창립했다거나 자신이 창립 회장으로 선출되었다고 말한 것을 액면 그대로 받아들이는 것은 적절치 않다. 60대 중반의 신현수가 오래전의 일을 잘못 기억했거나 착각하여 자기중심으로 진술했을 가능성을 배제할 수 없다. 이런 점을 무시한 채 그의 증언을 사실로 받아들이면 역사 왜곡의 가능성도 생기게 될 것이다. 예컨대, 형평사 작명에 관해 김용기는 "결사 명칭으로 신현수가 일본의 동태를 알고 수평사가 활발한 것에 착안하여 형평사를 제안하니 강상호가 절대 찬동했다."고 썼다. 그런데 다른 어떤 자료에서도 그런 내용을 찾을 수 없다.

1922년 창립된 일본의 수평사는 영국의 수평파 활동에서 영감을 받아 수평선처럼 평등한 사회를 만들고자 하는 단체라는 뜻으로 작명했다고 알려졌다. 그리고 다음 해인 1923년 창립된 형평사는 수평사에서 영감을 받아 작명했다고 짐작된다. 명칭이 비슷한 두 단체는 모두 평등한 사회를 지향한다는 뜻을 담고 있다. 단지, 형평사는 백정이 업무상 상용하는 도구인 저울[衡]을 활용한 특징이 있다. 신현수의 증언대로 형평사 작명에 수평사의 영향이 있었을 거라고 짐작되지만, 그렇다고 해도 신현수가 최초의 제안자라고 볼 만한 증거라고 판단되지 않는다.

형평사 작명과 마찬가지로, 창립 취지를 밝힌 '형평사 주지'의 작성자

---

42) 『조선일보』, 1923년 6월 13일; 6월 15일.

나 작성 과정에 관해 지금까지 알려진 정보가 없다. 단지 형평사의 말뜻이나 주지 내용을 볼 때, 신분 차별 철폐와 사회개혁을 통해 자유와 평등 사회를 실현하고자 하는 시대 가치와 정신을 인식한 지식인 또는 지식인 집단이 관여했을 거라고 짐작된다. 그리고 수평사를 본떠서 작명했다면, 일본 상황을 잘 아는 활동가가 관여했을 거라고 짐작된다. 형평사 창립 이전에 수평사 창립이나 국가주의 단체인 국수회와의 충돌 사건이 한국 언론에 널리 보도되었는데, 부락민 차별 상황을 알고 있는 지식인이라면 그러한 보도에 관심이 많았을 것이다. 더 나아가 그것을 백정 상황에 대입하여 이해했을 것이다.

요컨대, 자유와 평등을 중시하는 시대적 흐름이나 일본의 수평사 상황을 잘 아는 활동가들이 형평사 창립에 참여했을 것으로 짐작된다. 그들의 인식과 관심이 형평사 명칭이나 주지 내용에 반영되었을 것이다.

그러한 활동가라고 짐작되는 이는 여럿이다. 예컨대, 백정 출신인 장지필은 일본 메이지(明治)대학에 유학하여 3년 동안 법학을 공부한 지식인이었다. 그는 백정과 같은 처지인 부락민의 역사와 해방 활동을 잘 알고 있었을 것이다. 또 강상호는 진주농림학교 1회 졸업생으로서 『동아일보』 진주지국장을 역임하고 여러 단체의 사회운동에 참여하면서 국내외 정세를 잘 파악하고 있었을 것이다. 물론 『조선일보』 현직 진주지국장인 신현수도 국내외 정세를 잘 알고 있었을 것이다.

이렇게 형평사 창립을 이끈 활동가들의 면면을 보면, 단체 이름 작명이나 취지서 작성은 어느 개인의 결정이라기보다 집단적 논의를 거쳐 만들어진 결과물일 가능성이 크다고 추측된다. 특히, 창립 시기에 형평사는 집단 지도체제를 채택했고, 개인보다는 집합적으로 협력하며 활동했다는 점에서 이 추론은 설득력이 있다고 생각된다.

그럼에도 불구하고 신현수가 형평사 작명자라고 여기는 사례를 보게 된다. 형평운동기념사업회가 형평사 소개 책자에 그렇게 썼고,[43] 『경남일보』는 형평운동 100주년 즈음의 관련 기사에서 그렇게 보도했으며,[44] 경상남도 진주교육지원청의 초등학생용 교육자료도 그렇게 썼다.[45] 그런데 어느 경우도 출처를 제시하지 않았다. 만약 출처를 밝혔다면 형평사 작명자를 규명하거나 형평운동 창립 역사를 설명하는 데 기여했을 텐데 그렇지 않아 아쉽기 그지없다.

4. 형평사 창립 배경의 종합적 이해

앞서 살펴보았듯이, 형평사 창립 과정과 배경에 대한 세 가지 설은 미흡한 점이 적지 않다. 우선, 형평사 창립이 백정의 교육 차별 불만에서 비롯되었다는 설은 형평운동의 역사적·사회적 맥락을 제대로 설명하지 않고 있다. 곧, 신분제 사회에서 백정이 겪은 사회적 억압과 구속, 차별 없는 평등 사회를 만들고자 하는 사회적 역량 증대, 그러한 차별과 억압의 부당함을 인식하고 평등 사회를 지향한 사회적 가치의 확산 등 여러 복합적인 요인이 형평운동의 배경으로 작용했다는 것을 간과해서는 안 된다.

형평운동의 배경에는 특히 조선 500년의 신분제 사회에서 차별과 억압을 겪은 백정의 역사가 있다. 그들은 20세기 초에도 여전히 제도적 측면만이 아니라 일상생활에서 차별과 억압을 겪고 있었다. 차별과 억압은 교육

---

43) 형평운동기념사업회, 『형평운동 100주년 기념, 형평의 길』, 2023, 8쪽.

44) 『경남일보』, 2023년 1월 31일, "신백정이라고 불린 사람들".

45) 경상남도진주교육지원청, 『형평의 길을 걷다』(5학년 형평교육자료), 2022, 70쪽. 신현수를 소개하면서 "형평이라는 이름을 제안하다", "진주파의 지도자 신현수, 형평운동을 이끌다"라고 썼다.

에 한정되지 않고 사람들의 의식 속에서, 또 갖가지 형태의 사회적 관행으로 작동하고 있었다. '비백정 주도설'에서 본 백정의 형평사 창립 환영 태도는 오랫동안 누적된 그들의 차별 경험을 반영하고 있다. 형평사를 통해 자신들의 후손에게만은 '문명의 길'이 만들어지기를 바랐다. 이와 같이 신분제에서 백정이 겪은 사회구조적 억압과 구속은 형평사 창립의 주요 동인이었다. 앞선 연구에서 나는 이것을 '사회적 구속성'이라는 개념으로 설명한 바 있다.[46] '이학찬 불만설'에서 드러난 교육 차별 관습은 그러한 억압과 구속의 한 부분일 뿐이었다.

형평사 창립과 형평운동 발전의 또 다른 동인은 단체 결성과 활동을 이끌어갈 사회적 역량과 조건이 형성되어 있다는 것이었다. 이 측면을 간과해서는 조직 결성과 활동 확산을 적절하게 설명할 수 없다. 나는 이러한 사회적 역량과 조건의 형성을 '사회적 허용성'이라고 정의한 바 있다. 곧, 백정을 비롯한 사회 구성원들의 역량 증대와 이를 뒷받침해준 사회적 조건의 형성은 형평사 창립과 형평운동 발전을 이끄는 또 하나의 주요 요소였다.

이와 같은 사회적 구속성을 인식하고 사회적 허용성의 증대를 사회운동의 발전으로 연결해주는 사회적 사상과 가치에 주목하게 된다. 사회적 구속성과 허용성을 매개하며 서로 작용하게 하는 새로운 사상과 가치의 확산을 나는 '새 사상의 퍼짐'이라고 이름 붙였다. 곧, 백정 차별의 부당함을 일깨우고 평등 사회의 가치를 존중하는 '새로운' 사상의 퍼짐이 백정 해방을 위한 형평사 창립과 형평운동 발전에 중요하게 작용했다.

지금까지 논의한 "사회적 구속성, 사회적 허용성, 새 사상의 퍼짐"의 세 요소는 형평사 창립과 형평운동 발전에 복합적이며 역동적으로 작용했

---

46) 사회적 구속성, 사회적 허용성, 새 사상의 퍼짐 등의 개념에 관해서는 김중섭, 위의 글(1994), 18-22쪽 참조할 것.

다.[47] 진주 지역은 이 세 요소가 역동적으로 작용한 역사적·사회적 현장이었다. 1894년 갑오개혁으로 신분제가 법적으로 철폐되었지만 백정 차별 관습이 여전히 남아있었고, 그로 말미암은 갈등이 되풀이되어 일어났다. 곧, 백정 차별과 억압으로 대표되는 사회적 구속성과 그것에 저항하며 백정 해방 역량을 강화하는 사회적 허용성이 공존하며 서로 작용했다. 그러면서 그 바탕에 차별과 억압의 부당함을 일깨워주며 해방을 향한 움직임을 촉진하는 '새 사상'이 퍼져갔다. 대표적인 사례로 1900년 진주 인근 지역 백정의 관찰사 집단 탄원과 비백정의 백정 마을 습격, 1909년 진주 교회의 동석 예배 거부와 갈등 해결, 1910년 장지필이 주도한 도수조합 결성 시도 등이 일어났다. 그 과정에서 백정은 억압과 차별에 대항하기도 했고, 탄압과 폭력을 겪기도 했으며, 인간 존중과 평등사상에 접촉하기도 했다. 이러한 긴 역사적 과정에서 백정은 피해 당사자이기도 했고, 능동적으로 행동하는 주체자이기도 했다. 이러한 간헐적이며 복합적인 과정이 형평사 창립과 형평운동 발전까지 이어졌다.

요컨대, 백정은 적극적으로 신분 차별에 저항하며 차별 철폐를 시도했다. 비록 즉각적인 성공의 결실을 이루지 못했다고 하더라도 그러한 역사적 경험은 차별 관습의 부당함을 인식하고, 차별 철폐를 통해 평등 사회를 만들고자 하는 활동을 일으키는 데 작용했다. 역사적 경험뿐만 아니라 경제적·사회적 조건도 그러한 개혁 활동을 이끄는 데 작용했다. 예컨대, 일부 백정은 새로 조성된 상설시장에서 상거래를 통해 경제적 부를 축적할 수 있었다. 그러한 백정 집단의 경제적 역량은 형평사 창립을 이끄는 동인으로 작용했다. 또 백정은 오랜 기간 혼인 관계, 전래된 특정 직업 종사, 동일 지역 거주

---

47) 이에 대한 역사사회학적 설명으로 김중섭, 위의 글(1994); 김중섭 위의 글(2012), 217-262쪽 참조할 것.

등을 통해 밀접한 사회적 관계와 공동체의식을 공유하고 있었다. 그들의 공동체의식, 결속력, 연대 활동은 형평사의 성공적 발전을 이끄는 주요 동력이 되었다. 이와 같은 백정의 역사적 경험, 경제적 역량 증대, 공동체적·사회적 관계는 형평사 창립과 형평운동 발전을 이끄는 주요 요소였다.

이러한 점은 백정 출신으로 형평사 창립을 이끈 이학찬과 장지필, 그리고 실무자들의 배경에서 확인할 수 있다.[48] 예컨대, 장지필은 부친 장덕찬의 1900년 관찰사 탄원 활동이나 자신의 1910년 도수조합 결성 시도 등을 통해 백정 차별을 인식하고, 또 그것으로부터 벗어나려고 시도했다.[49] 일본 메이지대학에서 법학을 공부한 그는 귀국 후 백정 해방 운동을 했다고 증언하며, 진주에서 형평사 창립 움직임이 일어나자 스스로 참여했다고 밝혔다.[50]

그리고 가장 연장자인 이학찬을 비롯하여 30대 중반, 40대 초반의 실무 활동가들은 새로 조성된 공설시장에서 정육점을 운영하며 재력을 가진 백정 유지들이었다. 그들은 같은 직업에 종사하는 재력가들이었을 뿐만 아니라 이봉기와 이두지 형제, 유억만(1881-1949)과 유소만(1885-1965) 형제, 같은 집안사람인 하석금, 하윤조, 하경숙과 같이 혈연관계로 연결되어 있었다.

요컨대, 경제적 재력을 갖고 있으며 오랫동안 이웃 거주, 혈연, 같은 직업 종사 등으로 밀접한 관계를 갖고 있는 백정의 경제적·사회적 여건은 형평사 창립에 동참하며 형평운동 발전을 이끄는 주요 요인으로 작용했다. 곧, '이학찬 불만설' 같은 개별적 차별 사건으로 설명할 수 없는 오랜 기간의 사회구조적 백정 차별과 억압, 백정의 역량 강화, 새 사상의 인식과 확산

---

48) 이들의 간략한 경력과 배경에 대해서는 김중섭, 위의 글(2024), 39-41쪽 참조할 것.

49) 장지필의 생애에 대해서는 이 책 9장을 참조할 것.

50) 『동아일보』, 1923년 5월 20일. 신현수는 강상호의 추천으로 장지필이 형평사 창립에 가담하게 되었다고 증언했지만[김용기, 위의 글(1959)], 장지필 자신의 증언이 신빙성 있다고 판단된다.

등 여러 요소가 서로 긴밀하게 작용하며 형평사가 창립되고 형평운동이 발전한 것이다. 따라서 백정이 '비백정 주도설'에서처럼 형평사 창립에 환호하는 수동적 역할에 머물렀다거나, '이학찬 불만설'에서처럼 "고충을 호소하며 운동을 의뢰"하는 소극적 자세를 가진 존재라고 보는 것은 부적절하다고 판단된다.

진주 지역의 형평사 창립 과정에서 간과해서는 안 될 또 하나의 주요 요소는 1919년 3.1운동 이후 폭발적으로 일어난 다양한 사회운동의 경험이다. 1920년부터 시작된 일신고보 설립운동, 야학 등 주민교육 운동, 1921년 전국 최초의 소년단체인 진주소년회 결성, 1922년 전국 최초의 소작인대회 개최 등을 통해 진주 지역에는 전근대적 관행을 타파하고 개혁을 실현하여 근대 사회로 나아가고자 하는 사회적 분위기와 흐름이 형성되어 있었다.[51] 특히, 사회적으로 억압받던 여성, 어린이, 농민, 노동자를 위한 사회운동의 경험과 토양은 평등 사회를 향한 형평사 창립과 형평운동 확산을 이끄는 주요 동력이었다. 그러한 사회적 경험과 토양, 그리고 그러한 활동에 내재된 사회개혁의 열의와 가치는 형평사 창립과 형평운동 발전을 이끄는 사회적 역량을 양성했을 뿐만 아니라 평등 사회를 향한 '새 사상'의 확산에 이바지했다.

이와 같은 역사적 경험과 사회적 여건, 문화적 토양에서 비백정 활동가들이 형평사 창립에 참여하게 되었다. 특히, 3.1운동 이후 진주 지역에 형성된 직업적 사회운동가 집단은 형평사 창립과 형평운동의 성공적인 발전에 크게 이바지했다. 강상호, 신현수 등은 형평사 창립에 직접 참여했고, 일부는 호의적으로 협력하며 형평운동을 도왔다. 그들은 형평운동 확산의 기폭제로 작용한 창립 축하식을 주관했고, 형평사 반대 활동이 일어나자 양측

---

51) 김중섭, 위의 글(2012); 김중섭, 위의 글(2023) 참조할 것.

을 중재하며 갈등 해소를 이끌었다. 또 형평사와 지역 단체의 협력을 도우며 형평사의 지역 활동 동참을 지원했다.

지금까지 살펴본 바와 같이, 형평사 창립과 형평운동의 확산은 개인적인 불만에서 촉발된 즉흥적 사건이 아니라 오랫동안 축적된 역사적 경험, 사회적 개혁 흐름과 문화적 바탕 등이 작용한 결과였다. 이와 같은 진주 지역의 역사적 경험과 사회적 여건에 대한 올바른 이해 없이 형평사 창립을 제대로 설명하기 어려울 것이다. 특히, 3.1운동 이후 진주 지역에 확산된 개혁 분위기, 개혁을 위한 다양한 사회운동의 경험, 그러한 활동을 이끌어간 직업적 사회운동가 집단의 형성 등이 복합적으로 작용하여 형평사가 창립되고 전국적인 사회운동으로 발전할 수 있었다.

이와 같은 백정의 역사적 경험과 역량 증대, 경제적·사회적 여건이 형평사 창립의 주요 요소임에 틀림없다고 하더라도 비백정 활동가들의 참여 동기나 배경은 아직 충분히 설명되지 않았다. 이에 대해 '비백정 주도설'은 전혀 언급하지 않았고, '이학찬 불만설'은 차별에 불만을 가진 백정의 호소에 비백정 3인이 형평사 창립에 착수했다고 했지만, 그들의 참여 동기는 설명하지 않았다. '신현수 제안설'은 "민족 광복을 위하여 민족 계몽과 단합이 가장 필요하다는 것에 의견 일치하여" 백정 계급 해방이 선결책이라는 결론 아래 형평사를 창립했다고 설명했지만, 비백정 활동가들이 인식한 민족 광복과 백정 해방의 논리적 연결점은 밝히지 않았다.

지금까지 비백정 활동가들의 참여 동기나 배경에 대한 당사자의 증언이나 기록은 발견되지 않았다. 따라서 참여자들의 환경과 경험, 사회 활동, 그 시기의 사회적 상황 등에 관한 내용에 의존하여 추정하게 된다. 박종한은 1920년 백정 살인 사건을 목격한 것이 강상호의 형평운동 참여 동기라고 추정했고,[52] 조규태는 이 글을 인용하며 이 사건이 형평운동을 일으키게 된 "직접적인 사건"이라고 주장했다.[53] 그러나 1919년이나 1920년에 발생한 백정 살인 사건이 1923년 형평사 창립을 주도한 동기로 보기에는 시간적으로 너무 떨어져 있어서 직접적인 인과관계로 보기에는 어렵다고 판단된다.[54]

다른 한편, 상설시장에서 정육점을 경영한 정찬조(1889-1953)가 비백정 거주 지역으로 이주하여 강상호와 이웃하여 살았다는 증언으로 미루어보아 강상호가 그와 교제하며 백정 차별 상황을 알게 되었을 거라고 추정된다. 그러나 이 역시 강상호의 '직접적' 형평사 창립 동기에 대한 설명으로는 불충분하다고 생각된다.

다른 한편, 형평사 창립 이전 비백정 활동가들의 행적을 통해 참여 동기를 유추할 수 있을 것이다.[55] 그들은 같은 연배는 아니었지만,[56] 소읍 진주의 유일한 초등학교, 농업학교 동문이라는 학연과 3.1운동 이후 여러 사회단체에서 함께 활동한 동지였다. 신현수는 『조선일보』 지국장이었고, 정희찬은 시장 상인이었고, 천석구는 잡화상을 경영했고, 조우제는 『조선일보』 총무였다. 이렇게 직업 배경은 달랐지만, 모두 진주청년회, 진주노동공제회, 진주공존회, 기근구제회 등 여러 단체에서 활동하며 사회운동에 전념한 넓은 의미의 직업적 사회운동가들이었다.

---

52) 박종한, 「백촌은 왜 형평운동을 했을까?」, 강인수, 『은총의 여정』, 2020, 54쪽에서 재인용. 그러나 이 글은 역사적 사실과 부합되지 않는 내용이 적지 않다.

53) 조규태, 『형평운동의 선도자 백촌 강상호』, 펄북스, 2020, 92-93쪽.

54) 이에 대한 자세한 내용은 이 책 8장 참조할 것.

55) 강상호의 행적에 관해 이 책의 8장, 그리고 형평사 창립 시기 활동가들에 대해서는 김중섭, 위의 글(2024), 35-42쪽 참조할 것.

56) 형평사 창립 때 강상호(1887년생)는 36세, 신현수(1893년생)는 30세, 천석구(1898년생?)는 25세 즈음이었다.

그들의 활동 배경에는 3.1운동 이후 다양한 목적의 사회운동이 활발하게 일어난 진주 지역의 사회적 상황이 있었다. 사회운동권이 형성되어 있었고, 직업적 사회운동가로 명명될 정도로 사회운동에 적극적으로 참여한 활동가 집단이 생겨났다. 그들은 동지로서 서로 연대 의식을 갖고 협력하며 사회개혁의 가치를 공유하고 있었다. 이런 점에서 그들은 백정 신분 차별의 부당함과 차별 철폐의 필요성에 대한 공감대를 갖고 있었을 것으로 짐작된다.

오랜 차별에 불만을 가진 이학찬을 비롯한 백정 지도자들은 활발하게 전개되는 지역의 사회개혁 활동을 알고 있었고, 그런 활동가들 가운데 강상호 등에게 직접 자신들의 고충을 호소했을 것이다. 어쩌면 강상호 이웃에 사는 정찬조가 고충을 호소하는 당사자 가운데 하나였거나, 그들을 연결하는 매개자였을 가능성이 크다. 그러한 백정의 호소에 강상호 등 비백정 활동가들이 호응하면서 형평사 창립 활동이 시작되었을 것으로 짐작된다. 요컨대, 형평사 창립은 진주 지역의 재력 있는 백정 유력자들과 열성적인 비백정 사회운동가들이 협력한 결과였다. 이것은 발기총회에서 선임된 임원진 구성에서 확인된다.

일제 경찰 자료는 "보안법위반 전과자 강상호, 『조선일보』 진주지국장 신현수, 진주 화산상회 주인 천석구"라고 비백정 활동가들의 사회적 배경을 서술했다. 곧, 경찰은 3.1운동 주동자 강상호의 전과 경력, 신현수의 언론사 지국장 지위, 천석구의 잡화상 경영에 주목한 것이다. 그러나 이 세 사람은 3.1운동 이후 진주에서 폭발적으로 생겨난 온건한 사회개혁 활동에 참여해온 사회운동가들이라는 공통점이 있다. 특히, 그들은 교육 환경이나 생활 개선 활동에 치중했다. 그러한 특징 탓으로, 형평사 창립이 교육 차별에서 착수되었다는 '이학찬 불만설'이나 학교 설립을 시도하는 중에 시작되었다는 '신현수 제안설'에서 보듯이, 형평사 창립 과정에 교육 문제가 부각되었다고 생각된다. 또한 형평사 초기부터 교육과 교양 증진 활동에 치중한 것도 이러한 특징과 무관하지 않은 것으로 보인다.

요컨대, 형평사 창립 배경은 진주 지역의 역사적 경험, 사회개혁 활동 경험, 지역사회의 문화적 토양, 비백정 활동가들과 백정 유지들의 협력, 백정의 사회적 관계와 경제적 역량 증대 등 여러 요소가 복합적으로 작용했다. 통설로 알려진 강상호, 신현수, 천석구 3인보다 더 많은 비백정 활동가들이 형평사 창립과 형평운동에 참여했으며, 특히 사회개혁적인 직업적 사회운동가들과 재력 있는 백정이 협력한 결실이었다. 그러면서 형평사는 처음부터 모든 사람의 참여를 허용하는 '열린 결사체'의 성격을 갖게 되었고, 사회운동가들의 적극적인 협력으로 빠르게 발전할 수 있었다.

지금까지 형평사 창립에 관한 많은 내용을 살펴보았지만, 누가 맨 처음 형평사 창립을 제안했고 창립을 주도했는지, 또 형평사 작명이나 형평사 주지 작성은 어떻게 이루어졌는지 등 여러 사항이 아직 규명되지 않은 채 해결되어야 할 과제로 남아있다. 앞으로 더 많은 탐구가 필요하다고 생각된다.

5. 창립 이후 진주 지역의 형평사 활동

형평사가 창립되자마자 빠르게 전국 조직으로 확대되면서 백정 차별 철폐 활동은 전국적인 사회운동으로 발전했다. 지금까지 여러 쟁점에서 다각적으로 이루어진 형평운동 연구에 비해[57] 충분히 논의되지 않은 창립 이후 진주 지역의 형평사 활동을 집중적으로 살펴보고자 한다.

1923년 4월 25일 창립 직후부터 진주의 형평사는 전국 활동을 이끄는

---

57) 김중섭, 「형평운동 연구의 성과와 동향」, 김중섭·장만호 엮음, 『형평운동과 인권의 시대』, 도서출판 사람과나무, 2023ㄴ, 306-339쪽; 이 책의 2장 참조할 것.

본사 역할을 하면서, 아울러 지역 활동을 병행해갔다. 우선, 발기총회에서 결의한 대로 전국 조직 확대와 형평운동 확산을 위한 홍보, 여러 지역에서 일어난 반형평운동에 대한 적극적인 대항 등 본사의 소임을 수행했다. 5월 초에는 본사 임원들이 경남 도청을 방문하여 민적에 표시된 백정 표식의 삭제를 요구했고, 이에 따라 경남도 고등과장이 8일 각 군청에 민적 정정을 통첩하는 성과를 이루었다.[58] 그리고 5월 13일 진주좌에서 창립 축하식을 개최하여 각 지역 백정 유지들의 회합 기회를 만들었다. 이 행사는 획기적으로 형평사가 전국 조직으로 발전하는 기폭제가 되었다. 그 뒤에도 진주본사 임원들은 각 지역에 출장 다니며 지역 조직 확장과 형평운동 확산을 도모했다.

다른 한편, 진주의 형평사는 지역 사원들의 권익 증진을 위한 활동을 펼쳤다. 예컨대, 5월 10일 100여 명의 사원 부인들을 형평사 사무실에 소집하여 가정 혁신과 자녀 교육의 중요성을 일깨우는 교양 집회를 열었다.[59]

그런 가운데 형평사는 주민의 형평운동 반대 활동에 부딪혔다. 5월 13일 창립 축하식 여흥 부탁을 기생조합이 거부하면서 형평사 창립에 반발하는 분위기가 표면에 드러났다. 그래서 형평사는 기생조합 대신에 일본인 가무단에 여흥을 부탁할 수밖에 없었다.[60]

며칠 뒤 술 취한 주민이 사원에게 시비를 걸어 둘 사이에 다툼이 벌어졌는데, '백정놈'이라는 욕설이 나오면서 그 다툼이 대규모 충돌로 이어졌다. 이것을 계기로 고루한 신분 의식을 가진 주민이 형평운동 반대 활동을 조직적으로 벌이기 시작했다. 신분 차별 철폐와 평등 대우라는 사회개혁 추

---

58) 『조선일보』, 1923년 5월 14일.

59) 『조선일보』, 1923년 5월 16일.

60) 『조선일보』, 1923년 5월 19일.

진에 대한 보수 세력의 반발이 드러난 것이다.[61]

진주에서 일어난 전국 최초의 대규모 형평운동 반대 활동은 언론에 크게 보도되어 전국적인 관심사가 되었다. 형평운동의 메카로 사회개혁의 선진 지역인 진주가 형평사 창립에 반발하는 반형평운동의 고루한 보수 지역이라는 양면적 모습을 보여주었다.

형평사원들은 1900년 관찰사 탄원에 반발한 집단 폭력, 1909년 동석예배에서 겪은 차별의 아픈 역사를 기억했다. 그들은 6월 19일 진주본사에서 임시의장 정희찬의 사회로 진행된 위원회에서 반대 활동에 대한 단호한 대응과 결사대 조직을 결의했다.[62] 호위군 8명과 40여 명 대원으로 구성된 결사대는 사원들의 단결된 대항 의지를 보여주었다. 이와 같은 사원들의 총단결과 단호한 결의는 형평사 창립의 결실이었고, 형평운동의 의미와 필요성을 확인하는 계기가 되었다.

6월 19일 위원회에서 그동안의 형평사 활동 경과를 평가하고 앞으로의 활동 방안을 논의했다. 본사 사무실에 사원 교육을 위한 야학 개설, 직업이 없어 곤궁을 겪는 사원들을 위한 인쇄업 경영 등이 활동 방안으로 모색되었다. 그리고 각 지역 분사 창립식에 파견할 위원으로 정희찬, 장지필, 신현수, 이학찬 4인을, 또 울산 사건 조사위원으로 신현수를 선임했다. 이와 같은 회의 내용은 진주 형평사가 교육, 일자리 등 지역 사원의 권익 증진을 위한 활동을 펴는 지역 조직이면서, 아울러 각 지역의 활동을 지원하며 분규 사건을 진상조사하고 대응하는 전국의 본사 역할을 병행하는 이중적 소임을 수행하고 있음을 보여준다.

울산 사건 조사는 처음 선임된 신현수 대신에 정희찬과 이두지가 맡았

---

61) 형평운동 반대 활동의 자세한 내용은 김중섭, 위의 글(2012), 244-247쪽 참조할 것.
62) 『조선일보』, 1923년 6월 21일.

다. 그들은 6월 21일 울산에 출장 가서 차별 사건을 조사하고 문제를 일으킨 경찰에 항의했다.[63] 이 사건은 경찰 당국의 우육 검인을 둘러싸고 경찰이 형평사원을 부당하게 구타하고 인격을 무시하면서 일어난 것이었다. 이 사건이 일어나자 울산 형평사원들이 진주본사에 조사와 대응을 요청하면서 본사 임원이 현지에 간 것이다. 이처럼 울산 사건에서 보듯이, 곳곳에서 형평사 본사 역할에 대한 요구가 있었다.

8월 8일 본사 위원회를 열고 강상호의 사회로 활동비, 회관 운영 등 현안 문제를 논의했다.[64] 그 결과, 분사장 책임 아래 의연금, 입사금, 월회비 등을 10월까지 징수하고, 각 지사가 300원씩 분담하여 회관 매수 대금 1,500원을 3개월 내에 납부하기로 결정했다. 그리고 각 분사에 남녀노소의 학습을 위한 야학 설치를 권장하기로 결의했다. 참석자들은 8월 7일과 8일 형평사 등이 후원한 북성회 주최 강연회에 대한 소감을 이야기하며 형평운동 지지 강연 내용이 좋았다는 의견을 나누었다.

8월 23일 비봉동 임시사무실에서 본사 위원회를 열어 하석금의 사회로 서기 선정, 서기 급료, 사원 일직 등 현안 문제와 함께 야학 개설에 대해 논의했다.[65] 야학은 대안동의 옛 건강진료소를 1,500원에 매수하여 이전하는 회관에 설치하기로 하고, 비용은 의연금으로 약정한 600여 원 가운데 그 달에 걷히는 것으로 충당하기로 했다. 그리고 야학 운영을 위한 강사 청빙과 교습 계획을 세웠다. 언론은 야학을 기대하는 남녀 아동이 수백 명에 달할 정도로 사원들의 교육 열의가 높다고 보도했다.

요컨대, 진주의 형평사는 본사를 진주에 둔다는 사칙대로 전국의 형평

---

63) 『조선일보』, 1923년 6월 30일.

64) 『조선일보』, 1923년 8월 18일.

65) 『조선일보』, 1923년 8월 29일.

운동을 이끄는 본사의 소임을 수행했다. 앞서 언급한 6월의 울산 사건, 8월 의 김해 사건,[66] 9월의 제천 사건[67] 등과 같이, 사원의 권리를 침해하거나 형 평운동에 반대하는 충돌 사건이 일어나면 본사 위원을 현지에 파견하여 진 상을 조사하며 전국적인 집단 대응을 주도했다. 그리고 사원 교육과 교양을 강조하며 각 지역에 야학 설치를 권고했다. 이와 같이 진주 형평사는 형평 사 창립 취지인 차별 철폐와 참사람을 실현하기 위한 방안을 제시하고 형평 사의 존재 이유와 형평운동의 필요성을 널리 알리며 전국의 형평사 활동을 이끄는 본사 역할을 수행했다.

아울러 진주 형평사는 지역 활동을 추진해야 했다. 이를 위해 회관을 마련하고 상근 활동가를 선임하여 교육을 위한 형평야학 설치, 직업 없는 사원들의 경제적 곤란을 타개하기 위한 인쇄업 경영 등 사원들의 권익 증진 방안을 추진했다. 그런데 인쇄업 경영 방안은 전통 산업에서 사원들이 겪는 어려움을 이해하지 못하는 것으로 인식되어 혁신 요구의 빌미가 되었다.

전국 본사 역할 수행과 지역 활동 추진이라는 이중적 책무는 진주 형 평사의 활동에 부담이 되었다. 제한된 인적 자원으로 효율성 문제가 생겼 고, 활동 목표와 방법의 분산으로 지역 사원들의 권익 보호 활동에 집중하 기가 어려웠다. 이런 상황을 타개하기 위해 진주본사는 10월에 진주지사를 설치하기로 결의했다.[68] 창립총회에서 지사장 하석금, 부지사장 정찬조, 총 무 하윤조, 회계 박재득·김점수, 평의장 강상호, 평의원 이학찬 외 14명의 임원을 선출했다.

그러나 진주지사는 경남 지역 사원들의 현안 문제를 담당하는 활동 중

---

66) 김해 사건의 자세한 경과는 김중섭, 위의 글(1994), 162-165쪽 참조할 것.

67) 『동아일보』, 1923년 9월 11일.

68) 『조선일보』, 1923년 10월 6일.

심이 되리라는 기대에 미치지 못했다. 활동가의 입장에서 본사와 지사의 업무 구분이 쉽지 않은 데다가 두 조직 업무를 모두 담당해야 하는 부담은 줄지 않았다. 게다가 진주 형평사는 지역 사회단체들과 대외적 협력을 유지해야 했다. 이것은 지역사회 구성원으로 형평사의 위상을 확립하며 형평운동의 성과를 높이기 위해 필요했다. 이와 같은 상황에서 본사와 지사의 분할은 처음 계획만큼 성과를 내지 못했다.

창립 때부터 시작된 형평사의 지역 활동 참여는 형평운동 발전에 긍정적으로 작용했다. 형평사는 창립 직후 5월 2일과 3일 진주공존회에서 주최하는 문화강연회에 후원 단체로 참여했다.[69] 공존회의 첫 번째 행사인 문화강연회는 대표 강상호의 개회사로 시작되었고, 신현수는 "계급을 타파하라"는 제목의 강연을 했다. 형평사 창립 요원인 강상호와 신현수가 조우제, 심두섭, 박봉의 등 지역 활동가들과 함께 5월 초에 진주공존회를 창립했기 때문에 두 단체의 협력은 자연스럽게 이루어졌다. 공존회는 함께 살아간다는 '공존(共存)'의 뜻으로 보아 창립 취지가 형평사와 비슷한 단체라고 짐작된다. 강상호와 신현수가 같은 시기에 비슷한 단체를 만들면서 형평사가 공존회 행사의 후원 단체로 이름을 올리며 존재를 과시한 것이다.

이와 같이 비백정 활동가들의 인연으로 형평사는 순조롭게 지역 활동을 시작하며 협력 관계를 이어갔다. 형평사는 6월 30일 하와이 학생 고국방문단의 진주 방문 환영회 결성에 발기단체로 참여했고,[70] 형평사 임원인 신현수, 이학찬, 하석금이 이 행사의 외무부 업무를 맡으면서 백정 출신 활동가들의 사회단체 활동 참여가 자연스럽게 이루어졌다.

형평사는 7월 25일 열린 재동경 진주유학생구락부의 진주고학생 기숙

---

69) 『조선일보』, 1923년 5월 9일.

70) 『조선일보』, 1923년 7월 7일.

사 건립을 위한 연극에 의연금을 기부했다.[71] 별도로 강상호, 이학찬, 화산 상회(천석구) 등도 기부했다. 그리고 7월 28일 일본 동경의 사상단체 북성회가 전국 순회강연으로 진주를 방문했을 때, 형평사는 청년회, 노동공제회 등과 함께 후원 단체로 참여했다.[72] 그리고 형평사 임원 장지필은 접대위원, 신현수는 사교위원, 강상호는 회계 업무를 맡아 환영 준비위원회에 참여했다.

8월에는 '어린이 날랜 곳'이라는 어린이 운동 단체가 개최한 야학 학생들의 소년가극대회에 『동아일보』·『조선일보』지국, 노동공제회, '어린이' 지사 등과 함께 후원 단체로 참여했고,[73] 10월에는 『조선일보』지국, '어린이'사와 함께 진주제1야학교 재정 문제를 해결하기 위한 가극회를 후원했다.[74]

1924년 1월 11일에는 진주에서 열린 경남노농운동자 신년 간친회 참석자 80여 명을 읍내 음식점에 초대하여 교류 모임을 갖고,[75] 1월 13일에는 이 집회에 참석한 송봉우, 정종명, 신철 등 유명 인사의 강연회를 개최하여 주민의 형평운동 이해를 도왔다.[76]

이와 같이 진주 형평사가 창립 초기부터 순조롭게 지역사회 활동에 참여하게 된 것은 창립 요원인 강상호, 신현수 등이 예전의 유대 관계를 활용하여 지역 활동과 연결한 덕분이었다. 그리고 지역 사회운동가들이 형평사 창립과 형평운동 발전에 호의적으로 지원해준 덕분이었다. 그러면서 형평

---

71) 『조선일보』, 1923년 7월 31일.
72) 『조선일보』, 1923년 8월 6일.
73) 『조선일보』, 1923년 8월 21일.
74) 『조선일보』, 1923년 10월 19일.
75) 『조선일보』, 1924년 1월 16일.
76) 『조선일보』, 1924년 1월 17일.

사는 순조롭게 진주 지역 사회단체 구성원으로 자리 잡았고, 형평운동은 지역 사회운동계의 한 부문으로 받아들여졌다.

요컨대, 창립 이후 진주 형평사는 전국 조직의 본사이며 지역 활동의 중심이라는 이중적 소임을 수행했다. 아울러 지역 사회운동의 일원으로서 성공적으로 자리 잡으며 지역사회 활동에 적극적으로 참여했다. 그런 와중에 1923년 하반기에 시작된 지도부의 파벌 대립은 진주 형평사의 전개에 커다란 영향을 미쳤다.

6. 파벌 대립과 진주 형평사

한반도 최남단에 위치한 형평사 창립지 진주의 지리적 이유로 활동하기 불편하다는 불만이 중부 지역 사원들로부터 나왔다. 그 바탕에는 진주본사의 활동 방침에 대한 불만이 있었다.[77] 사원들이 겪는 전통 산업의 문제를 해결하는 데 본사가 적극적이지 않다는 것이었다. 그들은 1924년 3월 형평사 혁신동맹회를 결성하고 서울에 사무실을 마련했다. 그러자 진주 활동가들은 그들을 분열주의자라고 비판하며 진주본사를 고집했다. 그 결과 형평사는 두 개의 본부 체제가 되어 대립했다. 혁신을 주장하며 본부를 서울로 옮긴 중부 지역 사원들은 '서울파'로, 본사를 그대로 진주에 두자는 경상도 사원들은 '진주파'로 불렸다. 그리고 지지 세력의 지리적 위치를 반영하여 북파와 남파, 또 활동의 지향성에 따라 혁신파와 온건파라고도 했다.

진주 형평사는 파벌 대립의 중심에 있었고, 파벌 대립에 따라 커다란 변화를 겪었다. 시간이 흐르면서 진주 형평사 내부에서 파벌 해소 노력이

---

77) 초기 파벌 대립에 대한 자세한 논의는 김중섭, 위의 글(1994), 135-159쪽 참조할 것.

생겨났다. 우선, 젊은 사원들이 노장층 활동가들의 파벌 대립에 편들지 않았다. 그들은 1924년 3월 31일 진주형평청년회를 창립하며 파벌 대립에 대한 비판적 입장을 표명했다.[78] 아울러 형평운동 발전과 진보적인 사회운동 단체와의 협력을 모색하며 전국적인 연대 활동을 추진했다. 4월 23일 서울에서 열린 조선청년총동맹 창립대회에도 참여하여 진주형평청년회 최창섭이 전형위원으로 선임되기도 했다.[79]

진주형평청년회는 전국 최초로 결성된 젊은 사원들 단체였다. 진주형평청년회 활동에 고무된 각 지역 젊은 사원들이 독자적인 형평청년회를 결성했다.[80] 지역 형평청년회는 젊은 사원들의 활동 중심이 되면서 형평운동에 활기를 불어넣는 중추 기관이 되었다. 지역 형평청년회들은 1925년 중반에 권역별 연대기구인 지역청년연맹을 결성했고, 12월에는 전국 조직인 형평청년연맹을 결성했다. 이와 같이 젊은 사원들이 참여하는 형평청년회는 1920년대 중반 이후 형평사의 핵심적인 하위 단체로 발전하며 중앙총본부 지도부의 한 축을 담당하는 주요 세력이 되었다. 그들은 1930년대 전반기까지 형평사의 진보적 활동을 주도하며 형평운동 전개에 커다란 영향을 미쳤다.

진주 형평사는 본사 위치와 혁신을 둘러싼 파벌 대립이 거세지자 4월 11일 임시의장 하석금의 사회로 임시총회를 열어 진주지사 체제를 지사장제에서 위원제로 변경했다.[81] 본사 역할을 수행하며 지역 활동을 이끌어가는 이중적 상황에서 효율성을 높이기 위해 집단 지도 체제와 업무 책임제를 반영한 위원제로 바꾼 것으로 보인다. 새 임원으로 서무부 신현수·김점수,

---

78) 『시대일보』, 1924년 4월 3일; 『조선일보』, 1924년 4월 4일.

79) 『조선일보』, 1924년 4월 25일.

80) 형평청년회에 대해 김중섭, 위의 글(1994), 203-208쪽 참조할 것.

81) 『조선일보』, 1924년 4월 15일.

재무부 이봉기·하경숙, 외교부 신현수·이학찬, 교육부 하윤조·이학찬, 정행부 박재득·하윤조, 조사부 정희찬 등이 선임되었다. 창립 때부터 활동해온 비백정 출신 신현수와 정희찬, 그리고 백정 출신 활동가들이 임원을 맡았는데, 강상호의 이름이 빠진 것이 주목되었다. 그즈음 진주파 지도자 강상호가 파벌 대립의 중심에 있었던 것과 무관하지 않다고 짐작된다.

형평사 안팎의 비판이 거세게 일어났지만, 파벌 대립은 쉽게 가라앉지 않았다. 결국 1924년 4월의 형평사 창립 1주년 기념식이 서울과 진주에서 따로 열렸다. 서울의 형평사 혁신동맹회에 대응하여 진주본사는 형평사연맹총본부로 명칭을 바꾸었다. 그리고 5월에는 분열의 책임이 서울의 혁신동맹회에 있다는 내용의 성명서 3만여 매를 전국의 형평사원과 사회단체, 멀리 일본의 유수 단체에까지 보냈다.[82]

그런 대립 속에서도 파벌 분열을 해소하기 위한 노력이 일어났다. 진주파 지도자 강상호는 본부를 서울이나 대전으로 이전하는 타협안을 제시하며 두 곳의 본부 체제를 종식시키자고 제안했다. 그러면서 5월 31일 전조선형평사 임시총회가 열릴 것이라는 언론 보도까지 나왔다.[83] 그런데 서울파 활동가들이 서류 이관을 위해 진주를 방문하는 중에 진주 사원들로부터 폭행을 당하는 불상사가 일어났다. 이 사건으로 양측의 불신이 깊어지고 서로 비방하게 되어 5월의 임시총회 계획은 무산되었다.[84]

진주 형평사는 파벌 대립을 겪는 와중에도 회관 건립과 지역사회 공헌 활동을 이어갔다. 5월 17일 임시총회에서는 진주 형평사가 본부 회관 대금을 부담하기로 결의했다.[85] 대금 확보를 위해 1개월간의 영업분을 기부하

---

82) 『조선일보』, 1924년 5월 28일.

83) 『시대일보』, 1924년 5월 25일.

84) 『조선일보』, 1924년 5월 28일; 5월 31일.

85) 『조선일보』, 1924년 5월 22일.

고, 부족분은 유지들의 기부로 충당하기로 했다. 그리고 제1공립보교와 제2공립보교에 기념품을 기증하기로 결의하고, 7월 5일 제2공립보교에 현미경을 기증했다.[86]

한편, 진주의 일부 활동가들은 7월 3일 이학찬 집에서 파벌 해소를 위한 '형평사 통일촉진회' 발기모임을 가진 뒤 7월 10일 창립총회를 열어 절대 중립의 입장에서 전조선형평사 통일을 위해 노력하기로 결의했다.[87] 그 방안으로 중간 지점에서 통일대회를 열 것을 쌍방에 교섭하기로 했다. 이 집회가 진주 사회운동가 김찬성의 사회로 진행되고 이학찬 집에서 열린 것으로 보아 진주 지역 활동가들과 형평사원들이 협력하여 파벌 해소 활동을 계획한 것으로 짐작된다. 이러한 노력을 통해 7월 23일 대전에서 서울파의 장지필, 오성환, 조귀용, 진주파의 강상호, 이학찬, 하석금이 회동하게 되었고, 8월 15일 대전의 통일대회 개최가 합의되었다.[88]

8월 15일 대전의 통일대회에서 진주본사의 서울 총본부 이전이 결정되었다. 이 통일대회는 역설적으로 진주본사 시대의 막을 내린 집회가 되었다. 형평사 창립과 1년여 동안 형평운동의 전국화를 이끌어온 진주 형평사는 더 이상 예전 같은 영향력을 가질 수 없게 되었다.

이런 상황에서 경남 사원들은 대전 통일대회와 서울 총본부에 대한 불만이 많았다. 특히, 혁신회를 주동한 장지필과 오성환에 대한 불만이 컸다. 진주를 비롯한 부산, 마산, 통영, 합천, 함안 등지의 경남 지역 사원들은 불

---

86) 『조선일보』, 1924년 7월 8일. 관련 자료는 찾을 수 없지만, 제1공립보통학교에도 기념품을 기증했을 것으로 짐작된다.

87) 『조선일보』, 1924년 7월 15일.

88) 『동아일보』, 1924년 7월 27일; 7월 31일; 『조선일보』, 1924년 7월 28일; 『매일신보』, 1924년 8월 6일.

과 10일 뒤인 8월 25일 마산에서 별도 모임을 가졌다.[89] 그들은 강상호와 함께 총본부 임원을 사임하기로 한 장지필이 백정 출신이라는 이유로 평사원 자격을 유지한 것을 비판하는 한편,[90] 혁신 활동을 주도한 오성환이 상무집행위원으로 선임된 것에 불만을 드러내며 총본부 업무에서 손 뗄 것을 요구했다.[91]

총본부는 경남 사원들의 요구에 부응하여 상무집행위원을 오성환 대신에 이경춘으로 교체했다. 강상호가 경남 사원들의 불만을 누그러뜨리며 화해를 시도했지만,[92] 파벌 대립의 여진은 쉽게 가라앉지 않았다. 진주파 사원들은 서울 총본부의 본사 서류 이관 요구를 거부하는 등 갈등 상황을 이어갔다.[93]

그런 가운데 10월 초 파벌 해소를 위해 장지필과 강상호를 총본부 상임집행위원으로 복귀시키자는 제안이 나왔다. 이에 진주파 활동가들이 거세게 반발하며 강상호가 진주파를 속이고 개인적으로 서울파와 내통한 것이라고 비난했다. 그들은 10월 6일로 예정된 전조선대회 개최도 서울파의 독단적 결정이라고 주장하며 본부를 계속 진주에 둘 계획이라고 밝혔다.[94]

파벌 대립의 여진은 1925년에도 계속되었다. 3월 12일 5시에 진주 형평사와 진주형평청년회는 평안동 회관에서 강상호 사회로 공동임시총회를 개최하고, 3월 14일 마산에서 열릴 예정인 전조선 형평유지단위원회(남선유지위원회)와 4월에 서울에서 열리는 전조선 민중운동자대회에 참가하기로 결

89) 『동아일보』, 1924년 8월 27일.

90) 『동아일보』, 1924년 8월 19일.

91) 『동아일보』, 1924년 9월 16일.

92) 『매일신보』, 1924년 10월 1일; 10월 4일.

93) 『동아일보』, 1924년 10월 11일; 10월 17일.

94) 『매일신보』, 1924년 10월 4일.

정했다.[95] 그리고 진주형평청년회와 진주청년회의 병합안은 보류하여 진주형평사 내의 청년회를 독자적으로 유지하기로 했다.

그날 저녁 8시에는 임시의장 정희찬의 사회로 조선형평연맹총본부 회의가 열렸다. 참석자들은 남선유지위원회 개최가 연맹총본부 사활의 문제라고 인식하여 오랜 시간 논의한 결과 경상도 지역 유지들이 개최하는 남선유지위원회에 참가하기로 결의하고, 정희찬, 강상호, 이학찬, 하석금, 신선준, 하경숙 6인을 참석 위원으로 선임했다.[96] 곧, 1924년 8월 대전의 통일대회 결의를 통해 사라진 파벌의 상징인 조선형평연맹총본부를 복원시키고, 경상도 지역 유지들 집회인 남선유지위원회를 지지한 것이다.

같은 날 연이어 열린 진주 형평사와 진주형평청년회의 공동임시총회와 형평연맹총본부 회의는 경남 지역 형평사의 복합적 상황을 반영하고 있다. 그들이 참가하기로 결정한 남선유지위원회는 경상도 형평사 유지들이 주도한 집회였다. 이 집회에 관한 자료가 없어 확인되지 않았지만, 이 집회를 마치고 돌아온 뒤 3월 23일 진주 형평사와 형평청년회가 개최한 긴급연합총회 내용은 시사하는 바 있다.[97] 참석자들은 마산 집회에 대한 대표자 보고를 들은 뒤 형평운동의 비행분자를 처리하기 위한 정행단 결성을 결의하고, 단장에 정희찬, 총이사에 이학찬을 선임했다. 파벌 대립을 벌일 때 상대방을 공격하는 용어인 '비행분자 처리'를 위한 단체를 결성한 것은 마산 집회와 무관하지 않다고 생각된다. 곧, 경상도 유력자들이 주최한 남선유지위원회는 갈등 관계에 있는 서울 중앙총본부를 비판하는 집회였을 것으로 짐작된다. 중앙총본부 임원들에 대한 경남 사원들의 불만은 쉽게 사라지지

---

95) 『조선일보』, 1925년 3월 15일.

96) 『동아일보』, 1925년 3월 16일.

97) 『조선일보』, 1925년 3월 28일.

않았던 것이다.

그런데 진주 형평사가 중앙총본부를 비판하면서도 서울의 사회운동
진영이 개최하는 전조선민중대회에 대표자를 파견하기로 결의한 것은 진
주 지역에서 형평운동을 독자적으로 이어가면서 사회운동계와의 연대를
유지한다는 입장을 보여주는 것이었다. 이것은 그 뒤 3월 30일 진주청년회
관에서 열린 경남민중운동자 간담회에서 "형평운동에 남북 분열을 조장시
키는 악분자를 박멸하고 남북통일을 촉진할 것"이라는 결의와 상통하는 것
이었다. 곧, 지역 활동가들은 진주 형평사와 중앙총본부의 갈등 상황에서
진주 형평사를 지지한 것이었다.[98]

이와 같이 창립 초기의 파벌 대립 여진은 경남 지역, 특히 진주에 계속
남아있었지만, 한 달 뒤 4월에 열린 정기 전국대회가 양측의 협력 아래 순
조롭게 진행된 것으로 미루어보아 진주 사원들의 불만과 비판이 전국적인
파장을 일으키지 않았다고 짐작된다. 전국대회에서 선임된 총본부 중앙집
행위원의 출신 지역이 균형 있게 분포되면서 형평사는 지역 활동가들의 연
합체 성격이 더욱 강화되었다. 진주에서는 강상호와 이학찬이 중앙집행위
원으로 선임되었다.

파벌 앙금이 간헐적으로 나타나는 1925년 진주 형평사는 지역 단체와
유대 관계를 유지하면서 협력 활동을 순조롭게 이어갔다. 2월 9일과 10일
진주유아원 주최로 열린 신구음악연주회에서 하석금과 이학찬이 의연금을
기부했고,[99] 3월 9일 진주 형평사와 형평청년회는 진주노동공제회, 진주청
년회, 동우사 등과 함께 해방운동단체연합회를 개최하여 서울청년회를 전

---

98) 『조선일보』, 1925년 4월 2일.
99) 『조선일보』, 1925년 2월 14일.

해방전선에서 제척할 것을 결의했다.[100] 중앙 사회운동 진영의 주도권 다툼 과정에서 화요회가 전조선민중운동자대회 개최를 발표하자, 이에 대항하여 서울청년회가 반대단체 연합집회를 계획했는데, 진주 형평사는 진주의 사회운동 단체들과 함께 화요파 지지를 공개적으로 표명한 것이다. 이렇게 중앙 사회운동 진영의 대립에 대해 적극적으로 입장을 밝혔지만, 진주 형평사는 특별히 진보적 성향을 보이지는 않았다.

5월에 들어와 진주 형평사의 시급한 과제는 소고기 공급을 둘러싸고 벌어진 주민과의 갈등 해결이었다. 형평사원들이 우육 판매권을 갖고 있었는데, 고깃값이 비싸고 불친절하다는 이유로 오태익 등이 별도의 공동구매조합을 조직하여 5월 25일부터 조합원에게 소고기를 공급하기 시작한 것이다.[101] 이에 형평사원들이 반발하여 구매조합 측과 다툼이 일어났다. 형평사 집행위원 강상호는 구매조합 배후에서 일본 사람이 실권을 갖고 조종한다고 의혹을 제기했다.

진주 형평사는 6월 8일 대안동 회관에서 총회를 열고 공동구매조합에 대한 대책을 논의했다.[102] 구매조합 설립은 사원들의 생계를 위협하는 것이라는 인식 아래 구매조합원에게 소고기를 팔지 않기로 하며 철저하게 대항할 것을 결의했다. 참석자 일부는 백정이라는 이유로 구매조합 설립에 참여가 허용되지 않았다고 주장하며 차별 문제를 제기했다.

6월 11일 도축장 도부들이 동맹 파업을 벌여 구매조합을 압박했다. 그러자 구매조합도 휴업할 수밖에 없었다.[103] 이렇게 사원들이 단결하여 대응함으로써 권익을 지킬 수 있었지만, 형평사는 일본인을 비롯한 구매자 집단

---

100) 『조선일보』, 1925년 3월 13일.

101) 『동아일보』, 1925년 5월 28일.

102) 『조선일보』, 1925년 6월 13일; 『시대일보』, 1925년 6월 14일.

103) 『동아일보』, 1925년 6월 14일.

이 조직적으로 우육 판매권을 위협했다고 생각하면서 자신들의 권익이 도전받았다고 인식했다.

8월에 형평운동 역사상 최대의 충돌인 예천 사건이 일어났다.[104] 전국의 형평사 조직과 사회운동 단체들이 대대적으로 분기하며 사건을 일으킨 반형평운동 세력을 규탄했다. 진주 형평사의 대응은 알려진 바 없지만, 9월 9일 열린 임시총회에서 이 사건을 논의했을 것으로 짐작된다.[105] 이 회의에서 위원장 신현수, 서무부 이학찬, 경리부 신선준·하석금, 조사부 김점수·하윤조, 산업부 정찬조·이봉기, 교육부 하경숙·박효득 등의 임원이 선임되었다. 다음 날 열린 임원회에서 서울의 전조선형평사대회에 출석할 대표자로 신현수와 이학찬을 선임했다. 그들은 예천 사건으로 강화된 경찰 통제로 늦어져서 9월 15일에 열린 임시전국대회에 참석했다.[106]

이후 진주 형평사 활동에 관한 언론 보도가 크게 줄어들었다. 창립 초기 진주 형평사 활동은 전국적으로 주목을 받았지만, 중앙총본부의 서울 이전 이후에는 전국 차원에서 주목받을 만한 활동이 없었기 때문이라고 생각된다. 게다가 대표적인 활동가인 강상호나 신현수가 지역 활동에 치중하며 형평운동에는 소강상태를 보였다. 그들은 1924년 초 일본인 거류민 유력자 시미즈의 저울 부정 사건 규탄 활동, 1924년 말과 1925년 초 경남도청 이전 반대 활동, 1925년 4월 개교한 일신여고보 운영을 둘러싼 활동 등 지역사회 쟁점에 적극적으로 참여했다.[107] 그리고 신현수는 1923년, 1926년, 1931년 등 주기적으로 치러지는 진주면협의회 의원 선거에 출마했다.[108] 그는 주로

104) 예천 사건에 대해 김중섭, 위의 글(1994), 169-179쪽 참조할 것.

105) 『동아일보』, 1925년 9월 15일.

106) 『동아일보』, 1925년 9월 7일.

107) 강상호의 행적에 관해 이 책 8장 참조할 것.

108) 『동아일보』, 1923년 11월 24일; 『조선일보』, 1926년 11월 21일; 1931년 5월 20일; 5월 24일.

친일 세력이 맡는 이 직책에 출마하여 당선될 정도로 활동 영역이 넓었다. 그들의 폭넓은 지역사회 활동 덕분에 진주 형평사는 창립 초기부터 다른 사회단체와 순조롭게 협력했지만, 그들이 형평운동에만 전념하지 않으면서 진주 형평사 활동은 다소 침체되는 경향을 보였다. 게다가 총본부가 서울로 이전하면서 진주 활동가들의 총본부 활동 참여도 저조하게 되었다.

7. 1926년 이후의 진주 형평사

1926년 형평운동은 전성기로 평가받을 만큼 활발하게 활동했다. 지역 조직과 하위 단체가 늘어나 활동이 전국적으로 확산되었고, 새로운 선언과 강령을 채택하여 인권운동의 영역을 확장하고 사회적 연대를 강화하며 사회운동 단체와의 협력을 추진했다. 그러나 진주 형평사의 활동은 예년보다 침체된 모습을 보였다. 특히, 1920년 후반기에 진주 형평사는 중앙총본부와 간헐적으로 대립하며 형평운동 발전을 가로막는 상황을 만들어냈다.

1926년 4월 강상호, 신선준, 하석금, 신현수, 이학찬 등 진주 형평사 핵심 활동가들은 형평사 경남대회 개최를 계획했다.[109] 대회 목적을 "경남 각지에 산재한 형평사 분사 사원의 결속을 공고히 하고 보조를 일치하야 힘차게 운동선을 정리하기 위한 것"이라고 내걸었다. 경남 지역 사원들이 단결하여 형평운동을 더욱 힘차게 하자는 것이었지만, 파벌 대립의 우려가 되살아났다.

4월 10일 진주 형평사 회관에서 형평사 경남대회가 개최되었다.[110] 강

---

109) 『조선일보』, 1926년 3월 28일.
110) 『매일신보』, 1926년 4월 14일; 『조선일보』, 1926년 4월 15일.

상호의 사회로 선언과 강령을 채택하고, 인권 증진, 실력양성, 회의 소집 방법, 사회단체 관계 등의 안건을 토의한 뒤 형평사 경남연맹을 창립했다. 그리고 임원으로 간사 신현수, 위원 박연수·이상윤·여해(이상 마산), 박성대(함안), 황삼개(합천), 신선준·강상호·이학찬(이상 진주) 등을 선임했다. 임원에 경남 지역의 유지들이 망라되었지만, 부산지부 관계자의 불참이 눈에 띄었다.

형평사 경남연맹의 창립 이후 활동은 알려진 바 없다. 독자적으로 경남 조직을 만들었지만 실질적인 성과를 내지 못한 채 유명무실해지면서 파벌 대립도 크게 드러나지 않았다.

경남대회 직후인 4월 25일 서울에서 열린 정기 전국대회에서 경남 출신으로 장지필과 신현수가 중앙집행위원으로 선출되었다. 장지필은 실제로 서울에서 활동한다는 점을 고려할 때 경남 출신은 신현수뿐이었다. 중부권 사원들이 총본부 활동을 주도하는 상황에서 경상도 활동가들의 참여가 크게 줄어든 것이다.

1927년 초에 독립운동 목적의 고려혁명당 사건이 알려졌다. 장지필을 비롯한 중앙총본부 핵심 활동가들이 일제 경찰에 체포되었다. 관련자 가운데 진주 활동가는 없었다. 강상호는 언론 인터뷰에서 이 사건에 관계 없이 형평운동을 계속하겠다고 밝히면서 무관함을 암시했다.[111]

1927년 진주 형평사나 활동가들은 지역 활동에 치중했다. 형평사 대표자들은 4월 7일 진주청년회, 노동공제회 등 12개 단체 대표자 20여 명과 함께 진주노동공제회 회관에서 열린 사회단체협의회 결성에 참여했다.[112] 신현수는 조우제, 김연호, 김찬성, 김장환 등과 함께 간사로 선임되었다.

1925년 개교한 이래 일신여고보 이사회가 계속 분규에 휩싸였는데, 이

---

111) 『조선일보』, 1927년 1월 26일.
112) 『조선일보』, 1927년 4월 12일.

를 해결하기 위한 시민 활동에 강상호와 신현수가 적극적으로 참여했다. 1927년 5월 일신여고보 이사회에서 일어난 신현수와 이사들 간의 충돌이 언론에 크게 보도되기도 했다.[113] 강상호는 9월 신간회 진주지회 창립에 참여했다.[114] 그리고 형평사와 형평청년회는 12월 11일 만주 동포에 대한 중국 관헌의 압박에 반대하는 '재만동포 옹호 진주동맹' 결성에 참여했다.[115] 이 단체 준비위원으로 강상호가 형평사 대표로 선임되었으나 형평청년회 대표는 미정이라고 보도되었다.

이와 같이 1927년에 지역사회 활동에 치중하며 중앙총본부 활동에는 참여하지 않던 진주 형평사 활동가들은 1928년 3월 독자적인 경남 조직 결성을 다시 시도했다. 진주 형평사는 3월 13일 부산과 마산 형평사와 함께 마산 음식점에서 형평사 경남 각 군 대표자대회를 주최했다.[116] 진주의 강상호, 이학찬, 하석금을 포함한 경남 24군 대표 64명이 참석했다.[117] 임시의장 강상호의 취지 설명 후 대회 준비 경과보고를 하고, 경남북 통일대회를 형평사 창립기념일인 4월 25일 개최하기로 결의했다. 그리고 준비위원 및 교섭위원으로 이성순(부산), 강상호(진주), 박유선(마산), 유화선(밀양), 손익삼 5인을 선임했다. 1926년의 경남연맹 결성 때와 달리, 부산 대표자 이성순이 참석한 것이 주목되었다.

강상호와 이성순의 주도로 경남 지역 유지 집회가 열리면서 파벌 대립의 재연이 우려되었다. 특히, 4월 25일 정기 전국대회와 같은 날 경남북통

---

113) 『조선일보』, 1927년 5월 22일. 1927년 5월 17일에 열린 이사회에서 신현수의 발언권 요청을 이사장 김현국이 비난하고 이사들이 신현수를 난타하여 회의장이 아수라장이 되었다고 보도했다.

114) 『조선일보』, 1927년 9월 20일.

115) 『중외일보』, 1927년 12월 14일.

116) 『동아일보』, 1928년 3월 16일; 『조선일보』, 1928년 3월 17일.

117) 『조선일보』, 1928년 3월 10일; 『동아일보』, 1928년 3월 11일.

일대회를 개최하기로 결의한 것은 중앙총본부에 대한 도발로 여겨졌다. 심지어 이 집회 안건에 "형평사 중앙총본부 모 간부의 부정행위에 관한 건"이 상정되었다. 결국 논의가 보류되었지만, 총본부 임원, 특히 장지필에 대한 비판 분위기가 있음을 보여주었다.

이성순과 강상호의 유착은 이후 형평운동 전개에 가져올 커다란 변화의 서곡이었다. 그들은 반복하여 장지필 등 총본부 임원들을 비난하며 총본부와 대립했다. 이러한 배경에서 열린 마산 집회에 대해 중앙총본부가 거세게 반발했다. 3월 27일 중앙집행위원회를 열어 이 집회를 총본부의 허락을 받지 않은 의도적인 반동 악질분자 행동이라고 규정했다.[118] 그리고 4월 25일 개최를 결의한 경남북형평대회 준비회의 즉시 해산을 명령했다. 고려혁명당 사건으로 장지필, 조귀용 등 핵심 임원들이 투옥되어 있는 상황에서 경남형평대회 개최를 계획한 것에 대해 전국의 사원들이 크게 분노하며 마산 집회를 분파 행동이라고 규정했다. 심지어 경기도 안성분사는 4월 3일 긴급회의를 열어 소위 경남형평대회를 형평운동을 혼란시키려는 강상호 일파의 의도적인 반동 행위로 규정하고 철저히 박멸할 것을 만장일치로 가결했다.[119]

한편, 3월의 마산 대표자회의가 열린 날 경남 지역의 형평운동에 의미 있는 별도 행사가 있었다. 젊은 사원들이 오후 3시 반에 마산 벽송여관에서 형평청년 경남도연맹 발기회를 개최한 것이다.[120] 부산, 마산, 창원, 김해, 밀양, 진주, 통영, 사천, 산청, 동래 등 10개 형평청년단체 대표 22명이 참석한 이 집회에서 경남도 형평청년연맹 창립을 결의하고 준비위원으로 박연

118) 『중외일보』, 1928년 3월 27일; 3월 30일.

119) 『조선일보』, 1928년 4월 12일; 『동아일보』, 1928년 4월 13일.

120) 『조선일보』, 1928년 3월 17일.

수 외 14명을 선임했다. 준비위원 가운데 박구준, 박성화, 이명록, 이용수, 김평오 5인을 상무위원으로 선임했다. 이들은 주로 마산 출신 활동가들이었다. 마산의 젊은 활동가 박경식과 이명록은 나중에 중앙총본부에서 활동하며 형평운동의 진보적 활동을 이끌었고, 1933년 일제 경찰의 조작 사건인 형평청년전위동맹 사건에 연루되어 복역하기도 했다.[121]

진주의 젊은 활동가들이 경남도 형평청년연맹에 참여한 기록을 찾을 수 없다. 전국 최초로 형평청년회를 창립한 진주 활동가들이 전국이나 지역의 형평청년연맹 조직에 적극적으로 참여한 것 같지는 않다. 또 형평사의 진보 세력이 주도한 해소론 논쟁이나 형평청년전위동맹 사건에 관여한 증거도 찾을 수 없다. 이런 점으로 미루어 진주의 젊은 사원들이 형평사 내 진보적 활동에 적극적으로 참여하지 않았다고 짐작된다.

총본부와 여러 지역 사원들이 반발했지만, 경남북 통일대회는 4월에 계획대로 추진되었다. 강상호 중심으로 진주의 일부 활동가들은 서울에서 정기 전국대회가 열린 4월 25일에 독자적으로 형평사 5주년 기념식을 가졌다.[122] 하석금의 사회로 진행된 기념식에서 강상호는 과거의 역사와 현재 상황, 장래 방침 등에 관한 의미심장한 내용의 식사를 했고, 진주농민조합 강두석, 진주청년동맹 강수영 등이 축사를 했다. "형평운동의 의의와 현 과정"이라는 제목의 합천 김종규의 연설은 임석경관으로부터 금지당했다. 이처럼 경남 지역의 일부 사원들과 사회운동가들은 중앙총본부와 대립하는 진주 형평사를 지지했다. 나중에 자세하게 살펴보겠지만, 진주 형평사 활동가들이 모두 총본부와 대립하는 입장은 아니었다.

4월 28일, 경남북형평대회가 예정보다 사흘 늦게 밀양에서 개최되었

---

121) 형평청년전위동맹 사건에 관해 김중섭, 위의 글(1994), 279-285쪽 참조할 것.

122) 『동아일보』, 1928년 4월 28일.

다. 강상호로 대표되는 진주 형평사의 주최 측은 대회 개최 이유로 다음 세 가지를 들었다.[123] 첫째, 형평운동이 일어난 지 6년이 되었으나 유명무실한 현실인데, 그 원인이라고 볼 수 있을 흑막을 밝혀야 한다. 둘째, 서울의 형평사 중앙총본부를 존중하지만, 위원은 전부 불신임한다(이유는 대회장에서 발표). 셋째, 총본부 위원이라는 미명 아래 지방 각지를 돌아다니며 지역 단체를 정신적·물질적으로 위축시켜 지방운동이 침체되었으니 우리 지방 세포단체의 부흥을 위해 노력한다. 진주 형평사가 내세운 세 가지 이유는 모두 서울 총본부 임원들을 불신임하며 비판하는 것이었다.

이렇게 중앙총본부와 대립각을 세우며 개최된 밀양 집회에서 경상형평연맹이 결성되었다.[124] 다음 날 임시의장 강상호의 사회로 경상형평연맹 집행위원회가 열려 유지비, 도 및 군 교섭위원 선정, 중앙총본부에 경고문 발송, 경상도 지역에 순회위원 파견과 형평분사 조직 등을 논의했다.[125] 총본부에 대항하며 독자적인 경상도 지역 활동을 추진한 것이다. 회의 중에 강상호 송덕비 건립이 제안되었지만, 강상호의 완고한 반대로 기념품 증정으로 대체하기로 했다. 이것은 강상호의 헌신과 경남의 독자적 활동에 대한 경남 유지들의 확고한 지지를 보여주었다. 그리고 임원으로 집행위원장 이성순과 서무부 이성순·이용수·이명록, 교양부 김경삼·박범준·황삼개, 사교부 강상호·강용생, 경리부 손익삼·이성순·김경운, 조사부 김팔원·박성대 등의 집행위원을 선임했다. 이성순과 강상호의 지도체제가 만들어진 것이다.

그런데 강상호를 제외하고 어느 진주 활동가들도 임원진에 포함되지

---

123) 『동아일보』, 1928년 4월 17일.

124) 『동아일보』, 1928년 5월 1일. 같은 날 밀양청년회관에서 열릴 예정이었던 경남도 형평청년연맹 결성식이 경찰 탄압으로 무산되면서 진보적 젊은 사원들의 경남 조직 결성은 좌절되었다.

125) 『동아일보』, 1928년 5월 1일.

않았다. 그즈음 총본부 활동에 적극적으로 참여한 신현수는 경상형평연맹에 참여하지 않은 것으로 보인다. 요컨대, 강상호가 진주 형평사 주최라고 내걸고 집회를 열어 경상형평연맹 결성을 주도했지만, 진주 형평사 활동가들이 모두 협력한 것은 아니었다. 곧, 경남 유지 중심의 경상형평연맹이 중앙총본부와 갈등을 빚는 상황에서 진주 사원들이 모두 총본부에 반대한 것은 아니었다.

밀양 집회에서 교섭위원으로 선임된 강상호, 이성순, 김경삼 3인은 5월 4일 경북지사와 경남도 경찰부장, 관계 과장을 잇달아 방문했다.[126] 그들은 각 군 축산계에서 경영하는 건피장을 앞으로 각 지방 형평사원이 경영하는 것이 최적이라는 의견을 제시했다. 피혁상인 부산의 이성순과 대구의 김경삼은 경상형평연맹 대표로 관청을 방문했지만, 자신들의 경제적 이익에 직결된 방안을 제안한 것이다. 이에 대해 담당자들은 도의 방침에 따라 가부를 결정하겠다고 즉변을 피했다.

경상형평연맹은 중앙총본부와 별도로 독자적인 활동을 통해 지역 영향력을 확대하며 경제적 이익을 모색했지만, 관청 방문을 제외하고 별다른 활동 기록이 없다. 1920년대 말 세계 경제공황으로 사원들이 경제적 곤란을 겪으며 형평사 활동이 빠르게 위축되는 상황에서 경상형평연맹도 활동하기가 어려웠을 것이다. 그렇지만, 이 조직 결성으로 되살아난 파벌 대립 앙금이 형평운동의 위축을 가속화시킬 것이라는 우려가 형평사 내에 확산되었다.

총본부는 파벌 갈등의 재연을 경계하며 1929년 10월 28일 천안에서 파벌 극복을 위한 남북통일회를 개최했다. 중앙총본부의 조귀용, 길순오, 장지필, 진주의 신현수 등 남북 유력자 수십 명이 참석했다. 이 회의에서 고

---

126) 『동아일보』, 1928년 5월 6일.

려혁명당 사건으로 감옥에 갔다가 무죄로 풀려난 장지필의 총본부 상무위원 복직, 진주 활동가 신현수의 형평운동 통일을 위한 경남 순회위원 활동, 1929년 창간된 형평사 기관지 『정진』의 계속 발간을 결의했다.

1928년 4월의 밀양 경남북형평대회에 참석하지 않았던 신현수는 1929년 즈음 중앙총본부 활동에 적극적으로 협조한 것으로 보인다. 진주지부는 10월 30일 위원회를 개최하여 천안 집회에 참석한 신현수의 보고를 듣고 남북통일을 환영하는 축하연을 가졌다.[127] 그리고 천안의 남북통일회 결의에 따라 신현수는 남북 파벌 대립의 극복 방안을 논의하기 위해 11월 15일 부산지부 활동가들을 만났다.[128]

부산지부에 모인 진주 신현수, 부산 이성순, 밀양 유화선 등 경남 각 지역 대표자 40여 명은 남북 분열의 타파를 위해 12월 3일 대구에서 전조선 형평사 유지대회를 개최하기로 결의했다. 그리고 대구 집회 준비위원으로 장지필, 강상호, 이성순, 김경삼, 신현수 등 각 파벌 대표자를 선임했다. 그러나 당사자들이 모두 준비위원을 승낙했는지는 의문이다.

이런 상황에서 11월 22일 강상호가 부산으로 가서 이성순을 만날 계획이라는 내용이 언론에 보도되었다.[129] 형평운동 선상에서 인연이 많은 두 사람의 회합 자체가 언론의 주목을 받은 것이다. 그 뒤 12월 3일로 계획된 경상도 지역의 유지대회가 열리지 않은 것으로 보인다. 정확한 이유는 알려지지 않았지만, 부산의 이성순과 대구의 김경삼이 협조하지 않는 상황에서 집회 개최가 어려웠을 것으로 짐작된다. 그런 상황에서 신현수는 12월 24일 열린 중앙총본부 중앙상무집행위원회에서 경상도 담당 전국 순회위

---

127) 『동아일보』, 1929년 11월 3일.

128) 『동아일보』, 1929년 11월 20일; 『중외일보』, 1929년 11월 18일; 11월 21일.

129) 『중외일보』, 1929년 11월 18일.

원으로 선임되었다.[130] 침체된 지역 조직의 활성화를 위해 계획된 전국 순회였다.

중앙총본부에 협조하며 형평운동의 활성화를 도모한 신현수는 이듬해 1930년 4월 25일 서울에서 열린 제8회 정기 전국대회에서 상무집행위원으로 선임되었다. 이날 강상호는 진주지부 회관에서 열린 창립 8주년 기념식에서 사회를 맡아 집회를 이끌었다.[131] 서울의 전국대회에 참석하지 않고 같은 날 진주 행사를 주도하는 것 자체가 총본부에 대립하는 모습으로 비추어졌다.

서울의 정기 전국대회에서 결의된 각 도 연합회 설치 방침에 따라 마산지부와 진주지부 연합으로 주최한 경남도연합회 설치 발기준비회가 5월 8일 진주지부에서 열렸다.[132] 참석자들은 6월 1일 경남도연합회 설립대회를 진주지부에서 열기로 결의하고, 준비위원장 박유선, 위원 조우제, 이학찬, 신현수, 정찬조, 이상윤, 이봉기, 김점수, 하석금, 강수영을 선임했다. 진주와 마산의 핵심 활동가들이 망라된 모양새였다. 그런데 준비위원 명단에 강상호는 없었다. 경남도연합회 결성을 반대하는 부산의 이성순과 유착 관계에 있던 그가 의도적으로 참여하지 않은 것으로 짐작된다.

이성순이 이끄는 부산지부는 경남도연합회 설립대회 준비회를 부정하며 6월 1일 대회에 참석하지 말라는 내용의 공문을 경남 각 지부에 발송했다.[133] 그러자 경남도연합회 준비회 측은 연합회 결성이 진주지부의 개별 행동이 아니라 총본부의 합법적인 결정에 따른 것이라는 내용의 성명을 발표하며 대응했다. 중앙총본부도 5월 17일 제2회 상무집행위원회를 개최하

130) 『동아일보』, 1929년 12월 28일.

131) 『조선일보』, 1930년 5월 4일.

132) 『중외일보』, 1930년 5월 12일; 『조선일보』, 1930년 5월 23일.

133) 『중외일보』, 1930년 5월 20일.

여 경남을 비롯한 충남, 강원도 연합회의 합법성을 승인하며 도 연합회에 파견할 대표자를 선임했다. 그리고 경남연합회 반대 공문을 각지에 발송한 부산지부의 반동 건을 논의하여 부산지부에 반대 행동 중지를 요구하는 공문을 발송하기로 결의하고, 이에 불응할 때는 반동으로 간주하여 박멸하겠다고 경고했다.[134]

부산지부의 방해가 있었지만, 경상남도 연합회 준비회 측은 예정대로 6월 1일 진주좌에서 연합회 창립대회를 개최했다.[135] 조우제의 사회로 대표원 자격 심사 및 점명, 경과보고, 준비회 결산보고를 진행한 뒤, 임시집행부 선거를 통해 의장 박유선, 부의장 조우제, 서기 강수영·박경식을 선출하여 도 연합회 유지 방침, 우피건조장 사원 경영, 부산지사 반동분자, 전형위원 선거 등을 논의하고, 위원장 박유선, 서기장 이명록, 위원 이상윤, 하석금, 이학찬, 박범준, 박경식, 최학수, 신현수, 임치홍, 박성대, 김기평, 이봉석, 이복득, 장경삼, 김기봉, 김수만 등 임원을 선출했다. 그리고 각 지역 순회위원으로 김기평, 이명록, 이옥천, 박성대, 장양몽, 최학수, 신현수, 하석금, 김수만, 임경도, 박치홍, 손익삼 등을 선임하고, 경남도연합회 사무실을 마산에 두기로 하고, 예산액 1,077원 62전을 확정했다.

경남도연합회 임원진 구성을 보면, 경남 각 지역 유력자가 망라된 것이 돋보였다. 위원장 박유선, 서기장 이명록, 위원 이상윤·박경식은 마산출신의 활동가들이었다. 진주 형평사에서는 하석금, 이학찬, 신현수 등 초기부터 형평운동에 참여한 활동가들이 위원으로 선임되었다. 이 밖에 최학수(영산), 이옥천(김해) 등 각 지역의 활동가들이 임원으로 참여했다.

위원장 박유선은 마산에서 큰 정육점을 경영하는 백정 출신의 유지

---

134) 『중외일보』, 1930년 5월 20일.

135) 『조선일보』, 1930년 6월 6일.

였다. 그는 1923년 5월 형평사 창립 축하식 직후 본사 위원으로 선출된 이래 형평운동에 적극적으로 참여했다. 1930년부터 경남도연합회 위원장으로 활동했으며, 1933년 4월의 제11회 정기 전국대회에서 총본부 중앙집행위원으로 선출된 형평사의 이름난 활동가였다.[136] 그의 아들 박연수와 손자 박경식도 지역 형평사뿐만 아니라 전국 활동에 적극적으로 참여한 형평운동가였다. 박경식은 일제가 조작한 형평청년전위동맹 사건에 연루되어 복역하기도 했다.

이와 같이 위원장, 서기장 등 대표적 임원을 마산 사람이 맡고, 사무실을 마산에 설치한 것에서 보듯이 1930년 6월 형평사 경남도지부 연합회가 결성될 즈음 경남의 형평운동은 자연스럽게 마산 중심으로 전개되었다. 그런 만큼 진주 형평사의 영향력은 줄어드는 양상이었다.

경남도지부 연합회는 8월 10일 경남지부 순회 특파원으로 이명록, 이복득, 박경식을 선임하고 산업별 조직을 갖추는 한편, 부산지부에 절연장을 보내기로 결의하는 등 활동을 이어갔다.[137] 이듬해 1931년 5월 24일 제2회 정기대회가 의령청년동맹 회관에서 열렸다.[138] 임원으로 위원장 박유선, 서기장 이명록, 서기 박경식, 조직재정부장 이복득 외 2인, 교육출판부장 박경식 1인, 사회정위부장 최학수 외 1인, 생활보장부장 이군일 외 1인이 선출되었다. 진주 활동가들의 임원 선출 여부는 확인되지 않았다.

이날 회의장에서 강상호는 "형평운동의 교란분자로 총본부에서 제명되었다"는 이유로 대의원 자격을 얻지 못했다. 그 뒤에도 그는 단상에 올라가 내빈 축사 형식으로 연설을 시도했지만, 참석자들의 반대와 야유 속에서

---

136) 『조선일보』, 1933년 4월 27일; 『조선중앙일보』, 1933년 4월 28일.

137) 『조선일보』, 1930년 8월 23일.

138) 李양코(이동환), 「衡平社 慶南道支部 聯合會를 보고」, 『批判』15(3·4), 1931, 73-75쪽.

하단해야 했다. 해소론을 둘러싸고 진보 세력과 온건 세력이 대립하는 회의 분위기에서 진주 대의원들이 강상호를 옹호하며 축사 기회를 줄 것을 요청했지만, 강상호에 대한 참석자들의 적대감을 누그러뜨릴 수 없었다.

이후 1930년대 전반기에 형평사는 1931년 해소론 갈등, 1933년 형평 청년전위동맹 사건, 1935년 대동사 개칭 같은 격변을 겪었다. 그 시기의 진주지부 활동은 흔적을 찾을 수 없다. 형평운동이 급격하게 퇴조하는 가운데 활동을 지속하기가 쉽지 않았을 것으로 짐작된다. 경남도연합회 활동을 둘러싼 갈등이 진주 형평사의 침체를 가속화했을 가능성이 있지만, 관련 자료를 찾을 수 없다.

진주 형평사가 정확하게 언제 활동을 중단했는지, 또 해체되었는지 확인할 길이 없다. 1935년 4월 대동사로 개칭되기 전에 진주 형평사가 활동을 중단하거나 해체되었을 가능성도 배제할 수 없다. 만약 그랬다면 대동사 진주지부가 만들어지지 않았을 가능성도 있다.

이와 같은 추론은 강상호와 신현수가 1930년대 초에도 활발하게 지역 활동을 이어간 것에서도 설득력을 갖는다. 강상호는 1930년 진주 지역의 전기요금 인하 활동 등에 참여했고,[139] 신현수는 1931년 관변조직인 부읍회 위원 선거에 출마하여 당선되었다.[140] 이렇게 지역 활동을 하면서 그들이 진주 형평사 활동에 참여한 흔적은 찾을 수 없다. 그렇기 때문에 대동사로 변화하는 시기에 진주 형평사는 활동을 중단한 것으로 추론된다. 단지, 이익집단으로 변질되고 친일 부역 단체로 전락한 대동사 부위원장을 맡아 활동한 강상호의 행적은 진주 형평사와의 조직적 연계성 없이 이루어진 것

---

139) 자세한 내용은 이 책 8장 참조할 것.
140) 『조선일보』, 1931년 5월 20일; 5월 24일.

이라고 짐작된다. [141]

8. 맺음말

지금까지 두 가지에 초점을 맞추어 진주 지역의 형평운동을 살펴보았다. 하나는 형평사 창립 과정을 종합적으로 재검토했고, 다른 하나는 진주 지역의 형평사 활동을 파악했다.

우선, 지금까지 알려진 형평사 창립의 '비백정 주도설', '이학찬 불만설', '신현수 제안설'의 불충분한 점을 따져보고, 진주 지역의 역사적·사회적 요인이 형평사 창립과 형평운동 발전에 복합적이며 역동적으로 작용했다는 것을 살펴보았다. 특히, 진주 지역 역사와 사회적 경험에 나타난 사회적 구속성, 사회적 허용성, 새 사상의 퍼짐이라는 요소가 작용했다는 것을 강조했다.

요컨대, 조선 시대의 신분제 사회에서 오랫동안 백정이 겪어온 차별과 억압, 백정 해방을 위한 간헐적인 투쟁과 그에 대한 억압, 백정의 경제적 역량 증대, 혈연, 직업, 거주지 등으로 맺어진 옛 백정의 연대와 결속력, 그리고 3.1운동 이후 확산된 사회운동 경험과 사회개혁 분위기, 그러한 사회 활동을 이끌어갈 인적 자원 증대 등이 형평사 창립과 형평운동 발전에 주요하게 작용했다는 것을 논의했다. 이와 같은 역사적·사회적 경험에 기반한 옛 백정의 적극적인 지지와 참여, 그리고 3.1운동 이후 생겨난 사회개혁 단체 활동가들의 협력과 연대가 형평사 창립과 발전의 주요 요소였다는 것을 확인했다.

---

141) 강상호의 대동사 활동에 대해 이 책 8장 참조할 것.

진주 지역의 형평사는 1923년 4월 전국 최초로 백정 해방 단체로 창립된 뒤 형평운동의 취지를 전파하고 전국으로 조직을 확대하며 활동의 확산을 이끄는 본사의 소임을 수행했다. 창립 때 정해진 사칙대로 진주에 소재한 본사는 전국의 형평운동을 이끌며 형평운동 반대 활동에 적극적으로 대항했다. 다른 한편, 진주 형평사는 지역 사원들의 권익을 위한 지역 형평사의 소임을 수행했다. 아울러 지역 사회단체와의 연대 활동과 협력을 강화하며 지역사회 구성원으로 충실하게 활동했다. 요컨대, 진주 형평사는 전국의 형평운동을 이끌어가는 본사로서, 또 지역 사원의 권익을 위해 활동하는 지역 형평사로, 그리고 지역사회 구성원과 협력하는 지역 단체로서 다중적 소임의 활동을 성공적으로 수행했다.

이와 같이 초기 형평운동의 발전을 이끈 진주 형평사는 형평청년회를 처음 결성하는 등 선도적인 활동을 벌이면서 또한 고루한 보수 세력이 벌이는 대규모 형평운동 반대 활동을 겪었다. 그 뒤 파벌 대립을 겪으며 총본부가 서울로 이전하면서 진주 형평사는 창립 초기와 같은 영향력을 더 이상 행사할 수 없게 되었다. 게다가 창립 초기의 파벌 대립 앙금이 형평운동 전 기간에 걸쳐 간헐적으로 되풀이되어 일어나면서 형평운동 발전의 걸림돌로 작용하며 진주 형평사는 예전과 같은 위상을 누릴 수 없었다. 강상호, 이성순을 비롯한 경남 유지 사원들이 총본부와 대립하며 독자적인 조직 활동을 도모하는 상황이었지만, 진주의 일부 활동가들은 파벌 해소를 위해 활동하며 경남 지역 연합회 활동에 적극 참여하며 총본부에 협조하는 모습을 보였다.

이와 같은 분열 상황에서 진주 형평사는 1930년대 초 형평운동이 퇴조하는 가운데 명맥을 이어가지 못한 것으로 보인다. 형평사를 창립하고 형평운동의 전국화에 크게 기여한 진주 형평사가 정확하게 언제 활동을 중단했는지, 또 해체되었는지 알 수 없다. 단지, 형평사 창립을 주도한 대표적 활동가인 강상호만이 이익단체로 전락한 대동사의 부위원장으로 전국적인 활동을 이어간 것으로 보인다.

8장

사회운동가 강상호와 형평운동

1. 머리글

진주시 중심지에서 가좌동으로 이어지는 새벼리에 '형평운동가 강상
호 묘지'라는 간판이 서 있다. 비백정 출신으로 백정 차별 관습을 철폐하고
평등 대우를 주창한 형평사 창립 요원인 강상호(姜相鎬, 1887-1957)의 묘지 안
내판이다. 백정 해방의 선각자로 알려진 강상호의 삶은 여러 글에서 다루어
졌다. 글쓴이도 형평운동의 창립 과정을 논의하면서 강상호의 삶을 언급했
고,[1] 2009년에 간략한 글을 발표한 바 있다.[2] 강상호의 아들 강인수는 여러
글을 수집하고 자신의 회고를 덧붙인 책을 발간했고,[3] 조규태는 강상호의

---

1) 김중섭, 「1920년대 형평운동의 형성 과정: 진주 지역을 중심으로」, 『東方學志』(연세대학교 국
    학연구원) 59, 1988, 231-273쪽; 「신분 사회 해체와 형평운동」, 『사회운동의 시대: 일제 침략기
    지역 공동체의 역사사회학』, 북코리아, 2012, 234-235쪽, 주 58번 참조할 것.

2) 김중섭, 「백촌 강상호」, 『문화고을 진주』(진주문화연구소) 3, 2009, 352-363쪽.

3) 강인수, 『은총의 여정: 형평운동과 강상호』(인쇄물). 이 책은 2009년 처음 발간된 뒤 2023년까
    지 여러 차례 같은 제목으로 발간되면서 내용이 바뀌었기 때문에 활용된 자료가 포함된 책자를
    발간 연도 표시로 밝히고자 했다.

일대기를 정리한 책을 저술했다.[4] 그 밖에 형평운동에 관련된 글에서 강상호를 다룬 사례도 적지 않다.

지금까지 강상호 자신이 쓴 기록이 발견되지 않은 상황에서 그의 활동 내용을 제대로 파악하는 것은 간단한 일이 아니다. 다행히 사회단체 활동을 비교적 상세하게 보도한 당시 언론 기사가 강상호의 행적이나 활동상을 보여주고 있다. 언론 보도는 자료 부족의 한계를 극복하는 데 도움이 되는 귀중한 자료임에 틀림없지만, 정확성이나 공정성 측면에서 한계가 있다. 따라서 모든 자료가 그렇듯이, 언론 기사도 비판적으로 검토하며 활용해야 할 것이다. 이 연구는 이런 점을 감안하며 언론 기사를 주요 자료로 활용하고자 한다.

두 번째 유형의 활용 자료는 일제 문헌이다. 일제강점기에 경찰은 사회단체 활동을 감시하며 기록했다. 재판까지 받은 경우에는 그 과정이 기록으로 남아있기도 하다. 이러한 일제 문헌은 식민 통치에 활용하기 위한 불순한 목적에서 기록되었다는 한계가 있지만, 자료 부족의 문제를 보완하는 데 유용하다. 그러나 강상호의 경우, 재판이나 경찰 자료가 거의 발견되지 않아 활용 범위가 크지 않다.

마지막으로, 형평운동과 진주 지역에 관한 2차 자료를 활용하고자 한다. 지금까지 발표된 형평운동과 진주 지역에 관한 많은 2차 자료가 강상호의 행적과 활동을 언급하고 있다. 그러한 자료는 특히 그의 활동 배경과 사회적 맥락을 파악하는 데 유용할 것으로 판단된다.

이와 같은 여러 성격의 자료를 비판적으로 검토하며 상호 보완적으로 활용하여 진주 지역의 사회운동과 형평운동에 열성적으로 참여한 강상호의 행적을 밝히려는 것이 이 장의 목적이다. 한말에 출생하여 해방 후에 사

---

4)　조규태, 『형평운동의 선도자 백촌 강상호』, 펄북스, 2020.

강상호(1887-1957)

망한 강상호의 삶은 역사적 격변기에 사회 변혁을 향한 열정과 행동으로 점철되어 있다. 그는 진주 지역의 다양한 사회 활동에 참여한 사회운동가였다. 특히, 형평사 창립과 형평운동 전개 과정의 중심에 있었다. 이와 같이 격변의 시기에 다면적인 삶을 보여주는 강상호의 행적과 활동상을 통해 일제 강점기 진주 지역의 사회운동과 형평운동의 모습을 좀 더 상세하게 규명할 수 있게 되기를 기대한다.

2. 출생과 교육, 그리고 사회운동 입문

강상호는 1887년 6월 3일 경남 진주군 정촌면 가좌리(오늘날의 진주시 가좌동)에서 태어났다. 처음 이름은 강경호(姜璟鎬)였다. 1916년 강상호로 개명했으므로[5] 개명 이전 자료는 강경호로 표기되어 있다.

그의 아버지 강재순(姜在淳, 1845-1929)은 진주 외곽 정촌면 일대에 토지를 소유한 지주로 알려졌다. 그런데 1914년의 진주 소개 책자에 기록된 5만 원 이상 자산가 명단에 그의 이름은 없다.[6] 또 1940년 간행된 책자에 기록된 500석 이상 소작료를 받는 40여 명 지주 명단에도 그의 후손 이름은 없다.[7] 지역 주민은 강재순이 대지주였다고 증언했지만, 두 책자의 대지주 명단에 들어갈 정도의 재산가는 아니었다고 짐작된다.

강재순은 읍내로 이주하여 대안면장을 역임했다. 1909년 대안면장에 재직할 때 그는 진주군 대안면 1동에 사립양원야학교를 설립했다.[8] 대안면 공유재산으로 경비를 충당한 이 학교는 1910년 사립봉양(鳳陽)학교로 이름을 바꿨다.[9]

맏아들 강상호뿐만 아니라 그의 다른 아들들도 여러 분야에서 이름을 남겼다. 3남 강영호(1899-1950)는 휘문고등보통학교를 마치고 일본에 유학하던 중 동경의 방정환 하숙집에서 열린 색동회 창립에 참여한 이력이 있다. 4남 강신호(1904-1927)는 휘문고보 재학 때 조선미술전람회에 입선했고, 일본 미술학교에 진학한 뒤 방학 기간에 고향 진주에 와서 전람회를 준비하던 중 남강에서 익사했다.[10] 그의 이른 죽음을 애도하여 지인들이 개최한 유작

---

5) 강인수, 위의 글(2023), 128쪽.

6) 이사쿠 도모하치(伊作友八), 『개정 증보 진주안내』, 권해주 외 옮김, 1914(진주문화원, 2024), 188쪽.

7) 勝田伊助, 『晉州大觀』, 진주대관사, 1940, 171-172쪽.

8) 교장 강재순, 교감 김원로가 열심히 일하는 이 학교에 학생 40여 명의 학업이 날로 발전한다고 했다. 『경남일보』, 1909년 11월 7일.

9) 김원로와 강재순이 설립한 사립봉양학교의 교사 낙성과 개교식을 5월 29일 거행한다고 했다. 『경남일보』, 1910년 5월 26일.

10) 『매일신보』, 1927년 7월 25일; 『조선일보』, 1927년 7월 25일.

전 소식이 언론에 널리 보도되었다.[11]

아들들의 교육과 사회 활동으로 미루어보아 강재순은 서구 문물을 받아들인 개방적 가장이었을 것으로 짐작된다. 그의 부인 전주 이씨도 물난리나 기근을 겪은 주민의 세금을 대신 내주는 등 미덕이 널리 알려졌다. 지역 주민이 그의 미덕을 기려 세운 시덕불망비가 강상호 묘지 가까이에 남아있다.

강상호는 어렸을 때 서당에 다녔지만, 19세 때인 1906년 신식 교육을 받기 위해 공립진주보통학교(오늘날의 진주초등학교)에 입학했다. 이 학교는 1896년 경남도청 소재지 진주에 설치되었던 관찰부소학교의 후신이었다. 관찰부소학교는 대한제국이 1895년 소학교령을 반포하고 전국 주요 도시에 세운 근대식 학교였는데, 경남의 경우 제대로 운영되지 않고 이듬해 폐쇄되었다. 그러다가 1906년 공포된 '보통학교령'에 따라 진주공립보통학교로 설립되었다. 신식 교육을 받기 위해 나이 많은 학생들이 이 학교에 입학했는데 강상호도 그런 학생이었다.

강상호는 늦깎이로 보통학교를 다니면서 진주 지역의 사회단체 활동에 참여했다. 첫 번째 활동은 보통학교 입학 이듬해인 1907년 국채보상회 경남회 발기인으로 참여한 것이다.[12] 1907년 2월 대구에서 김광제, 서상돈 등이 일본으로부터 빌린 국채 1,300만 원을 상환하자고 제안한 것에 호응하여 전국 각지에서 많은 단체가 결성되었다. 경남에서 김용효 등이 국채보상경남찬성회 취지서를 발표하며 단연을 통한 의연금 모금을 시작했고,[13] 진주에서도 강주제, 안헌, 강경호(강상호의 구명) 등의 발기로 국채보상경남회

11) 『조선일보』, 1927년 7월 27일; 8월 20일; 『중외일보』, 1927년 7월 25일; 7월 29일; 8월 2일; 『매일신보』, 1927년 7월 25일; 8월 18일; 8월 20일.

12) 『대한매일신보』, 1907년 3월 28일.

13) 『대한매일신보』, 1907년 3월 14일. 이것은 강상호가 참여한 국채보상경남회와 다른 단체라고 판단된다.

가 결성되었다.[14]

국채보상경남회는 취지서와 함께 모금 방안을 발표했다. 어른이나 아이나, 액수가 많거나 적거나 상관없이 기부금을 받으며, 기부금은 은행에 모았다가 국채보상에 쓰도록 본부에 송금하고, 기부자 명단을 신문에 발표하고, 모금이 끝나면 회를 해산하며, 사무소는 진주읍 대안1동 강주제 집에 둔다고 밝혔다. 그리고 단체의 공식 결성을 1907년 3월 9일로 정했다.

국채보상경남회는 6월 12일 『대한매일신보』에 "진주국채보상경남회 취지서"라는 제목으로 똑같은 문건을 다시 알렸고,[15] 8월에는 광고를 통해 모금 경과를 밝혔다.[16] 음력 4월 초에 1차 수합한 의연금 720원 95전을 본부로 보냈는데, 신문에 기부자 명단이 게재되지 않은 것에 불만이 많아 의연금을 되돌려받았고, 그것과 2차 수합금을 합친 834원 94전을 진주농공은행에 맡겼다는 내용이다.

일제 침략이 본격화된 시기에 전국적인 관심을 불러일으키며 전개된 국채보상운동은 일제의 탄압으로 성공을 거두지 못했지만, 보통학교 학생 강경호(강상호)가 이 활동에 참여한 것은 그만큼 민족 문제에 관심이 많았다는 것을 보여준다.

그 뒤에도 강상호의 사회단체 참여가 이어졌다. 1907년 사회 계몽운동을 지향하여 창립된 대한협회의 진주지회가 1908년 5월 진주 지역 활동가들에 의해 결성되었는데, 강경호(강상호)도 그 단체의 회원이 되었다.[17] 그리고 1909년 경남진주학생친목회 회장 강경호(강상호)는 총무 이주현과 함께

---

14) 『대한매일신보』, 1907년 3월 28일. 안헌(안확)은 기독교 학교인 안동학교 교사였다.

15) 『대한매일신보』, 1907년 6월 12일.

16) 『대한매일신보』, 1907년 8월 21일.

17) 김희주, 「대한협회 진주지회의 결성과 활동」, 『일제하 진주 지역의 민족운동과 진주사회』, 도서출판 선인, 2021, 28쪽.

『경남일보』에 창간 축시를 실었다.[18] 우리나라 최초의 지방 신문으로『경남일보』가 진주에서 창간되자 여러 단체나 유력 인사가 창간 축하 글을 줄이어 실었는데, 경남진주학생친목회도 참여한 것이다. 세계가 변하는 시대 상황에서 사람을 일깨우는 언론의 역할을 기대한다는 내용의 축시였다. 이 단체는 명칭으로 보아 진주 지역 학생들의 친목 단체라고 짐작된다.

강상호는 1910년 3월 진주보통학교를 졸업했다. 제1회 졸업생 14명 가운데 하나였다.[19] 그리고 그해 개교한 공립 진주실업학교에 입학했다.[20] 이 학교는 1909년의 실업학교령에 따라 기술자 양성을 위해 전국 주요 도시에 설립된 학교 가운데 하나였다. 개교 이듬해 진주농림학교로 개칭되었다.[21] 근대식 중등교육 기관이 절대 부족한 진주 지역에서 이 학교는 인재 양성 기관의 역할을 수행했다.

1912년 25세의 강상호는 진주농림학교 제1회 졸업생으로 학업을 마쳤다. 재래 교육기관인 서당을 다닌 강상호가 신식 학교 교육을 받으면서 근대 사상을 접하고 근대 사회에 대한 안목을 갖게 되었을 것으로 짐작된다.

1910년 강상호가 진주실업학교에 입학할 즈음 부친 강재순이 사립봉양학교를 세웠다. 일제 식민지로 전락한 1910년대에 독립을 위해 백성을 일깨우고 민족의 실력을 키워야 한다는 실력양성론이 확산되면서 전국 곳곳에서 일어난 교육운동의 흐름에 따라 진주 지역에서도 사립학교, 야학, 강습소 등이 세워졌다. 봉양학교도 그 가운데 하나였다. 사회 활동에 적극

---

18) 『경남일보』, 1909년 11월 6일.

19) 졸업생 13명과 교사 및 내빈으로 짐작되는 18명이 함께 찍은 졸업 기념사진이 남아있다.

20) 6월 20일부터 수업을 시작하는 실업학교의 입학 경쟁률이 높았다. 합격자 명단이 지역 언론에 보도되었다. 『경남일보』, 1910년 6월 13일.

21) 이 학교는 진주농림고등학교, 진주농업전문대학, 진주산업대학교, 경남과학기술대학교로 바뀌다가 2022년 경상대학교와 통합하여 경상국립대학교가 되었다.

적이던 강상호도 이 학교 일에 참여한 것으로 보인다. 1912년의 일제 자료
는 봉양학교 설립자를 강재순으로 기록했는데, 1915년 자료에는 강경호(강
상호)로 바뀐 것으로 보아[22] 농림학교를 졸업한 강상호가 학교 운영의 책임
을 맡았던 것으로 보인다.[23] 1919년 사립봉양학교는 공립으로 바뀌면서 진
주제2보통학교가 되었다. 이 학교는 오늘날의 봉래초등학교로 이어졌다.

3. 진주 지역 3.1운동과 사회운동

근대 교육을 받은 지식인으로, 또 지주 집안 출신으로 사회단체 활동
에 적극적으로 참여하던 강상호는 1919년 3.1운동의 진주 지역 시위를 주
동했다. 젊은 활동가들이 주동한 진주 지역 만세 시위는 사람들이 많이 모
이는 장날을 이용한다는 계획 아래 3월 18일 처음 일어났다.[24] 시위는 주동
자들의 주도면밀한 계획대로 여러 곳에서 한꺼번에 시작되었다. 강상호는
정준교와 함께 공원(촉석광장)을 담당했다. 심두섭과 이강우는 법원 앞, 김재
화, 강달영, 권채근은 매립지, 강주한과 박진환은 시장(남문 안)에서 시위를
이끌었다. 주동자들이 미리 준비한 독립선언서 등사 전단지를 뿌리며 시위
를 시작하자 학생, 지식인, 시장 상인, 농민, 기독교인, 기생, 걸인 등 각계각
층 주민이 적극적으로 호응하여 만세 시위는 진주 읍내 전역으로 확산되었
다. 이렇게 시작된 진주 시위는 연사흘 계속 일어나면서 서부 경남 만세운

---

22) 朝鮮總督府內務部學務局, 『朝鮮人敎育私立學校統計要覽』(1912) 81, 87쪽; 위의 글(1915),
116쪽, 124-125쪽.

23) 강상호가 당시 진주 최대 지주였던 김기태와 나란히 앉아 졸업생들과 찍은 사립봉양학교 4회
졸업식 사진이 남아있다.

24) 진주 지역 3.1운동에 관해서는 김중섭, 「3.1운동과 지역사회운동의 발전」, 『사회운동의 시대:
일제침략기 지역 공동체의 역사사회학』, 북코리아, 2012, 49-84쪽 참조할 것.

동의 도화선이 되었다.

진주 만세시위 주동자 가운데는 고등교육을 받은 지식인들, 학교 교사, 학생들이 많았다. 또 진주 시위자에 재산가가 많다는 총독부 기관지 『매일신보』 보도가 나올 정도로 지역 유지 자제들의 참가가 두드러졌다.[25] 시위 참가자들은 대거 경찰에 체포되었고, 일부는 재판에 회부되었다. 1919년 4월 22일 부산지방법원 진주지청에서 열린 1심 재판에서 주동자 24명이 실형 선고를 받았다.[26] 강상호는 징역 1년을 선고받았다.[27]

1919년 6월 17일 대구복심법원에서 2심 재판이 열렸는데, 강상호에 대한 판결 기록이 없다.[28] 2심에서 다른 피의자의 형량이 조정되었지만, 강상호의 최종 형량은 1심 그대로였다. 1심 판결 이후 항소하지 않았거나, 2심 재판 중에 항소를 포기한 탓이라고 짐작된다. 그런데 강상호가 1919년 11월 3일 대구감옥에서 가출옥으로 석방된 것으로 보아 2심 재판 중에 항소를 포기했을 가능성이 크다고 생각된다.

3.1운동은 강상호 개인뿐만 아니라 진주 지역, 더 나아가 한국 사회 전반에 커다란 영향을 미쳤다. 한국 근대 역사의 분수령으로 평가되는 3.1운동의 영향은 개인, 지역, 사회 전체에 서로 중첩되어 뒤섞여 나타났다. 민족주의가 사회 전반에 더욱 널리 확산되었다. 서울과 상해, 미주의 임시정부가 상해로 합쳐지며 정통성을 갖게 된 대한민국 임시정부는 민족주의 확산의 중심축이 되었다. 임시정부의 임시헌장은 백성이 주인인 민주공화국을 미래 국가상으로 확립하며 평등 지향과 평화 사랑을 명시했다. 그러한 분위기는 사회 전반에 확산되어 폭발적인 사회운동의 바탕이 되었다. 전국 각

---

25) 『매일신보』, 1919년 4월 26일.

26) 김중섭, 위의 글(2012), 56-60쪽.

27) 『매일신보』, 1919년 4월 23일; 4월 25일.

28) 대구복심법원 재판 기록.

지역에서 다양한 사회운동이 발전했는데, 진주 지역은 대표적인 곳 가운데 하나였다.

전국적인 3.1운동 시위를 겪은 일제가 강압적인 무단통치 정책에서 이른바 문화통치라는 유화적인 정책으로 바꾼 것도 지역 사회운동이 폭발적으로 발전한 사회적 배경 가운데 하나였다. 한국어 신문과 잡지 발간, 단체 결성과 집회 탄압 완화 등을 활용하여 3.1운동을 경험한 주민은 사회개혁을 위한 다양한 사회운동에 적극적으로 참여했다.

출옥한 강상호는 1920년 4월 창간된 『동아일보』 진주지국장을 맡았다.[29] 『동아일보』 창간을 주도한 김성수가 전국을 순회하며 지역 유력자들에게 참여를 독려하는 과정에 강상호도 참여한 것으로 보인다. 민족 정론을 위한 신문 발간은 전국적인 지지를 받았고, 지역 유지나 활동가들은 이에 호응하여 지국장, 총무, 기자 등으로 참여했다. 지역사회 활동의 거점이 된 언론사 지국의 직함은 그들에게 유용했다. 그러나 경제적 수익이 보장되지 않아서 언론사 지국 운영이나 종사는 불안정한 일자리였다. 그런 탓이었는지 『동아일보』 진주지국장은 1921년 3월 김의진으로 바뀌었다. 재임 기간이 1년도 안 된 지국장 강상호에 관한 자료는 거의 찾을 수 없다.

3.1운동 이후 진주 지역에서는 청년, 노동, 농민, 종교, 교육, 사회 개선 등 다양한 목적과 성격의 단체가 대거 생겨났다.[30] 1925년까지 언론에 보도된 활동 단체 수가 60여 개에 이르렀다. 대개의 사회운동 단체는 전통 사회의 폐단을 근절하고 근대 사회로 개혁하자는 목적을 표방했다. 그 가운데 일부는 민족주의 성향이 두드러졌고, 여성, 소년, 소작인 같은 사회적 약자를 위한 개혁을 목표로 내세우기도 했다. 또 일부는 온건한 사회 개선을 표

---

29) 『동아일보』, 1920년 4월 1일; 『東亞日報社』 1권(1920-1945), 東亞日報社, 1975, 441쪽.
30) 3.1운동 이후 진주 지역의 사회운동 발전을 논의한 김중섭, 위의 글(2012), 65-82쪽 참조할 것.

방했고, 심지어 일제 식민세력이 주도하는 관변 단체도 생겨났다.

대개의 사회운동 단체는 전국적인 흐름에서 지부 형식으로 만들어졌지만, 진주에서 독자적으로 처음 만들어진 단체도 있었다. 특히, 젊은이들이 적극적으로 참여하며 다양한 사회 쟁점의 사회운동이 활발해지면서 지역사회에 미치는 사회운동의 영향력도 급속도로 커졌다. 또 여러 단체에 겹쳐 참여하는 활동가들이 생겨났다. 사회개혁 활동에 참여하는 그들은 서로 '동지 의식'을 갖고 있었고, 일부는 직업처럼 사회단체 활동에 전념하는 '직업적 사회운동가'가 되었다. 그들은 대개 근대 교육 경험자로서 강한 사회개혁 의지를 갖고 있었다. 그들 가운데는 지주나 상공업에 종사하는 부유한 집안 출신이 많았다. 강상호는 그러한 직업적 사회운동가 가운데 하나였다. 곧, 1920년대와 1930년대에 걸쳐 다양한 성격의 단체 활동에 참여하며 지역사회 문제 해결과 사회개혁을 위해 활동한 대표적인 직업적 사회운동가였다.

1920년대 초 진주 지역의 사회개혁 활동을 주도한 대표적인 단체는 진주청년회와 진주노동공제회였다. 1920년 7월 여러 청년단체가 통합하여 만든 진주청년회[31]는 다양한 배경의 젊은 활동가들이 모인 단체였다. 활동적인 청년회 회원들이 여러 목적의 사회운동 단체를 결성하는 데 앞장서면서 청년회는 사회운동 확산을 배양하는 보금자리 역할을 했다. 또 하나의 개혁적인 단체는 1922년 2월 결성된 조선노동공제회 진주지부(진주노동공제회)였다. 3.1운동 주동자인 강달영, 김재홍 등이 결성한 이 단체는 소작인운동, 노동운동에 치중하며 사회개혁을 지향한 진보적 단체로 평가되었다.

1920년대 초 진주 지역 사회운동 단체가 복합적 성향과 다양한 활동 양상을 보인 가운데 강상호는 직업적 사회운동가였지만, 1923년 형평사 창

---

31) 『동아일보』, 1921년 4월 15일.

립 이전에는 특정 단체에 전념하여 활동하지 않은 것이 이채로웠다. 청년단체 임원 명단이나 활동 기록에서 강상호 관련 흔적을 찾을 수 없고,[32] 진주노동공제회에서도 임원이나 핵심 활동의 주요 직책을 맡지 않았다. 1923년 2월 19일 열린 진주노동공제회 창립 1주년 기념식에서 강연을 맡고,[33] 같은 해 10월 1일의 간부 구금에 대응한 협찬위원에 선임된[34] 정도로 참여했다.

노동공제회를 창립한 강달영, 김재홍, 박진환, 장영정, 조우제 등과 함께 3.1운동을 주동했거나 지역 활동에서 협력했다는 점에서 강상호의 소극적인 참여는 활동 성향을 반영한 것으로 보인다. 노동공제회를 주도한 강달영, 김재홍 등이 조선공산당 참여 등 진보적 활동을 이끌었는데, 강상호는 오히려 온건한 성격의 사회운동에 치중했다. 어쩌면 진주노동공제회가 주도한 소작 농민운동이나 노동운동에 크게 관여하지 않으려는 의도가 반영된 결과라고 짐작된다. 그렇지만 진보적 활동가들과 느슨한 관계를 맺으며 지역 활동에 협력한 덕분에 창립 이후 형평사의 지역 활동 참여나 반형평운동에 대항하는 지원 활동이 순조롭게 이루어질 수 있었다.

강상호는 형평사 창립 이전까지 특정 단체에 소속하지 않았어도 지역 현안 문제에는 적극적으로 참여했다. 대표적 사례가 일신고등보통학교 설립 운동이었다.[35] 서부 경남에 인문계 중등학교가 없는 상황에서 3.1운동 이후 허만정을 비롯한 대농 지주 집단이 주도한 일신고등보통학교 설립 운동은 진주뿐만 아니라 인근 지역 주민으로부터 열렬한 지지를 받았다. 강상

---

32) 청년회 활동을 실증적으로 탐구한 김희주, 「1920년대 진주 지역의 청년운동과 진주청년동맹」, 『한국민족운동사연구』 72, 2012, 83~118쪽 참조할 것.

33) 『동아일보』, 1923년 2월 24일.

34) 『조선일보』, 1923년 10월 8일.

35) 일신고보 설립운동에 관해서는 김중섭, 「일제 식민 통치와 주민교육운동」, 『사회운동의 시대: 일제 침략기 지역 공동체의 역사사회학』, 북코리아, 2012, 104~118쪽 참조할 것.

호는 이 운동에서 핵심적인 역할을 맡지는 않았지만, 김의진, 남홍, 박재표, 신현수 등 사회운동가들과 함께 102명의 발기인에 참여했다.[36] 일제가 일신고보 설립 인가를 내주지 않자 사회단체 활동가들이 일신고보 설립 허가를 촉구하는 범시민대회를 열어 주민의 지지를 이끌어내며 총독부를 압박했다. 이와 같이 기성회 후원회 결성이나 학교 설립 허가 촉구 시민대회 등을 통해 간접적으로 지원했지만,[37] 강상호 등 사회운동가들은 총독부에 제출된 설립 신청자 명단에는 포함되지 않았다. 총독부 인가를 얻기 위한 전략적 판단 아래 신청자 명단에서 빠졌을 것으로 짐작된다.

4. 형평사 창립 주도

지역 현안 문제 해결에 적극적으로 참여하던 강상호는 36세 때인 1923년 4월 형평사 창립을 주도했다. 이것은 조선 사회의 신분제에서 가장 천대받던 백정 차별을 철폐하고 평등 대우를 주창하고 실현하려는 형평운동의 출발이었다. 형평운동은 비백정 출신 강상호가 평생에 걸쳐 가장 적극적으로 참여한 사회운동이었다.

형평사 창립을 처음 보도한 『조선일보』는 강상호, 신현수, 천석구 3인이 백정 마을을 찾아가서 "신분 차별 철폐"를 위한 형평사 창립을 주장하니 마을 사람들이 환호했다고 썼다.[38] 1923년 4월 25일 진주청년회관에서 열린 형평사 발기총회에서 강상호는 사회를 맡아 집회를 진행했다.[39] 형평사

---

36) 진주여자고등학교 동창회, 『一新60年史』(1985), 13쪽.
37) 김중섭, 위의 글(2012), 136쪽 참조할 것.
38) 『조선일보』, 1923년 4월 30일.
39) 진주 지역의 형평사 창립 과정은 김중섭, 위의 글(2012), 217-262쪽과 이 책 7장 참조할 것.

규칙 통과, 임원 선출, 향후 활동 방향, 형평사 주지(主旨) 채택 등 주요 내용이 발기총회에서 결의되었다. 곧, 형평운동의 목표와 방향, 활동 방침 등이 정해진 것이다.

형평사(衡平社)는 '저울[衡]처럼 평등한[平] 사회를 만들고자 하는 단체[社]'였다. 백정이 직업상 일상적으로 사용하는 저울을 활용하여 차별 철폐와 평등 사회 구현이라는 목표를 표현한 것이다. "공평은 사회의 근본이요, 애정은 인류의 본량(本良)이다."라는 '형평사 주지' 첫 줄은 형평사를 창립한 사람들의 사회 인식과 인간관을 보여주었다. "참사람이 되기를 기약하고자 한다."는 형평사의 궁극적인 목적은 인간다운 삶을 실현하려는 것이었다.

발기총회에서 강상호는 비백정 출신 신현수와 천석구, 백정 출신 장지필, 이학찬과 함께 지도자급인 위원으로 선출되었다. 간사, 이사, 재무, 서기 등 실무는 20세기 초 진주에 만들어진 상설시장의 정육점 주인들이 맡았다. 임원진은 의령 사람 장지필을 제외하고 모두 진주 사람들로 구성되었다.

강상호는 진주본사 임원들과 함께 여러 지역을 돌아다니며 형평운동의 취지를 알리고 형평사 조직을 확대하기 위해 활발하게 활동했다. 그리고 발기총회에서 결의된 대로 5월 13일 진주좌[진주극장]에서 형평사 창립 축하식을 개최했다. 전국에서 온 400여 명이 참석한 집회는 역사상 유례없는 천민 집단의 대규모 공개 행사였다.

강상호는 창립 축하식의 개회를 선언하고 사회를 맡아 진행했다. 행사는 신현수의 경과보고, 정희찬의 축전 낭독, 이진우, 강달영, 강대창, 조우제, 가쓰다 이스케(勝田伊助)의 내빈 축사, 남홍의 강연으로 이어졌다. 이들은 모두 진주의 사회단체에서 활동하는 사회운동가들이었다. 강상호, 신현수 등 형평사 창립에 참여한 비백정 활동가들과 함께 활동하며 연대 의식을 갖고 있었다. 그들의 상호 지지와 연대 활동은 형평사 창립과 형평운동의 발전에 크게 이바지했다.

창립 축하식에 참석한 각 지역 대표자들은 다음 날 진주청년회관에서 모여 본사 임원 개선과 향후 활동 방침을 논의했다. 강상호를 포함한 진주의 6인과 부산 이성순, 마산 박유선, 대구 김경삼 등 경상도 지역 유지들을 본사 위원으로 선출했다. 그리고 충남, 충북, 경북의 지사장을 선출하여 전국 조직의 면모를 갖추었다.

형평사가 전국 조직으로 발전하고 형평운동이 빠르게 확산하면서 진주는 형평운동의 발상지라는 명예를 얻으며 '형평운동의 메카 진주'라는 표현이 생겼다. 그리고 강상호는 형평사 창립과 형평운동 발전을 이끈 형평운동가로서 명성을 얻었다.

오랜 세월 최하층 천민으로 대우받던 백정은 형평사 창립에 환호했지만, 일부 주민은 탐탁지 않은 '사건'으로 여겼다. 그러한 조짐은 축하식 공연 요청을 거부한 기생조합 반응에서 감지되었다. 며칠 뒤 술 취한 주민이 형평사원 가게에 와서 술을 달라고 떼를 쓰는 난동을 부리면서 '백정놈'이라고 들먹였다. 이에 사원들이 반발하여 충돌이 일어났다.[40] 그러자 난동을 부리던 취객이 지인들을 데리고 형평사 본부에 찾아와 '사장 강상호'를 불러내서 뺨을 때리며 옷을 찢는 행패를 부렸다. 그들에게 강상호는 백정을 위해 형평사를 창립하여 '신분제 질서'를 무너뜨린 '원흉'이었던 것이다.

5월 25일 저녁에 진주 24개 동 농청 대표가 모여 조직적인 형평사 반대 활동을 계획했다. 다음 날 각 동리 대표 70여 명이 진주 읍내 의곡사에서 확대 모임을 갖고 재차 형평사 반대를 결의했다.[41] 그리고 형평사와 관계하는 자는 백정과 동일하게 대우할 것, 소고기를 사 먹지 않기로 동맹할 것, 진주청년회와 노동단체가 형평사와 관계 맺지 못하게 할 것, 형평사를 배척

---

40) 『동아일보』, 1923년 5월 30일.
41) 반형평운동의 자세한 경과는 김중섭, 위의 글(2012), 244~246쪽 참조할 것.

할 것 등을 결의했다. 곧, 형평사 창립과 형평운동에 참여한 비백정 출신 활동가들을 백정 취급하겠다고 하며 구태의연한 신분 차별 의식을 노골적으로 드러낸 것이다. 심지어 형평사에 협조하거나 후원하는 단체에는 형평사와의 관계 단절을 요구했다. 그리고 반대 활동을 주도한 주민들은 "새백정 강상호, 신현수, 천석구"라고 쓴 깃발을 들고 진주 읍내를 돌아다니며 시위를 벌였다. 일부는 신현수와 천석구 가게에서 난동을 부리고 강상호 집에 돌을 던져 불안한 가족들이 피신해야 할 지경이었다.

형평운동 반대 활동에 직면한 형평사는 결사대를 결성하여 단호하게 대항할 것을 결의했다. 진주의 형평사 반대 활동이 언론에 크게 보도되었다.[42] 사람들은 신분 차별 의식에 얽매인 고루한 주민의 행동에 경악했다. 이것은 역설적으로 형평운동이 왜 필요한지 보여주었다.

형평운동 반대 활동이 일어났지만, 본사 임원들은 형평운동 확산 활동을 멈추지 않았다. 순회단 제1조 장지필과 신현수는 충청, 전라, 경상 지방을 순회하는 중에 반대 활동 소식을 들었지만, 형평운동의 취지를 알리며 지역 조직 확산을 지원하는 활동을 이어갔다.[43] 그들은 5월 21일 대전에서 열린 형평사 남선(南鮮)대회를 시작으로 계획대로 각 지역을 순회했다. 제2조 강상호와 이학찬은 진주 출발 전에 형평운동 반대 활동이 일어나는 바람에 순회 일정에 차질을 겪었다. 농청 대표와 동리 대표들이 형평운동 반대 활동을 벌이는 상황에서 경계심을 늦출 수 없었는데, 다행히 진주노동공제회와 청년회 활동가들의 중재 덕분에 반대 활동이 사그라들어 그들은 뒤늦게 진주를 출발했다.

---

42) 『동아일보』, 1923년 5월 20일; 5월 30일; 6월 27일; 『조선일보』, 1923년 6월 13일; 6월 15일; 6월 21일.

43) 순회 활동에 관해서는 김중섭, 『형평운동연구: 일제침략기 백정의 사회사』, 민영사, 1994, 104-105쪽 참조할 것.

강상호는 충남 공주에서 장지필과 합류하여 6월 6일 충남지사 창립총회에 참석했다.[44] 임시로 논산에 설치되었던 충남지사를 도청소재지 공주로 옮기는 이 행사에서 강상호는 사회를 맡았다. 그 뒤 6월 9일 청주, 조치원, 천안의 분사 발회식에 참석했고,[45] 경북 대구로 가서 천석구를 만나 경북지사 발회식에 참석했다.[46] 그리고 삼랑진을 거쳐 부산으로 가서 하석금을 만나 함께 6월 15일 진주로 돌아왔다. 한편, 장지필, 이학찬, 천석구는 밀양을 거쳐 진주로 돌아왔다.[47]

삼남 지역 순회 활동은 형평사 창립 취지를 알리고 조직을 확대하는데 크게 이바지했다. 현지 사원들과 사회운동가들은 진주본사 임원들의 방문을 열렬히 환영하며 형평운동의 출발을 지지했다. 백정 차별 철폐와 평등대우를 주창한 형평운동에 백정뿐만 아니라 사회단체 활동가들도 적극적으로 동참했다. 20세기 초부터 백정 신분 해방 활동을 벌여온 백정 출신 지식인 장지필,[48] 그리고 3.1운동과 여러 사회운동에 참여해온 강상호의 이력은 그들의 지지와 참여를 이끌어내는 데 큰 힘이 되었다.

그 이후에도 강상호를 비롯한 본사 임원들은 여러 지역을 빈번하게 출장 다녔다. 강상호는 8월 11일 열린 김해분사 창립 축하식에서 개회사를 했고, 그곳에서 일어난 충돌 사건을 조사하러 다녀왔다.[49]

진주본사 임원들의 활동 덕분에 형평운동은 빠르게 확산되었다. 사칙의 규정대로 진주에 본사, 각 도에 지사, 각 군에 분사를 둔 전국 조직이 갖

---

44) 『동아일보』, 1923년 6월 11일.

45) 『조선일보』, 1923년 6월 16일; 『동아일보』, 1923년 6월 16일.

46) 『동아일보』, 1923년 6월 10일.

47) 『조선일보』, 1923년 6월 21일.

48) 장지필의 경력과 활동에 관해서는 이 책의 9장을 참조할 것.

49) 『동아일보』, 1923년 8월 18일.

추어졌다. 일제 경찰 자료에 따르면, 창립 첫해 본사 1개, 지사 12개, 분사 67개, 총 80개 조직이 만들어졌다.[50]

한편, 한 달 가까이 지속된 형평사 반대 활동은 진주노동공제회와 청년회 활동가들의 중재 덕분에 원만히 해결되었다.[51] 임원진이 삼남지방 순회에서 돌아온 뒤 6월 18일 열린 농민 집회에서 농청은 형평사 반대운동을 하지 않겠다며 소고기 불매운동을 취소했고, 형평사 측은 결사대 해체를 약속했다. 이것은 형평사를 지지하며 형평운동 반대 세력을 설득한 지역 활동가들의 공헌이었다. 형평사 창립에 참여한 강상호 등 비백정 출신 활동가들과 사회운동가들이 오랫동안 함께 활동하며 형성된 동료 의식과 연대감이 있었기 때문에 가능했다.

그 과정에 '고루한 신분 의식을 가진 세력'은 비백정 출신이면서 형평사 창립을 주도하고 백정 차별 철폐와 평등 대우를 주장하는 강상호에 대한 적개심을 감추지 않았다. 강상호가 형평운동 반대 세력으로부터 '새백정'이라는 멸칭을 듣기도 하고, 집에 돌팔매 공격을 받으면서도 형평운동을 벌인 연유는 무엇일까? 이에 대한 강상호 자신의 진술 자료는 찾을 수 없다. 단지, 진주의 교육자 박종한은 강상호를 만나서 들은 이야기를 토대로 다음과 같이 추정했다.[52]

강상호가 "3.1운동으로 체포되어(1919. 3. 18) 대구형무소에서 옥고를 치르고 출옥(1919. 11. 7)한 뒤 집에 와 쉴 때 권채근의 옥사(1920. 1. 23) 소식을 듣고 대구로 가서 시신을 달구지에 실어 진주로 운구했다. 진주에 도착하니 그때 백정이 양반 청년들에게 몰매를 맞아 죽은 살인 사건이 발생했다.

---

50) 朝鮮總督府, 『朝鮮の群衆』(1926), 183쪽.

51) 『동아일보』, 1923년 6월 27일.

52) 박종한, 「백촌은 왜 형평운동을 했을까?」, 강인수, 『은총의 여정』, 2020, 51-55쪽. 그런데 이 글은 역사적 사실과 부합되지 않는 내용이 적지 않다.

나(강상호)는 동포 간의 망국적 인간차별과 분열의 비극을 보고 탄식했다."는 것이다. 박종한은 이 백정 살인 사건을 목격한 것이 강상호가 형평운동을 일으킨 동기라고 추론했다.

조규태는 박종한의 글을 인용하면서 약간 다르게 기술했다.[53] 1919년 11월 강상호가 대구감옥에서 풀려나 진주로 돌아오는 길에 백정이 개를 잡아주지 않는다는 이유로 양반 청년들에게 맞아 죽은 일을 들었다는 것이다. 조규태는 이 사건이 강상호가 형평운동을 일으킨 "직접적인 사건"이라고 주장했다.

그러나 전승된 이야기에서 강상호의 형평사 창립 동기를 찾은 두 사람의 주장은 타당하지 않다고 판단된다. 강상호가 백정 살인 사건을 들었다는 1919년이나 목격했다는 1920년은 형평사가 창립된 1923년과 시간적으로 너무 떨어져 있다. 이 사건이 백정 차별에 대한 강상호의 인식에 어떻게 영향을 미쳤는지는 알 수 없지만, 시간적인 간격으로 미루어 형평사 창립의 '직접적인 동기'로 보기에는 어렵다고 판단된다.

형평사 창립 과정에 대한 설명에서 강상호의 참여 동기를 찾는 것도 의미 있을 것이다. 지금까지 나온 '비백정 주도설', '이학찬 불만설', '신현수 제안설'을 살펴보고자 한다.[54]

첫째, '비백정 주도설'은 강상호, 신현수, 천석구 3인이 백정 마을을 방문하여 백정 철폐를 위한 형평사 결성을 제안하니 많은 백정이 환영했다고 했다.[55] 그런데 이 주장에서는 강상호 등이 형평사 창립을 주도했다고 할 뿐 참여 동기에 대해서는 언급하지 않았다.

---

53) 조규태, 위의 글(2020), 92-93쪽.
54) 형평사 창립 과정에 대한 세 가지 설을 따져보는 이 책의 7장 참조할 것.
55) 『조선일보』, 1923년 4월 30일.

둘째, '이학찬 불만설'은 교육 차별에 불만을 가진 이학찬 등 백정이 '보안법 위반 전과자' 강상호 등에게 고충을 호소하며 운동을 의뢰하여 형평사 창립에 착수했다고 했다.[56] 그런데 이 주장도 강상호가 3.1운동에 참여한 전과자라고 했을 뿐 강상호의 참여 동기를 밝히지 않았다. 또 백정이 강상호 등을 선택한 이유에 대한 언급도 없다.

셋째, '신현수 제안설'은 신현수가 민족 교육 활동 중에 백정 계급 유력자 강상호를 만나 민족 계몽과 단합을 위해 형평사 창립을 제안하니 강상호가 동의하여 만들어졌다고 했다.[57] 신현수의 증언에 근거한 이 주장은 강상호가 백정 출신이라거나 형평사 창립 때 부회장으로 선임되었다는 등 사실과 부합되지 않은 내용이 많아 논의할 가치조차 없다고 판단된다.[58]

요컨대, 이 세 가지 설은 강상호의 참여 동기를 충분히 설명하고 있지 않다. 그렇지만 차별에 불만을 가진 이학찬 등이 강상호에게 호소하고 운동을 의뢰한 이유나 과정을 추정하는 것은 의미 있을 것이다. 이와 관련지어, 상설시장에서 정육점을 경영하는 정찬조(1889-1953)가 비백정 거주 지역으로 이주하면서 강상호와 이웃하여 살았다는 강상호 가족과 형평사원 후손들의 증언에 주목하게 된다.

정찬조는 1923년 4월 형평사 발기총회에서 재무이사로 선임되었고,[59] 1923년 10월 진주지사 창립총회에서 부지사장을 맡았다.[60] 그 이후에도 그

---

56) 朝鮮總督府警務局, 『大正十三年十二月 治安狀況』(1924); 김중섭, 위의 글(2012), 228-229쪽; 형평사 창립에 관한 자세한 논의는 이 책 7장 참조할 것.

57) 金龍基, 「衡平運動의 發展」, 『慶尙南道誌』 상권, 1959, 810-824쪽.

58) 신현수의 증언에 기초한 형평사 창립 과정에 대한 논의는 이 책 7장 참조할 것.

59) 『조선일보』, 1923년 4월 30일.

60) 『조선일보』, 1923년 10월 6일.

는 1925년 9월 진주 형평사 임시총회에서 산업부를 맡거나[61] 1930년 6월 경남도연합회 설립 준비위원으로 선임되는[62] 등 형평운동 전 기간에 걸쳐 적극적으로 참여했다. 이와 같은 이력으로 볼 때 정찬조가 백정 차별 관습에 불만을 품고 이웃의 강상호에게 호소하여 운동을 부탁했을 가능성이 있다. 또 정찬조와 이웃하여 살며 백정 차별 상황을 잘 알게 된 강상호가 이학찬 등의 호소와 부탁에 응했을 것으로 짐작된다. 이와 같은 추정이 타당하다고 생각되지만, 강상호가 형평사 창립에 적극 참여하게 된 동기를 파악하는 데 정찬조와의 관계만으로는 충분치 않다고 생각된다.

이학찬 등이 왜 강상호에게 호소하고, 그들의 호소에 강상호가 응하게 된 요인은 무엇일까? '보안법 위반 전과자' 강상호라는 일제 경찰의 기록이 시사해주는 바 있다고 생각된다. 이 기록이 암시하는 바와 같이 강상호의 사회 활동은 지역사회에 널리 알려져 있었다. 이것은 앞서 서술한 강상호의 활동 이력에서도 짐작할 수 있다. 백정 입장에서 보면, 지역사회에서 열심히 활동하는 강상호가 자신들을 이해하며 활동해줄 사람으로 판단했을 것이다.

이와 같은 두 가지 사실, 곧 강상호와 정찬조의 이웃 관계, 그리고 강상호의 활발한 지역사회 활동을 서로 연관 지어 생각하면 이학찬, 정찬조 등 백정이 그에게 부탁했을 가능성은 더욱 커진다. 그렇지만 강상호의 참여 동기를 설명하기에는 여전히 충분하지 않다고 생각된다. 신분제에 대한 강상호의 태도나 평가, 백정 차별의 부당함에 대한 인식, 형평운동의 중요성과 전망 등에 관한 자료가 있다면, 그의 형평사 창립 동기는 더 분명하게 설명될 수 있을 것이다. 그러나 이러한 1차적 자료가 없는 상황에서 형평사 창

---

61) 『동아일보』, 1925년 9월 15일.

62) 『중외일보』, 1930년 5월 12일; 『조선일보』, 1930년 5월 23일.

립 이전 강상호의 활동 경험과 사회개혁 의식에 대한 2차적 자료를 통해 형평사 창립 동기를 추정할 수밖에 없다고 생각된다.

요컨대, 젊은 시절부터 사회 문제에 많은 관심을 갖고 사회개혁 활동에 적극적으로 참여하던 강상호가 이웃에 사는 백정 정찬조와 교류하며 백정의 차별 상황을 인지하고, 그들이 겪는 부당한 대우에 공분했을 것이라고 짐작된다. 그리고 온갖 차별과 억압을 겪어온 백정은 강상호의 명성과 활동을 익히 알고 있었고, 그들을 대표하여 유지 이학찬, 정찬조 등이 강상호에게 자신들의 처지를 호소하며 백정 해방 활동을 요청했을 것으로 짐작된다. 백정의 부당한 차별 대우를 익히 알고 있던 강상호는 그들의 부탁을 받고 사회개혁의 중요성을 인식하며 평등 대우를 실현하겠다는 정의감에서 형평사 창립에 앞장섰을 것이다. 그것은 교육받은 지식인으로 3.1운동을 비롯한 여러 사회운동에 적극 참여해온 지역 활동가 강상호에게 자연스러운 귀결이었을 것이다. 그에 따라 강상호는 백정 차별 철폐와 평등한 대우를 위한 사회운동 단체 창립에 앞장섰고, 그러면서 지역 주민으로부터 비난과 수모를 받았지만 굴복하지 않고 백정 해방을 위한 형평운동에 적극 참여했다고 짐작된다.

창립 동기에 대한 이와 같은 추론과 함께 강상호의 이전 활동과 형평사의 핵심 목표가 연결되는 점에 주목할 필요가 있다. 형평사가 내건 목적은 "계급 타파, 모욕적 칭호 폐지, 교육 장려, 상호 친목"이었다.[63]

우선, '계급 타파'는 신분 타파, 백정 차별 철폐를 의미한다. 형평사가 내건 가장 절실한 목표였다. 둘째, '모욕적 칭호 폐지'는 백정 호칭에 깔린 그들의 분노와 적개심이 반영되었다. 그것은 수백 년 동안 차별과 억압을 받으며 살아온 그들의 응어리진 과거 경험에서 나온 요구였다. 그렇기 때문

---

63) 형평사 사칙 제3조.

에 형평사 창립 직후 맨 먼저 한 일은 진주에 소재한 경남 경찰부를 방문하여 민적부에 남아있는 백정 신분 표식의 삭제를 요구한 것이었다. 그에 따라 경찰부의 민적 정정 약속은 형평사 초기에 이룬 큰 성과로 평가되었다.[64]

셋째, '교육 장려'는 평등한 대우를 위해 실력을 갖추어야 한다는 인식을 반영한 것이다. 이것은 사원들의 궁극적인 목적인 '참사람'으로 살아가기 위한 실질적인 방안이었다. 실력 양성을 위한 교육 장려는 지역 교육 운동을 해온 강상호의 관심이 반영된 것으로 짐작된다. 이런 맥락에서 형평사가 창립 초기부터 사원 교육과 교양 함양을 강조하며 자녀 교육을 위한 야학 개설, 학교 입학 권장, 신문·잡지 구독 장려, 순회 강연 개최, 잡지 발간 등의 사업이 추진되었다. 교육을 중시한 강상호와 형평사의 방침은 학교 입학 때 부모가 아니라 강상호의 손을 잡고 처음 학교에 갔다는 어느 사원 아들의 증언에서 거듭 확인되었다.

마지막으로, '상호 친목'은 백정 공동체 복원에 대한 사원들의 바람을 실현하는 방안이었다. 사원들은 오랜 기간 직업, 혈연, 거주 지역을 통해 형성되었던 백정 공동체가 일제 침략과 자본주의화 과정에서 무너져가는 상황을 타개하고자 했다. 그러면서 상호 친목과 함께 상호 부조 규정을 사칙의 세칙에 명시하여 사원들에게 품행 방정과 지식 계발을 요구하며, 그러한 몸가짐과 지식을 사회 구성원으로서 갖추어야 할 덕목으로 강조했다.

요컨대, 형평사는 창립 목적으로 백정 차별 철폐를 내걸면서 백정 공동체의 회복을 기대했다. 그들은 사회의 구성원으로서 소양을 갖추고 역량을 높여 참사람으로 살아가기를 바랐다. 이와 같은 목표와 희망은 형평사 창립을 주도한 활동가들의 뜻과 소망이 반영된 것이었다. 곧, 형평사 창립과 형평운동의 발전은 신분제 폐습을 없애려는 주체적인 역사적 과정이었

---

64) 『조선일보』, 1923년 5월 14일.

고, 근대적 평등 사회로 나아가려는 발걸음으로 백정만이 아니라 사회 구성원 모두가 참사람과 평등을 누리는 사회 변혁의 길이었다. 강상호는 이와 같은 형평사 창립과 활동을 이끈 핵심 지도자였다.

5. 형평사 지도부의 파벌 대립

형평사는 창립 후 짧은 기간에 전국적인 조직으로 발전했지만, 불과 몇 개월도 안 되어 사원들 사이에 파벌 대립이 일어나 많은 우려를 낳았다.[65] 처음에는 진주본사가 지리적으로 외떨어져 있어 불편하다는 불만이 나왔다. 그런데 중부권 사원들이 제기한 본사 위치 문제의 저변에는 본사의 활동 방향에 대한 불만이 있었다. 이렇게 시작된 파벌 대립은 형평운동 전 기간에 걸쳐 간헐적으로 되풀이되면서 커다란 파장을 몰고 왔다. 그 중심에 강상호가 있었다.

중부 지역 사원들이 문제를 제기하여 1923년 11월 7일 대전에서 열린 전조선 형평대표자대회에서 1924년 3월까지 본사를 대전으로 이전하기로 결정했다.[66] 논의 과정에 본사가 사원들의 전통 산업 침체에 대한 대책을 세우지 않는다는 불만이 표출되었다. 그런데 사회를 맡은 강상호는 문제의 심각성을 인지하지 못해 적절하게 대응하지 못한 것으로 보인다.

경상도 출신 본사 임원들이 문제의 심각성을 제대로 파악하지 못하면서 대전 집회의 본사 이전 결의가 1924년 2월 10일과 11일 부산에서 열린

---

65) 파벌 대립에 관한 자세한 내용은 김중섭, 위의 글(1994), 135-149쪽 참조할 것.
66) 『동아일보』, 1923년 11월 12일; 『매일신보』, 1923년 11월 11일.

전국임시총회에서 번복되었다.[67] 4월 예정의 1주년 기념식 때까지 본사 이 전을 연기하기로 한 것이다. 이 번복에 불만을 가진 중부권 사원들이 부산에서 돌아오는 길에 천안에서 긴급 모임을 갖고 형평사 혁신을 추진하기로 결의했다. 전통 산업에서 겪는 사원들의 경제적 어려움을 외면한 진주본사에 혁신이 필요하다는 것이었다.

중부 지역 사원들의 주장은 일제 식민지 정책과 자본 유입 탓으로 열악해진 백정 전통 산업의 상황과 무관하지 않았다. 도축장이나 건피장 운영이 일본인 거류민단체인 학교조합이나 관제 집단으로 넘어가면서 사원들은 더 이상 예전의 기득권을 누릴 수 없었다. 일부 사원들은 도축장 인부로 전락했지만, 직업을 잃은 대부분은 경제적으로 커다란 곤란을 겪었다. 또 도축장 측이 고기 배급량을 일방적으로 정하면서 정육점은 영업에 큰 타격을 받았다. 피혁 산업은 일본인을 비롯한 대자본이 장악하면서 가내수공업 수준의 피혁 건조나 제조에 종사하는 사원들은 그들과의 경쟁에서 이길 수 없었다. 그 결과 사원 피혁상들의 시장점유율이 크게 떨어졌다. 이런 상황에서 형평사가 사원들의 곤란한 경제 상황을 개선해줄 것으로 기대했지만, 진주본사는 사원 교육과 차별 철폐에 주력하며 직업이 없어 곤궁을 겪는 사원들을 위해 인쇄업 경영을 논의했다.[68]

비백정 출신으로 백정이 종사한 전통 산업의 문제를 인지하지 못한 강상호는 중부권 사원들의 주장이나 불만을 제대로 파악하지 못한 것 같았다. 3월 6일 마산분사 창립식에서 강상호의 사회로 사원 의연금의 본사 유지 방안, 당국의 양해를 구하기 위한 대표자의 총독부 방문 계획, 미결성 지역의 본사 위원 파견 등이 논의되었을 뿐 중부권의 혁신 활동 움직임은 전혀

---

67) 『동아일보』, 1924년 2월 12일; 2월 13일.

68) 『조선일보』, 1923년 6월 21일.

언급되지 않았다.[69] 그러면서 중부 지방 조직 강화를 위한 선전대 위원으로 장지필을 선임했다. 중부권 사원들과 함께 혁신 활동을 주도하는 장지필의 의중을 전혀 몰랐던 것이다.

중부 지역 사원들은 마산 집회로부터 1주일도 안 된 3월 12일 충남 천안에서 형평사 혁신동맹회 창립 집회를 개최했다.[70] 이 집회에 참석한 강상호는 본사를 비판하며 혁신을 요구하는 사원들의 발언을 듣고 있을 수밖에 없었다. 그리고 도축이나 피혁 분야에서 사원들의 경제적 권익을 지켜주는 방안이 논의되었지만, 강상호가 중부 지역 사원들만큼 사원들의 경제적 어려움을 절실하게 받아들였을지 의문이다. 창립 축하식에 참석한 부산의 피혁상 이성순, 대구의 피혁상 김경삼, 마산의 정육업자 박유선 등 부유한 사원들과 교류해온 비백정 출신 강상호가 그런 문제를 파악하기는 어려웠을 것이다.

백정 후손들은 부의 축적에 따라 계층 분화가 일어나고 있었다. 창립 시기에 형평사 임원을 맡은 경상도 사원들은 피혁상이나 정육점을 하는 재력 있는 지역 유지들이었다. 반면에, 혁신을 주장하는 충남, 전남, 전북 등지의 활동가들은 직업이나 경제적 여건이 다양했다. 예컨대, 충남 입장의 조귀용 같은 재력가도 있었지만, 혁신동맹회 결성을 주도한 충남 강경의 오성환 등 보통 수준의 사원이 많았다. 또 일부는 전통 산업을 떠나 신문기자, 잡화상 등에 종사하며 일제 침략기 백정 상황에 대해 비판적 인식을 갖고 있었다. 이와 같은 차이를 반영하듯, 진주를 비롯한 경남 지역 사원들은 형평사 창립과 형평운동 확산을 주도하는 진주본사의 활동 방침을 지지한 반면, 다른 지역 사원들은 경제 상황을 개선하는 데 제대로 대처하지 못하는

---

69) 『동아일보』, 1924년 3월 12일.

70) 『동아일보』, 1924년 3월 24일.

진주본사에 대한 불만이 컸다.

진주본사 임원들은 천안의 혁신동맹회 창립 소식에 크게 분노했다. 특히, 진주본사 임원이면서 혁신 활동을 이끄는 장지필에 대한 성토가 거셌다. 그렇게 감정적으로 대응하면서 본사의 대전 이북 이전은 절대 반대한다고 했다. 본사 위치에 대한 불만이 처음 나왔을 때 대전이나 서울로 이전할 것을 고려하던 태도와 크게 달라진 것이다.

형평사는 진주본사를 고수하는 '진주파'와 본부를 서울로 옮기자는 '서울파'로 나누어졌다. 경상도 사원 중심의 진주파는 '남파'로, 중부권 사원 주축의 서울파는 '북파'로 불렸다. 또 활동 성격에 따라 '온건파'와 '혁신파'라고 했다.

파벌 대립은 진주본사 지도자 강상호와 혁신 세력 지도자 장지필의 대립으로 인식되었다. 형평사를 창립하여 초기 활동을 이끌어온 두 사람은 출신 배경뿐만 아니라 활동 방향에 대한 견해가 달랐다. 비백정 출신 강상호는 진주 지역에서 활동한 직업적 사회운동가였다. 반면에, 백정 출신인 장지필은 의령 출신으로 백정 해방 활동의 이력을 갖고 있었다.[71] 그의 아버지 장덕찬은 1900년 관찰사 집단 탄원을 주도했고, 도축업에 종사한 집안 내력을 가진 장지필 자신도 1910년 도수조합 결성을 시도했다. 또 3년간 일본 메이지대학에서 법학을 공부한 유학 경험이 있고, 귀국 후 피혁상에 종사한 적이 있었다. 이런 배경으로 보아 장지필은 전통 산업에서 사원들이 겪는 경제적 어려움의 해결 방안을 모색하는 데 적극적이었을 것으로 짐작된다.

파벌 대립 초기에 장지필은 본사의 서울 이전과 피혁회사 설립 등 혁신 활동을 추진했지만, 강상호는 온건한 입장에서 양측을 중재하려고 노력

---

71) 장지필의 이력과 활동에 관해 이 책 9장 참조할 것.

했다. 그렇지만 다른 지역 사원들에게 비백정 출신인 강상호는 백정 출신인 이학찬이나 장지필과 달리 국외자로 보였을 것이다.

파벌 대립이 고조되며 양측의 감정적 골은 더욱 깊어져서 결국 4월의 창립 1주년 기념식이 서울과 진주에서 따로 개최되었다. 4월 25일 진주좌에서 열린 진주 측의 창립 축하식은 강상호의 개회 선언, 신현수의 식사, 김경삼의 축전 낭독으로 진행되었다.[72] 그리고 이성순(부산), 정희찬(진주), 김경삼(대구), 여해(마산), 김명국, 손명표 등 경상도 지역 핵심 활동가들이 소감을 발표하고, 진주 지역 사회운동가 박진환, 백성기, 김찬성이 내빈 축사를 했다. 경상도 사원들과 진주 지역 사회운동가들 중심으로 1주년 축하식을 가진 진주본사는 형평사연맹총본부로 이름을 바꾸었다.[73] 그러면서 서울파의 형평사 혁신동맹회에 대항하는 인상을 주었다.

지도부의 파벌 대립은 지역적 분할 현상으로 나타났다. 경상도 지역의 차별 사건에 진주파가 주로 대응한 반면, 그 외 지역에는 서울파가 주의를 기울였다. 파벌 대립이 심해지면서 형평운동 발전을 기대하는 사원들과 사회운동계의 우려가 더욱 커지고, 파벌 해소와 지도부 통합에 대한 요구가 점증했다. 양측 지도자들은 파벌 대립을 종식시킬 방안을 모색할 수밖에 없었다. 진주파의 신현수는 '혁신'이라는 단어를 쓰지 않으면 본사 이전을 반대하지 않겠다고 언명했고,[74] 강상호는 5월 21일 서울 본부를 방문하여 혁신동맹회 사원들과 통합 추진 모임을 가졌다.[75] 본사 이전 문제, 간부에 대한 불만 등이 제기되었지만, 강상호는 '혁신'을 내세우지 말고 본사를 대전이나 서울로 이전하는 타협안을 제안했다. 혁신동맹 측은 본사 이전과 상관

---

72) 『시대일보』, 1924년 4월 28일.

73) 『시대일보』, 1924년 5월 18일; 5월 21일.

74) 『조선일보』, 1924년 4월 23일; 『시대일보』, 1924년 4월 23일.

75) 『동아일보』, 1924년 5월 23일.

없이 진주본사 임원들을 신임할 수 없다는 입장을 보였지만, 강상호의 노력으로 양측은 5월 30일 대전에서 통합모임을 갖기로 잠정 합의했다.[76] 그런데 서울 본부 대표자가 본사 이전을 협의하기 위해 진주를 방문했다가[77] 서울파에 불만을 가진 진주 사원들로부터 폭행당하는 사건이 일어났다.[78] 그로 말미암아 대전 모임이 무산되고, 양측은 다시 서로 분열의 책임을 전가하며 대립했다.

진주형평연맹총본부는 집행위원회를 열어 5월 30일 대전대회에 참가하지 않기로 하고 혁신회를 성토 박멸할 것을 결의하는 한편, 강상호와 정희찬의 상무집행위원 사임 요청을 반려했다.[79] 파벌 대립으로 빚어진 내부 균열을 막으려는 노력이었다. 또 6월 17일 밀양분사에서 집행위원회를 열고 김경삼의 사회로 파벌 대립의 대응 방안을 논의하며 경상도 형평사 조직의 단결을 위해 순회 활동을 하기로 했다. 그리고 순회위원으로 강상호, 이성순, 김경삼을 선임했다.[80]

5월의 통합 노력이 무산되고 대립이 거세지는 상황에서 파벌 싸움에 책임 있는 임원을 사임시켜야 한다는 주장이 나오는 한편,[81] 통합에 대한 요구도 크게 늘어났다. 양측을 중재하는 진주 형평사의 활동이 활발해지면서[82] 7월 23일 양측 대표자들이 대전에서 모임을 가졌다.[83] 진주파 대표로

76) 『시대일보』, 1924년 5월 7일; 5월 25일.

77) 『시대일보』, 1924년 5월 11일.

78) 『조선일보』, 1924년 5월 28일, 31일.

79) 『시대일보』, 1924년 5월 21일.

80) 『시대일보』, 1924년 6월 29일.

81) 『조선일보』, 1924년 7월 7일.

82) 『조선일보』, 1924년 7월 15일.

83) 『조선일보』, 1924년 7월 28일; 『동아일보』, 1924년 7월 27일, 31일; 『매일신보』, 1924년 8월 6일.

강상호, 이학찬, 하석금이, 서울파로 장지필, 오성환, 조귀용이 참석했다. 그 결과 8월 15일 대전에서 형평사 통일대회 개최의 합의가 이루어졌다.

예정대로 8월 15일 대전에서 형평사 통일대회가 열렸다.[84] 총본부를 서울로 이전하고, 명칭을 조선형평사 중앙총본부로 변경하기로 결정했다.[85] 총본부는 중앙집행위원회와 상무집행위원회의 이원 조직을 갖추고 각 지역 대표자들로 구성된 임원진을 선임했다. 그러면서 총본부는 '지역대표자 연합 체제'의 성격을 갖게 되었다. 그리고 강상호와 장지필은 분열의 책임을 지고 총본부 임원의 사임을 선언했다.

대전 통일대회 결의대로 총본부가 서울로 이전하면서 진주는 형평운동의 중심지 지위를 잃게 되었다. 이에 대한 진주파 사원들의 불만은 쉽게 사라지지 않았다. 경남 지역 대표자들은 대전대회가 끝난 지 10일 후인 8월 25일 마산에서 집회를 갖고 총본부를 비판했다. 특히, 혁신동맹회를 이끈 장지필과 오성환에 대한 불만이 컸다. 강상호는 경남 사원들의 불만을 누그러뜨리려 화해를 시도했지만 순조롭게 진행되지 않았다.[86] 그렇게 파벌 갈등이 되살아나는 분위기에서 강상호와 장지필의 총본부 지도부 복귀가 필요하다는 주장이 제기되었다.[87] 일부 사원이 반대했지만, 두 사람은 10월 초에 총본부 상임집행위원으로 다시 선임되어 형평운동 일선에 복귀했다.[88]

이와 같이 강상호는 형평사 지도부의 분열, 파벌 대립, 통합에 이르는

---

84) 자세한 내용은 『조선일보』, 1924년 8월 15일, 18일; 『동아일보』, 1924년 8월 19일; 『매일신보』, 1924년 8월 20일 참조할 것.

85) 파벌 대립과 해소 과정 및 영향에 대해 김중섭, 위의 글(1994), 135-159쪽 참조할 것.

86) 『매일신보』, 1924년 10월 1일; 10월 4일.

87) 『조선일보』, 1924년 10월 1일.

88) 『조선일보』, 1924년 10월 1일; 1925년 3월 22일.

과정의 중심에 있었다. 그러나 이후에도 분열의 앙금이 남아있어 형평운동 전 과정에 갈등이 간헐적으로 반복되어 일어났다. 나중에 자세하게 살펴보겠지만, 그 갈등 과정의 중심에 강상호가 있었다. 그는 서울의 총본부 임원들에 대한 불만과 감정을 갖고 경상도 형평사가 독자적으로 활동해야 한다는 생각을 버리지 않은 것 같았다. 또 경상도 출신의 재력 있는 유지들과 교류하면서 총본부 측과 반복하여 대립하며 전국 차원의 협력이나 다른 방식의 타협을 모색하려고 하지 않았다. 그러한 갈등의 바탕에는 창립 초기의 파벌 대립 의식이 깔려 있었다고 짐작된다.

그리고 파벌 대립을 일으킨 장지필과 강상호에 대한 사원들의 반감도 쉽게 사라지지 않았다. 예컨대, 1925년 1월 젊은 활동가들이 결성한 정의단은 사업 방침을 결의하면서 "대전 전국대회를 무시하고 개인행동을 취하는 진주의 강상호와 자기 개인을 위해 대중을 몰각하는 장지필 양인을 엄정히 응징하며" 40만 사원의 목적을 달성하겠다는 뜻을 선언했다.[89]

이와 같은 우여곡절이 있었지만, 대전 통합대회의 취지는 1925년 4월의 정기전국대회와 창립 2주년 기념식까지 이어졌다. 4월 24일과 25일 서울에서 열린 제3회 정기대회에서 강상호와 장지필은 대의원 후보를 추천하는 5인의 전형위원으로 선출되었다. 전형위원회에서 추천한 대의원 후보 21명은 총회에서 이의 없이 중앙집행위원으로 선임되었다. 강상호도 이학찬과 함께 상무집행위원으로 선출되었다. 1925년 전국대회는 직전 1924년의 분리 개최와 달리 큰 불협화음 없이 진행되었다. 그러나 형평운동의 주도권이 중부지역 사원들에게로 넘어간 것은 확실해졌다. 총본부 중앙집행위원회 25명 위원 가운데 경상도 대표자는 강상호, 이학찬, 김도천(안동) 3인에 불과했다. 진주파 활동가들이 창립 초기처럼 형평운동을 주도할 수 없게

---

89) 『시대일보』, 1925년 1월 16일.

된 상황뿐만 아니라 진주의 지리적 위치도 강상호의 서울 총본부 활동을 어렵게 만드는 요인으로 작동했다.

강상호가 총본부 업무를 보기 위해서는 생활 근거지 진주에서 서울까지 오가야 했다. 교통이 불편한 당시 상황에서 쉬운 일이 아니었다. 진주에서 서울에 가려면 버스로 밀양이나 부산까지 가서 경부선 열차를 이용해야 했다. 진주-부산 간의 철도는 1925년 6월에야 개통되었다. 또 진주와 김천 사이에 정기노선 버스가 개설되었지만, 도로 사정이 열악하여 불편하기 그지없었다. 반면에 장지필은 총본부가 서울로 이전하면서 거처를 서울로 옮겼기 때문에 총본부 상무집행위원으로 활동하는 데 큰 어려움이 없었을 것이다. 그는 1920년대 후반에 온 가족과 함께 충남 홍성군 광천으로 이주했는데, 서울까지 기차로 오갈 수 있는 곳이었다.

강상호는 1925년 4월 전국대회에서 상무집행위원으로 선임되었지만, 활발하게 활동한 것 같지 않다. 형평사 내의 영향력 감소나 지리적 요인도 있었지만, 다음 절에서 살펴보게 될 진주 지역 활동도 강상호가 형평사 활동을 줄이는 데 작용했다고 생각된다. 중앙총본부는 1925년 12월 사원의 생활 안정에 필요한 수육 가격, 건피장, 도부업 등 생활 조사를 위한 순회단을 결성하면서 강상호를 경남 담당자로 정했는데, 계획대로 활동했는지 불분명하다.[90]

그렇지만 강상호가 형평사 활동을 완전히 중단한 것 같지는 않다. 1926년 4월 신현수, 이학찬, 하석금 등 형평사 창립 핵심 요원들과 함께 형평사 경남대회 개최를 계획했다.[91] 4월 10일 진주에서 개최된 이 집회에서 강상호는 사회를 맡아 경남연맹을 창립하고, 경남 각 지역 유지 중심의 임

---

90) 『시대일보』, 1925년 12월 20일.
91) 『조선일보』, 1926년 3월 28일. 진주 형평사 활동에 관해 이 책 7장을 참고할 것.

원진을 구성했다.[92] 그런데 이 단체의 활동 흔적은 거의 찾아볼 수 없다. 경남권에서 영향력이 큰 부산지부가 참여하지 않아 경남 지역 활동의 구심점을 만들려는 의도는 기대대로 실현되지 않았다.

경남대회 직후 4월 24일 서울에서 열린 전국정기대회에서 강상호는 부의장으로 선임되어 의장 장지필과 함께 회의를 진행했다.[93] 그리고 중앙집행위원으로 경남의 신현수와 경북의 김경삼이 선출되고 신현수는 상무집행위원까지 맡았는데, 강상호와 이학찬은 선출되지 않아 경상도 지도자들의 영향력이 현저하게 줄어든 것을 보여주었다.

1926년 강상호는 총본부 활동을 하지 않았지만, 형평사는 전성기를 구가했다. 1925년 8월 사상 최대의 형평운동 반대 충돌 사건인 예천 사건을 겪으면서 형평사의 전국 사원들이 결집하여 대항했고, 주요 사회운동 단체들이 형평사 지지를 표명했다. 지역 활동가들이 총본부 활동에 적극적으로 참여하고, 지역 활동이 활발해지면서 지역 분사 수가 크게 늘어났다. 일제 경찰 자료에 따르면,[94] 전국 분사 수가 1925년 100개에 육박했고, 1926년 130개, 1927년 150개로 늘어났다. 또 정위단, 청년회, 학우회, 여성회 등 하위 조직이 생겨나서 젊은 사원들의 참여가 더욱 활발해졌다. 다른 사회운동과의 연대 활동이 활발해지면서 사회운동계에서 형평사의 위상이 더욱 확고해졌다. 그러면서 사회운동계의 진보적 이념을 수용하는 젊은 활동가들을 통해 형평사 내의 진보적 성향이 강화되었다. 이런 가운데 형평사는 9월 경제적 조건에 기반한 인권 실현과 합리적 사회 건설을 강조하는 형평사 선언과 강령을 채택하여 창립 초기부터 강조한 인권 인식과 영역을 확장

---

92) 『매일신보』, 1926년 4월 14일; 『조선일보』, 1926년 4월 15일.

93) 『동아일보』, 1926년 4월 25일; 『시대일보』, 1926년 4월 25일; 4월 26일.

94) 朝鮮總督府警務局, 『最近に於ける朝鮮治安狀況』(1933; 1935)

했다.[95]

이와 같은 변화에 대해 경남 지역 사원들이 호의적으로만 보지는 않았다. 전국 사원들의 총본부 활동이 활발해지는 상황에서 경상도 형평사의 영향력이 줄어들었다. 또 젊은 활동가들의 진보적인 성향이 확산되는 것에 경남 사원들은 총본부 임원들이 독단적으로 행동한다며 불만을 드러냈다. 강상호도 그러한 경남 사원들과 다르지 않았다. 이는 강상호의 형평운동 이력에 커다란 변곡점이 된 1920년대 후반의 파벌 대립으로 이어졌다.

6. 진주 지역의 사회운동 참여

30대 후반 나이의 강상호는 형평사 창립과 형평운동 발전을 위해 열성적으로 활동했다. 그러면서도 예전처럼 진주 지역 현안 문제에 대한 활동을 계속했다. 그것은 직업적 사회운동가 강상호의 진면목을 보여주었다.

강상호는 형평사 창립 직후 1923년 5월 초 신현수, 심두섭, 조우제, 박봉의 등 지역 활동가들과 함께 진주공존회를 창립했다.[96] 자료를 찾을 수 없어 정확한 목적이나 활동은 알 수 없지만, 단체 이름인 '공존(共存)'의 의미나 첫 행사로 개최한 5월 2일 강연회를 보면 사회 구성원들이 함께 살아가는 것을 강조한 계몽 단체라고 짐작된다. 강상호는 이 강연회의 개회사를 한 뒤 사회를 맡아 행사를 진행했다.

7월에 열린 진주 고학생들을 돕기 위한 재동경진주유학생구락부 소인

---

95) 형평운동의 인권 지평 확장과 사회적 연대를 논의한 김중섭, 「형평운동과 인권, 그리고 사회적 연대」, 국사편찬위원회 엮음, 『형평운동의 발자취: 평가와 현대적 함의』(국사편찬위원회), 2023, 1-58쪽; 이 책의 6장 참조할 것.

96) 『조선일보』, 1923년 5월 9일; 『동아일보』, 1923년 5월 10일.

극에서 강상호는 개인으로, 형평사는 단체로 기부했다.[97] 또 7월 28일 일본 유학생 단체 북성회의 여름방학 순회 진주 강연회에서 노동공제회, 청년회, 재외학생친목회와 함께 형평사가 강연단 후원회에 참여했는데, 강상호는 회계를 맡아 활동했다.[98] 강상호와 함께 장지필은 접대위원, 신현수는 사교 위원 등 실무 분담을 통해 형평사의 지역 활동 참여에 힘썼다. 그리고 8월 11일 진주노동공제회 월례회에서 결성된 경남 도내 노동단체 연합체에서 강상호는 회계를 맡았다.[99]

이와 같이 강상호는 형평사 창립 직후부터 예전 관계를 이용하여 형평 사와 지역사회단체의 연대 활동을 잇는 연결고리 역할을 했다. 오랫동안 지 역사회 활동에 열성적으로 참여해온 강상호 덕분에 형평사가 지역 단체로서 순조롭게 자리를 잡으며 다른 단체와 협력 관계를 갖게 되었다고 평가된다.

강상호는 직업적 사회운동가답게 1924년 지역의 여러 쟁점에 더욱 적 극적으로 참여했다. 1월에 경남도 평의원이자 일본 거류민 유력자인 시미 즈 사타로(清水佐太郎)가 솜[陸地棉] 구매 과정에 부정 저울을 사용한 것이 발 각되어 지역 언론계, 사회단체 활동가들이 진상 규명과 시미즈 사타로 규탄 활동을 벌였는데 강상호도 이 활동에 열심히 참여했다.[100] 솜 전매권을 갖 고 엄청난 부를 축적한 시미즈가 그 과정에 저울을 조작했다는 것은 지역 사회에 큰 충격을 주었다. 1월 8일 열린 진상 규명 요구 및 시미즈 규탄 시 민대회에서 강상호는 실행위원으로 회계를 맡았고,[101] 3월 시민대회에서는

97) 『동아일보』, 1923년 8월 2일.

98) 『동아일보』, 1923년 8월 3일; 『조선일보』, 1923년 8월 6일.

99) 『동아일보』, 1923년 8월 22일.

100) 『동아일보』, 1924년 1월 8일; 1월 11일; 1월 17일; 1월 20일; 『조선일보』, 1924년 1월 9-14일; 1월 17-19일.

101) 『조선일보』, 1924년 1월 11일.

경과보고를 했다.[102]

강상호는 3월 16일 진주노동공제회 주최로 청년회관에서 열린 1923년 동경지진 동포 대학살 추모 집회에서 추모 소감을 맡아 연설했고,[103] 6월에는 정촌면장의 공립보통학교 이전 시도에 반대하는 주민의 면장 불신임 추진에 정촌면 출신으로서 주민을 지지하는 입장을 표명했다.[104] 그리고 10월에는 박진환, 정준교, 신현수, 조우제, 강대창, 김종명 등과 함께 동우사(同友社) 창립에 참여했다.[105]

동우사는 "무산계급의 지식 계발과 신사상 연구"를 목적으로 결성된 사상단체였다. 창립총회에서 잡지 발간 등의 사업을 논의한 뒤 책임사원 5명을 선출했는데, 강상호는 포함되지 않았다.[106] 경찰은 진보적 사상단체로 분류했지만, 동우사 참여자들의 활동 성향은 온건과 진보가 혼재되어 있었다. 그들은 1924년 말에 일어난 도청 이전 반대 활동에 적극적으로 참여했다.[107]

3.1운동 이후 진주 지역 활동가들의 이념적 지평을 구분하는 것은 간단치 않다. 그들은 대개 다양한 목적의 여러 단체에 겹쳐서 참여했고, 서로 협력하며 활동했다. 활동 단체의 성향은 민족주의, 사회주의, 사회개혁, 생활 개선 등 다양한 모습이 뒤섞여 있어 이념적 구분을 하기가 쉽지 않았다. 예컨대, 최초의 사회운동 단체인 진주청년회는 지역 유지, 직업적 사회운동가, 지식인 등 다양한 집단이 참여하여 이념적 성향이 혼재된 모습이었

---

102) 『동아일보』, 1924년 3월 10일.

103) 『동아일보』, 1924년 3월 20일.

104) 『시대일보』, 1924년 6월 12일; 『조선일보』, 1924년 6월 14일.

105) 『고등경찰 관계연표』(1924. 10. 23)

106) 『조선일보』, 1924년 10월 26일; 『동아일보』, 1924년 10월 31일.

107) 김희주, 「진주 지역의 사회주의 운동과 조선공산당 재건운동」, 『일제하 진주 지역의 민족운동과 진주 사회』, 도서출판 선인, 2021, 172-173쪽.

지만, 1922년 결성된 진주노동공제회는 노동, 소작인 활동에 전념하는 진보적 성향을 보였다. 이렇게 분화가 시작되는 상황이었지만, 무직자구제회, 금주단연회, 부업장려회 같은 온건한 성향의 단체도 동시에 활발하게 활동했다. 이런 상황에서 1925년 강달영, 김재홍, 남홍(남해룡) 같은 활동가들이 조선공산당 활동을 하면서 이념적 경계가 더욱 뚜렷하게 나타났다.[108]

진주 지역 사회운동계의 이념적 분화를 통해 온건한 활동과 진보적 활동으로 나누어지기 시작했지만, 많은 활동가들은 여전히 여러 단체에 중복하여 참여했기 때문에 이념적 지평을 명료하게 구분하는 것은 쉽지 않다. 예컨대, 박봉의나 조우제 같은 활동가는 진보적인 진주노동공제회와 온건한 생활 개선 활동 단체인 진주공존회에서 모두 열성적으로 활동했다.

이와 같은 복합적인 상황에서 직업적 사회운동가인 강상호의 이념적 성향을 규정하는 것도 간단치 않다. 강상호가 참여한 1900년대 국채보상운동, 1910년대 애국 계몽 교육 운동, 1919년 3.1운동 등은 민족주의 성향이 두드러졌다. 그러한 민족주의 성향은 강상호가 1920년대 초에 참여한 지역 활동에도 일정 부분 반영되어 있었다고 판단된다. 곧, 1923년과 1924년에 참여한 형평사, 공존회, 동우사 같은 각기 다른 목적의 단체에서 민족주의 성격을 엿볼 수 있다. 예컨대, 형평사 주지는 "우리도 조선민족 2천만의 분자며 갑오년 6월부터 칙령으로써[109] 백정의 칭호를 업시하고 평민된 우리라"고 주장하며, 같은 조선 민족임을 강조한다. 또 '함께 산다'는 의미의 공존회나 '같은 친구'라는 동우사의 명칭은 동일한 민족 또는 사회 구성원이라는 점을 강조하고 있다. 그러면서 "무산계급의 지식 계발과 신사상 연구"를 목적으로 하는 동우사에서는 진보적 사상의 수용을 보여준다. 요컨대,

---

108) 진주 지역의 사회주의 운동에 대해 김희주, 위의 글, 159-200쪽 참조할 것.

109) 1894년 갑오개혁에 의한 신분제 폐지를 의미함.

1920년대 전반기 강상호의 활동은 민족주의 성향을 보여주지만, 또한 형평사의 신분 타파와 평등사상, 공존, 동우 같은 사회개혁의 복합적 지향성을 드러내고 있다. 이와 같은 이념적 지향의 복합성은 여러 성격의 단체에 참여하는 강상호의 활동 영역을 반영하는 것이었다.

그렇지만 강상호가 1922년 창립한 진주노동공제회나 1925년 결성한 조선공산당에 적극적으로 참여하지 않았다는 점은 진보적인 소작운동이나 노동운동, 공산주의운동과 거리를 두고 있었음을 보여준다. 반면, 진주 지역의 현안 문제에 적극적으로 참여하며 생활 개선에 치중한 실용주의 성향이 강하게 나타나기 시작했다.

요컨대, 3.1운동과 그 이후 일정 기간 강상호는 민족주의 성향이 있었지만, 아울러 생활 중심의 실용주의 성향을 보여주었다. 그렇기 때문에 강상호의 활동을 민족주의나 사회주의 같은 이념적 기준에 맞추어 규정하는 것보다 지역 중심의 실용주의 성향이 강했던 점에 주목해서 평가해야 한다고 판단된다.

1924년 이후 참여한 시미즈 저울 조작 사건 규명과 규탄 활동, 정촌면 공립학교 이전 반대 등은 모두 생활 중심의 실용주의 성향이 강했다. 이러한 경향은 1924년 말에서 1925년 초의 경남도청 이전 반대 활동, 일신여고보 설립 지지와 운영 관련 활동에서도 뚜렷하게 나타났다.

도청 이전 반대 활동에는 지역 유지와 사회운동가들뿐만 아니라 진주의 일본인 거류민도 적극적으로 참여했다. 일제 침략이 본격화되는 1910년 전후 이래 경남도청 이전 문제가 간헐적으로 제기될 때마다 진주 주민은 거세게 반발해왔다.[110] 그럼에도 불구하고, 조선을 강탈한 일제는 경부선 축

---

110) 김중섭, 「경남 도청이전과 주민저항운동」, 『사회운동의 시대: 일제 침략기 지역 공동체의 역사 사회학』, 북코리아, 2012, 141-176쪽 참조할 것.

의 식민 정책을 추진하며 경남도청의 부산 이전을 끊임없이 획책했다. 그러다가 1924년 12월 8일 조선총독부령 관보에 1925년 4월 이전을 공식 발표하며 결국 실현한 것이다.

이 소식이 알려지자 진주를 비롯한 서부 경남 주민은 다시 거세게 반발했다. 상인들은 철시하고, 학생들은 등교를 거부하고, 거리에서는 '진주 독립만세'를 외치는 시위를 벌이고, 남강을 건너는 배다리를 폐쇄하여 교통을 두절시키며 도청 이전을 반대했다. 도청 이전 반대의 바탕에는 일제 식민지 정책에 저항하는 민족주의 정서도 있었지만, 진주의 경제적·행정적 손실을 막으려는 실리적 의도가 있었다.

생활 중심의 실용주의 입장을 보여온 강상호는 도청 이전 반대 활동에 적극 참여했다. 12월 12일 시민단체 활동가, 유지, 일본인 거류민이 개최한 시민대회에서 강상호는 도청 이전 방지 실행위원회 지방계 위원으로 선임되어 활동했다.[111] 12월 17일에는 신현수와 함께 밀양에 출장 갔다가 경찰에 체포되기도 했다.[112]

그런데 1925년이 되자 반대 활동 방침을 둘러싸고 조선인 위원들과 일본인 위원들 사이에 견해 차이가 나타났다. 일본인 위원들은 도청 이전을 수용하면서 보상책을 확대하자는 방향으로 선회했고, 대다수 조선인은 이 방침에 반대했다. 1월 9일 실행위원회가 다시 구성될 때 위원으로 선출된 강상호는 일본인 위원들의 방침에 항의하며 즉각 사임했다.[113]

일제의 도청 이전 정책이 정해지자 경찰은 주민의 반대 활동을 탄압했다. 일본인 중심의 실행위원회 방침에 반발한 강상호는 1월 10일 신현수,

---

111) 『조선일보』, 1924년 12월 15일.

112) 『조선일보』, 1924년 12월 21일.

113) 『동아일보』, 1925년 1월 13일; 『조선일보』, 1925년 1월 13일.

이범욱 등과 함께 경찰 형사대에 검거되어 도청 이전 반대 활동에 참여하지 말 것을 강요받았다.[114] 또 1월 19일 박진환 집에서 열린 신년 간친회에 참석했다가 신현수, 조우제, 강달영 등과 함께 경찰에 검속되기도 했다.[115] 그러나 강상호는 반대 활동을 이어가며 1월 22일 진주노동공제회, 동우사, 형평사 등 사회운동 단체 회원들이 개최한 도청 이전 반대 활동 간친회에 참석했다.[116]

이와 같이 도청 이전 반대 활동에 적극적으로 참여한 강상호의 태도는 민족주의와 함께 지역 주민의 이익을 중시한 실용주의를 반영하는 것이라고 생각된다. 강상호의 실용주의적 태도를 보여주는 또 하나의 본보기가 도청 이전 보상책으로 제안된 남녀 고등보통학교 설립 문제였다.

경남도청은 주민의 거센 반대에도 불구하고 1925년 4월 1일 부산으로 이전되었다. 그러면서 진주는 통일신라 때부터 누려온 경상도 지방의 행정 도시라는 위상을 잃게 되었다. 일제는 도청 이전 보상책으로 치수 사업, 도로 건설, 관공서 설치, 교육 기관 확장 등을 제시했다. 그 가운데 남자 고등보통학교 설립과 여자 고등보통학교 설립 허가안이 포함되어 있었다.

진주에서는 1920년부터 일신고등보통학교 설립 운동이 일어나 기본금을 모금하고 교사 부지를 조성하고 교장을 초빙하며 만반의 준비를 했는데, 일제가 학교 설립 허가를 내주지 않아 개교를 못하고 있었다. 이런 상황을 이용하여 일제는 일신고보 설립을 위해 모금한 기본금과 학교 터를 기부하면 공립 남자고등보통학교를 설립하고 사립 여자고등보통학교 설립 허가를 내주겠다고 한 것이다.[117]

---

114) 『동아일보』, 1925년 1월 14일; 『조선일보』, 1925년 1월 15일.

115) 『조선일보』, 1925년 1월 23일.

116) 『매일신보』, 1925년 1월 26일.

117) 이 과정에 대해 김중섭, 「일제 식민 통치와 주민교육운동」, 위의 글(2012), 104-118쪽 참조

일제의 제안을 둘러싸고 주민은 찬반으로 갈렸다. 허만정을 비롯한 설립 운동의 핵심 세력은 반대하는 입장이었다. 일제 안을 수용하면, 일제 간섭을 덜 받는 사립 남학교 설립이라는 원래 목적이 좌절될 뿐만 아니라 여학교 설립에 필요한 기본금과 교사 신축 비용을 또다시 모금해야 했다. 반면에, 찬성하는 주민도 있었다. 특히, 자녀의 상급 학교 진학을 앞둔 보통학교 학부모들이 찬성했다. 그들은 두 학교가 설립되면 그만큼 진주 교육이 확장되는 것이라고 생각했다. 강상호는 두 학교 설립안을 찬성하는 입장이었다.

찬성하는 주민 중심으로 사립여자고등보통학교 기성회가 결성되었다. 그리고 두 곳의 보통학교 학부형들은 학부형연합회를 열어 입장이 다른 재단법인 일신고보 측과 사립여자고등보통학교 기성회 측의 타협을 촉구하며, 두 개의 고등보통학교 설립을 빨리 추진할 것을 결의했다. 강상호는 이 모임에서 취지 설명과 경과보고를 했다.[118]

결국 1925년 4월 공립 진주고등보통학교와 사립 일신여자고등보통학교가 동시에 개교했다. 그런데 개교 이후 일신여고보 이사회에서 내분이 일어나면서 지역 주민이 우려하게 되었다. 그리하여 12월 사회단체 활동가들 중심으로 일신여고보 이사회 분규 해결을 위한 진주시민유지회가 결성되어 분규를 일으키는 이사회에 경고를 보내는 한편, 일신여고보 평의회에 해결 촉구를 요청했다. 강상호는 진주시민유지회 실행위원으로 활동하며,[119] 12월 19일 각 동리와 각 단체 대표자들이 참석한 확대 유지대회에서 경과보고를 했다. 강달영의 종합조사보고 뒤에 양측을 조정하기 위한 조정위원

<hr>

할 것.
118) 『조선일보』, 1925년 1월 30일.
119) 『동아일보』, 1925년 12월 19일.

6인이 선임되었다.[120] 강상호는 조정위원에 포함되지는 않았다.

1925년 즈음 강상호는 여러 지역 문제에 참여했다. 3월에 현금 200원을 기부하여 그 이자로 빈민 가구의 호세 납부에 활용하도록 했고, 4월에는 9년 동안 정촌면 빈민의 호세를 내주었다.[121] 6월에는 진주와 군북 사이의 철로 개통을 기념하여 열린 지역 축구대회의 찬성원으로 참여했다.[122] 찬성원 역할이 무엇인지 불분명하지만, 축구대회 같은 지역 행사에도 참여했던 것이다.

강상호가 지역 활동에 적극 참여하면서 형평사 활동 참여는 상대적으로 줄어들었다. 1925년 4월 형평사 정기전국대회에서 중앙집행위원으로 선출되었지만, 서울 총본부에서 활동한 흔적은 별로 찾을 수 없다. 앞서 언급한 대로 형평사 내의 영향력이 줄어들고, 또 서울까지 오가는 것이 쉽지 않은 점도 작용했을 것으로 짐작된다.

1926년 강상호의 활동은 별로 알려지지 않았다. 앞서 언급한 대로 4월에 형평사 경남연맹 결성을 주도하고 정기전국대회에서 부의장을 맡았다는 것 외에 흔적을 찾을 수 없고, 11월 말의 진주 동우사 관련 활동만 알려졌다. 전반적으로 이 시기의 지역 활동도 다소 주춤한 모습이었다.

1924년에 창립한 동우사의 활동은 알려진 것이 거의 없다. 그러다가 1926년 11월 30일 간담회를 개최하여 일강당(一强黨)으로 개칭을 논의하며 임원을 선출했다.[123] 총재 조우제, 총무 강대창, 간사장 강상호, 간사 박윤석, 강두형, 박학수, 김연호 등 지역 활동가를 선출하며 침체된 활동의 활성화를 도모한 것 같다. 언론은 과거의 소아병적인 표방주의를 반성하며 부흥

---

120) 『조선일보』, 1925년 12월 19일; 12월 22일.

121) 『동아일보』, 1925년 4월 14일; 『조선일보』, 1925년 4월 16일.

122) 『동아일보』, 1925년 6월 2일.

123) 『동아일보』, 1926년 12월 6일; 『중외일보』, 1926년 12월 6일.

혁신을 도모하려 한다고 보도했다.[124]

동우사는 12월 14일 제1회 총회에서 논란이 많은 일강당 대신에 중성회(衆聲會)로 개칭했다.[125] 총재 조우제의 사회로 강령과 규약을 개정하며 대중의 지식 함양, 합리적 사회생활 획득, 대중 해방운동의 실제 이익을 위한 투쟁 선봉 등을 강령에 명시하여 사상단체의 정체성을 유지하고자 했다. 그렇지만, 활동 내용은 알려진 바 없다. 간사장 강상호의 역할이나 활동도 알려진 것이 없다. 단지, 총재, 총무, 간사 등 임원진은 전반적으로 온건한 실리적 개혁 성향이 강한 활동가로 평가되었다.

1927년 9월 강상호는 신간회 진주지회 창립에 참여했다. 좌우 합작을 통해 결성된 민족단일당 신간회에 대한 민족적 기대가 확산되면서 전국 곳곳에서 지회가 결성되었는데, 진주에서도 9월 16일 진주청년회관에서 임시의장 김찬성의 사회로 발기총회가 열렸다. 신간회 취지와 강령, 규약 낭독이 진행되었다. 발기인으로 참여한 강상호는 박재표, 강치열, 김찬성, 강대창 등과 함께 창립 준비위원으로 선임되었다.[126]

10월 19일 홍명희, 안재홍의 진주 방문에 맞추어 진주지회 설립대회가 열렸다.[127] 임원으로 회장 박재표, 부회장 이풍구, 간사 조우제 외 14인이 선임되었다. 강상호는 간사로 선임되었다. 다음 날 열린 간사회에서 서무, 재무, 정치문화, 조사연구, 조직선전 등 5개 부서가 정해지고 부서마다 총간사와 상근간사, 여러 명의 간사를 선임했다.[128] 강상호는 조직선전부 간사로 선임되었다. 1927년 10월 설립대회 이후 1928년 3월까지 자주 열린 간사회

124) 『중외일보』, 1926년 12월 6일.

125) 『중외일보』, 1926년 12월 19일.

126) 『조선일보』, 1927년 9월 20일.

127) 『조선일보』, 1927년 10월 23일.

128) 『동아일보』, 1927년 10월 23일.

나 임원회 자료에서 강상호의 참여 흔적을 찾을 수 없는 것으로 보아 핵심 역할을 맡은 것 같지는 않다.[129] 이 시기 진주지회 활동은 박재표, 이풍구, 김찬성 등 온건한 활동가들이 주도한 것으로 보인다.[130]

1927년 12월 11일 진주청년회 발기로 만주 동포에 대한 중국 관헌의 압박을 성토하는 '재만동포옹호 진주동맹'이 결성되었는데, 강상호는 형평 사 대표로서 준비위원에 선임되었다.[131] 강상호가 여전히 형평사 대표로 활 동한 것을 보여준다.

그리고 2년 뒤, 1929년 12월 1일 신간회 진주지회 제4회 정기대회에서 강상호가 위원으로 선임된 것으로 보아[132] 신간회를 탈퇴한 것 같지는 않 다. 이 시기의 진주지회는 위원장 박태홍, 위원 강대창, 강두석, 하진 등 진 보적인 활동가들이 주도했기 때문에 경찰 감시와 탄압 아래 제대로 활동할 수 없었을 것으로 판단된다.[133] 1931년 좌파 주도로 신간회가 해체되면서 진주지회도 활동을 중단한 것으로 보인다.

7. 계속되는 형평사 파벌 대립

진주 지역 활동에 참여하는 강상호의 형평사 활동은 점점 뜸해졌다. 1926년 4월 형평사 경남연맹을 창립했지만, 후속 활동이 없었고, 정기전국

---

129) 『조선일보』, 1927년 12월 7일; 12월 9일; 1928년 1월 4일; 1월 18일; 1월 25일; 2월 8일; 2월 19일; 3월 29일; 1929년 2월 9일.

130) 김희주, 위의 글(2021), 181–185쪽.

131) 『중외일보』, 1927년 12월 14일.

132) 『조선일보』, 1929년 12월 4일; 『동아일보』, 1929년 12월 5일.

133) 김희주, 위의 글(2021 ㄴ), 185쪽.

대회에서 중앙집행위원으로 선임되지 않으면서 총본부 활동에도 특별히 참여하지 않았다. 그러다가 1927년 새해 벽두에 고려혁명당 사건이 알려지자 강상호는 언론 인터뷰에서 진상은 잘 모르지만 그 사건과 관계없이 형평운동을 계속 이어가겠다는 뜻을 밝혔다.[134]

정의부, 천도교, 형평사의 활동가들이 독립운동을 위해 고려혁명당을 결성했고, 특히 장지필, 조귀용, 이동구, 오성환, 서광훈, 유공삼 등 형평사 핵심 지도자들이 연루되었다는 일제 경찰 발표는 형평사 전체에 커다란 충격을 주었는데,[135] 강상호는 고려혁명당 사건에 전혀 동요가 없는 듯했다. 짧은 인터뷰 내용으로 강상호의 의중을 충분히 파악하기는 어렵지만, 고려혁명당에 특별히 연루되지 않았다고 해석되어 고려혁명당 사건의 파장에서 비켜서 있는 듯했다.

고려혁명당 사건으로 생긴 총본부 임원진 공백은 청년회, 학우회, 정위단 등의 젊은 활동가들이 메꾸며 온건한 노장층과 새로 등장한 진보적 소장층이 협력하여 형평사를 이끌어갔다. 이런 상황에서 강상호는 형평사 총본부 활동에 복귀하지 않았다. 그러면서 1927년 내내 형평운동에 특별히 참여한 흔적을 남기지 않았다.

1927년에 활동하지 않던 강상호가 1928년 3월 경남 각 군 대표자회 개최를 주도하며 활동을 재개했다. 3월 13일 마산에서 부산, 마산, 진주의 세 곳 형평사가 주최한 경남대표자대회가 열렸다.[136] 경남 24군 대표 64명이 참석했다. 진주에서는 강상호를 비롯하여 이학찬, 하석금이 참가했다.[137] 임시의장을 맡은 강상호가 집회 취지를 설명한 뒤 대회 준비 경과보고, 경

---

134) 『조선일보』, 1927년 1월 26일.
135) 자세한 내용은 김중섭, 위의 글(1994), 250-256쪽 참조할 것.
136) 『동아일보』, 1928년 3월 16일; 『조선일보』, 1928년 3월 17일.
137) 『조선일보』, 1928년 3월 10일.

남북 형평운동통일대회 개최 결의 순으로 진행했다. 이 회의의 핵심 결의 사항은 경남과 경북 형평사가 참여하는 경남북형평대회 개최였다. 형평사 창립기념일인 4월 25일에 열기로 하고, 교섭 및 준비위원으로 진주 강상호와 부산 이성순, 마산 박유선을 선임했다. 경남의 세 지역 대표자가 뭉친 모양새였다.

강상호에게 마산 집회는 형평운동 과정의 전환점으로 작용했다. 경상도 사원들 중심의 독자적 활동을 계획하며 서울 총본부와 대립하게 된 것이다. 그렇기 때문에 마산 집회에 대해 중앙총본부가 크게 반발했다.[138] 총본부는 마산 집회를 의식적 반동 악분자가 조종하여 행동한 것이라고 규정하고, 4월 25일로 예정된 경남북형평대회 준비회의 즉시 해산을 명령했다.[139] 이렇게 파벌 대립의 망령이 되살아나면서 강상호는 전국의 형평운동 활동가들로부터 분열분자로 낙인찍혔다. 특히, 고려혁명당 사건으로 핵심 임원들이 감옥에 있는 상황에서 강상호의 분파주의적 행동은 커다란 반발을 불러일으켰다. 심지어 경기도 안성분사 같은 곳에서는 형평운동을 분란시키려는 강상호 일파의 반동분자 행위를 철저히 박멸하자고 결의했다.[140]

총본부의 경고에도 불구하고 강상호는 경남 지역의 독자적 활동을 멈추지 않았다. 4월 25일 서울에서 정기전국대회가 열린 날, 진주 형평사는 형평사 창립 6주년 기념식을 가졌다.[141] 하석금의 사회로 진행된 이 집회에서 강상호는 형평운동의 과거 역사와 현재 상황, 장래 방침 등에 관한 의미심장한 내용의 식사를 했다.

---

138) 1928년 3월 이후 경남 사원들과 총본부의 갈등은 진주 형평사 활동 변화에 커다란 영향을 미쳤다. 이 과정에 관해 이 책 7장 참조할 것.

139) 『중외일보』, 1928년 3월 27일; 3월 30일.

140) 『조선일보』, 1928년 4월 12일; 『동아일보』, 1928년 4월 13일.

141) 『동아일보』, 1928년 4월 28일; 『중외일보』, 1928년 4월 28일.

경남북형평대회가 예정보다 3일 늦게 4월 28일 밀양에서 열렸다.[142] 참석자들은 중앙총본부 임원에 대한 불만과 불신을 노골적으로 드러냈다. 그리고 침체된 지역 형평운동의 활성화를 위해 노력하자고 결의하고 경상 형평연맹을 결성했다. 1926년에 창립했지만 별다른 활동 없이 사라진 경남 연맹 같은 경남 지역 단체를 다시 만든 것이다.

다음 날 경상형평연맹 집행위원회가 열렸다.[143] 강상호의 사회로 경상 남북도 형평사 통일, 조직 강화, 우피·건피장 운영 등의 안건을 논의한 뒤 집행위원장에 부산의 이성순, 집행위원에 경남 지역의 유지들을 임원으로 선출했다. 강상호는 사교부 상무집행위원을 맡았다. 서울 총본부에 불만을 가진 이성순과 강상호가 주도한 독자적인 경상도 조직이 결성된 것이다. 그 들은 중앙총본부와의 갈등을 피하지 않았고, 파벌 대립의 재발이 형평운동 에 미치는 파장에 대해서도 개의치 않는 것 같았다.

집행위원회에서 강상호 송덕비 건립이 제안되었지만, 강상호 자신의 극구 만류로 기념품 증정으로 대체되었다.[144] 비백정으로서 형평사 창립을 주도하고 형평운동을 이끈 강상호에 대해 경남 형평사원들이 감사하게 생 각하며 지지하는 것을 보여주었다.

형평경남대회를 마친 뒤 강상호는 이성순, 김경삼과 함께 5월 4일 경 북지사와 경남도 경찰부장 및 관계 과장을 방문했다. 그들은 각 군 축산계 에서 경영하는 건피장을 앞으로 각 지역 형평사원이 경영하는 것이 최적이 라며 협력을 요청했다.[145] 건피장 운영 주체의 교체는 지역 사원들의 이익 을 보호하기 위한 숙원 사업이었다. 또한 부산과 대구의 피혁상인 이성순과

---

142) 『동아일보』, 1928년 4월 17일; 4월 30일; 5월 1일.

143) 『동아일보』, 1928년 4월 30일; 5월 1일.

144) 『동아일보』, 1928년 5월 1일.

145) 『동아일보』, 1928년 5월 6일.

김경삼의 경제적 이권과 직결되는 문제였다. 이에 대해 관계자는 도의 방침에 따라 가부를 결정하겠다고 즉답을 피했다.

이와 같이 1928년 봄에 강상호는 이성순과 협력하여 중앙총본부 임원들을 비판하며 경상도 조직을 통한 독자적인 활동을 모색했다. 3월의 경남 각 군 대표자대회는 4월 28일 경상형평연맹 창립으로 이어졌고, 5월 초 경남과 경북 관계 기관을 방문하여 건피장 운영 주체 변경을 요구하기에 이르렀다.[146] 이 과정을 이끈 실질적인 기획자는 강상호였다. 이성순과 협력하여 경남 유지 조직인 경상형평연맹을 결성한 것이다. 그들은 중앙총본부 임원들, 특히 장지필에 대한 경남 유지 사원들의 불신과 불만을 이용하여 총본부 영향에서 벗어난 경남 조직을 만들고자 했다. 그러나 그들의 행동은 사원들에게 남북 분열의 조짐으로 비추어지며 파벌 대립의 재연에 대한 우려가 확산되었다. 총본부는 그들의 활동을 분파주의로 규정했고, 전국의 사원들은 그들을 분열주의자라고 비판했다.

이와 같은 강상호와 이성순의 유착 관계는 다음 절에서 살펴보겠지만, 향후 형평사의 전개 과정에 커다란 영향을 미쳤다. 강상호는 1923년 5월 형평사 창립 축하식에서 이성순을 처음 만났을 것으로 짐작된다. 두 사람의 유착은 1928년 이후 형평운동의 파벌 대립을 일으키는 핵심축이 되었다. 이것은 형평운동 전선에 균열을 일으켜서 활동의 침체에 대응하는 데 걸림돌로 작용했다. 그리고 대동사 시기의 이익집단화 과정과 친일 부역 활동을 이끄는 주요 동력이 되었다.

1928년 결성된 경상형평연맹은 강상호, 이성순, 김경삼의 경남북 관청 방문을 제외하고 별다른 활동을 하지 않았다. 그러면서 파벌 갈등은 수면 아래로 가라앉은 듯했지만, 경상도 사원들과의 통합은 총본부의 주요 과제

---

146) 이 과정에 대해 이 책 7장 참조할 것.

가 되었다. 총본부는 1929년 10월 28일 천안에서 남북통일대회를 열어 파벌 극복 방안을 모색했다. 진주의 신현수가 이 집회에 참석하는 등 진주형평사의 일부 활동가들은 총본부의 파벌 해소 노력에 협력했다.[147]

그 뒤 신현수는 부산지부 이성순을 비롯한 경남 활동가들을 만나 파벌 대립을 해소하기 위한 전조선형평사 유지대회를 12월 3일 개최하기로 했다. 이 소식이 전해지면서 강상호가 11월 23일 부산으로 가서 이성순을 만났다. 두 사람의 대화 내용은 알려진 바 없지만, 12월 3일의 전조선형평사 유지대회 등 현안 문제를 논의했을 것으로 짐작된다. 언론은 형평운동에서 공로와 인연이 많은 두 사람의 회합에 주목하며 파벌 극복과 단합의 계기가 만들어질 것이라고 기대했다.[148] 그러나 가시적인 성과는 나타나지 않았다. 오히려 12월 3일 대구에서 열기로 계획한 전조선형평사 유지대회가 열리지 않았다. 이유는 알려지지 않았지만, 이성순, 김경삼을 비롯한 경상도 유지들의 협력 없이는 개최하기 어려웠을 것이다. 결국 총본부와 신현수의 통합 노력은 무위로 돌아갔다.

이듬해 1930년 4월 25일 형평사 창립 8주년 기념식이 진주지부 회관에서 강상호의 사회로 거행되었다.[149] 전국 대의원들이 서울에 모여 정기전국대회와 기념식을 갖는데, 강상호는 따로 진주지부 기념식을 가지며 총본부에 대립하는 모양새를 보였다. 그러나 진주를 비롯한 경남도 사원들은 서울 전국대회에 참석하며 총본부 방침에 따랐다. 특히, 전국대회의 각 도 연합회 결성 결의에 따라 진주와 마산의 활동가들은 경남도연합회 결성을 준비했다.

---

147) 『동아일보』, 1929년 11월 3일.

148) 『중외일보』, 1929년 11월 18일.

149) 『조선일보』, 1930년 5월 4일.

경남도연합회 발기 준비회는 준비위원장 박유선, 위원 조우제, 이학찬, 신현수, 정찬조, 이상윤, 이봉기, 김점수, 하석금, 강수영 등 마산과 진주의 핵심 활동가들이 대부분 참여했다. 그러나 강상호는 준비위원 명단에 없었다.[150] 전례 없는 일이었지만, 강상호가 의도적으로 참여하지 않은 것으로 보인다. 부산의 이성순이 경남도연합회의 결성을 반대하는 것과 무관하지 않다고 생각된다.

이성순의 부산지부는 경남도연합회 준비회를 부정하며 경남 각 지부에 불참을 요구하는 공지를 보냈다.[151] 부산지부의 방해에 대항하여 준비회 측도 경남도연합회 결성이 진주지부만의 행동이 아니라 총본부의 합법적인 결의에 따르는 것이라는 내용의 성명을 발표했다. 부산지부와 경남도연합회 준비회 측의 갈등에 서울 총본부는 상무집행위원회를 열어 경남도연합회의 합법성을 승인하고 부산지부에 반동행동 중지를 요구하며 연합회 준비회 측을 지원했다.[152] 그리고 강상호와 이성순을 반동분자로 규정하며 제명했다. 형평사를 창립하고 형평운동에 진력하던 강상호가 형평운동 분열을 일으키는 장본인으로 낙인찍힌 것이다. 그런데 강상호와 이성순은 오히려 더욱 밀착하여 행동했다.

경남도연합회 설립대회가 예정대로 6월 1일 진주좌에서 열렸다.[153] 경남 연합회를 반대하는 부산지사의 반동분자 건을 논의하고 임원을 선출했다. 강상호는 임원 명단에 포함되지 않았다. 오히려 설립대회에 참석한 흔적조차 찾을 수 없었다. 경남도연합회가 8월에는 부산지부에 절연장을 보

---

150) 경남도연합회 결성 과정의 갈등에 관해 이 책 7장 참조할 것.

151) 『중외일보』, 1930년 5월 20일.

152) 『중외일보』, 1930년 5월 20일.

153) 『조선일보』, 1930년 6월 6일.

내며 양측의 갈등은 더욱 심화되었다.[154]

1930년대 초 형평운동은 빠르게 침체되어갔다. 1920년대 말 세계공황 영향으로 경제적 타격을 받은 사원들의 참여가 줄어들고 활동을 중단한 지역 조직이 빠르게 늘어났다. 이런 상황에서 강상호와 이성순 세력이 총본부와 대립을 벌이고 경남 지역 활동가 사이에 분열이 일어나면서 형평운동 전반의 침체를 재촉했다.

게다가 1931년 소련 코민테른 지시에 따라 형평사 해소론이 제기되면서 진보 세력과 보수 세력이 대립했다.[155] 진보적인 소장층 활동가들이 주도하는 해소론 제안은 장지필을 비롯한 노장층 지도자들의 반대로 전국대회와 주요 집회에서 연이어 부결되었다. 그런 여파 속에서 5월 24일 의령에서 열린 경남도지부 연합회에서 강상호는 형평운동의 교란분자로 총본부에서 제명되었다는 이유로 대의원 자격을 갖지 못했다. 그런 중에 강상호가 내빈 축사를 하겠다고 등단했다가 청중의 야유와 반대로 하단하고 말았다.[156] 사원들, 특히 진보적 활동가들은 여전히 강상호를 분열주의자로 보고 있었던 것이다. 이런 상황에서 강상호가 해소론에 대해 어떤 입장을 가졌는지 밝히지 않았지만, 급격한 해소론 주장에 동의하지 않았을 것으로 짐작된다.

장지필이 주도하는 총본부는 1932년 4월 정기대회에서 이성순을 중앙집행위원장으로 선임했다.[157] 사원들의 감소와 조직 활동의 급격한 퇴조로 생긴 재정 압박을 해결하기 위해 갈등을 빚었던 이성순이나 강상호와 타협하지 않을 수 없었을 것이다. 총본부는 재정 문제 해결을 기대하며 부산의

---

154) 『조선일보』, 1930년 8월 23일.

155) 해소론에 대한 자세한 논의는 김중섭, 위의 글(1994), 266-279쪽 참조할 것.

156) 李양코(이동환), 「衡平社 慶南道支部 聯合會를 보고」, 『批判』 15(3 · 4), 1931, 73-75쪽.

157) 『동아일보』, 1932년 4월 29일.

재력가 이성순을 끌어들이려고 한 것으로 짐작된다. 그런데 강상호에게는 어떤 유화적 태도도 보이지 않았다.

그런데 중앙총본부의 계획은 이성순의 중앙집행위원장 직무 소홀과 비협조로 성공하지 못했다.[158] 이어서 1933년에 일제 경찰이 조작한 '형평 청년전위동맹 사건'이 일어나며 진보적인 젊은 활동가들이 더 이상 활동할 수 없게 되면서 형평운동은 커다란 타격을 받았다.[159] 강상호가 이 사건에 대해 어떤 반응을 보였는지는 확인된 바 없다.

8. 진주 지역 현안 문제 참여

지금까지 살펴본 것처럼, 1920년대 말 1930년대 초에 강상호는 형평 사 총본부 측과 대립하며 갈등을 빚었다. 그러면서도 진주 지역의 현안 문 제에 참여했다. 대표적인 사례가 1929년 말부터 1930년 4월까지 진행된 전 기요금 인하 활동이었다.

1929년 하반기에 전력 부족과 빈번한 고장으로 주민의 불만이 고조되 자 언론사 지국 중심으로 진주전기회사에 전기요금 인하를 요구하는 활동 이 일어났다.[160] 11월 30일 사회단체 활동가들이 '진주 전기요금 인하 기성 동맹 발기회'를 열어 12월 3일 기성동맹대회를 개최하기로 결의했다. 강상 호는 이범욱, 김찬성, 신현수 등과 함께 준비위원으로 선임되어 활동했다.

기성동맹 준비위원회는 12월 1일 규약 초안, 요구 사항, 경비 문제 등

---

158) 『동아일보』, 1932년 7월 28일.

159) 이 사건에 관해 김중섭, 위의 글(1994), 279-285쪽 참조할 것.

160) 『조선일보』, 1929년 12월 3일.

을 토의하고 기성동맹대회 연사로 강상호, 이풍구, 이범욱, 김찬성을 선정했다.[161] 예정대로 12월 3일 진주좌에서 열린 전기사용자 집회에서 강대창의 경과보고 후에 전기의 공익적 사업을 강조하며 전기요금 인하를 주장하는 활동가들의 연설을 듣고 동맹회칙을 정했다.[162] 임원으로 회장 우에하라 산시로(上原三四郎), 부회장 이장희, 평의원으로 강상호, 이범욱, 이현중 등을 선임했다. 핵심 임원은 일본인 거류민과 한국인 유지들이 맡고, 평의원은 한국인 활동가들이 맡는 모양새였다.

12월 5일에 열린 동맹회 임원회에서 진주전기회사 사장과 면담할 교섭위원을 선임했다.[163] 그러나 교섭이 결렬되어 기성동맹회는 12월 18일 진주좌에서 제2회 기성동맹대회를 열어 전기회사 측을 압박했다.[164] 이듬해 1월 3일 열린 제3회 시민대회에서 정전 단행을 결의하자 진주 주민 3분의 1이 소등 참여로 이 활동을 지지했다.[165] 1월 13일 열린 제4회 시민대회에서 강상호는 시민 권익을 지키자는 내용의 연설을 했다.[166]

진주 전기요금 문제를 해결하기 위한 활동이 1930년 1월에도 계속되자[167] 진주전기회사는 4월부터 전기료를 1할 5푼 내리겠다고 발표했다.[168] 전기요금 인하 요구는 수용되었지만, 조명력 부족 문제가 여전히 해결되지 않자 동맹회는 부당이익 반환 청구를 고려했다. 그 와중에 4월 17일 진주전기주식회사가 부산와전(瓦電)주식회사에 팔리는 매도 가계약 소식이 전해

---

161) 『조선일보』, 1929년 12월 4일.

162) 『조선일보』, 1929년 12월 6일.

163) 『조선일보』, 1929년 12월 8일.

164) 『조선일보』, 1929년 12월 21일.

165) 『조선일보』, 1930년 1월 7일; 1월 8일.

166) 『중외일보』, 1930년 1월 17일.

167) 『조선일보』, 1930년 1월 13일; 1월 17일; 3월 2일.

168) 『조선일보』, 1930년 4월 11일.

졌다.[169] 그렇게 투쟁 대상이 사라지면서 기성동맹은 4월 24일 진주좌에서 해산식을 갖고 해산했다.[170]

전기요금 인하운동에 참여한 강상호는 일본인 거류민과 조선인 유지들이 회사와의 교섭, 활동 방침 결정 등 주요 사안을 주도하는 상황에서 핵심 역할을 맡지 않았지만 지역의 생활 개선 문제에 관심이 많은 실용주의 성향을 여전히 갖고 있음을 보여주었다. 그해 10월 17일 심한 불경기에 물가 인하를 요구하는 시민대회에서 강상호가 국제적 경제 상황에 관해 발표한 것도 생활 개선에 대한 그의 관심을 보여준다.[171] 그렇지만 강상호는 이 집회에서 조직된 물가감하강구회의 실행위원 16인에 포함되지 않은 것으로 보아 주도적으로 활동한 것 같지는 않다.

강상호는 1931년 4월 5일 진주청년동맹회관에서 열린 진주농민조합 제4회 정기대회 및 3주년 기념식에서 검사위원으로 선임되었다.[172] 경작권 확립, 소작료 4할제, 소작인 무상노동 철폐, 무산 아동 수업료 철폐, 입도 차압 절대 반대 등 대내적 문제와 사회단체 회관 문제, 신간, 청총, 근우 해소 비판, 소비조합운동, 반동반농민단체 박멸 등 대외적 문제를 논의한 전형적인 진보단체 집회에서 강상호가 맡은 검사위원 역할이 무엇인지 분명하지 않다. 다음 날 제1회 집행위원회의 사무 분담에서 검사위원에 대한 언급이 없는 점으로 보아 핵심 직책은 아닌 것 같지만,[173] 강상호가 사회개혁 단체와 유대 관계를 갖고 있는 것을 보여주었다.

이와 같이 강상호는 1930년대에도 여전히 직업적 사회운동가로서 여

---

169) 『조선일보』, 1930년 4월 25일.
170) 『조선일보』, 1930년 4월 29일.
171) 『동아일보』, 1930년 10월 20일.
172) 『조선일보』, 1931년 4월 9일.
173) 『조선일보』, 1931년 4월 14일.

러 성격의 활동에 참여했다. 그 가운데 가장 주력한 활동 영역은 교육 분야 였다. 1931년 6월 14일 강상호의 사회로 진행된 진주교육협회 정기총회에서 회장 이범욱, 부회장 조우제와 함께 강상호는 총무로 선임되었다.[174] 통상 총무는 단체의 모든 일을 관장한다는 점에서 강상호가 이 단체의 핵심 활동가였다고 짐작된다.

그해 9월 16일 열린 진주제1공보 학부형회에서 진주제1공보 학급 증설 및 여자부 독립 추진을 결의할 때 강상호가 학급증설기성회 간사로 선임 되었다.[175] 강상호는 제1공보 운영에 절대 권한을 가진 대지주 김기태와의 교섭 책임을 맡아 상경하여 그와 교섭했고, 그 교섭 전말을 10월 16일 열린 제1보교 기성회 위원회에서 보고했다.[176] 이와 같이 40대의 강상호가 열성 적으로 진주 지역의 교육 환경 개선을 위해 활동한 것은 20대의 봉양학교 운영, 30대의 형평사 활동과 이어진 것이었다.

이 밖에도 강상호는 여러 사안에서 진주 지역의 현안 문제에 적극적으로 참여하는 사회운동가의 모습을 보여주었다. 1934년 2월 진주 지역 사회 운동가들은 진주성 내의 유서 깊은 창렬사를 중건하기로 결정하고 중건위 원회를 구성했는데, 강상호는 모집부 위원으로서 시민 참여를 권유하며 중건 기금 모금 활동을 벌였다.[177]

---

174) 『동아일보』, 1931년 6월 19일.
175) 『동아일보』, 1931년 9월 20일.
176) 『조선일보』, 1931년 10월 23일.
177) 『동아일보』, 1934년 3월 3일; 『조선중앙일보』, 1934년 4월 18일.

9. 대동사 참여와 일제 부역 활동

1930년대 전반기에 진주 지역 현안 문제에 적극적으로 참여하던 강상
호가 1930년대 중반 이후에 치중한 것은 대동사(大同社) 활동이었다. 형평사
는 참여 사원의 급감, 전통 산업에서의 경제적 어려움, '형평청년전위동맹
사건' 등을 겪으며 급속도로 침체되는 상황에서 1935년 4월 정기전국대회
에서 대동사로 개칭했다. 그러면서 이익집단 성격의 활동을 강화했다.[178]

1936년 1월 11일 대전에서 열린 대동사 임시총회에서 이성순(위원장),
강상호(부위원장), 유공삼(서무), 김동석(경리), 서영석(교육), 이학조(부산지부장) 등
이 임원으로 선임되었다.[179] 49세의 강상호가 이성순과 함께 대동사의 핵심
지도자로 돌아온 것이다. 2월 2일 서무부장 유공삼, 경리부장 김동석, 교육
부장 서영석이 부산지부를 방문하여 사무 인계와 향후 활동 방침을 의논할
때 강상호는 부집행위원장으로 집행위원장 이성순, 부산지부장 이학조 등
과 함께 그들을 만났다.[180] 이것은 대동사 지도부의 교체와 활동 방침의 변
화를 보여주는 상징적 회동이었다. 참석자들은 남북 파벌 대립 해소에 공감
하며 총본부 유지 방안을 논의하며 소가죽의 공동 판매를 통한 이익금을 유
지비에 충당하고, 각 지역에서 수육을 공동 판매하여 이익을 지역 사원들에
게 분배하여 생계를 돕기로 했다.

총본부 사무를 인계받은 이성순과 강상호는 대동사 운영의 전권을 행
사했다. 특히, 위원장 이성순이 부산에서 피혁 사업을 하는 탓으로 부위원
장 강상호가 위원장을 대리하여 주요 활동을 주도했다. 1936년 2월 22일

---

178) 대동사로의 전환과 이후 활동에 관해 김중섭, 위의 글(1994), 286-294쪽 참조할 것.
179) 『조선일보』, 1936년 1월 16일; 『조선중앙일보』, 1936년 1월 10일; 1월 17일; 2월 8일; 『동아일
　　보』, 1936년 2월 7일.
180) 『조선일보』, 1936년 2월 7일.

대전에서 열린 전조선 확대위원회에서 강상호의 사회로 본부 유지, 부서 변경 등 조직 활동에 관한 사항을 논의하며 산업부를 설치하고 사원들의 피혁 매매를 통제하는 안을 결의했다.[181] 피혁 매매 통제는 사원들의 이익을 보호한다는 취지에서 제안되었지만, 부유한 피혁상 사원들이 실질적인 수혜를 받을 것으로 짐작되었다.

4월 8일 위원장 이성순, 부위원장 강상호 등 대동사 간부 9인은 서울에 출장 가서 10일에 총독부 경무국을 방문했다.[182] 그들은 차별 대우 철폐를 요청하는 한편, 수육 판매 가격을 대동사와 협의하여 결정할 것과 수육 판매인의 허가 및 취소에 대동사 의견을 청취할 것을 요구했다. 이에 대해 경무국장은 앞으로 차별이 일어나지 않도록 하겠다고 했지만, 수육 가격 통제는 폭리를 막기 위해 불가피하다며 대동사 측의 요구를 들어주지 않았다.

4월 24일 대전에서 열린 대동사 정기전국대회가 강상호의 사회로 진행되었다.[183] 이성순과 강상호는 위원장과 부위원장으로 재신임받으며 59명 집행위원 전원의 선출 권한까지 부여받았다. 예전에는 전형위원을 선임한 뒤 그들의 중앙집행위원 추천과 대의원들의 최종 승인으로 선출했는데, 위원장과 부위원장에게 집행위원 선출권을 부여함으로써 그들은 더욱 막강한 권한을 갖게 되었다. 이것은 대동사가 이성순과 강상호 체제로 굳어졌다는 것을 보여주는 상징적 결정이었다.

1936년 강상호는 전면에서 대동사 활동을 이끌며 조직 강화를 도모했다. 5월과 6월에는 전남 지역을 순회하며 대동사 집회를 이끌었다. 5월 4일

---

181) 『조선일보』, 1936년 2월 25일; 『동아일보』, 1936년 2월 26일.

182) 『동아일보』, 1936년 4월 9일; 4월 10일; 4월 11일; 『조선일보』, 1936년 4월 10일; 『조선중앙일보』, 1936년 4월 10일.

183) 『조선일보』, 1936년 4월 25일; 『동아일보』, 1936년 4월 26일; 『조선중앙일보』, 1936년 4월 28일.

에 열린 광주지부 창립총회에서 강상호의 사회로 임원 선거, 수육판매조합 결성, 전남연합회 개최 등의 안건이 처리되었다.[184] 6월 10일 광주에서 열린 전남연합회 창립대회에서 강상호는 의장을 맡아 개회를 선언하고 회의를 진행하며, 규약 제정, 지부 정비, 수육판매조합, 우피 통제 및 산업주식회사 등의 안건을 논의했다.[185] 임원 선거에서는 전형위원 15명 중 한 사람으로 활약했다. 그리고 6월 16일 장성지부 창립총회에서 강상호는 사회를 맡아 선언 강령 낭독, 전남도 연합회 대회 보고, 임원 선출 등을 진행했다.[186] 다음 날 6월 17일에 열린 담양지부 창립총회에서도 사회를 맡아 회의를 진행했다.[187] 이와 같이 부위원장 강상호는 위원장 이성순을 대신하여 전국 곳곳의 대동사 활동을 이끌었다.

1937년 대동사는 사원의 이익을 지킨다는 명목 아래 일제 부역 활동을 강화했다. 7월에 중일전쟁을 일으킨 일제가 총동원령을 내리며 전쟁 지원 활동을 독려하자 대동사도 적극적으로 부응하며 군용비행기 '대동호' 헌납 계획을 수립했다. 군용비행기 헌납 활동은 일제의 전쟁을 지원하는 대표적인 부역 사업이었다. 진주[188] 등 많은 지역 주민과 단체들이 자발적인 형식으로 군용기 헌납 활동에 참여했다.

1937년 8월 대동사는 '대동호 비행기 헌납 기성회'를 결성하여 장지필을 위원장으로 선임했다.[189] 1935년 4월 대동사로 개칭하며 총본부 활동에

---

184) 『동아일보』, 1936년 5월 8일.

185) 『동아일보』, 1936년 6월 12일; 『조선중앙일보』, 1936년 6월 18일.

186) 『조선중앙일보』, 1936년 6월 21일.

187) 『조선일보』, 1936년 6월 26일.

188) 경남 진주 주민은 군용비행기 '진주호' 헌납을 위한 모금 활동을 벌여 5만 188원을 모아 군용비행기와 고사기관총 대금으로 헌납했다. 勝田伊助, 『晉州大觀』, 진주대관사, 1940, 203-204쪽.

189) 장지필의 활동에 대해 이 책 9장 참조할 것. 그리고 대동사 비행기 헌납 활동에 관해 池川英勝, 「大同社・衡平社について: 1935年から40年まで」, 『朝鮮学報』 176・177, 2000, 32-34쪽 참조

서 물러났던 장지필이 다시 돌아온 것이다. 대동사 총본부는 적극적으로 사원들의 헌금을 독려했고, 간부들은 각 지역을 돌아다니며 모금 활동을 벌였다. 일제 경찰 기록에 따르면, 강상호는 경남 지역을 순회하며 독려했다.[190]

총본부와는 별도로, 일부 분사나 유지 사원들은 개별적으로 일제의 전쟁을 지원했다. 예컨대, 경북 의성지부는 기관총과 군용기 대금을 헌금했고,[191] 영천지부장 심곤이 형제는 경기관총 대금 1,600원을 헌금했다고 언론에 크게 보도되었다.[192]

1938년 7월 8일 대전에서 대동호 헌납식과 감사장 전달식이 열렸다. 이에 맞추어 대동사는 임시총회를 개최하여 임시의장으로 선출된 강상호의 주재로 현안 문제를 논의했다.[193] 쟁점은 총독부 당국에 피혁을 공급하는 중간상인 배제 문제였다. 대동사는 중간상인이 폭리나 통제 권한을 막기 위해 원피 생산 사원들이 일제 군수당국에 직접 납품하게 되기를 바랐다. 대동사가 일제에 부역하며 총독부의 배려를 바랐지만, 일제는 군수품인 피혁 통제를 강화하기 위해 피혁배급통제회사 설립을 계획했다.[194] 결국 1939년 1월 일제는 대동사의 요구를 거부하고 원피 배급을 담당하는 회사를 만들었다.[195]

한편, 이성순과 강상호 지도부는 총본부 운영을 둘러싸고 사원들과 불

할 것.

190) 朝鮮總督府警務局,『昭和十二年 治安狀況』제32보, 部落解放・人權研究所 衡平社史料研究會 엮음,『朝鮮衡平運動史料集』(이하『사료집』으로 줄임), 金仲燮・水野直樹 감수, 大阪: 解放出版社, 2016, 518쪽.

191)『동아일보』, 1937년 10월 5일.

192)『동아일보』, 1938년 8월 29일.

193)『조선일보』, 1938년 7월 10일.

194)『동아일보』, 1938년 11월 23일.

195)『동아일보』, 1939년 1월 13일; 일제의 피혁 통제에 관해 水野直樹,「戰時期・解放期朝鮮における皮革統制と衡平運動関係者の活動」,『部落解放研究』214, 2021, 97-130쪽 참조할 것.

협화음을 내고 있었다. 해마다 열리는 4월의 정기 전국대회가 1937년에는 열리지 않았다. 그런데 1938년에는 부산분사가 4월 25일 독자적인 창립 축하식을 개최하며 이성순이 막강한 영향력을 과시했다.[196] 그런 가운데 집행부 교체에 대한 사원들의 요구가 점증하면서 1939년 4월 정기전국대회에서 장지필이 다시 중앙집행위원장으로 선임되었다.[197] 군용비행기 헌납 활동을 계기로 총본부에 다시 복귀한 장지필이 대동사를 이끌게 되면서 이성순과 강상호는 임원에서 물러난 것으로 보인다. 그런데 1940년 이성순이 대동사를 다시 형평사로 개칭하며 총본부를 부산으로 이전했다는 일제 기록으로 미루어보아[198] 일제의 전시 체제에서 활동가들은 예전과 같은 대립 관계보다 비교적 협력 관계를 유지한 것으로 짐작된다.

1939년 일제가 태평양전쟁을 일으키며 확전하는 시기에, 특히 황민화 정책과 국가주의를 강요하는 상황에서 대동사를 비롯한 사회단체들은 설 자리가 없었다. 대동사의 활동이나 마지막 경로를 알려주는 자료는 찾을 수 없지만, 일제의 탄압 정책 아래 자연스럽게 활동을 중지하며 소멸했을 것으로 짐작된다.[199]

이 시기에 원피 생산에 종사하는 사원들이 일본인과 조선인 중개업자들의 원피중매업자조합 결성에 반대했는데, 그 과정에서 1940년 10월 경남 북수육판매업 대표자들이 조합 결성을 반대하는 진정서를 일제 경찰에 제출했다.[200] 진정서 대표자 명단에는 부산의 산촌성순(山村聖順)과 진주의 옥

---

196) 『조선일보』, 1938년 4월 24일.

197) 『동아일보』, 1939년 4월 24일; 4월 27일.

198) 朝鮮軍參謀部, 『昭和十五年前半期 朝鮮思想運動槪況』(『사료집』, 520쪽); 池川英勝, 위의 글, 36-39쪽.

199) 池川英勝, 위의 글.

200) 이에 대한 자세한 내용은 水野直樹, 위의 글, 114-119쪽 참조할 것.

봉상호(玉峰相鎬)가 포함되어 있다. 산촌성순은 이성순, 옥봉상호는 강상호로 추정된다.[201] 만약 옥봉상호가 강상호라면, 강상호는 일제강점기 말에 진주수육판매업 대표자로 활동하며 옛 형평사원들과 관계를 유지하는 가운데 여전히 이성순과 협력하며 피혁 사업에 관여한 것으로 추정된다.

해방 후 강상호는 경제적으로 궁핍하게 지냈다고 알려졌다. 6.25전쟁 이후 처가가 있는 진주군 일반성면으로 이주하여 부인의 양잠 노동으로 생계를 이어가다가 1957년 11월 12일 세상을 떠났다. 천석꾼의 아들로 태어나 격동의 시대에 사회개혁을 향한 열의를 실천하며 평생 직업적 사회운동가로 살아온 삶을 마친 것이다. 옛 형평사원들이 그의 활동을 기려 축산기업조합장으로 장례를 치렀다. 그는 진주 시내에 들어오는 관문인 새벼리에 안장되었다.

10. 맺음말

강상호는 조선이 망하고, 일제 식민지 지배를 받고, 해방과 독립을 경험하고, 남북으로 분단되는 격동의 시대를 산 사람이다. 그 시기에 그는 적극적으로 사회를 바꾸려고 활동한 진주 지역의 대표적 직업적 사회운동가였다. 하지만 그가 남긴 글을 찾을 수 없어서 신문 자료 등에 기록된 그의 활동을 통해 그의 삶을 살펴보았다.

강상호는 늦은 나이에 신식교육을 받기 위해 입학한 보통학교 시절부터 시작한 사회 활동 참여를 평생에 걸쳐 계속했다. 그의 참여 양상은 몇 가

---

201) 水野直樹, 위의 글, 117-118쪽. 이 시기에 많은 사람이 일제의 일본식 개명 강요 정책에 따랐다. 특히, 이런 단체에서 활동하는 사람들은 일제의 정책을 거역하기 힘들었을 것이다. 대부분은 성만 바꾸고 이름은 그대로 두는 방식을 선택했다.

지 특징을 보여주고 있다.

우선, 강상호는 여러 성격의 사회단체 활동에 적극적으로 참여했다. 젊은 시절에 참여한 국채보상운동, 대한협회, 사립봉양학교, 3.1운동 등은 민족주의 성향이 강했다. 반면, 3.1운동 이후 진주 지역의 현안 쟁점에 적극적으로 관여한 활동에서는 생활 중심의 실용주의 성격을 엿볼 수 있다. 30대 후반부터 40대 중반까지 시미즈 저울 부정 사건 진상 규명 및 규탄, 경남도청 이전 반대, 일신여고보 분규 해결, 전기요금 인하, 제1공보 확장 등 지역 주민의 이익을 위한 활동에 참여했다. 특히, 사회개혁을 위한 다양한 교육 증진 활동에 참여했다. 이러한 생활 중심의 주민 이익과 교육 증진을 위한 활동의 바탕에는 지역 중심의 공동체의식이 있었고, 실력양성을 강조하는 시대적 조류가 반영되어 있다고 판단된다.

강상호는 진주 지역의 여러 단체에 참여한 직업적 사회운동가로서 사회운동계 구성원들과 동료 의식을 갖고 연대 활동을 중시했다. 곧 노동운동, 교육운동, 사상단체, 지역 개선 활동 등 다양한 성격의 단체에 관여했다. 이러한 그의 활동 참여를 통해 형성된 연대는 형평사 창립과 형평운동 발전 과정에 지역의 사회단체와의 협력 관계를 갖는 데 크게 도움이 되었다.

강상호가 가장 열성적으로 참여한 것은 1923년의 형평사 창립과 이후 전국으로 확산된 형평운동이었다. 조선 시대의 최하층 신분 집단으로 20세기 초에도 갖가지 차별 관습에 억눌려있던 백정의 차별 철폐와 평등 대우를 위한 형평운동은 근대 사회를 향한 대표적인 사회개혁 활동이었다. 형평사 창립과 전국 조직 확대를 이끌며 열성적으로 참여한 강상호는 대표적인 형평운동가로 인식되었다. 형평사 활동에 매진하는 그를 보고 그의 친구들은 "강상호가 역사의 한 페이지를 쓰려고 형평운동에 매달린다."고 농담했고, 백정으로부터 존경받는 '선각자'라는 평가를 받았다.

창립 초기의 파벌 대립 이후 형평사 총본부가 서울로 이전하고 중부권 활동가들이 형평운동을 주도하면서 형평사 내 강상호의 영향력은 크게 줄어들었다. 이후 강상호는 간헐적으로 반복되는 경남 지역 사원들과 서울 총본부와의 대립과 갈등의 중심에 있으면서 분열주의자, 분파주의자라는 비난을 받기도 했다. 게다가 1935년 대동사 개칭 이후 강상호는 이익집단과 친일 부역 활동을 이끄는 대동사의 핵심 지도자로 활동하여 3.1운동과 여러 실용적인 사회운동에 적극 참여한 민족주의자, 사회운동가 명성에 친일 부역자의 오명이 덧씌워졌다.

요컨대, 강상호는 백정 차별 철폐와 평등 대우를 주창하며 신분제 해체라는 시대적 사명을 실현하는 데 앞장서며 한국의 인권운동 발전에 크게 이바지했다는 평가를 받는 한편, 형평운동 전 기간에 걸쳐 간헐적으로 반복된 파벌 대립의 한 축으로 분열을 일으켜 형평운동 발전을 가로막았다는 비판을 피하기 어려울 것이다. 게다가 1930년대 후반부터 일제가 벌이는 전쟁의 광풍 시기에 이익단체와 친일 부역 단체로 전락한 대동사 활동을 주도한 역사적 오점을 남겼다.

이와 같이 강상호는 한말의 국권 상실, 일제 강점, 해방과 분단, 근대 사회로 이행하는 격동의 시대를 살아가면서 민족주의 성향의 활동가로서, 진주 지역의 현안 문제에 적극적으로 참여하며 교육을 강조한 생활 중심의 실용주의적 직업적 사회운동가로서, 인권과 참사람을 위한 형평사 창립을 이끈 형평운동가로서, 분열과 이익집단으로 변질된 대동사 지도자로서 다면적인 모습을 보여주었다. 이는 격동의 시기에 사회개혁을 지향하며 활동한 사회운동가의 삶에 시대의 굴곡이 반영되어 얼룩진 모습들이었다.

9장

백정 해방운동가 장지필

1. 머리글

장지필(張志弼)은 형평운동의 핵심 지도자였다. 그는 백정 출신으로서 형평사 창립에 참여한 이래 형평운동 전 기간에 걸쳐 활동한 대표적 인물이었다. 그러나 그의 생애는 별로 알려지지 않았다.

그의 생애를 기록한 1990년대의 신문 기사[1]는 형평운동 연구가 미진한 당시 상황을 반영하듯 오류가 적지 않다. 최근에 발표된 일본 메이지대학교 역사 관련 글[2]이나 형평사 100주년을 기념하여 방영된 방송 다큐[3]도 많은 오류를 수정하지 않은 채 그대로 반복했다. 그간의 형평운동 연구 결과에 기반한 장지필에 관한 연구논문도 생애에 관해서는 새로운 내용 없이

---

1) 고종석, 「장지필, 백정 손에 치켜든 형평의 깃발」, 『발굴 한국현대사 인물』 1권, 한겨레신문사, 1991, 111-116쪽.

2) 李英美, 「張志弼」, 明治大學史資料センター編, 『白雲なびく 搖かなる明大山脈』 3 アジア編 1, 東京: DTP出版, 2023, 74-75쪽.

3) MBC경남, "백정인권운동가 장지필"(2023. 8. 17. 방영). 예컨대, 메이지대학에서 공부한 장지필의 귀국 시기를 1923년 형평사 창립 직전이라고 했다.

장지필(1883-1958)

많은 부분을 기존 기록 그대로 썼다.[4]

이 장의 주된 목적은 연대기적 흐름에 따라 장지필의 생애를 다루고자
한다. 그의 삶은 형평운동 이전부터 형평사가 대동사로 개칭된 이후에 이르
기까지 옛 백정 집단이 겪은 역사적 과정과 사회적 상황을 잘 반영하고 있
다. 그의 생애에 대한 탐구는 그가 핵심적으로 활동한 형평운동의 역동적인
과정을 밝히는 데 이바지할 뿐만 아니라 신분제에 기초한 조선 사회로부터
일제강점기, 그리고 해방 후의 격동 시기에 이르기까지 백정의 삶을 규명하
며, 아울러 백정 출신 지식인이 겪은 삶의 궤적을 살펴보는 데 유용하게 활
용될 것이다.

이 연구의 1차적 자료는 한말과 일제강점기, 그리고 해방 후의 상황을

---

4) 李恩元, 「張志弼と'衡平運動'」, 明治大学アジア留学生研究 1, 『大学史紀要』18, 2014, 62-91
    쪽; 李恩元, 「'衡平運動'を通じて見た 張志弼の日本認識」, 明治大学 『大学史紀要』 20, 2015.

보도한 언론 기사다. 장지필이 형평사의 주역으로 활동한 덕분에 형평운동 관련 보도는 그의 활동을 비교적 소상하게 기록하고 있다. 이 장은 또한 일제강점기에 형평운동을 감시하고 취조를 기록한 일제 문헌 자료를 활용할 것이다. 대표적인 자료는 형평사 활동에 관한 경찰 보고, 특히 장지필이 검찰에 기소되어 복역한 고려혁명당 사건 심문과 재판 기록 등이다. 마지막으로, 장지필의 제적부를 활용하고자 한다.[5] 이것은 지금까지 불분명하게 추론된 그의 생몰 연도와 가족사를 담고 있다.

2. 출생과 성장

장지필은 1883년(조선 개국 492년) 10월 16일 경남 의령군 의령면 동동에서 출생했다.[6] 고려혁명당 사건을 기록한 1927년 2월의 일제 경찰 조사 자료는 43세,[7] 1928년 4월 20일의 1심 판결문은 44세[8]로 표기되었다. 이것은 10월생인 장지필의 만 나이를 반영한 것이라고 판단된다. 지금까지 장지필의 출생연도는 많은 글에서 잘못 기록되어왔다. 나 자신이 추론한

---

5) 장지필의 제적부를 제공하여 사용을 허락해주신 후손에게 감사드린다. 이 제적부는 6.25전쟁으로 멸실된 탓에 다시 작성된 것이다. 이 과정에서 오기의 가능성이 있으나 장지필의 출생과 가계를 가장 잘 밝혀주는 자료라고 판단된다. 아울러 장지필의 가계를 파악할 수 있도록 증언해주신 후손에게 감사드린다.

6) 제적부는 출생지를 동동 919번지라고 썼으나 종로경찰서 소행조서는 91번지, 신의주경찰서 고려혁명당 사건수사보고서(1927. 1. 22), 신의주지방법원예심 고려혁명당 사건 예심종결결정서(1927. 10. 31), 신의주지방법원 고려혁명당 사건 제1심 판결문은 191번지라고 썼다. 제적부가 6.25전쟁 이후에 다시 작성되었다는 점에서 출생지 지번의 불명확성은 여전히 남아있다.

7) 종로경찰서, 「張志弼素行調書(1927. 2. 15)」, 朝鮮衡平運動史研究會 엮음, 『衡平運動史料集 · 別卷』(이하 『사료집 · 별권』으로 줄임, 2025년 출간 예정).

8) 신의주지방법원, 고려혁명당사건 제1심 판결(1928. 4. 20), 『사료집 · 별권』.

1882년[9]을 비롯하여 1884년,[10] 1887년,[11] 1898년[12] 등으로 기록되어왔다. 이제는 1883년생으로 바로잡힐 것으로 기대된다.

장지필은 인동(仁同) 장씨로 아버지 장덕준(張德俊, 1852-1942)과 어머니 김기년(金己年, ? -1920) 사이의 첫째 아들이었다. 1873년에 결혼한 그의 부모가 뒤늦게 얻은 아들이었다. 제적부에 태옥(太玉)으로 되어 있고, 고려혁명당 사건의 취조문도 장지필의 별명을 태옥이라고 썼다.[13] 그의 행적에 관한 모든 자료가 장지필이라고 한 것으로 보아 언제부터 그랬는지는 불분명하지만, 일찍부터 장지필로 불렸을 것으로 짐작된다.

장지필 집안은 대대로 도축업에 종사한 백정이었다. 그의 어린 시절 성장 과정은 별로 알려지지 않았다. 장지필 자신이 8세부터 14세까지 서당에서 한문을 배웠고, 서울에 있는 보성학교 야학부에서 1년간 일본어를 배웠다고 증언한 것으로 보아[14] 부친의 자녀 교육열이 높았던 것 같다. 자녀 교육을 위해 경남 의령에 사는 백정이 서울까지 보낸 것은 흔치 않은 사례였을 것이다. 또 서울의 사립학교까지 유학 보내 일본어 교육을 시켰다는 것은 어느 정도 경제적 여유가 있었다는 것을 보여준다. 일제 침략이 노골화하는 시기의 그러한 교육 경험은 장지필에게 사회 변화를 인식하는 기회가 되었을 것이다.

1894년 장지필이 11세 되던 때 갑오개혁으로 신분제가 법적으로 사라

---

9) 김중섭, 「신분사회 해체와 형평운동」, 『사회운동의 시대: 일제침략기 지역 공동체의 역사사회학』, 북코리아, 2012, 251쪽.

10) 이은원, 위의 글(2014), 64쪽.

11) 친일인명사전 편찬위원회 엮음, 『친일인명사전』, 민족문제연구소, 2009, 364-365쪽; 李英美, 위의 글, 74쪽.

12) 고종석, 위의 글, 111쪽.

13) 신의주경찰서 수사보고서(1927. 1. 22), 『사료집 · 별권』.

14) 신의주지방법원 예심, 피고인 심문조서 장지필(1927. 3. 11), 『사료집 · 별권』.

졌다. 그렇지만 일상생활에서의 백정 차별 관습은 여전히 남아있었다. 조선 시대에 최하층 신분 집단으로 갖가지 사회적 차별과 억압을 겪은 탓에 백정은 교육을 제대로 받지 못했고, 다른 사람처럼 평등하게 대우 받지도 못했다. 말 그대로 백정은 태어날 때부터 죽을 때까지 갖가지 차별을 겪었다.[15] 그들은 평생에 걸쳐 이름 짓기, 옷차림, 가옥 치장, 특정 지역에 집단거주, 결혼, 사회적 교제, 묏자리 등에서 차별과 억압을 겪으며 살았다. 그런 관습에 저항하거나 비백정에게 불손하면 그들로부터 집단폭행을 당하는 일이 예사였다.

장지필은 어린 시절부터 백정 차별 관습을 겪으며 컸을 것이다. 갑오개혁 이후에 백정은 수백 년 동안 지속된 차별 관습을 타파하기 위해 집단행동을 벌였고, 그로 인한 비백정과의 갈등이 빈번하게 일어났다. 장지필이 17세 때, 1900년 2월 진주 인근 16군의 백정은 경남도 관찰사에게 비백정과 똑같이 갓을 착용할 수 있도록 해달라는 탄원서를 제출했다. 백정의 집단 탄원 활동을 이끈 지도자는 의령 출신 장덕찬이었다. 그는 1894년 갑오개혁 때 황제 폐하의 은혜로 갓과 망건을 쓸 수 있게 되었으니 황제의 칙명대로 해달라고 관찰사 조시영에게 탄원했다.[16] 그런데 관찰사는 오히려 갓을 쓰고 싶으면 소가죽[生牛皮] 갓끈을 이용하라는 차별 지시를 내렸다.[17]

차별 관습 철폐를 요구하거나 부당한 대우에 저항하는 백정의 집단행동이 전국 곳곳에서 벌어졌다. 1901년 2월 경북 예천에서 백정이 부당한 대우에 저항하며 상급 기관에 제소하는 일이 있었고,[18] 5월에 황해도 해주에

---

15) 車賤者, 「白丁社會의 暗澹한 生活狀을 擧論하야 衡平戰線의 統一을 促함」, 『開闢』 5(7), 1924, 39-45쪽 참조할 것.

16) 『황성신문』, 1900년 2월 5일; 2월 17일.

17) 『황성신문』, 1900년 2월 28일.

18) 『황성신문』, 1901년 2월 8일.

서는 관리들이 신분 해방의 대가로 백정에게 금품을 요구하여 항의를 받기도 했다.[19]

백정의 단체행동은 예전에 보기 힘든 장면이었다. 신분 차별 관습에 익숙한 비백정은 이러한 백정의 집단행동에 반발했다. 심지어 내무부는 각 지방 관청에 훈령을 내려보내 양반에게 복종하지 않는 천민을 처벌하라고 지시했다.[20]

1924년 형평운동을 취재하기 위해 한국에 왔던 일본 기자 요시이 고손은 1900년에 일어난 경남 백정의 탄원 활동에 대한 기록을 남겼다.[21] 37년 전 경상 71개 군의 백정 대표 장덕찬이 감사 이호준(이완용의 백부)에게 망건 착용 금지 철폐 운동을 벌여 1894년의 해방령을 이끌었다는 내용이다. 그러나 이것은 역사적 사실과 다른 점이 많다. 이 글을 쓴 1924년의 37년 전인 1887년은 갑오개혁(1894) 이전이다. 장덕찬의 탄원 활동이 해방령을 이끌었다고 쓰고 싶었을지 모르지만 시간적으로 맞지 않다. 또 경상 71개 군의 백정이 감사 이호준에게 탄원했다고 썼지만, 이것 역시 그 사건을 보도한 황성신문의 내용과 다르다. 참여자 규모를 부풀렸고, 경남도 관찰사를 '감사'라고 표기했으며, 감사가 이완용과 관련된 인물이라고 쓰는 오류를 범했다.

요시이는 주동자 장덕찬이 장지필의 아버지로 당년 72세 의령 거주인으로 탄원 운동으로 당한 고문 흔적이 다리에 있다고 썼다. 그런데 요시이의 기록 이외에 장덕찬이 장지필의 부친이라고 언급한 자료는 없다. 제적부

---

19) 『황성신문』, 1901년 5월 16일.

20) 『독립신문』, 1896년 11월 3일; 1897년 3월 13일, 19일; 1899년 7월 8일.

21) 吉井浩存, 「衡平運動を訪ねて」, 『自由』 1(2), 1924, 朝鮮衡平運動史研究會 엮음, 『朝鮮衡平運動史料集·續』(이하 『사료집·속』으로 줄임), 金仲燮·水野直樹 감수, 大阪: 解放出版社, 2021, 384쪽.

에 따르면, 장지필의 부친 장덕준은 1852년생이니 1924년에 72세였다. 장덕찬과 장덕준은 나이가 같고, 모두 경남 의령 출신이다. 당시에 호적 이름과 일상의 호칭이 다른 사례가 많다는 점을 고려할 때 둘은 동일인일 가능성이 크다고 생각된다. 탄원 활동을 보도한『황성신문』이 잘못 표기했거나 호적 이름 대신에 통상 부르는 호칭을 썼을 수도 있다.

장덕준의 다리에 있는 고문 당한 흔적도 개연성이 있다고 생각된다. 1900년 2월 백정 탄원 활동에 대한 진주 주민의 노여움은 컸다. 결국 10월에 진주 부민 수백 명이 무리를 지어 백정 집을 부수고 집단 구타한 사건이 일어났다고 언론에 보도되었다.[22] 이러한 폭력에 백정이 내부[내무부]에 원통함을 호소하자 경상남도 관찰사가 "귀한 사람이 천한 사람을 부림과 천한 사람이 귀한 사람을 섬김은 비록 명분을 문란하게 할 수 없으나" 집을 부수고 구타하는 것은 시정하도록 했다. 이와 같이 사사로이 벌이는 백정 차별과 폭력이 일상적이었는데, 관청의 보호도 받지 못했던 것이다.

형평운동을 취재한 요시이는 장지필이 아버지의 뜻을 계승하여 해방운동을 벌이고 있다고 썼다.[23] 이렇게 나이, 출신 지역, 호칭 관행, 장지필의 공언 등으로 보아 장덕찬과 장덕준은 동일인이라고 판단된다. 이와 같은 집안 배경은 장지필이 형평운동 과정에 다른 지역 백정 후손들로부터 협력을 얻는 데 크게 도움이 되었을 것이다.

백정 차별 관습은 20세기 초에도 쉽게 바뀌지 않았다. 차별 관습에 저항하는 백정을 억압하려는 비백정의 집단폭력이 빈번하게 일어나면서 양측의 충돌과 사회적 갈등이 생겼다. 1909년 진주에서 비백정 신도들이 백

---

22) 『황성신문』, 1900년 10월 20일. 현대어로 바꿔쓴 국립진주박물관 엮음, 『공평과 애정의 연대, 형평운동』, 국립진주박물관 특별전, 2023, 49쪽 참조.

23) 吉井浩存, 위의 글, 384쪽.

정과 한자리에 앉아서 예배보는 것에 반발한 동석 예배 거부 사건이 일어났다.[24] 1905년 호주 선교사 커를이 진주에 정착하여 기독교를 전파하면서 일부 백정이 개종했는데, 비백정 신도들과 한자리에 앉아 예배보는 것이 허용되지 않아 별도의 장소에서 예배를 보았다. 그러다가 1909년에 부임한 선교사 라이얼이 그 부당함을 인식하여 백정 신도들과 비백정 신도들이 교회에서 함께 예배보도록 했다. 이에 반발하여 비백정 신도들이 백정과의 동석예배를 거부한 것이다. 이 분란은 개화된 기독교인들조차 신분 차별 관습을 쉽게 바꾸지 않은 것을 보여주었다. 그렇지만 호주 선교사들의 설득으로 결국 두 집단이 함께 예배보는 것으로 마무리되었다. 이처럼 백정 차별 관습이 완고했지만, 또한 평등 의식이 확산되고 있었다.

어린 시절과 청년기에 겪은 백정 차별 관습은 장지필의 삶에 커다란 영향을 미쳤을 것이다. 특히, 부친의 탄원 활동, 서당의 한문 학습, 서울의 유학 경험 등은 백정 차별의 부당함을 인식하고 차별 타파의 정의감을 갖는데 이바지했을 것으로 짐작된다.

장지필은 18세 때인 1901년 2월 8일 경남 함안 출신의 동갑 유창성과 결혼했다. 그리고 1918년에 2남 익순이 출생했다. 제적부에 장남에 대한 기록은 없다. 그런데 후손의 증언에 따르면 1904년에 장남 익조가 출생했다고 한다. 장익조의 제적부에 따르면, 그는 경남 함안군 칠원면에서 도축에 종사하는 장태진의 장남으로 출생했다. 후손들은 장지필의 아들 익조가 장태진의 양자로 갔기 때문에 제적부에 익조에 대한 기록이 없다고 했다. 후손의 증언이 맞다면, 훗날 제적부를 다시 작성할 때 입양 간 익조를 빼고 2남 익순부터 기록했을 것으로 짐작된다.

장익조는 칠원에서 경남 의령군 의령면 동동으로 이주했고, 다시 충

---

24) 김중섭, 위의 글(2012), 223쪽.

남 홍성군 광천군 가정리 407번지로 옮겼다가 충남 서산군 고북면에서 1980년에 사망했다. 나중에 언급하겠지만 장지필은 1920년대 후반에 홍성으로 이주하여 살았다. 두 사람의 제적부는 모두 광천읍 가정리 407번지에 주소를 두었다. 이것으로 미루어 장지필의 홍성 거주 기간에 장남 익순과 함께 살았다는 후손의 증언은 신빙성이 있다고 생각된다. 곧, 장지필이 홍성군 광천읍으로 이주할 때 익조 가족도 같이 와서 장지필 말년까지 함께 살았다고 짐작된다.

1910년 27세의 장지필은 경상남도 도수조합 설립을 시도했다.[25] 서울의 경성도수조합 본부가 최용규에게 경남 지부 영업을 위임했는데, 장지필이 그와 협력하여 경남 각 지역 도축장 관계자들이 참여하는 단체 결성을 시도한 것으로 보인다. 그런데 수육판매업자들의 자금을 이용하려던 계획이 제대로 진행되지 않아 자금을 댄 업자들이 불만을 터뜨려 분란이 일어나며 실패한 것으로 짐작된다.[26]

도수조합을 결성하려는 배경에는 백정의 사회적·경제적 변화가 있었다. 조선 사회에서 백정은 최하층 신분 집단이었지만, 도축과 정육, 가죽 가공 등의 일을 독점하고 있었다. 그런데 19세기 말부터 대한제국은 포사 규칙을 제정하여 도축과 정육 사업을 통제하기 시작했다. 정부는 세금을 부과하고 위생 상태를 감독하며 도축업자와 정육업자를 관리했다. 이렇게 정부 통제가 생기고 자본이 유입하여 산업 환경이 바뀌면서 백정은 그동안 누리던 기득권을 잃게 되었다.

일제의 경제 침탈이 심해지면서 백정의 경제적 권한은 더욱 빨리 축소되었다. 게다가 일본인 거류민 단체인 학교조합이나 조선총독부 지방 관청

---

25) 『경남일보』, 1910년 1월 7일, 15일. 현대어로 바꿔쓴 국립진주박물관 엮음, 위의 글, 51쪽 참조.
26) 『경남일보』, 1910년 1월 15일.

이 도축장이나 건피장을 관리하는 사례가 늘어나면서 도축 산업에 종사하는 백정은 조합을 결성하여 기득권을 지키고자 했다.

의도가 좋았다고 하더라도 장지필의 도수조합 결성 활동은 성공하지 못했다. 그러자 그는 1910년 8월 일본으로 가서 메이지대학에 입학하여 법학을 공부했다.[27] 가정 형편으로 1914년 1월에 대학을 중퇴하고 귀국한 장지필은 훗날 3년여의 일본 유학 경험을 자주 언급한 것으로 보아 아쉬운 학업 중단이었을 것으로 짐작된다.

『한겨레신문』에 장지필에 관한 글을 쓴 고종석은 장지필이 진주에 사는 일본인 지주 겐지로의 도움을 받아 일본에 유학했다고 하며, 그의 일본 유학 경험에 관해 다음과 같이 썼다.[28] "법학을 전공한 장지필은 명민하고 근면해 조선인 유학생들 가운데 발군의 성적을 보였다고 한다."면서 학업 중단의 이유에 대해서는 "그(장지필)의 명민함을 시기한 양반 출신 조선인 유학생의 핍박과 학교 당국에 대한 사주가 아닐까 하고 조심스럽게 추측"한 다고 했다. 아쉽게도 고종석은 이런 내용의 근거를 밝히지 않았다. 그런데 이런 내용을 뒷받침하는 근거를 다른 자료에서는 찾을 수 없다. 앞으로 장지필의 일본 유학 생활에 관한 자료가 발견되어 이런 주장의 진위 여부가 가려지기를 기대한다. 따라서 위인을 지나치게 미화하거나 백정 신분 차별이 모든 문제의 요인인 것처럼 보는 시각을 경계해야 한다고 생각된다.

중도에 학업을 중단했지만, 일본 유학 경험은 향후 장지필의 백정 해방 활동에 유익하게 작용했을 것이다. 형평사 창립 직후 진주에서 반대 활동이 일어났을 때, 장지필은 유학 직후에 느꼈던 신분 인식을 다음과 같이

---

27) 종로경찰서, 장지필 소행조서(1927. 2. 15), 『사료집·별권』 348쪽; 신의주지방법원 예심, 피고인 심문조서, 장지필(1927. 3. 11), 『사료집·별권』 353쪽.

28) 고종석, 위의 글, 113-114쪽.

밝힌 적이 있다.[29)]

"민적으로 말하면 참으로 참혹한 일이 있었습니다. 내가 29세 적에
동경에 가서 명치대학 법과 삼년까지 다니다가 가정 형편으로 졸업하
지 못하고 돌아와서 집에 있을 때 총독부에 취직하려고 경성에 가서 주
선하는데 민족등본을 제출하라기에 그 등본을 올려다본즉 직업이 도한
이라고 썼었습니다. 차마 그것을 내놓기가 미안하야 그만두고 우리의
해방운동을 하려고 우리의 눈물 흔적을 찾아 왼 조선을 다 돌아다녔습
니다. 그뿐만 아니라 아이들을 학교에 보내려면 민적이 듭니다. 도한이
라는 것을 보면 곧 쫓아냅니다. 그러면 우리는 자자손손이 귀먹고 벙어
리 되라는 일이 아닙니까."

장지필도 대개의 식자층처럼 유학에서 돌아온 뒤 총독부에 취업하여
출세하려고 한 것 같다. 그러나 민적(주민등록등본)에 백정 신분이 적혀 있는
것을 보고 취직을 포기하고 백정 해방운동을 벌이게 되었다고 했다. 후손들
까지 옥죄는 백정 차별 관습의 부당함을 깨닫고 신분 해방운동을 시작했다
는 것이다.

경찰에 진술한 고려혁명당 사건 취조서에 따르면, 장지필은 일본 유학
에서 돌아온 뒤 부산에서 소가죽을 사고파는 우피상을 했다.[30)] 당시 부산
은 일본 식민지 침략의 교두보로서 인구가 폭증하고 상거래가 활발한 도시
로 발전하고 있었다. 본거지 의령과 부산을 오가며 소가죽 장사를 하던 장
지필은 부산에서 정삼순을 만나 1918년 선재를 낳고, 1924년 실부로서 자

29) 『동아일보』, 1923년 5월 20일. 현대문으로 고쳤음.
30) 종로경찰서 장지필 소행조서(1927. 2. 15), 『사료집 · 별권』, 348쪽.

신의 호적에 올렸다.[31] 그리고 1922년 부인 유창성과의 사이에 3남 희재를, 1926년 4남 영재를 낳았다.

3. 형평사 창립과 반형평운동 대응

1923년 4월 장지필은 형평사 창립에 참여했다. 그의 본거지 의령은 경남도청 소재지 진주에서 동쪽으로 80리(32킬로미터) 떨어진 작은 고을이었다. 진주 생활권이었기 때문에 진주 소식은 쉽게 알려졌다. 진주의 형평사 창립 움직임이 의령에도 알려졌을 것이다. 훗날 장지필은 백정 해방 활동이 있어 자진하여 참여했다고 술회한 적이 있다.

형평사 창립 과정에 장지필이 맡은 역할은 불분명하다. 형평사 창립을 기록한 언론이나 일제 자료는 진주의 비백정 출신 지도자 강상호, 신현수, 천석구와 백정 출신 이학찬의 역할을 상세하게 서술한 반면, 장지필에 대해서는 거의 언급하지 않았다. 어쩌면 진주 지역 사회운동가들이 형평사 창립을 주도하는 상황에서 장지필의 역할은 제한적이었을 것이다. 그렇지만 장지필은 예전의 도수조합 결성 시도나 일본 유학, 우피상 경험 등이 있어 백정 사이에 널리 알려진 인물이었다. 이런 배경에서 형평사 창립이 진행되면서 자연스럽게 추진 세력과 연결되었을 것이다.

1900년에 관찰사 탄원 활동을 벌인 아버지의 후광, 1910년의 도수조합 결성 경험, 백정 출신으로 보기 드문 일본 유학 이력 등은 장지필의 큰 자산이었다. 게다가 장지필은 일본 유학에서 돌아온 뒤 백정 해방운동을 위해 전국을 돌아다니면서 여러 지역 백정과 개인적 관계를 맺고 있었다. 이

---

31) 제적부에 따르면 선재의 출생일은 1918년 7월 14일이다.

러한 배경과 경험은 각 지역 백정 유력자들의 협력을 이끌어내는 데 효과적으로 작용했을 것이다. 특히, 백정 출신이라는 점은 그들과 소통하는 데 큰 도움이 되었을 것이다.

4월 24일 진주청년회관에서 열린 기성회, 다음 날의 발기총회를 통해 형평사가 창립되었다. 장지필은 지도자급인 위원 5명 가운데 하나로 선출되었다. 임원은 의령 출신 장지필을 제외하고 모두 진주 출신이었다.

창립 20일 만에 진주좌에서 창립 축하식이 열렸다. 400여 명의 백정과 사회단체 활동가들이 참석한 백정 역사상 유례없는 대규모 공개 집회였다. 참석자들은 주로 경남에서 왔지만, 충남 논산의 천명순, 강경의 오성환, 충북 옥천의 강태원, 경북 대구의 김경삼, 부산의 이성순, 마산의 박유선 등 멀리서 온 각 지역 백정 유지들도 있었다. 그들 가운데 많은 이들은 우피상 업무나 조합 활동 등으로 이전부터 장지필과 알고 지낸 관계였을 것으로 짐작된다.

창립 축하식 다음 날, 각 지역 대표자회의가 진주청년회관에서 열렸다. 주요 활동 방침을 논의하고 조직 확대를 결의했다. 임원진을 보강하여 진주 이외 지역 인사들이 참여하면서 형평사가 전국 단체로 변모하게 되었다. 이렇게 여러 지역의 많은 백정이 참여한 창립 축하식은 형평운동이 전국으로 확산하는 계기가 되었다. 이날 회의에서 수당을 받으며 실무를 총괄하는 상무위원을 두기로 하고 장지필을 선임했다.[32] 백정 출신으로 일본 유학 경력이 있는 장지필의 역량이 고려되었을 것이다.

형평사 업무를 총괄하는 상무위원 중책을 맡게 된 장지필은 진주 활동가들과 협력하며 조직 확대 등 형평운동 발전을 도모했다. 지역 대표자회의 결정대로 형평운동을 선전하기 위해 본사 임원들이 삼남 지역을 순회하는

---

32) 『조선일보』, 1923년 5월 21일.

활동을 벌였다. 순회단은 제1조에 장지필과 신현수, 제2조에 강상호와 이학찬으로 편성했다.

장지필과 신현수 조는 5월 21일 대전에서 열린 형평사 남조선대회에 참석했다.[33] 이 집회는 천안, 조치원, 공주, 옥천, 전주 등지에서 온 100여 명의 백정이 참석한 가운데 성황리에 진행되어 중부 지역의 형평운동 확산에 크게 이바지했다. 그들은 다음 날인 5월 22일 대전분사 설치를 돕고,[34] 5월 23일 전북 정읍분사 창립총회에 참석했다.[35] 정읍 집회에서 본사 상무위원 장지필이 사회를 맡아 개회한 뒤 회의를 진행했고, 본사 위원 신현수는 창립 취지를 설명했다. 규칙 낭독 이후 정읍노동공제회장 최중진의 축사가 있었다.

이후 그들은 전남북 일대를 순회했다. 5월 25일 전남 광주에 도착하여 광주지사 창립총회를 개최했고,[36] 27일 전남 목포,[37] 28일 전북 김제(서광회),[38] 30일 전북 군산,[39] 30일 익산군 이리(동인회)[40] 등지의 형평분사 창립 발기회나 창립 축하식에 참석하여 형평운동의 취지를 설명하며 조직 확산을 도모했다. 이즈음에 교통이 불편한 진주의 형평사 본부를 이전해야 한다는 여론이 언론에 처음 보도되었다.[41]

---

33) 『동아일보』, 1923년 5월 28일.

34) 『조선일보』, 1923년 5월 28일.

35) 『조선일보』, 1923년 5월 27일.

36) 이 기사는 진주 형평사 위원장 장지필, 본사 고문 신현수라고 썼으나 오류라고 판단된다. 『조선일보』, 1923년 5월 30일; 『동아일보』, 1923년 5월 31일.

37) 『동아일보』, 1923년 6월 2일; 『매일신보』, 1923년 6월 2일.

38) 『조선일보』, 1923년 6월 5일; 『동아일보』, 1923년 6월 6일.

39) 『조선일보』, 1923년 6월 4일; 『동아일보』, 1923년 6월 6일.

40) 『조선일보』, 1923년 6월 2일; 『동아일보』, 1923년 6월 3일.

41) 『조선일보』, 1923년 6월 4일.

전북 이리에서 신현수는 볼일이 있어 진주로 돌아가고, 장지필 혼자 5월 31일 전북 전주지사 창립에 참석하여 임시의장을 맡아 회의를 진행하며 형평운동 취지를 설명했다.[42] 그는 백정 계급의 유래와 형평운동 과정을 소개하면서 종래의 참혹한 압박과 비인도적인 대우를 받은 역사를 재론하고 앞으로 인격을 향상하여 똑같은 사람으로 행복을 이루자는 의미의 취지를 설명했다.[43]

그 뒤 장지필은 6월 6일 충남 공주에서 강상호와 이학찬 조에 합류하여 논산에 설치되었던 충남지사를 도청 소재지인 공주로 이전하여 다시 창립총회를 가졌다.[44] 강상호의 사회로 진행된 이 집회에서 장지필은 형평운동의 취지를 설명했다. 그는 백정 계급이 500년 동안 비인간적 대우를 받은 유래와 참혹한 압박으로 모든 기회를 상실한 채 살아온 역사를 설명하고 형평사를 조직하여 대동단결함으로써 인류로서 모든 기회를 균등하게 갖고 행복을 도모하자고 강조했다. 이와 같은 형평사 창립 취지와 목적에 대한 설명은 장지필이 전국 곳곳에서 옛 동료들을 설득한 주요 내용이었다.

백정 출신의 지식인으로서 장지필이 주장하는 형평사 창립 취지 설명과 조직 확대 활동은 백정의 지지를 받았다. 그러면서 그는 빠르게 형평운동의 중추적인 지도자로 자리 잡았고, 백정은 전통적인 차별 관습을 타파하는 평등 가치를 인식하며 형평운동에 적극적으로 동참했다. 1923년 10월 30일 본사위원 장지필과 대구지사장 김경삼이 방문한 가운데 열린 경북 예천분사 임시총회에서 사원들이 사람대접을 받지 못하고 살아온 자신들의 변화 의지를 보여주기 위해 단발을 결의하고 단체로 실행에 옮겼다.[45] 이와

---

42) 『동아일보』, 1923년 6월 6일; 『조선일보』, 1923년 6월 10일.

43) 『동아일보』, 1923년 6월 6일.

44) 『동아일보』, 1923년 6월 11일.

45) 『조선일보』, 1923년 11월 6일.

같이 형평운동은 수백 년 동안 억압받고 차별당하면서도 숙명으로 받아들이며 살아온 백정의 의식 변화에 이바지했다.

본사 임원의 삼남지방 순회단은 이후에 충북 청주, 충남 조치원, 천안 등지의 분사 창립 집회나 창립 축하식에 참석했다.[46] 삼남지방 순회를 마친 장지필은 밀양에서 천석구, 이학찬을 만나 현지 사원의 안내로 영남루와 무봉암을 구경한 뒤 6월 15일 진주로 돌아왔다.[47]

진주본사 임원들의 삼남지방 순회 활동 이후에도 장지필은 전국 곳곳에 출장 다니며 형평운동의 취지를 설명하고 동참을 호소했다. 6월 24일 전주공회당에서 열린 전주지사 창립축하회에 참석하고,[48] 7월 13일에는 오성환과 함께 충남 홍성분사 창립 축하식에 참석하여[49] 집회마다 형평운동의 취지를 설명했다.

형평운동의 확산 활동은 각 지역 백정의 적극적인 협력 덕분에 성공적으로 진행되었다. 그리고 3.1운동 이후 각 지역에서 활발하게 일어난 사회운동은 형평운동 발전에 밑거름이 되었다. 특히, 여러 사회운동에서 활동하는 직업적 사회운동가들이 형평운동에 적극적으로 협조했다.

이와 함께 형평사에서도 다른 사회단체와의 협력을 적극적으로 추진했다. 형평사는 일본 유학생 단체인 북성회가 전국 순회 강연으로 7월 28일 진주 강연회를 열 때 노동공제회, 청년회, 재외학생친목회 등과 함께 강연단 후원회에 참여했다. 그리고 장지필은 접대위원, 신현수는 사교위원, 강상호는 회계로 준비위원회에서 활동했다.[50]

---

46) 『조선일보』, 1923년 6월 16일; 『동아일보』, 1923년 6월 10일; 6월 16일.

47) 『조선일보』, 1923년 6월 21일.

48) 『동아일보』, 1923년 6월 26일.

49) 『동아일보』, 1923년 7월 20일.

50) 『동아일보』, 1923년 8월 3일; 『조선일보』, 1923년 8월 6일.

이와 같이 진주본사 임원들의 순회 활동, 각 지역 백정의 참여와 협력, 지역 사회운동가들의 협조가 어우러져서 형평사는 짧은 기간에 전국 조직으로 발전한 결과, 창립 첫해인 1923년 말 단체 수가 80개에 이르렀다.[51]

형평사 창립과 초기의 형평운동 발전을 이끈 두 축은 장지필과 이학찬으로 대표되는 백정 유력자들과 강상호와 신현수로 대표되는 비백정 출신 직업적 사회운동가들이었다. 이들의 협력은 시너지 효과를 내며 형평운동의 확산에 이바지했다.[52]

그러나 형평사 창립과 형평운동 발전에 대해 고루한 비백정 주민들이 반발하며 형평운동 반대 활동을 벌였다. 최초의 대규모 반대 활동이 형평사 창립지 진주에서 일어났다.[53] 5월 13일 창립 축하식이 열릴 때부터 지역 주민의 분위기가 흉흉해지기 시작했다. 기생조합은 창립 축하식의 축하 공연 요청을 거부했다.

열흘 뒤인 5월 24일 비백정의 반대 활동이 본격화되었다. 농민 단체인 농청을 중심으로 강상호 등 비백정 출신 형평사 지도자들과 협력자들을 공격했다. 진주 읍내를 긴장으로 몰아넣었던 이 충돌은 2주 정도 진행되었다. 다행히 진주청년회, 진주노동공제회 회원들의 중재로 반대 활동이 진정되었다. 진주의 형평운동 반대 활동을 보면서 장지필은 언론 인터뷰에서 다음과 같이 자신의 견해를 밝혔다.[54]

"오랫동안 배여 있는 습관을 일시에 없애지는 못해도 교육에 힘써서 남과 같은 지식을 갖추고 차차 노동화하기로 힘쓰겠습니다. 사회의 동

51) 朝鮮總督府,『朝鮮の群衆』(1926), 183쪽.
52) 김중섭,『형평운동연구: 일제침략기 백정의 사회사』, 민영사, 1994, 121-125쪽 참조할 것.
53) 진주 사건의 전개 과정에 관해 김중섭, 위의 글(2012), 244-247쪽 참조할 것.
54) 『동아일보』, 1923년 5월 20일.

정으로 형평사가 창립된 것에 감사드립니다. 우리의 운동은 애걸하려
는 것이 아니고 반항적인 것도 아닙니다. 그러나 사회가 우리를 사람대
접하지 않을 때는 대항할 생각입니다."

장지필은 형평사 목적이 신분 해방과 평등 대우라는 것을 강조하며 사
람대접을 하지 않으면 대항한다는 것을 분명히 했다. 그리고 형평운동이 일
본 수평사와 악수하지 않을까 염려하는 분위기에 대해서는 "우리의 목적은
다만 해방되어 평등 대우만 받게 되면 그만입니다. 그 이상 더 바라는 것은
없습니다."라고 했다. 3.1운동 이후 확산된 민족주의 분위기에서 일본 세력
과 협력할 것이라는 세간의 우려를 불식시키려는 의도에서 언급한 것이라
고 짐작된다.

장지필이 밝힌 것처럼 형평운동의 배경과 취지, 앞으로의 전개 과정
등을 되풀이하여 설명했지만, 진주 사건 이후 형평사를 공격하고 사원들과
충돌하는 반형평운동은 전국 곳곳에서 빈번하게 일어났다. 창립 초기만 보
더라도 경남 김해 · 울산, 충북 제천, 전북 군산, 전남 목포, 경북 칠곡, 경남
통영 · 합천 · 하동 등 전국에서 일어났다.[55]

형평사 본사는 반형평운동에 적극적으로 대처했다. 충돌 사건이 일
어난 현지에 임원을 파견하여 진상을 조사하고, 다른 분사의 지원을 독려
했다. 이러한 일은 장지필을 비롯한 본사 위원들의 주요 업무였다. 1923년
8월 김해에서 대규모 충돌 사건이 일어났을 때, 장지필과 강상호가 출장 가
서 진상을 파악하며 대응했다.[56] 김해 형평사원들이 8월 11일 형평분사 창
립 축하식을 열고 일본 유학생 단체 북성회의 순회 강연에 참석하자, 반감

---

55) 초기 형평운동 반대 활동에 대해 김중섭, 위의 글(1994), 161-192쪽 참조할 것.
56) 『동아일보』, 1923년 8월 23일.

을 가진 주민이 형평사원들을 구타하여 대규모 충돌이 일어났다.[57]

또 9월 2일 충북 제천에서 형평분사 창립 축하식이 열리자, 이에 불만을 품은 주민 수백 명이 형평사원들을 집단 구타하고 강매한 평양자를 씌워 골목으로 끌고 다니는 만행을 저질렀다.[58] 이 소식을 들은 본사와 인근 분사가 진상조사를 하는 한편, 피해 사원들을 지원하는 활동을 벌였다.

이와 같이 형평사가 사원들과 주민의 충돌에 대해 적극적으로 조직적 대응을 벌인 것은 예전에 볼 수 없었다. 차별과 억압을 숙명처럼 받아들이던 백정이 인간 평등을 주장하며 집단으로 반발하고 대응하는 것은 형평사 창립과 형평운동 확산이 낳은 성과였다. 이것은 장지필이 지역 형평사 행사에서 되풀이하여 설명한 형평운동의 목적과 활동이 실현되는 모습이었다.

4. 형평사 혁신 활동 주도

형평사가 창립된 지 얼마 안 되어 불거진 지도부의 파벌 대립은 형평운동에 커다란 변화를 가져왔다. 이것은 중부 사원들이 본사 위치와 활동 방향에 대해 불만을 품고 혁신을 주장하며 일어난 갈등이었다. 장지필은 충남의 오성환과 함께 혁신 활동을 적극적으로 주도했다.

장지필은 이미 삼남지방을 순회하면서 중부 지역 사원들의 불만을 알았다. 특히, 사원 교양과 교육에 치중하며 사원들이 겪는 경제적 어려움을 외면하는 진주본사의 활동 방침에 대한 불만이 컸다. 19세기 말부터 정부

---

57) 김해 사건에 대해 『동아일보』, 1923년 8월 20일; 8월 22일; 8월 23일; 『조선일보』, 1923년 8월 21일; 8월 24일; 김중섭, 위의 글(1994), 162~165쪽 참조할 것.

58) 『동아일보』, 1923년 9월 11일.

통제와 자본의 유입으로 전통 산업에서 어려움을 겪는 사원들은 형평사가 자신들의 권익을 지켜줄 것으로 기대했는데, 진주본사는 이에 부응하지 못했던 것이다.

백정 출신인 장지필은 사원들의 관심사를 잘 이해하고 있었다. 관청의 통제가 강화되고 자본이 유입되면서 사원들이 도축장이나 건피장, 정육점에서 겪는 경제적 곤란이 심해졌다. 도시가 확장되고 상설시장이 생기면서 정육점 경영이나 피혁상으로 부를 축적한 사원이 소수 있었지만, 대다수 사원은 도축장 도부로 전락하거나 날품팔이, 소작농으로 살아가고 있었다.

1923년 11월 7일 대전에서 열린 전조선 형평 대표자대회에서 중부권 사원들의 기대를 반영하여 본사 이전이 처음 논의되었다.[59] 본사 위원 강상호의 사회로 진행된 회의 벽두에 형평사 폐지 문제가 제기되자 장지필이 비분하여 일어나서 "우리는 수천 년 동안 백정이라는 손가락질을 받아왔다. 사람으로 당치 않은 압박과 학대를 받아왔다. 이것이 우리의 과거다. 그러나 개성을 발휘하여 우리의 권리를 보호할 시기는 이때다. 지금 형평사 기관이 있을 뿐이다. 이것을 폐지함은 우리의 운명을 우리가 자살하는 것보다 더 잔혹하지 않느냐"고 주장하며 폐지를 단호하게 반대했다. 그러자 참석자들은 박수갈채를 보내며 장지필의 주장을 지지했다.

그리고 사원들의 산업체 진흥 방안이 논의되는 중 본사 위치에 대한 불편이 제기되었다. 진주는 경상남도 도청 소재지였지만, 일제가 침략 과정에 구축된 서울과 부산의 경부선 축에서 벗어난 탓에 교통의 오지로 인식되었다. 중부 지역에서 진주본사 회의에 참석하려면 기차로 김천이나 삼랑진까지 가서 버스를 갈아타야 했다. 게다가 대부분의 사회단체 활동이 서울 중심으로 이루어지는 상황에서 진주의 본사 위치는 더욱 비효율적으로 인

---

59) 『매일신보』, 1923년 11월 11일; 『동아일보』, 1923년 11월 12일.

식되었다.

진주본사와 충남, 전북, 대구지사, 그리고 충남북, 전북의 분사 대표자 49명이 참석한 상황에서 1924년 3월 말까지 본사의 대전 이전 결의는 어렵지 않게 이루어졌다. 그런데 이 결정이 석 달 뒤인 1924년 2월 10일, 11일 이틀 동안 부산에서 열린 형평사 전조선 임시총회에서 번복되었다.[60]

본사 위원 강상호의 사회로 진행된 부산 집회에서 장지필의 대표자 점명과 경과보고 후에 안건이 논의되었다. 주요 내용은 아동 입학, 사원 교양, 차별 관습에 대항, 총독부 당국 방문, 조직 확산, 일본 시찰 등 형평사 활동 전반에 관한 사항이었다. 그리고 본사의 대전 이전을 4월 제2회 정기총회까지 보류한다고 결의했다. 이에 대해 중부권 사원들이 즉각 반발하면서 사원들 간의 갈등이 표출되었다. 그들은 본사 이전 번복뿐만 아니라 사원들의 경제적 문제가 제대로 논의되지 않은 것에 대한 불만이 컸다.

충남지사장 오성환을 비롯한 중부 사원들은 부산 임시총회를 마치고 귀향하는 길에 천안에서 모여 형평사 혁신 운동을 벌이기로 뜻을 모았다. 이에 장지필도 동참했다. 오성환과 장지필은 1923년 5월 진주에서 열린 창립 축하식에서 만났다. 이전부터 둘의 인연이 있었는지는 불분명하다. 그리고 사전에 혁신 활동을 논의했는지도 불분명하다. 그렇지만 둘은 혁신의 당위성에 동의하며 활동 과정에 적극적으로 협력했다.

이런 상황에도 불구하고 진주본사는 중부 사원들의 불만을 제대로 인식하지 못한 것으로 보인다. 3월 6일 강상호의 사회로 진행된 마산분사 창립식에서 충청, 강원, 경기에 선전대를 파견하기로 결정하고, 장지필의 의사에 관계없이 그를 순회위원으로 선임한 것이다.[61]

---

60) 『동아일보』, 1924년 2월 12일; 2월 13일.

61) 『동아일보』, 1924년 3월 12일.

며칠 뒤인 3월 12일 혁신을 추진하는 중부권 사원들은 천안에서 형평사 혁신동맹회 창립총회를 열었다.[62] 진주본사 위원 강상호와 장지필도 이 집회에 참석했다. 강상호는 본사 이전 번복과 본사의 활동 방침에 대해 참석자들로부터 질타를 받았다. 그리고 피혁공장 설립이 논의되었다. 자본금 20만 원을 주식으로 모금하여 서울에 공장을 설립하고, 이익금은 학교 설립, 잡지 발간에 쓰기로 결의하고 즉석에서 출자금 5천 원을 모금했다. 그리고 본사의 서울 이전을 결의했다.

장지필은 이 회의 결정을 지지하며 혁신 활동에 참여한다는 것을 명확하게 밝혔다. 그 결과, 형평사 창립과 초기 형평운동을 주도한 장지필과 강상호가 혁신 활동을 둘러싸고 다른 길을 가게 되었다.

장지필은 혁신동맹회 창립 이후 곧바로 서울에서 피혁공장 설립 활동에 착수했다.[63] 반면, 진주 임원들은 혁신회 결성에 크게 반발했다. 그리하여 형평사 지도부가 본사를 진주에 두자는 '진주파'와 서울로 이전하자는 '서울파'로 나누어졌다. 형평사 창립을 주도한 강상호는 진주파를 대표했고, 장지필은 서울파를 이끌면서 두 사람은 대립했다. 경남권 사원들은 진주파에 속했고, 그 외 지역 사원들은 서울파를 지지했다. 지도부의 파벌 싸움이 지역 간의 대립으로 번진 양상이었다.

형평사 혁신동맹회는 4월 중순 서울 도렴동 144번지에 사무실을 마련했다.[64] 그리고 수평사와 보조를 같이하며 자유 평등을 위한 활동을 모색하기로 했다.[65] 혁신 활동을 주도한 장지필은 중부권의 여러 지역을 방문하며 조직 확대를 도모했다. 그는 4월 정기대회 전에 인천, 부천, 시흥 등지

---

62) 『동아일보』, 1924년 3월 17일.

63) 『동아일보』, 1924년 3월 24일.

64) 『시대일보』, 1924년 4월 10일;『동아일보』, 1924년 4월 13일;『조선일보』, 1924년 4월 16일.

65) 『시대일보』, 1924년 4월 10일;『동아일보』, 1924년 4월 13일.

사원들이 분사 창립을 추진하는 자리에 참석하여 형평운동의 취지를 설명했다.[66]

반면, 진주본사는 경남권 중심으로 활동을 이어갔다. 그런 탓으로 1924년 4월의 창립 1주년 행사는 진주와 서울에서 따로 열리게 되었다. 4월 25일 서울 경운동의 천도교당에서 열린 혁신동맹회 기념식에서 장지필은 위원장 자격으로 개회사를 했다.[67] 그는 1년 전 형평사 창립 배경을 설명하고 그 이후 곳곳에서 벌어진 압박과 횡포를 언급하며, 용감하게 대항하며 사회적 불합리를 용인하지 않은 사원들의 각성과 사회적 요구 덕분에 성대한 창립 축하회를 개최하게 되었다는 소감을 피력했다. 이어서 그는 일본 리쓰메이칸대 경제과 학생인 오이타현 출신의 이노하라 히사시게(猪原久重)를 소개했다. 이노하라는 일본 부락민 해방운동을 소개하며 형평사와 수평사의 제휴를 호소했다. 그는 이후에도 총본부에서 장지필을 보좌하며 형평사와 수평사의 가교 역할을 했다.[68] 이와 같이 형평사와 수평사의 교류와 협력은 창립 초기에 시작되어 때로 부침은 있었지만, 1930년 초까지 지속적으로 추진되었다.[69]

기념식 다음 날 도렴동 본부에서 열린 혁신동맹 총회에서 장지필은 개회사를 통해 혁신동맹회의 출발 배경을 설명했다.[70] 그는 본사의 서울 이전

---

66) 『동아일보』, 1924년 4월 14일.

67) 京鍾警(京城鍾路警察署)高秘(1924. 4. 25) 제4555호의 4, 「衡平社創立一周年紀念祝賀式ノ件」, 部落解放·人權研究所 衡平社史料研究會 엮음, 『朝鮮衡平運動史料集』(이하 『사료집』으로 줄임), 金仲燮·水野直樹 감수, 大阪: 解放出版社, 2016, 150-152쪽; 『시대일보』, 1924년 4월 26일; 『동아일보』, 1924년 4월 27일.

68) 吉井浩存, 위의 글, 492쪽, 『사료집·속』, 384쪽.

69) 형평사와 수평사의 연대와 협력에 관해 김중섭, 『평등 사회를 향하여: 한국 형평사와 일본 수평사의 비교』, 지식산업사, 2015, 389-413쪽 참조할 것.

70) 京鍾警高秘(1924. 4. 26) 제4555호의 5, 「衡平社革新同盟總會ノ件」, 『사료집』 152-157쪽; 『시대일보』, 1924년 4월 27일.

이 진주본사 위원들의 반발로 실현되지 않은 점을 밝히면서 향후 거취에 대해 충분히 논의해줄 것을 요청했다. 이어서 의장으로 선출된 장지필의 사회로 경과보고, 회계보고, 임원 선거가 진행되었다. 선출된 20인의 집행위원은 경남의 장지필을 제외하고 모두 경기, 강원, 충남, 충북, 전북 출신 활동가들이었다. 이어서 본사 문제, 교육 문제, 형평사 창립일 문제, 제혁공장 문제, 비백정과의 충돌 문제 등의 안건이 논의되었다.

혁신 세력은 혁신총동맹본부로 이름을 바꾸었다.[71] 중부권 활동가들이 적극적으로 참여하면서 혁신 활동은 더욱 활발하게 전개되었다. 혁신 활동의 핵심 지도자인 장지필은 생활 근거지를 서울로 옮겨 형평운동 확산에 진력했다. 그는 다른 사회운동 단체와의 연대 활동도 적극적으로 펼치며 형평사가 사회 문제에 참여하도록 이끌었다. 자연스럽게 장지필은 대표적 형평운동가로 사회운동계의 인정을 받으며 대외 활동에 적극적으로 참여하게 되었다. 예컨대, 1924년 8월 사회적 물의를 빚은 보천교 규탄 단체 결성에 장지필은 집행위원으로 참여했다.[72]

혁신동맹은 기관지 발행, 피혁회사 설립, 학생 기숙 개선 등 다양한 방안을 모색하며 활동을 전개했다.[73] 그렇지만 형평사 지도부의 남북 분열은 쉽게 해결되지 않았다. 게다가 지지 세력의 지역적 분열은 활동 지역의 구분으로 이어지며 진주본사는 주로 경상도 지역에서, 서울 혁신동맹총본부는 경상도 이외 지역에서 활동하는 경향을 보였다.

1924년 5월 수원에서 형평사원들과 비백정의 충돌 사건이 일어났을 때 서울의 장지필이 현지에 출장 가서 경찰서장을 면담하여 대책을 논의하

---

71) 『시대일보』, 1924년 5월 21일; 『매일신보』, 1924년 6월 23일.

72) 『동아일보』, 1924년 8월 7일.

73) 『동아일보』, 1924년 5월 21일.

며 대응했다.[74] 또 8월에 충남 천안군 입장면에서 대규모의 차별 사건이 일어났을 때 서울 총본부만 대응하는 양상이었다. 장지필은 서울 총본부 대표로 현지에 출장 가서 차별 사건을 일으킨 학교 측의 불공정한 처사에 항의하고, 폭력에 휘말린 형평사원들이 경찰에 체포되자 충남 경찰국과 천안경찰서에 찾아가 사원들의 석방을 간청하는 한편, 서울의 이인 변호사에게 법률 자문을 요청했다.[75] 천안 입장은 혁신동맹을 이끄는 조귀용의 활동 무대라고 하더라도 대규모 충돌 사건인데 진주본사는 어떤 반응도 보이지 않았다.

형평운동 발전의 걸림돌이 된 지도부의 파벌 대립은 해결될 기미가 없었다. 5월 30일 대전에서 임시대회 개최가 추진되었지만, 서울 총본부 임원이 진주 방문 중에 다툼이 일어나고, 진주본사 집행위원회가 그 대회에 절대 불응하며 혁신회를 성토 박멸한다고 결의하는 상황에서 양측의 대립 감정만 고조되었다.[76] 특히, 혁신회를 주도하는 장지필에 대한 진주파의 적개심이 컸다. 그들은 장지필이 형평운동의 주도권을 장악하려는 개인적 야욕 때문에 분열을 조장한다고 비난했다. 경남 사원들은 두 파의 지도자들이 퇴진해야 한다고 하면서 장지필의 사직을 권고했다.[77] 반면에 혁신동맹 측은 비백정 출신의 진주본사 활동가들이 횡포를 부린다며 불만을 가졌다.[78]

그런 가운데 파벌 대립에 대한 비판이 형평사 안팎으로부터 나왔다. 사원들뿐만 아니라 사회운동계도 형평운동 발전을 가로막는 파벌을 끝내야 한다고 주장했다. 젊은 청년 사원들도 비판에 가세했고, 지식인들도 파

---

74) 『동아일보』, 1924년 5월 26일.

75) 『동아일보』, 1924년 7월 18일; 8월 27일.

76) 『시대일보』, 1924년 5월 18일.

77) 『시대일보』, 1924년 6월 21일.

78) 『시대일보』, 1925년 1월 16일.

벌 대립을 비판하며 통합을 요구했다.[79] 그런 가운데 파벌 대립을 중재하는 움직임이 진주를 비롯한 여러 곳에서 일어났다.

그 결과 1924년 7월 23일 서울파 대표자 장지필, 오성환, 조귀용과 진주파 대표자 강상호, 이학찬, 하석금이 대전에서 만났다.[80] 대전 이상 올라가지 않겠다는 진주파의 뜻을 반영하여 양측은 8월 15일 중간 지점인 대전에서 통일대회를 열기로 합의했다.

예정대로 형평사 통일대회가 대전에서 열려 명칭을 조선형평사 중앙총본부로 바꾸고, 사무실을 서울로 이전하기로 결의했다. 총본부에 중앙집행위원회와 상임집행위원회를 두기로 하고, 전국 각 지역 활동가들을 임원으로 선출했다.[81] 임원진 구성을 보면, 진주본사 활동가의 비중이 줄고, 중부 지역 활동가들의 역할이 커진 것을 알 수 있다. 형평운동의 주도권이 진주본사에서 서울 총본부로 넘어간 것이다.

이 집회에서 장지필과 강상호는 분열의 책임을 지고 중앙집행위원에서 사임한다고 발표했다. 그러면서 장지필은 백정 출신이라는 이유로 평사원 자격을 유지하기로 했다.[82] 그런데 이것은 경남 사원들이 장지필을 공격하는 빌미가 되었다. 총본부의 서울 이전으로 불만이 많은 경남 사원들이 8월 25일 마산에서 집회를 열고 장지필과 오성환에게 총본부 업무에서 손뗄 것을 요구했다.[83] 그러자 중앙집행위원회는 장지필에게 총본부를 떠날

---

79) 車賤者, 위의 글, 39–45쪽; 金德漢, 「衡平社의 內訌과 衡平運動에 對한 批判」, 『開闢』 5(8), 1924, 39–42쪽.

80) 『동아일보』, 1924년 7월 27일; 『조선일보』, 1924년 7월 28일; 『매일신보』, 1924년 8월 6일.

81) 『매일신보』, 1924년 8월 20일.

82) 『동아일보』, 1924년 8월 19일.

83) 『동아일보』, 1924년 8월 27일.

것을 요구하고, 오성환 대신에 이경춘을 상임위원으로 교체했다.[84] 갈등이 재연될 조짐에 경남 사원들의 요구를 들어준 것이다.

9월 25일 서울에서 대표자회의가 열려 잡지 발행, 수평사와의 협력 등을 논의했다. 그런데 이 집회가 장지필 독단으로 추진한 것이라고 알려지면서 경남 사원들 사이에 분란이 일어났다.[85] 그만큼 장지필에 대한 적개심과 반발은 쉽게 가라앉지 않았다.

그렇지만 장지필과 강상호는 형평사 창립부터 형평운동을 이끌어온 핵심 지도자였다. 그들이 물러났을 때 생기는 손실도 적지 않았다. 결국 그들을 지도부에 복귀시켜 파벌 해소를 위해 일할 기회를 주자는 제안이 나왔다. 그 결과 두 사람은 1924년 10월 총본부 상임집행위원으로 다시 선출되었다.[86] 총본부 중앙위원회가 지역 조직의 상황을 파악하기 위한 지방 순회단을 구성하면서[87] 장지필은 충청남북도, 전라남북도를 담당했다.[88]

그렇지만 파벌 대립의 앙금은 쉽게 사라지지 않았다. 임시대회를 열자는 합의가 깨지기도 했다.[89] 파벌의 앙금은 다음에 자세하게 살펴보겠지만, 형평운동 전 기간에 걸쳐 되풀이하여 되살아나서 형평운동 전개에 커다란 영향을 미쳤다. 아울러 그것은 장지필의 형평운동 활동에도 크게 영향을 미쳤다.

84) 『동아일보』, 1924년 9월 16일.

85) 『시대일보』, 1924년 10월 1일.

86) 『조선일보』, 1924년 10월 1일; 1925년 3월 22일.

87) 『동아일보』, 1924년 10월 17일.

88) 『동아일보』, 1924년 10월 17일.

89) 『매일신보』, 1924년 10월 1일; 10월 4일.

5. 형평사 총본부의 서울 이전

장지필은 총본부의 서울 이전과 함께 활동무대를 서울로 옮겨 총본부의 핵심 지도자로 형평운동 과정에 직간접으로 관여했다. 1925년 1월 1일 『동아일보』가 신년 기획으로 각 단체 대표자들에게 신년 벽두의 포부와 과거의 실패와 성공을 물었다. 조선형평사 중앙총본부 대표로 장지필이 응답했다.[90] 그는 "초기의 형평운동은 고통과 비애가 있고, 반면에 단체를 조직하여 환희의 성공과 착실한 진보가 있다."고 평가하며 형평운동에 대한 진단과 앞으로의 포부를 다음과 같이 밝혔다.

"지난해의 실패는 형평사 내의 분열 사건이었다. … 본래의 사명은 백정계급 해방을 실행하는 것이다. … 사원 전체가 동일한 계통의 직업을 갖고 있어 단결성이 강하나 일부는 간교한 지도자에게 망동되어 자체 분열을 일으키게 된다. 실패는 성공의 어머니라는 것과 같이 무익유해한 분열을 막고 각 사원에게 계급 의식을 고취하며 각자의 각성을 촉진하여 조선형평사 중앙총본부를 설치한 것은 성공이다. 희망으로는 제혁공장 설립이고, 각지의 도축장을 사원들이 직접 관리하는 운동을 하려고 한다."

다소 길게 인용한 이 내용은 1925년 새해에 형평운동을 견실하고 완전한 운동으로 만들어가겠다는 장지필의 포부를 잘 보여주고 있다. 그러나 장지필이 지적한 것처럼 1924년의 파벌 대립은 형평사 초기 과정에 큰 상처를 남겼다. 장지필도 파벌 갈등을 일으킨 당사자로 지목되어 곤욕을 치렀

---

90) 『동아일보』, 1925년 1월 1일.

다. 이것은 1925년 1월 초 서울의 진보적인 젊은 활동가들이 결성된 정위단 창립 과정에도 나타났다.[91] 형평사의 사상단체 내지는 전위단체를 자처한 정위단 지도부는 파벌 싸움에 대한 불만을 창립대회에서 표출하며 "대전의 전국대회를 무시하고 개별 행동을 취하는 진주의 강상호와 자기 개인을 위하여 대중을 몰각하는 장지필 양인을 엄중히 응징"한다고 결의했다.[92]

이와 같이 파벌 대립의 흔적은 남아있었지만, 장지필은 1925년 신년 초에 밝힌 포부대로 전국을 다니며 형평운동의 확산을 도모했다. 1월 12일 강원도 원주분사 창립 1주년 기념식에 참석하여 형평운동의 취지를 설명하고, 다음 날 정기총회에서 임시의장을 맡아 회의를 진행했다.[93] 2월 8일에는 충남 도청을 방문하여 진정 내용을 교섭했다. 그 결과, 도 당국은 마침 열린 각 군 서장 회의에서 관리들과 일반 무식 계급의 형평사원 차별을 금지할 것, 우피 생산자의 공동판매, 소고기 가격의 2할 이익을 유지하며 판매하도록 한다는 내용의 훈시를 했다.[94] 2월 21일에 전북 군산분사를 시찰 방문하여 사원 단결의 필요성과 각성을 촉구하자 사원들이 각오를 다지는 기회로 삼았다.[95] 그리고 참석자들은 분사 임원 개선과 활동에 관한 현안 사항을 결의했다.

형평사는 해마다 4월 창립일에 즈음하여 기념식과 정기전국대회를 열었다. 이것은 장지필에게 형평사 활동 방향과 현안 과제를 제시하는 기회가 되었다. 1925년 4월 24일과 25일에 서울 견지동 시천교당에서 열린 3회 정기대회와 창립 2주년 기념식은 파벌 대립을 극복하고 서울 총본부 시대를

---

91) 『시대일보』, 1925년 1월 12일.

92) 『동아일보』, 1925년 1월 16일; 『시대일보』, 1925년 1월 16일.

93) 『동아일보』, 1925년 1월 18일; 『시대일보』, 1925년 1월 18일.

94) 『동아일보』, 1925년 2월 9일; 2월 16일.

95) 『동아일보』, 1925년 2월 27일.

알리는 전국적인 공식 행사였다.[96] 정기대회에서 장지필은 개회사를 통해 전조선형평대회로서 당면 문제를 충분히 토의하기 바란다고 밝혔다. 의장 이동구(이소), 서기 오성환이 진행하는 본회의에서 장지필은 상무집행위원으로 경과보고를 했다. 이어서 장지필, 강상호, 오성환, 이칠봉이 전형위원을 맡아 중앙집행위원 후보 21명을 추천했고, 추천된 후보들은 이견 없이 대의원들의 승인을 받아 선임되었다.

장지필은 4월 25일에 열린 창립 축하식에서 개회사를 한 뒤 사회를 맡아 진행했다. 서울의 유력 사회운동 단체와 전국 각지의 주요 단체들이 보낸 축문과 축전이 낭독되었는데, 그 규모와 내용은 형평사가 사회운동권의 유력 단체로 자리 잡았다는 것을 보여주었다.

축하식이 끝난 뒤, 시천교 회관에서 장지필의 개회로 시작된 중앙집행위원회에서 현안 문제가 논의되었다. 주요 내용은 도축장 세금, 수육판매, 건피장, 도부 급료, 야견 박살 등 사원들의 경제적·사회적 문제에 관한 것이었다. 혁신파가 주장하던 대로 사원들의 경제적 권익 보호 활동이 주요 쟁점이었다. 그리고 장지필, 오성환, 조귀용, 김동석, 조경환과 진주의 강상호, 이학찬 등 7인의 상무위원을 선출하여 그 가운데 3인은 매달 50원을 받는 유급으로, 4인은 무급으로 하기로 했다.[97]

다음 날 열린 사원 간친회에서 전날 선임된 조귀용과 조경환이 상무위원을 고사하여 1인을 추가하기로 하고, 이지영, 김정봉, 이소(이동구)를 선출했다. 그리고 담당 부서를 정하면서 유급 상무위원으로 장지필, 김정봉, 이

---

96) 京鍾警高秘(1925. 4. 25) 제4639호의 1,「衡平社大会ニ関スル件(第三回大會)」,『사료집』162-169쪽; 京鍾警高秘(1925. 4. 26) 제4639호의 2,「衡平社第二周年創立紀念祝賀式ノ件」,『사료집』169-172쪽;『조선일보』, 1925년 4월 24일; 4월 25일; 4월 27일;『동아일보』, 1925년 4월 24일; 4월 25일; 4월 26일;『시대일보』, 1925년 4월 24일.

97) 『동아일보』, 1925년 4월 28일.

소를 선임했다.[98] 계속 유급 상무집행위원을 맡게 된 장지필은 서울 총본부 활동에 전념할 수 있게 되었다.

형평운동이 활발하게 전개되면서 장지필처럼 형평사로부터 급료를 받으며 직업처럼 형평운동에 전념하는 활동가들이 생겨났다. 그들은 총본부뿐만 아니라 지역 조직이나 연대 조직에서 활동했다. 그리고 형평사 활동이 총본부 중심으로 전개되면서 진주파 활동가들의 참여가 두드러지게 줄어들었다. 교통이 열악한 당시 상황에 경상도와 서울을 오가면서 활동하기는 어려웠을 것이다. 특히, 생업에 종사하는 사원이 서울 총본부 활동에 참여하기는 쉽지 않았을 것이다.

4월 말 진주에 있던 형평사 서류가 서울로 전달되었다고 보도되었다.[99] 그것은 파벌 대립의 종식을 상징적으로 보여주었다. 4월의 정기대회를 마친 장지필은 전국 곳곳을 돌아다니며 형평운동의 활성화에 진력했다. 4월 28일 경기도 안성분사 총회에 참석하여 형평운동에 대한 강연을 했고,[100] 5월 12일에는 충북 진천의 차별 사건이 알려지자 현지를 방문하여 사건 진상을 조사하고 경찰서장을 면회하여 대책을 촉구했다.[101] 다음 날인 5월 13일에는 공주에서 열린 충남대회에 참석했고, 집회에서 논의된 건피장, 도수장 세금 등의 문제에 대해 충남도 당국과의 교섭을 주선했다.[102]

5월 15일 와룡동 중앙총본부에서 상무중앙집행위원회를 열어 차별 문제와 고깃값 판매 가격 문제를 논의한 뒤, 지방 대회를 개최하기로 하고

---

98) 京鍾警高秘(1925. 4. 27) 제4639호의 3,「衡平社中央執行委員会ニ関スル件」,『사료집』172-173쪽; 京鍾警高秘(1925. 4. 27) 제4639호의 4,「衡平社員中懇親会ニ関スル件」,『사료집』173-174쪽.

99) 『매일신보』, 1925년 5월 5일.

100) 『동아일보』, 1925년 5월 4일.

101) 『동아일보』, 1925년 5월 18일.

102) 『시대일보』, 1925년 6월 7일.

순회 담당자를 정했다.[103] 장지필은 충남북, 전남북, 황해도를 맡았다. 5월 22일에는 이소와 함께 충북 음성분사 주최 강연회에 참석하여 각각 "백정의 유래"와 "형평운동의 과거와 현재"에 관해 강연을 했다.[104]

6월 4일 충남 당진의 사원 집회에 참석하여 소고기 값 인상을 당국에 건의하기로 결의했다.[105] 6월 11일 전주에서 열린 전북 형평대회에 참석하여 개회사를 한 뒤 차별 문제, 도축장 요금과 세금 문제, 소가죽 건조장 문제 등을 논의했다.[106] 이 집회에서 당국 교섭위원으로 선임된 장지필과 오성환은 다음 날인 6월 12일 전북 도청을 방문하여 관공서원의 백정 차별 금지를 지역 관공서장 회의에서 공지할 것과 도축장 요금과 세금에 관한 문제와 우피건조장 직접 운영을 건의했다.[107]

그리고 6월 16일 전북 이리를 방문하여 분사 조직을 재정비하고 단체 명칭 동인회를 익산형평분사로 바꾸도록 도왔다.[108] 6월 20일에는 충북 청주에서 열린 형평대회에 참석하여 진행을 맡아 차별 문제, 도수장, 수육판매, 건피, 우피 직수출과 공동판매, 교육 문제, 단결 문제 등을 논의했다.[109] 7월 20일에는 총본부에서 중앙상무위원회를 열어 형평학우회 적극 후원, 충돌 사건에 임원 파견, 현안 문제 해결 등에 관한 사항을 논의했다.[110]

다른 한편, 장지필은 하위 조직 발전에도 적극적으로 지원했다. 그는 파벌 대립에 대한 불만을 드러냈던 정위단의 소장층 활동가들을 지원하는

103) 『동아일보』, 1925년 5월 17일.

104) 『동아일보』, 1925년 5월 28일.

105) 『동아일보』, 1925년 6월 11일.

106) 『동아일보』, 1925년 6월 14일.

107) 『동아일보』, 1925년 6월 16일.

108) 『동아일보』, 1925년 6월 19일; 『시대일보』, 1925년 6월 19일.

109) 『동아일보』, 1925년 6월 20일; 『시대일보』, 1925년 6월 24일.

110) 『시대일보』, 1925년 7월 25일.

입장에서 5월 6일의 정위단 임시총회 의장을 맡았고,[111] 창립 1주년을 맞는 정위단이 사상단체로 발전하기 바란다고 응원했다.[112] 그리고 6월 13일 서울에서 결성된 형평학우회 고문을 맡아 지원했고,[113] 8월 4일 대전에서 열린 형평사 전조선학우회에 참석하여 교육에 힘쓰겠다는 결의에 힘을 보탰다.[114] 형평청년전위동맹 사건으로 경찰 취조를 받은 학우회 활동가 박호군(박평산)은 이선동, 이명복. 길의성, 길한동 등이 장지필의 지도를 받아 학우회를 조직했으며, 이선동이 규약 등을 작성하고 장지필이 선언과 강령을 작성해주었다고 증언했다.[115]

지금까지 훑어본 것처럼 장지필은 1925년 새해 벽두부터 중앙총본부 업무뿐만 아니라 전국 각 지역의 지원 활동으로 쉴 새 없이 바쁘게 보냈다. 특히, 형평운동 반대 활동이나 사원들이 겪는 충돌 사건에 적극적으로 대응하여 현지에 출장 가서 진상을 조사하고, 경찰이나 관공서를 방문하여 문제를 해결하고자 했다. 그 과정에서 갖가지 봉변을 겪기도 했다. 특히, 8월에 경북 예천에서 일어난 형평운동 사상 최대 규모의 충돌 사건에 휘말려 겪은 봉변은 형평사 안팎에 널리 알려졌다.

8월 9일 장지필은 이소(이동구)와 함께 경북 예천형평분사 창립 2주년 기념식에 총본부 대표 자격으로 참석했다. 지역 행사 참석과 격려는 총본부 임원들의 일상적인 업무였다. 기념식에서 축사를 맡은 예천청년회장 김석희가 칙령으로 차별이 철폐되었으니 형평사는 필요 없다고 하자 사원들이 역사를 왜곡하고 선조를 욕보였다고 항의하여 장내가 소란스러워졌다. 이

---

111) 『조선일보』, 1925년 5월 8일.

112) 『조선일보』, 1926년 1월 7일.

113) 『시대일보』, 1925년 6월 17일.

114) 『동아일보』, 1925년 8월 8일; 8월 12일; 『매일신보』, 1925년 8월 8일.

115) 光州警察署(1933), 「被疑者訊問調書-朴好君」, 『사료집·속』, 590쪽.

소란을 빌미로 예천 주민이 그날 밤 형평분사 사무실과 사원들이 사는 마을을 집단 습격했다.[116]

충돌 첫날 장지필을 비롯한 이소, 안동의 사회운동 단체 화성회 간부 김남수가 양측을 설득하여 진정시켰다.[117] 장지필이 "의식 없는 농민들의 배후에 악당의 선동이 있으니 우리는 일시적 감정의 충동으로 같은 계급, 형제와 싸우지 말고 감정을 억제할 것"을 호소하자 사원들이 진정하여 무사히 지나갔다.

그런데 다음 날 사원들이 형평분사에 모여 대책을 논의하는 중에 노동자들이 다시 습격했다. 양측이 다시 충돌하려고 하자 이소, 김남수, 장지필이 양측을 진정시키려고 했다. 장지필은 "형평사원들은 하등의 감정이 없다. 우리는 무산계급 형제다. 서로 싸우는 것은 아무 의미가 없다."며 설득했으나 노동자들이 난폭하게 공격하여 양측의 충돌이 일어났다.

폭동 사태가 심각해지자 경찰은 장지필과 이소, 김남수를 경찰서로 불러 빨리 예천을 떠날 것을 요구했다. 경찰서를 나온 세 사람이 형평분사 사무실로 가는데, 군중이 그들을 습격하여 집단 구타를 했다. 특히, 장지필과 이소는 부상 정도가 심하여 안동으로 긴급 후송되었다.[118] 다행히 생명에는 지장이 없었지만, 그들은 한 달 정도 병원 치료를 받아야 했다.

예천 사건은 주민이 보인 난폭성과 대규모였던 탓으로 언론에 대대적으로 보도되어 전국적으로 커다란 관심을 끌었다. 각 지역의 사회운동 단체와 형평사 분사가 적극적으로 공격자들을 규탄하며 예천 사원들을 응원했다.

장지필과 이소는 9월 15일 퇴원하여 안동의 사회단체 대표들이 열어

---

116) 예천 사건에 대해 김중섭, 위의 글(1994), 169-179쪽 참조할 것.

117) 『시대일보』, 1925년 8월 20일.

118) 『시대일보』, 1925년 8월 26일; 8월 28일.

준 송별회에 참석한 뒤, 다음 날 서울로 돌아왔다.[119] 9월 19일 화요회, 북풍회, 노동당, 무산자동맹 등 네 사회운동 단체가 합동으로 그들의 귀환을 환영하며 위로하는 모임을 열어주었다. 일제 경찰 기록에 따르면,[120] 서울의 주요 단체 대표자 17명과 신문기자 4명이 이 모임에 참석했다. 서울의 대표적인 사회운동 단체 대표자들이 거의 다 모인 듯했다. 사회운동권에서 갖는 형평사의 위상과 형평사를 대표하는 사회운동가 장지필의 비중을 보여주었다.

예천 사건을 겪은 장지필은 1925년 하반기에도 예전처럼 전국 곳곳을 방문하며 형평운동의 활성화를 이끌었다. 10월 8일 전북 익산 황등분사 창립 행사에서 의장을 맡아 진행하며 의미 깊은 취지 설명을 했다.[121]

1925년 12월에 열린 총본부 상무집행위원회에서는 사원들의 계급 의식을 고취하며, 수육 가격, 건피장, 도부 임금과 도축장 세금 등 생활 문제에 관련된 현지 상황을 조사하기 위한 지방 순회 계획을 결의했다.[122] 대개 연고 지역을 담당했지만, 장지필은 형평사가 조직되지 않은 서북 지방, 영동, 삼남 일대를 맡았다.

이와 같이 장지필을 비롯한 총본부 활동가들의 적극적인 활동 덕분에 1925년에 형평사 조직이 빠르게 확장되고, 활동이 더욱 활발해졌다. 황등처럼 사원들이 많이 거주하는 지역에 면 단위 분사가 생겨날 정도로 전국 여러 지역에 조직이 확장되었다.[123] 그뿐만 아니라 청년회, 학우회, 여성회 등 하

---

119) 『동아일보』, 1925년 9월 21일.

120) 京鍾警高秘(1925. 9. 18) 제10506호의 2, 「衡平社幹部歡迎会ニ関スル件」, 『사료집』 194-197쪽; 김중섭, 「형평운동과 인권, 그리고 사회적 연대」, 국사편찬위원회 (엮음), 『형평운동의 발자취: 평가와 현대적 함의』, 국사편찬위원회, 2023, 33쪽(이 책의 6장 참조할 것).

121) 『동아일보』, 1925년 10월 12일.

122) 『동아일보』, 1925년 12월 20일; 『시대일보』, 1925년 12월 20일.

123) 예컨대, 경북 김천군 지례에서도 사원들이 추진하여 분사가 창립되었다. 『동아일보』, 1925년

위 조직이 만들어져서 젊은 사원들의 참여 공간이 되었다.[124] 이렇게 전반적으로 활발해지면서 형평운동은 1926년에 전성기를 맞이하게 되었다.

1926년 새해에 장지필은 형평사의 핵심 활동가로 언론에 자주 등장했다. 『시대일보』는 1월 1일 신년 특집으로 "남녀학생에 대한 희망"을 사회 각 분야의 인사들에게 질문했다. 천도교 최린, 무산동맹 박일병, 중앙고보 최두선, 중동학교 최규동, 여성동우회 허정숙 등 사회 지도자들과 함께 형평사 장지필의 응답이 실렸다. 장지필은 이 설문에 자립정신을 강조하며 피상적인 운동은 금물이라고 답했다.[125]

그리고 『조선일보』는 신년 기획으로 사회단체 방문 시리즈를 연재했는데, 네 번째 단체로 1월 7일에 형평사를 게재했다.[126] 이 기사는 1923년 4월 25일 진주에서 시작된 형평운동의 과정을 간략하게 기술한 뒤, 서울 와룡동 75번지 형평사 중앙총본부를 찾아가 간부 장지필과 대담한 내용과 함께 형평사 총본부 앞에서 찍은 장지필을 비롯한 간부 사진을 실었다.

대담에서 장지필은 형평운동을 3기로 나누어 선전기, 조직기, 사업기로 계획했다고 설명했다. "선전기에 겪은 파란은 이루 말할 수 없는데, 금년(1926)에는 반동에 더욱 적극적으로 대항하며 세계 무산대중과 협력하여 무산운동에 진력하겠다."고 했다. 그러면서 형평운동 발전에 대한 포부를 다음과 같이 밝혔다.

> "금년은 형평 기원 4년째로 조직기에 들어서 형평청년연맹을 조직
> 하고 작년 8월에 조직된 형평학우회를 한층 튼튼히 하며 교양에 주력

12월 12일.

124) 하위 조직에 관해 김중섭, 위의 글(1994), 199-212쪽 참조할 것.

125) 『시대일보』, 1926년 1월 1일.

126) 『조선일보』, 1926년 1월 7일.

하며 … 다음으로 형평여성해방동맹을 조직하여 여성운동에도 힘쓸 터이며 형평사 사상단체인 정위단의 발전에도 노력하려고 합니다."

그리고 선전부를 두어 지방 순회강연을 하고, 산업부를 두어 사원 손으로 생산한 우피 등을 여러 손을 거치지 않고 직접 수출 판매하여 이익을 활동에 쓸 계획이라고 밝혔다. 아울러 기관 잡지 발간을 준비하고, 본부 사옥을 건축하여 기숙사를 두어 서울에 유학하는 사원 자녀들에게 편리를 주려 한다고 했다.[127]

장지필의 대담 내용은 1926년 형평사 활동 계획을 총망라한 것이었다. 장지필은 형평사가 사원 중심의 단체로서 사원 공동체의 권익 증진이 목표라는 것을 강조하는 한편, 청년, 학생, 여성 등의 조직 결성과 활동 강화가 필요하다고 했다. 1월 4일 『시대일보』에 실린 "신년과 희망: 형평운동의 신포부"에서도 비슷한 내용을 볼 수 있다.[128] 아울러 잡지 『세광』 발행 계획을 덧붙여 밝히고 있다.

장지필이 설명한 형평사 활동 계획은 전국대회와 지방 집회에서 주요 안건으로 채택되었다. 형평운동의 절정기라고 평가되는 1926년에 형평사는 조직을 확대하고 활동을 강화하며 핵심 목표를 실현하고자 했다. 이를 위해 중앙총본부 사옥 건축과 활용 계획을 수립했다. 구체적으로 서울 운니동 23번지의 토지 46평을 매입하여 건물을 신축하고, 그 건물에 학우회를 발전시킨 형평학교를 설립하여 사원 자녀들의 교육과 교양 증진 활동을 추진할 계획이었다.[129] 형평학교는 당국의 인가를 받는 정규학교가 아니라 사

---

127) 장지필 면담 내용은 『조선일보』, 1926년 1월 7일 참조할 것.

128) 『시대일보』, 1926년 1월 4일.

129) 『조선일보』, 1926년 5월 16일; 『동아일보』, 1926년 5월 17일.

원 자녀 50여 명을 모집하여 형평사 간부들이 교육을 담당하는 비인가 기관으로 계획되었다.

하위 단체의 활성화도 형평운동 목표를 실현하기 위한 조직 강화의 주요 방안이었다. 우선, 여러 지역에서 청년회와 학우회 활동이 활발하게 전개되었다. 또 여성 사원의 권익 증진을 위한 단체를 결성하고 활동을 강화하고자 했다. 남존여비 사상과 관습이 뿌리 깊은 조선 사회에서 백정 여성들은 여성으로서, 또 백정으로서 이중적 억압과 차별을 받았다. 그들을 위한 활동 계획은 형평운동의 취지를 살리는 상징적 본보기였다.

이를 위해 형평사는 여성단체와의 협력을 강화했다. 이에 따라 사회운동 단체인 조선여성동우회는 1926년 3월 3일 제2회 정기대회에서 형평 여성에 관한 건을 안건으로 상정하여 논의했다.[130] 아울러 형평사는 여성 사원 문제를 주요 과제로 설정하여 전국대회와 지역 회의에서 논의하거나 사업으로 추진했다. 예컨대, 3월 5일 강경에서 열린 충남 형평대회에서 장지필의 사회로 형평청년과 형평여성에 관한 건을 논의했다.[131] 또 일부 분사에서는 여성 사원을 위한 야학 개설, 공개강좌 개최, 여성 착취 반대 결의 등을 실행했고, 분사 내에 여성회를 결성했다. 이런 분위기에서 1928년 전국대회에 여성 대의원 20여 명이 참가하여 주목을 끌었다.[132]

조직 활성화와 함께 사원들의 경제적 권익을 위한 사업이 계획되었다. 대표적으로 사원들이 생산한 가죽 제품의 공동 구매 및 판매 조직 결성을 추진했다. 피혁상에 종사하는 사원들은 비교적 재력이 있었는데, 피혁을 공급하는 사원들은 대개 소규모의 가내 수공업 생산 체계를 갖고 있었다. 그

---

130) 『조선일보』, 1926년 3월 6일.

131) 『조선일보』, 1926년 3월 9일; 『매일신보』, 1926년 3월 9일.

132) 형평 여성 권익 활동에 관해 김중섭, 위의 글(1994), 210-212쪽 참조할 것.

런데 피혁 산업에 자본이 유입되면서 소규모의 가내 가죽 산업은 점점 경쟁력을 잃게 되어 공동구매와 공동판매를 위한 피혁조합 결성을 추진하게 된 것이다.

또 건피장이 일본 거류민 단체나 자본가 개인 소유로 바뀌면서 사원들의 경제적 이윤이 크게 줄어드는 상황을 타개하고자 사원들이 건피장을 공동 소유하고 형평사가 직접 운영하는 체제를 만들고자 했다.

도축장 경영은 형평사가 원하는 주요 사업이었다. 일제 식민 지배 아래에서 도축장의 소유권과 운영권을 갖게 된 일본인 거류민 단체인 학교조합이나 지방 관청이 고기 가격이나 처리 결정 권한을 행사하면서 정육점을 운영하는 사원들은 아주 불리한 위치에 있었다. 그래서 형평사는 박탈된 도축장 소유권과 운영권을 되찾아 예전처럼 고깃값이나 분배 방식을 자율적으로 결정할 수 있게 되기를 원했다. 그리고 많은 사원이 도축장의 일꾼으로 전락하여 낮은 임금과 작업 환경으로 곤란을 겪고 있는 상황에서 형평사는 그들의 권익 보호 방안을 모색했다. 그리하여 수육판매조합이나 피혁조합 같은 단체 결성을 시도하며, 곳에 따라서는 도부 임금 인상을 요구하는 파업을 벌이기도 하고 월급제를 성과급으로 바꿀 것을 요구하기도 했다.

이러한 전통 산업 관련 사업 계획은 사원들의 지지를 받았다. 사원들의 경제적 권익을 지키는 것은 형평사의 주요 과제였고, 이를 위해 총본부뿐만 아니라 지역 분사에서 적극적인 활동을 벌였다. 예컨대, 일부 분사는 개별적으로 소고기 가격 인상이나 도축 물건 할당 확대, 도부 임금 인상을 요구하는 활동을 벌였다. 그들은 때로 파업을 벌이기도 하고, 지방 관청과 교섭하기도 했다. 총본부는 이러한 경제적 권익 활동을 이끌고 지원하는 기관이었다. 그러나 일제 통제 아래서 성과를 내기가 쉽지 않았다.

장지필은 1926년 내내 가장 역동적이며 성공적으로 활동한 형평사의 핵심 활동가였다. 그는 대내적으로뿐만 아니라 대외적으로 활동 범위를 넓히며 그야말로 종횡무진 활동했다. 1월 30일 서울에서 열린 '재경 사상단체 신년간친회'에 형평사 대표로 참석하여 형평운동에 대한 경과를 발표했다.[133] 형평사가 사회운동계의 주요 단체로 자리 잡고, 다른 사회운동 단체와의 연대와 협력을 강화하면서 장지필은 형평사 대표로 더욱 활발하게 활동했다. 그러면서 더욱 일제 경찰의 감시를 받게 되었다.

일제 경찰은 1926년 4월 장지필을 사상요시찰 인물로 추가하며 공산주의에 가담하기 쉬운 대상자라고 평가했다.[134] 이 경찰 자료는 장지필의 인적 사항을 명치 17년생(1884), 본적 경남 의령군 의령면 동동 919번지, 주소 경성부 인사동 234번지, 형평사 중앙총본부 상무위원이라고 기록했다. 그리고 와세다대학에서 공부하고 1922년 10월 동지와 함께 형평사를 창립한 뒤 강상호, 신현수와 의견이 달라 1924년 4월 25일경 형평사 혁신동맹총본부를 서울에 설치했다고 썼다. 이와 같이 이 자료는 출생연도, 출신대학, 형평사 창립연도 등 정확하지 않은 내용이 적지 않지만,[135] 일선 경찰의 정보 수집을 통해 인적 사항과 활동 내용을 파악하며 요시찰 인물 감시 대상으로 삼았다는 것을 보여준다.

해마다 4월 25일 창립기념일에 즈음하여 서울에서 열리는 관례대로 1926년 4월 24일과 25일에 서울 견지동 시천교당에서 제4회 정기전국대회와 창립 3주년 기념식이 열렸다. 장지필은 의장, 강상호는 부의장에 선임되어 정기전국대회 회의를 진행했다.[136] 차별 문제, 도수장, 수육 정가, 도부

---

133) 『동아일보』, 1926년 2월 1일.

134) 「思想要視察人連名簿追加ノ件」, 『大正十五年 檢察事務ニ関スル記錄』(1926. 4. 19), 『사료집』 204쪽.

135) 정확하게 장지필은 1883년생, 메이지대학을 수학했고, 1923년 4월에 형평사를 창립했다.

136) 『동아일보』, 1926년 4월 26일, 27일; 『조선일보』, 1926년 4월 27일, 28일; 『시대일보』, 1926년 4월 25일, 26일; 京鍾警高秘(1926. 4. 25) 제4047호의 1, 「衡平社三週年紀念式ニ関スル件」, 『사료집』 204-208쪽.

요금, 우피 건조장 등의 생활 문제, 자녀 교육, 강연, 기관지 발간 등 교양 문제, 운동 진행 문제, 일반 단체와의 협력 등 사회 문제를 논의하고 임원 선거를 했다.[137] 장지필은 총본부 중앙집행위원 25명 가운데 하나로, 또 상무집행위원 10명 가운데 하나로 선임되었다.

다음 날 열린 창립 3주년 기념식이 장지필의 사회로 진행되었다. 형평사의 대내외적 관계가 활발하다는 것을 보여주듯이, 많은 사회운동 단체와 형평분사로부터 축문과 축전이 왔다. 저녁에는 와룡동 75번지 형평사 중앙총본부에서 중앙집행위원회가 열렸다.[138] 전국대회에서 선임된 상무집행위원 10명 가운데 장지필(서무), 오성완(오성환, 재무), 김종택(교육), 유공삼(서무)이 월 35원씩 받는 유급 위원으로 선임되어 전업 활동가로 활동할 수 있게 되었다. 기념식에 참석한 대의원들은 다음 날 동대문 밖 청량리에서 야유회를 갖고 친교를 나누었다.

4월 정기대회와 기념식 행사를 끝낸 뒤 총본부 임원들은 회의 결과에 따라 총본부 업무뿐만 아니라 전국 분사 활동을 지원하는 업무를 수행했다. 특히, 장지필은 총본부 상무집행위원으로 전국 곳곳에 출장 다니며 분사 활동을 지원했다. 4월 27일에 열린 중앙집행위원회의 결정대로 총독부 당국을 방문하여 인권 유린, 재산 침해 등에 관한 문제를 진정했다.[139] 다음 날인 4월 28일 충남 부여 홍산에서 일어난 충돌 사건으로 사원들이 경찰 취조를 받게 되자 현지에 급파되어 사건 내용을 조사했다.[140] 그리고 6월 19일 강원도 강릉에서 열린 분사 창립 1주년 기념식에 참석하여 사회를 맡아 진

---

137) 『시대일보』, 1926년 4월 26일.

138) 京鍾警高秘(1926. 4. 26) 제4047호의 2, 「衡平社中央執行委員會ニ關スル件」, 『사료집』 208-211쪽.

139) 『시대일보』, 1926년 4월 29일.

140) 『동아일보』, 1926년 5월 5일.

행하며 "지리한 세월은 모진 압박과 유린을 한없이 당해온 원통하고 비분 강개한 조선 40만 동족의 역사"에 관해 설명했고, 다음 날 강릉분사 제2회 정기대회에서 사회를 맡아 활동 사항에 대한 결의를 이끌었다.[141] 6월 27일 삼척분사 창립총회에 참석하여 진행을 맡아 임원 선출과 결의안 채택을 이 끌었다.[142] 이어서 열린 창립 축하 모임에서 장지필은 개회사와 함께 형평 운동의 취지를 설명했다.

이렇게 전국 곳곳의 형평사 활동에 참여하며 분주하게 지내는 과정에 장지필은 형평운동 반대 활동을 겪으며 봉변을 당하기도 했다. 강릉분사 창 립 1주년 행사에서 강원도 지도자 길만학의 소감에 반발한 비백정 주민이 반형평운동을 일으키며 정육판매조합 결성을 시도하여 사원들과 충돌했 다. 이에 장지필은 단호하게 길만학의 소감을 옹호하며 대중해방운동에 반 대하는 행동에 결연히 대비해야 한다는 입장을 밝혔다.[143] 또 8월 10일 대 전에서 열린 형평학우회 정기총회에 참석했을 때, 집회에 참석한 본사 임원 조귀용, 임윤재 등과 함께 주민으로부터 집단폭행을 당했다.[144] 임윤재가 병원에 입원할 정도로 다쳐 총본부에서는 상무집행위원 서광훈을 파견하 여 진상을 조사하고 대책을 세우기도 했다.[145]

장지필은 9월 1일 전북 이리에서 열린 익산형평분사 임시총회에 참석 하여 개회사를 했다.[146] 9월 6일에는 이동환과 함께 전북 경찰부장을 방문 하여 백정 차별 근절을 요구했고, 경찰부장으로부터 9월 25일에 열리는 전

141) 『조선일보』, 1926년 6월 25일; 『동아일보』, 1926년 6월 27일; 『시대일보』, 1926년 7월 9일.

142) 『조선일보』, 1926년 7월 7일.

143) 『조선일보』, 1926년 7월 6일.

144) 『동아일보』, 1926년 8월 14일.

145) 『조선일보』, 1926년 8월 15일; 8월 21일.

146) 『동아일보』, 1926년 9월 10일.

북경찰서장회의에서 주의하도록 엄명하겠다는 답변을 얻어냈다.[147] 이와 같은 당국과의 교섭 활동은 그 뒤에도 되풀이되어 지속되었다. 11월 17일에 개최된 전북형평사 대회에서 결의한 대로 장지필, 이동환, 전북지사장 권두호는 다음 날 전북도 담당자를 만나 도축 세금의 균일 징수와 관공리의 차별 행위 근절을 요구하여 긍정적 답변을 얻어냈다.[148]

이와 같이 장지필은 1926년 내내 전국 각지를 출장 다니며 지역 분사 활동을 돕고, 차별 사건이나 주민과의 충돌 사건의 진상을 조사하며 대응했다. 그러면서 형평사 조직을 정비하고 인권 증진 활동 방향을 재확인했다. 특히, 1926년 하반기에 형평운동의 인권운동과 공동체운동 성격을 더욱 확실하게 설정하여 실행하고자 했다.

우선, 조직 정비를 위해 8월 12일에 서울 운니동 23번지 총본부에서 열린 중앙집행위원회에서 상무위원 10인 체제를 5인 체제로 바꾸었다. 그리고 장지필을 비롯하여 오성환, 서광훈, 조귀용, 길순오 5인을 상무위원으로 선임했다.[149] 총본부 체제를 업무 담당 활동가 중심으로 개편한 것이다.

그리고 11월에 중앙집행위원회와 상무집행위원회를 연이어 열어 업무 체계를 재정비했다.[150] 11월 27일에 서울 운니동 형평사회관에서 열린 중앙집행위원회에서 부서 분담제를 도입하고 상무위원을 교체했다. 그리고 수평운동과의 제휴를 위한 일본 시찰 건을 논의하고, 시찰 위원으로 장지필과 김삼봉을 선임했다.[151]

---

147) 『동아일보』, 1926년 9월 11일.

148) 『동아일보』, 1926년 11월 26일.

149) 『조선일보』, 1926년 8월 15일; 『동아일보』, 1926년 8월 15일.

150) 『동아일보』, 1926년 12월 2일; 『조선일보』, 1926년 12월 2일; 『시대일보』, 1926년 12월 2일.

151) 『시대일보』, 1926년 12월 1일; 『동아일보』, 1926년 12월 2일. 나중에 논의하겠지만, 일본 시찰은 1927년 초에 발각된 고려혁명당 사건으로 실현되지 못했다.

이틀 뒤인 11월 29일에 열린 상무중앙집행위원회에서 장지필의 사회로 업무를 분장하고 책임자를 선임했다.[152] 장지필은 총본부의 모든 사항을 총괄하는 서무부를 맡았다. 그리고 전국 순회를 하며 지역 상황을 조사할 지방조사위원을 선임했다. 장지필은 김사전과 함께 경남북 지역을 맡았다.

이렇게 8월부터 11월까지 총본부의 조직 개편을 통해 활동의 효율성을 도모했다. 그리고 9월 25일에 서울 총본부 사무실에서 전국임시대회를 열어 장지필의 주재로 형평운동의 방향을 재확립하는 형평사 선언과 강령을 채택했다.[153]

채택된 형평사 선언과 강령은 형평사가 인권운동과 경제적 권익을 위한 단체라는 것을 거듭 밝히고 있다. 강령 첫 항에 "아등은 경제적 조건을 필요로 한 인권 해방을 근본적 사명으로 함"이라고 규정했다. 창립 초기부터 강조한 인권 해방에 경제적 조건이 필요하다는 점을 확인한 것이다. 셋째 항에 "아등은 일반 사회단체와 공동 제휴하야 합리적 사회 건설을 기함"이라고 명시했다. 사회단체와의 협력을 통해 합리적 사회를 건설한다는 형평사의 궁극적인 목적을 밝힌 것이다. 그리고 둘째, 넷째, 다섯째 항에 형평운동의 과제를 제시했다. 특히, 자신들의 단결과 단일 대오를 추진하며 당면한 실제적 이익을 위해 싸울 것과 훈련 및 교육을 강조했다.[154]

강령이나 선언의 작성 과정이나 배경을 밝혀주는 자료는 아직 발견되지 않았다. 그러나 내용을 보면, 1926년 즈음에 형평사가 기존의 활동 목표와 방향, 전략을 새롭게 정비하며 인권 단체로서, 또 사회개혁 단체로서 나아가려고 했다는 것을 알 수 있다. 우선, 강령 첫 항은 창립 초기부터 지향

152) 『조선일보』, 1926년 12월 2일.

153) 『동아일보』, 1926년 9월 26일; 『매일신보』, 1926년 9월 28일.

154) 형평운동의 인권운동 성격과 사회적 연대에 관해 이 책 2장 참조할 것.

한 백정 차별 철폐를 통한 인권 해방이 경제적 조건에 기반해야 한다는 것을 명시함으로써 경제적 조건과 인권운동의 연계성을 제시했다. 이것은 사원들의 경제적 권익을 보호하고 증진하는 활동의 중요성을 강조한 것이다.

그리고 강령 셋째 항은 다른 사회운동 단체와의 협력과 제휴를 통한 '합리적 사회' 건설을 지향한다는 것을 명시했다. 형평사는 창립 초기부터 전국 차원과 지역 차원에서 시행한 다른 사회단체와의 연대와 협력을 총본부의 서울 이전 이후에도 계속 강화해왔다. 그리고 궁극적인 목표가 "합리적 사회 건설"이라고 형평사의 활동 방향을 제시했다. '합리적 사회'는 진보적 사상에 기반한 평등 사회, 근대 사회, 사회주의 사회 등을 암시하는 것이었다. 일제의 삼엄한 통제 아래 이념적 색채를 드러내는 것이 불가능한 상황에서 진보적 방향의 활동 목표를 최대한 표현한 것으로 짐작된다. 그러면서 형평사가 명시적으로 사회주의 단체로 규정되는 것을 피하려고 선택한 용어라고 생각된다. 요컨대, 1926년 즈음에 형평사는 사회운동계의 진보적 흐름에 동참하고 있었다고 짐작된다.

이와 같은 선언과 강령 채택은 장지필을 비롯한 형평사 핵심 지도자들의 의중을 반영한 것이라고 판단된다. 이즈음 장지필은 초기부터 강조한 인권 증진과 사원들의 경제적 권익 옹호를 연계한 인권 영역의 확장과 다른 사회운동단체와의 연대와 협력을 중요하게 인식하고 있었다.

이 임시대회에서는 형평사 선언과 강령 채택 못지않게 형평사원 자격과 조직 편성이 중요한 쟁점이었다. 이 쟁점을 둘러싸고 격론이 벌어져서 9월 27일까지 회의 기일이 연장되었다.[155] 사원 자격에 대해서는 형평운동에 동의하는 사람은 누구나 참여할 수 있다는 주장과 백정으로 제한해야 한다는 주장이 대립했다. 창립 당시에 조선 사람은 누구나 사원이 될

---

155) 『매일신보』, 1926년 9월 29일.

수 있다고 사칙에 규정하며 개방형 충원 방침을 세웠는데,[156] 그동안 파벌 대립을 겪으며 사원 자격의 제한이 필요하다는 인식이 퍼지면서 제기된 안건이었다. 최종 결정은 후자, 곧 백정으로 제한한다는 안이 채택되었다.[157] 다수가 "형평운동은 백정 자신이 하자"는 데 동의한 것이다. 장지필도 이 안을 지지한 것으로 보인다. 그러나 이후 총본부 임원 구성이나 주요 활동가의 출신 배경을 보면, 이 방침은 제대로 지켜지지 않은 것으로 판단된다.

조직 체제에 관해서는 연맹제로 개편하여 서울에 총연맹, 각 도에 도연맹, 군에 군연맹을 두자는 안과 현 제도를 그대로 두자는 안이 대립했다. 최종적으로 현 제도 유지안이 채택되었다. 곧, 총본부와 지사·분사 체제가 유지된 것이다. 장지필도 현 제도 유지 안을 지지한 것으로 보인다. 언론은 "형평사 대회의 내홍은 결국 장지필파가 승리"라고 보도했다.[158]

요컨대, 1926년 내내 형평사는 총본부가 주도하는 다양한 방식의 활동을 활발하게 폈다. 전국적으로 조직이 발전하고 하위 단체 활동이 활발해지면서 형평사는 사원들이 적극적으로 참여하는 사회운동 단체로 발전했다. 그리고 강령과 선언의 채택을 통해 활동 방향을 재정립하고 대외적 협력을 강화했다. 그 과정에 장지필은 전업 형평운동가로서 총본부 업무만이 아니라 각 지역 활동을 이끄는 지도력을 보였다.

그런데 이 과정에 형평사 내부에서 우려의 목소리가 나오기 시작했다.[159] 특히, 대외적 협력이 증대되고 외부의 진보적 이념이 유입되면서 형평사의 독자성을 상실하게 될 것이라는 우려가 생겼다. 그것은 1920년대 하반기 보수적인 사원들과 진보적인 활동가들 사이의 갈등을 예고하는 조

---

156) 사칙 제4조 "본사원의 자격은 조선인은 하인(何人)을 불문하고 입사할 수 있다."

157) 『중외일보』, 1926년 12월 2일.

158) 『매일신보』, 1926년 9월 29일.

159) 『조선일보』, 1926년 12월 2일; 『동아일보』, 1926년 12월 2일; 『중외일보』, 1926년 12월 2일.

짐이었다. 장지필은 형평운동의 목적과 구성원의 특징을 인식하여 독자성 유지가 중요하다고 보면서도 다른 단체와의 연대와 협력이 필요하다는 입장이었다. 이러한 장지필의 입장은 향후 형평운동의 전개에 핵심 기준점으로 작용했다.

6. 고려혁명당 사건과 형평사 지도부의 변화

1926년에 활발하게 전개된 형평운동은 1927년으로 넘어오면서 큰 변화를 겪게 되었다. 이른바 고려혁명당 사건이 터진 것이다.[160] 이 사건은 형평사의 1926년 활동 성과를 와해시키는 출발점이었고, 장지필 개인에게는 형평운동 방향에 대한 변곡점이었다. 그러나 사건이 알려지기 전까지 장지필은 그러한 변화를 감지하지 못한 것 같다.

1927년 1월 8일 장지필은 형평사 총본부를 방문한 일본 수평사 상무위원이자 시코쿠수평사 지도자인 다카마루 요시오(高丸義男)를 만났다.[161] 전해 11월 형평사 중앙집행위원회에서 결정된 대로 장지필이 일본을 방문하여 수평사를 시찰할 계획이었기 때문에 둘의 만남은 형평사와 수평사의 제휴와 교류 증진을 모색하는 자리가 되었을 것이다. 그런데 장지필이 고려혁명당 사건으로 경찰에 검거되어 더 이상 형평운동의 최전선에 있을 수 없게 되면서 그의 일본 시찰 계획은 자연히 무산되었다.

고려혁명당 사건은 1926년 12월 28일 고려혁명당 집행위원 이동락이

---

160) 고려혁명당 사건에 관해 김중섭, 위의 글(1994), 250–256쪽 참조할 것.

161) 『동아일보』, 1927년 1월 10일; 『조선일보』, 1927년 1월 9일; 1월 10일. 동아일보는 고환행웅(高丸行雄)이 만주 안동현을 거쳐 서울에 들어왔다고 보도했다. 이름의 착오라고 판단된다.

만주 장춘에서 일제 경찰에 잡히면서 터졌다.[162] 1927년 1월 초에 신의주로 압송된[163] 이동락이 갖고 있던 비밀문서에 적힌 대로 관련자들이 체포되기 시작했다. 충남 논산 강경에 출장 갔던 장지필도 검거되어 1월 20일 밤에 종로경찰서로 압송되었고,[164] 이틀 뒤인 22일 아침에 신의주경찰서로 호송되었다.

일제 경찰 발표에 따르면, 국내의 천도교와 형평사, 만주의 정의부 활동가들이 1926년 4월 만주 길림에서 대한 독립을 목표로 고려혁명당을 결성했다. 의장은 민족주의 운동 지도자 양기탁, 책임비서는 형평사 중앙집행위원 이동구였다. 이청천, 김좌진 등 독립운동 지도자들이 집행위원회에 참여했다. 형평사에서는 책임비서 이동구를 비롯하여 장지필, 오성환, 서광훈, 유공삼, 조귀용 등 6인이 재판에 회부되었다. 훗날 연구는 이 단체의 목표와 구성원의 성격으로 미루어 민족주의 계열 단체로 분류했다.[165]

이 사건의 일제 경찰 조서와 재판 심문조서는 장지필의 신상에 관한 유용한 정보를 남겼다. 신의주경찰서 수사보고서[166]는 본적 경상남도 의령군 의령면 동동 191번지, 주소 서울 운니동 23번지, 직업 형평사총연맹위원, 나이 당 43세라고 기록했다. 곧, 경찰은 장지필이 형평사 총연맹위원으로 형평사 총본부에 주소를 둔 직업적 형평운동가로 파악했다.

또 종로경찰서 소행(素行)조서에 기록된 정보에는 성명은 장태옥이고, 지필이라고 덧붙였다.[167] 호적 이름 장태옥과 통용되는 장지필이 동일인임

162) 『동아일보』, 1927년 1월 5일; 1월 14일; 1월 22일; 『조선일보』, 1927년 1월 22일; 1월 23일.

163) 『동아일보』, 1927년 1월 5일; 1월 15일.

164) 『동아일보』, 1927년 1월 23일.

165) 김준엽 · 김창순, 『한국 공산주의운동사』 제4권, 고려대학교 출판부, 1973, 113~123쪽.

166) 신의주경찰서, 「고려혁명당사건 수사보고서」(1927. 1. 22), 『사료집 · 별권』.

167) 종로경찰서, 「장지필소행조서」(1927. 2. 15), 『사료집 · 별권』.

을 확인해준 것이다.[168] 주소는 총본부 지번을, 본적은 동동 91번지라고 기록했다. 본적은 191번지의 오기였을 것으로 짐작된다. 직업은 조선형평사 총연맹 상무집행위원이고 무직이라고 부기하여 특정한 직업을 갖지 않은 형평사 전업 활동가로 파악한 것이다. 이 조서는 장지필의 성질이 침착하고 온순하며, 평소의 행실에 불량한 점이 없으며, 학식을 갖고 있어 개전의 가능성이 있다고 덧붙여 썼다. 그리고 형평사로부터 활동비로 매월 30-40원을 받아 생활하여 여유가 없으며, 자산이 별로 없다고 했다. 곧, 당시 장지필은 특정한 직업을 갖지 않은 전업 형평운동가로 형평사 총본부에서 활동비를 받아 생활한 것으로 짐작된다.

또 신의주지방법원 예심의 피고인 심문조서는 장지필의 일상생활에 관하여 기록하고 있다.[169] 장지필은 종교를 묻는 질문에 불교라고 답했고, 평소 읽는 것은 『조선일보』, 『동아일보』, 『매일신보』, 『중외일보』 등 한글 신문과 『조선신문』, 『오사카마이니치신문』 등 일본어 신문이라고 했다. 가족은 지난해 본적지로 돌아갔다고 기록했다. 장지필이 혁신동맹회를 이끌면서 활동무대를 진주에서 서울로 옮기며 가족도 의령에서 서울로 이사한 것으로 짐작되는데, 이 조서는 고려혁명당 사건이 일어나자 가족들은 다시 의령으로 돌아갔다고 기록한 것이다.

그런데 법원 심문조서대로 장지필 가족이 완전히 의령으로 되돌아갔는지는 의문이다. 1928년 4월에 고려혁명당 사건에서 무죄를 받아 출옥한 뒤 장지필은 주로 충남 지역에서 활동했는데, 이 시기에 이미 온 가족과 함께 충남 홍성군 광천으로 이주하여 정착한 것으로 짐작되기 때문이다.

---

168) 장지필 후손이 제공한 제적부에는 장태옥으로 되어 있다. 후손의 증언에 따르면 집안에서도 '지필'로 불렸다고 한다.

169) 신의주지방법원 예심, 「피고인 심문조서」(1927. 3월 11일), 『사료집 · 별권』.

1931년 4월 홍성 경찰은 장지필이 홍성군 광천 집에 가는 것을 감시하여 상부에 보고한 바 있다.[170] 그러나 장지필이 광천으로 이주한 정확한 시기나 연유에 관한 자료는 아직 찾을 수 없다. 또 광천에서 가족들이 어떤 일에 종사했는지도 확인되지 않았다.

고려혁명당 사건을 기록한 일제 자료를 보면, 일제 경찰이 장지필과 이동구의 관계를 집요하게 캐려고 했다.[171] 이동구가 장지필을 고려혁명당에 끌어들인 계기나 배경을 파악하여 둘 사이를 엮으려고 한 것 같다.

일제 기록에 따르면, 장지필이 1923년 12월 형평운동을 위해 강원도 횡성을 방문했을 때 자신을 이소라고 소개하는 사람을 처음 만났다. 이소라고 자칭하는 이동구는 횡성 3.1운동을 주동하여 감옥에 다녀온 천도교인으로 형평사원들에게 호의적인 태도를 보였다. 그 뒤 이동구가 형평사 서울 총본부를 방문하여 장지필을 다시 만났고, 형평사 활동에 적극적으로 참여하여 1925년 4월 전국정기대회에서 중앙집행위원으로 선출되었다. 장지필과 이동구는 앞서 언급한 대로 예천분사 행사에 함께 참석했다가 군중으로부터 집단 폭행을 당해서 안동병원에 한 달 동안 입원했던 적이 있다. 이런 내력으로 보아 장지필은 세 살 어린 이동구와 친밀한 관계를 갖고 있었을 것으로 짐작된다. 그러나 장지필은 이동구가 자신을 고려혁명당에 가입하라거나 만주 길림에 가자고 권한 적이 없다고 증언하면서 비밀결사에 관한 사항은 전혀 알지 못했다고 강하게 부정했다.

1927년 1월 27일 신의주에서 시작된 고려혁명당 사건 1심 재판은 지지부진하게 진행되었다. 10개월이 지난 11월에 예심이 종결되어 재판에 회

---

170) 예컨대, 장지필이 홍성 본가에 갈 때 경찰의 감시를 받았다. 京鍾警高秘 제5388호, 「衡平社幹部ノ動静ニ関スル件」(1931. 4. 28). 『사료집』, 492쪽.

171) 신의주경찰서, 「피의자 심문조서」(장지필, 1927. 1. 23), 『사료집·별권』; 신의주지방법원 예심, 「피고인 심문조서」(1927. 5.), 『사료집·별권』.

부되었다는 보도가 나왔다.[172] 언론은 사건의 산파역이 이동구라고 하고, 장지필의 참여 여부가 주목된다며 재판 과정을 상세하게 보도했다. 그만큼 고려혁명당 사건에 대한 사람들의 관심이 컸다.

12월 19일에 신의주법원에서 재판이 시작되었다.[173] 언론은 피고 성명을 장지필, 43세, 경성부 운니동 23번지로 쓰고 사진을 게재했다.[174] 장지필은 재판장의 피의사실 질문에 전혀 그런 사실이 없다고 대답했다. 이동구를 서울에서 만났으나 이 사건에 관해서는 조금도 들은 사실이 없다고 했다.[175] 변호인은 장지필, 조귀용, 홍병기 3인이 사건과 관계가 적고 쇠약하다고 하며 보석을 신청했지만,[176] 재판장은 허락하지 않았다.

1928년 2월 8일 제2회 공판이 열렸다.[177] 변호인들은 재판소의 태만과 무성의로 1년여 미결로 진행된 재판 상황을 지적하며, 가장 관계가 경미한 장지필, 조귀용, 홍병기에 대한 보석 신청 계획을 언론에 알렸다.[178] 그렇지만 이번에도 보석은 허락되지 않았다.

3월 9일 제3회 공판이 진행되었다.[179] 제1회 공판에서 재판장이 경어를 쓰지 않는다는 이유로 진술을 거부했던 이동구에 대한 심리가 진행되었다. 장지필, 오성환, 조귀용에게 고려혁명당 참여를 권유했느냐는 재판장의 질문에 이동구는 장지필과 조귀용은 만나지 못했고, 오성환에게는 만나서

---

172) 『중외일보』, 1927년 11월 4일.

173) 『중외일보』, 1927년 12월 20일.

174) 『매일신보』, 1927년 12월 20일; 『동아일보』, 1927년 12월 21일.

175) 『동아일보』, 1927년 12월 21일; 『중외일보』, 1927년 12월 21일; 『매일신보』, 1927년 12월 22일.

176) 『중외일보』, 1927년 12월 21일.

177) 『중외일보』, 1928년 2월 9일; 2월 10일.

178) 『동아일보』, 1928년 2월 10일; 『매일신보』, 1928년 2월 10일.

179) 『중외일보』, 1928년 3월 10일; 3월 12일; 『동아일보』, 1928년 3월 11일; 3월 12일; 『매일신보』, 1928년 3월 12일.

말했다고 답했다. 그리고 서광훈은 만남을 부인했고, 유공삼은 이동구의 말을 듣고 민족주의, 사회주의를 통일하여 조선 (독립)을 실현하고자 하는 마음을 가졌다고 진술했다. 변호인의 심문에서 이동구는 엄격한 절차에 걸쳐 입당시켰다고 답변하고, 장지필은 이동구를 만난 적이 없다고 답했다.

3월 19일 제4회 공판이 열렸다.[180] 검사는 피고 전원의 유죄를 논고하며 5년 이상 사형에 이르는 형량을 구형했다. 장지필에게는 5년이 구형되었다. 이인, 김병로 변호인이 변론을 담당했고, 이인은 변론 중에 불온하다며 중지당하기도 했다.

4월 20일에 신의주법원에서 고려혁명당 사건의 1심 재판 최종 언도가 내려졌다.[181] 검찰이 유죄를 구형했지만, 재판부는 증거불충분을 이유로 장지필에게 무죄를 선고했다. 고려혁명당에 관여하지 않은 것으로 판단한 것이다. 천안 입장 출신의 총본부 중앙집행위원 조귀용도 장지필과 함께 무죄 선고를 받아 둘은 1년 4개월 만에 감옥에서 풀려날 수 있었다.

재판정에서 고려혁명당 참여를 인정했던 이동구는 7년, 오성환은 4년 징역을 선고받았다. 참여를 부인한 서광훈과 인지했다는 유공삼은 제각기 2년 징역을 선고받았다. 유공삼은 상고를 포기했고, 이동구, 오성환, 서광훈은 상고하여 2심 재판을 받았다. 1928년 10월 22일에 내려진 2심 재판 선고에서 이동구는 5년, 오성환은 3년으로 감형되었고, 서광훈은 무죄 선고를 받아 1년 10개월 만에 출옥했다.[182]

1심에서 무죄 선고를 받은 장지필과 조귀용은 4월 25일에 신의주감옥

180) 『중외일보』, 1928년 3월 21일; 『매일신보』, 1928년 3월 21일.

181) 『동아일보』, 1928년 4월 22일; 『중외일보』, 1928년 4월 22일.

182) 『매일신보』, 1928년 10월 9일; 10월 20일.

에서 출감했다.[183] 4월 27일 형평사 주최로 두 사람의 환영회가 열렸다.[184] 김경삼의 환영사에 이어 장지필이 답사를 했다. 4월 29일에는 안성형평사에서 두 사람을 초청하여 위로연 및 환영회를 열었다.[185] 사장 이종순의 환영사에 이어 장지필이 답사를 하여 사원들의 감동을 불러일으켰다. 그리고 장지필은 5월 24일에 열린 남원지부 정기총회에 참석했다.[186]

4월 24일과 25일에 서울 천도교기념관에서 열린 정기전국대회에서 장지필과 조귀용은 총본부 임원으로 선출되지 못했다. 고려혁명당 사건은 형평사 지도부 구성에 커다란 변화를 가져왔다. 사건에 연루된 핵심 지도자들 대신에 새로운 활동가들이 대거 총본부 임원을 맡아 형평운동을 이어갔다. 그들은 대부분 1925년 즈음부터 청년회, 학우회, 정위단 등 하위 단체에서 활발하게 활동하던 젊은 사원들이었다. 그들의 활동 덕분에 형평사는 지도부 공백을 피할 수 있었다.

새로 지도부에 참여한 젊은 활동가들은 창립 초기부터 형평운동을 이끌어온 노장층 지도자들과 총본부 지도부 권력을 분점하며 협력했다. 그들은 사회주의적인 사회단체와 밀접한 관계를 유지하며 형평운동을 진보적인 방향으로 이끌고자 했다. 그에 따라 노장층과 소장층의 갈등이 일어나는 조짐이 생겨나기 시작했다.

1928년 전국대회 안건은 차별 대우 적극적 철폐, 사원 교양, 반동분자 배격, 사원 생활권 보장 등 진보적 쟁점이 많았다. 아울러 일본 수평사와의 제휴, 전민족적 단일당 신간회 적극 지지, 노농운동의 유기적 연락, 봉건적 사상 지지 기관의 적극 반대 등 대외적 연대와 협력에 관련된 안건이 논의

183) 『조선일보』, 1928년 4월 28일.
184) 『중외일보』, 1928년 4월 29일.
185) 『중외일보』, 1928년 5월 2일; 『조선일보』, 1928년 5월 2일.
186) 『중외일보』, 1928년 5월 28일.

되었다. 그리고 총본부에 위계체계를 도입하여 중앙집행위원장, 중앙집행위원장 후보, 중앙집행위원 등을 두기로 하고, 각 지역의 '자유연합적 조직체'를 '완전하고 굳센 유기적 중앙집권제'로 바꾸기로 했다.[187]

다음 날인 4월 26일 서울 경운동 천도교기념관에서 열린 형평청년총연맹 총회에서 사회운동 결집을 위해 연맹 조직 유지가 바람직하지 않다는 진보적 활동가들의 주장으로 전국 형평청년회의 연대 조직인 형평청년총연맹이 해체되었다.[188] 그리하여 젊은 사원들이 활동할 구심점이 사라졌다.

이와 같이 1927년 이후 급부상한 진보적 젊은 활동가들의 영향력이 커지는 것에 대해 일반 사원들의 불만이 적지 않았다. 특히, 피혁상이나 정육점 운영 사원들은 형평운동이 지나치게 사원들의 권익을 소홀히 한다고 생각했다. 게다가 1920년대 말에 확산된 경제 불황은 사원들의 불만을 증폭시키는 요인으로 작용했다. 이런 상황에서 진주, 마산, 부산 등 경남 24군 대표들은 1928년 3월 13일에 마산에서 형평사 각 군 대표자대회를 열었다.[189] 그들은 중앙총본부 간부들을 비난하며 경남북 형평운동 통일대회를 준비했다. 독자적인 조직을 결성하려는 그들의 행동에 파벌 대립의 재현에 대한 우려가 생겼다.

총본부가 크게 반발했지만, 경남 사원들은 1928년 4월에 총본부 임원들을 비난하며 독자적 조직인 경상형평연맹을 결성했다. 부산의 이성순과 진주의 강상호가 주도한 이 단체 결성으로 초기 파벌 대립의 앙금이 되살아나며 침체되어가는 형평운동에 타격을 주었다.

4월 25일 감옥에서 나온 장지필은 각지의 사원들로부터 위로를 받으

---

187) 『동아일보』, 1928년 4월 27일; 『조선일보』, 1928년 4월 28일.

188) 『동아일보』, 1928년 4월 27일.

189) 『동아일보』, 1928년 3월 16일; 『조선일보』, 1928년 3월 17일; 『중외일보』, 1928년 3월 19일.

며 형평운동으로 다시 돌아왔다. 그는 형평사 분위기가 바뀐 것을 알았다. 4월 전국대회에서 임원으로 선출되지 못했지만, 하반기에는 중앙총본부 지도부에 복귀했다.

장지필은 8월 12일 예산에서 열린 충남대회에서 의미 깊은 개회사를 한 뒤, 의장으로 선출되어 회의를 진행했다.[190] 그리고 12월 15일 충남 강경에서 열린 충남지부 임시총회에서 장지필은 총본부 집행위원장 자격으로 개회사를 했다.[191] 특히, 조귀용 등이 발기한 형평산업주식회사 창립 취지를 설명하며 주주로 참여하기 바란다고 권유했다.[192] 1년 4개월 동안 갇혀 있다가 감옥에서 나온 장지필이 활동 방향을 사원의 경제적 권익 증진에 주력하는 것으로 바꾼 것이다.

이후 장지필은 충남 강경에서 도살장을 관리하는 일본인 거류민 단체인 학교조합을 방문하여 부당하게 징수하는 도축요금과 도살수속비 등 불합리한 규정에 항의하며 수육판매업자들의 권익을 보호하고자 했다.[193] 그러면서 학교조합 측이 부당한 조치를 철회하는 성과를 거두기도 했다.[194] 또 개성형평사원들이 수육판매조합에 도축 임금 인상을 요구하며 파업을 벌일 때 서울 총본부의 서광훈을 출장 보내 사원들을 지원하도록 했다.[195]

1929년에도 장지필은 사원의 경제적 권익 보호 활동을 이어갔다. 2월 11일 충남 온양에서 열린 형평산업주식회사 창립대회에서 임시의장을 맡

---

190) 『중외일보』, 1928년 8월 19일.

191) 『조선일보』, 1928년 12월 21일.

192) 『조선일보』, 1928년 12월 20일.

193) 『조선일보』, 1928년 12월 31일.

194) 『조선일보』, 1929년 1월 3일.

195) 『조선일보』, 1928년 12월 13일; 1929년 1월 3일.

아 회사 설립을 지지했다.[196] 이 회사는 사원들의 경제적 권익을 위해 조귀용, 길상수 등 중부 지역 사원들을 주축으로 하여 설립이 추진되었다.

2월 26일에 서울 총본부에서 열린 중앙집행위원회에서 장지필은 4월 정기전국대회 준비위원장으로 선임되었다.[197] 그리고 각 지역을 순회 방문하는 특별위원회를 결성하여 사원 참여를 독려하기로 결의했다. 이에 따라 지방 순회 중이던 장지필이 3월 2일 고향 경남 의령에 들러 동동 자택에 체류했다는 언론 보도가 있었다.[198] 4월 1일에는 경기 평택지부 정기총회에 참석하여 개회사를 하는 등 지역 방문 활동을 계속 이어갔다.[199]

이즈음 형평사는 대외 연대 활동을 적극적으로 폈다. 1929년 1월 중순부터 4월 초까지 지속된 원산총파업의 노동자에 대한 지지 결의를 계획했다. 그러나 이 계획은 경찰의 토의 금지로 실행되지 못했다.[200] 그리고 1928년과 1929년 전국대회에서 신간회 지지를 공식 안건으로 상정한 형평사는 총본부뿐만 아니라 지역 조직 차원에서 민족단일당 신간회와 협력 활동을 벌여나갔다. 이와 같은 대외 협력과 연대 활동이 활발해지면서 형평사는 더욱 삼엄한 경찰 감시를 받게 되었다.

1929년 4월 24일 서울 천도교기념관에서 열린 제7회 정기총회는 경찰 개입으로 파행을 겪었다.[201] 20여 명의 여성 대의원을 포함한 300여 명의 지역 대의원이 참석한 가운데 장지필의 개회사로 시작된 회의는 경찰의 의

---

196) 『동아일보』, 1929년 2월 14일; 『중외일보』, 1929년 2월 14일; 『조선일보』, 1929년 2월 15일.

197) 『중외일보』, 1929년 3월 1일; 『조선일보』, 1929년 3월 3일.

198) 『중외일보』, 1929년 3월 6일. 충남 홍성으로 이주한 장지필이 의령면 동동의 본가를 그대로 유지한 것으로 보인다.

199) 『조선일보』, 1929년 4월 6일.

200) 『중외일보』, 1929년 3월 1일.

201) 『조선일보』, 1929년 4월 25일; 4월 26일.

제 토의 금지로 계획대로 진행될 수 없었다.[202] 그리고 사회단체에서 보낸 축전, 축문 가운데 150여 통이 경찰에 압수되었다. 결국 임원 선거만 치르게 되어 중앙집행위원장 조귀용, 부위원장 장지필을 선출했다.[203] 그날 저녁 8시에 비백정과의 충돌로 목숨을 잃은 사원의 추도식을 개최하고, 다음 날 중앙집행위원회와 6주년 기념식을 가지며 행사를 마무리했다.

정기총회 임원 선거 결과는 장지필의 활동 방향 전환과 맞물려 있다고 생각된다. 오랫동안 장지필과 함께 활동한 조귀용이 중앙집행위원회 위원장을 맡고, 장지필은 부위원장이 되었다. 조귀용은 충남 천안 입장 출신의 재력가로 혁신 활동부터 형평운동에 적극적으로 참여한 활동가였다. 장지필과 조귀용은 창립 초기 혁신동맹회 때부터 함께 활동해왔으며, 고려혁명당 사건에 연루되어 복역하다가 똑같이 무죄로 풀려난 인연이 있었다.

중앙집행위원회 위원장에 선출된 조귀용이 총본부 업무를 총괄하면서 장지필은 사원들의 권익 증진을 위한 경제 활동에 치중하며 형평운동의 활성화를 도모한 것으로 보인다. 세계공황 여파로 사원들의 경제적 곤란이 점점 심해지면서 사원들의 참여가 빠르게 줄어들어 활동하지 않는 분사가 많아졌다. 형평운동이 빠르게 퇴조해가는 상황에서 형평사의 당면 과제는 사원들의 경제적 여건을 개선하는 것이었다.

장지필은 2월에 충남 온양에서 조귀용, 길순오 등이 주도한 형평산업주식회사 설립에 동참했고, 6월 말에 충남 홍성 결성면에서 도살장 폐지로 사원들이 경제적 어려움을 겪자, 충남도청을 방문하여 진정 활동을 벌였다.[204] 총본부 간부인 장지필이 결성면의 면 단위 활동을 지원한 것은 거주

---

202) 『중외일보』, 1929년 4월 25일.

203) 『중외일보』, 1929년 4월 26일.

204) 『조선일보』, 1929년 8월 31일.

지인 광천 인근이었다는 점도 작용했겠지만, 경제적 권익 보호의 중요성에 대한 인식이 바탕에 있었기 때문이라고 짐작된다.

4월 초 형평사 기관지 『정진』의 발간은 장지필에게 뜻깊은 성과였다.[205] 장지필은 중앙집행위원장 자격으로 형평운동 역사상 최초로 발간된 공식 기관지의 편집인 겸 발행인으로 이름을 올린 것이다. 형평사는 창립 초기부터 여러 차례 잡지 발간을 시도했지만, 일제의 검열로 발간 자체가 무산되거나 발간되었어도 배포 금지를 당했다. 1924년 12월 기관 잡지 『형평』은 발간 직후 압수당했고,[206] 1926년 2월 형평 잡지 『세광』을 준비했지만 발간하지 못했다.[207]

『정진』은 일제의 검열로 곳곳이 삭제되었지만, 의미 있는 글이 많이 실려 있었다. 창간 축하 글, 형평운동의 정신, 형평운동의 의의와 역사적 고찰 같은 형평운동 관련 글뿐만 아니라 일반 상식, 가정 강좌 같은 교양 글이 실렸다. 특히, 형평사원들의 아픈 경험을 담은 수필, 차별의 역사적 흔적과 형평운동을 향한 의지를 표현한 에세이 등이 돋보였다.

후속호가 발간되지 않아 『정진』 창간호는 종간호가 되고 말았다. 재정 문제 해결이 난제였다. 기관지 발간을 위한 기본금 모금 위원회가 구성되어 장지필도 참여하고,[208] 전국에 지사를 만들어 후원 방안을 모색했지만, 발간 비용 문제는 쉽게 해결되지 않았다. 결국 1930년 2월 22일 상무집행위원회는 재정적 어려움을 고려한 타협책으로 "완전한 기관지를 발간할 때까지 기관지 발행위원회 뉴스를 발간"하기로 결의했다.

경남 지역 사원들과의 갈등을 타개하기 위해 총본부는 1929년에 지역

---

205) 『중외일보』, 1929년 4월 4일.
206) 『동아일보』, 1924년 12월 22일.
207) 『동아일보』, 1926년 2월 19일.
208) 『조선일보』, 1930년 2월 26일.

대표자 회의를 추진했다. 그 결과 10월 28일 천안에서 파벌 극복을 위한 남북통일대회가 열렸다.[209] 총본부에서 장지필, 조귀용, 길순오 등이, 진주에서 신현수가 참석했다. 그리고 신현수가 부산지부에서 경남 유지들을 만나 12월 3일 대구에서 '전조선 형평사 남북 유지대회'를 개최하기로 했다. 경상도 유지인 부산의 이성순, 진주의 강상호·신현수, 대구의 김경삼이 참석하여 과거의 갈등을 일소하고 형평운동을 위한 협력 방안을 모색할 계획이었다.[210] 그러나 이 집회는 열리지 못했다. 총본부 임원들, 특히 장지필에 대한 경남 지역 유지들의 불만이 깔린 상황에서 총본부와 경상도 유지들과의 갈등은 쉽게 해소되지 않았다.

형평운동의 활성화를 위해 장지필을 비롯한 총본부 지도자들은 경상도 사원들과의 협력이 필요하다고 보고 지속적으로 노력했다. 아울러 노장층 활동가들과 진보적인 소장층 활동가들의 협력을 통해 세대 간 갈등을 줄이고자 했다.

12월 23일 총본부는 위원장 조귀용의 사회로 중앙집행위원회를 열고 상무집행위원을 새로 선임했다.[211] 장지필이 서무부장을 맡고, 경리부장 길한동, 교양부장 이동환, 조사연구부장 김사전, 정위청년부장 이경기 등을 보임했다. 노장층과 소장층의 협업 체계를 만든 것이다. 다음 날인 12월 24일에 열린 상무집행위원회에서 사원 경제 문제, 쟁의 사건 등을 논의하고 조사원으로 장호정(장지필)을 선임하는 한편, 전국 순회위원을 구성하여 조직 활성화를 도모했다.[212]

1930년에 총본부는 형평운동의 퇴조를 타개하기 위해 4월의 전국정기

---

209) 『동아일보』, 1929년 11월 3일.

210) 『동아일보』, 1929년 11월 20일; 『중외일보』, 1929년 11월 21일.

211) 『동아일보』, 1929년 12월 27일; 12월 28일.

212) 『동아일보』, 1929년 12월 28일; 『조선일보』, 1929년 12월 29일.

대회 준비에 만전을 기했다. 3월 4일에 열린 중앙집행위원회에서 정기전국대회 준비위원회를 조직하고 준비위원장으로 장지필을 선임했다. 그리고 전국 순회 특별위원회를 구성했다.[213] 장호정이 설비부 위원과 충북 순회위원을 맡았다.[214] 이와 같이 장지필은 준비위원장뿐만 아니라 설비 실무와 순회위원을 맡아 전국대회 준비에 진력했다.

장지필이 충북을 순회하는 중이던 3월 7일에 제천에서 형평사원 집단 구타 사건이 일어났다. 그는 사건 진상을 조사하기 위해 3월 17일 현지에 갔다가 경찰에 구금되었다.[215] 장지필을 구금한 경찰은 집단 구타가 사실이 아니라고 공표하고 다른 지역으로 떠날 것을 강요했다. 사건을 진정시키려는 의도라고 했지만, 경찰의 불법적인 처사였다. 이처럼 형평사원들은 주민뿐만 아니라 관공서 관리로부터 전국 곳곳에서 여전히 부당한 차별과 억압을 빈번하게 겪고 있었다.

3월 21일에 장지필은 정위단 서무부 부원으로 선임되었다.[216] 이경춘, 서광훈 등 젊은 활동가 중심으로 1925년 초에 결성된 정위단의 침체 상황을 타개하기 위해 동참한 것으로 보인다. 그 배경에는 노장층과 소장층의 협력을 이끌어내려는 의도가 있었다. 이러한 노력에도 불구하고 진보적인 소장층 활동가들과 창립 초기부터 형평사를 이끌어온 노장층 지도자들 사이의 갈등은 쉽게 사라지지 않았다.

4월 6일 장지필은 이종원과 함께 신의주에 출장 갔다. 고려혁명당 사건으로 3년 징역형을 언도 받은 오성환의 만기 출옥을 환영하러 간 것이

---

213) 『조선일보』, 1930년 3월 7일; 『중외일보』, 1930년 3월 7일.

214) 호정(乎正)은 장지필의 호. 당시에는 성에 호를 붙여 부르거나 호만 부르는 관행이 있었다.

215) 『중외일보』, 1930년 3월 18일; 『조선일보』, 1930년 3월 19일; 4월 15일.

216) 『조선일보』, 1930년 3월 23일.

다.[217] 서울로 돌아온 장지필은 4월 24일로 예정된 제8회 정기전국대회를 준비했다. 예정대로 서울 천도교기념관에서 열린 정기전국대회는 의장 이춘복, 부의장 장지필, 서기장 김종택 등 의장단 주관으로 진행되었다.[218] 이집회에서 장지필은 총본부 서무부 담당자로 각 지회 상황을 보고했다.[219] 이어서 열린 임원 선거에서 젊은 활동가들이 장지필의 중앙집행위원장 선출을 반대했다. 그들은 지도부 혁신을 외치며 창립 초기부터 형평운동을 이끌어온 핵심 지도자 장지필을 척결 대상으로 삼았다. 그렇지만 대다수 대의원의 지지를 받는 장지필이 물러나지 않자 이에 항의하여 새로 선출된 소장층의 중앙집행위원들이 사퇴했다.

회의장의 혼란을 수습하기 위해 양측이 타협하여 조귀용과 길봉서를 후보로 내세워 중앙집행위원장 선거를 다시 했다. 투표 결과 장지필과 오랫동안 함께 활동해온 조귀용이 선출되었다. 이어서 진행된 검사위원장 선거에서 장지필과 이지영이 후보로 추천되었다. 이에 대해 젊은 활동가들이 다시 거세게 항의하여 장내가 소란스러웠지만, 투표가 강행되어 장지필이 선출되었다. 이렇게 대다수 대의원이 장지필을 지지함으로써 노장층 지도부의 퇴진을 주장한 진보적인 젊은 활동가들의 의도는 실패로 돌아갔다.

1920년대 말부터 사회주의 이념을 수용한 진보적 활동가들은 형평운동을 계급운동으로 전환시키려고 애썼다. 그들은 '유산' 사원들이 '무산' 사원들을 착취한다고 주장하며 형평사 내에 계급 의식을 확산시키려고 노력했다. 이 과정에서 지도부 교체를 시도했던 것이다.

전국대회를 마친 총본부는 사원 교육과 참여 독려를 위해 전국 순회

---

217) 『중외일보』, 1930년 4월 8일.
218) 『조선일보』, 1930년 4월 25일; 4월 26일; 4월 27일; 『중외일보』, 1930년 4월 25일; 4월 27일.
219) 『중외일보』, 1930년 4월 25일.

계획을 세웠다. 분사의 총본부 분담금 납부가 급감하여 납부를 촉구할 정도로 총본부는 재정의 어려움을 겪었다. 이런 와중에 노장층과 소장층의 갈등 심화는 형평운동의 쇠퇴를 가속화하는 요인으로 작용했다.

7. 해소론과 형평청년전위동맹 사건

1930년 4월 정기전국대회에서 임원 선출을 둘러싸고 터진 노장층과 소장층의 지도부 갈등은 이듬해 해소론을 둘러싼 찬반 대립으로 이어졌다. 소련 코민테른의 지시에 따라 해소론이 사회운동 전반에 확산되어 여러 단체에서 제기되었다. 형평사 내의 진보적 젊은 활동가들도 1930년 말부터 해소론을 주장하며 형평사 해체를 시도했다.[220] 그들은 계급투쟁을 가로막는 형평사를 해체하고, 각 분야의 노동조합을 결성하여 계급투쟁을 벌여야 한다고 주장했다.[221] 이로써 형평사는 존폐 기로에 서게 되었다.

장지필은 해소론에 동의하지 않았다.[222] 형평운동은 백정 신분 차별 철폐와 권익 보호를 위한 특수한 성격과 과제를 갖고 있다고 보았던 것이다. 곧, 다른 사회운동 단체와의 연대와 협력도 중요하지만, 형평사원의 권익 옹호가 더 중요하다고 하면서 형평사 해소 주장에 반대했다.

해소론 반대 입장을 분명히 밝힌 장지필은 진보적인 소장층 활동가들의 공격 대상이 되었다. 결과적으로 장지필은 노장층과 소장층 사이에 벌어진 갈등의 중심에 서게 되었다. 김종택, 길순오 등 초기부터 형평운동을 이

---

220) 해소론을 둘러싼 갈등에 관해 김중섭, 위의 글(1994), 266-279쪽 참조할 것.

221) 朴平山, 「衡平運動의 今後」, 『批判』 1(2), 1931, 54쪽.

222) 『동아일보』, 1931년 10월 14일.

끌어온 사람들이 장지필의 해소론 반대 입장에 동조했다. 그들은 고유한 특수성을 가진 형평사는 아직 해체될 단계가 아니라고 인식했다. 서광훈, 이동환 같은 젊은 활동가들도 노장층의 주장에 동의했다. 그러면서도 소장층을 배제하면 형평사가 분열될 것이라는 우려에 중도적 입장을 취했다.

해소론을 둘러싼 갈등이 1931년 내내 형평운동 전반을 지배했다. 경기도 수원분사의 해소론 제안에 일부 분사가 지지를 표명했지만, 반대하는 분사도 적지 않았다. 해소론을 둘러싼 찬반 입장 차이로 전국의 형평사 집회마다 다양한 형태로 갈등이 표출되었다.

4월 24일 서울 천도교기념관에서 열린 전국대회도 해소론이 최대 쟁점이 될 것으로 예상되었다.[223] 노장층과 소장층의 갈등이 회의 벽두부터 표출되었다.[224] 젊은 진보적 활동가들은 장지필이 검사장 책무를 제대로 수행하지 않았다면서 공격했다. 장지필이 와병 중이어서 제대로 소임을 수행할 수 없었다고 대답했지만, 일부 참석자는 온갖 비난을 퍼부으며 장지필을 공격했다. 회의장은 그들의 비난과 장지필을 옹호하는 대의원들 사이의 설전으로 난장판이 되었다.

임원 선거에서 장지필은 중앙집행위원장으로 선임되었다. 다수의 대의원이 장지필을 지지한 것이다. 이에 반대하는 대의원들이 부정 투표를 주장하여 선거를 다시 했지만, 결과는 마찬가지였다. 장지필이 다시 선출되자 반대파 대의원 20여 명이 회의를 거부하며 회의장을 나가버렸다. 그런 탓으로 남아있는 대의원들이 나머지 안건을 일사천리로 처리했다. 수원분사

---

223) 李東煥, 「衡平社 第9回 全國大會評」, 『批判』 1(2), 1931, 36-43쪽; 朴必守, 「衡平社 全國大會 傍聽記」, 『이러타』 1, 1931, 27-29쪽; 『조선일보』, 1931년 4월 25일; 4월 27일; 『동아일보』, 1931년 4월 27일 참조할 것.

224) 회의 과정을 자세하게 서술한 사회주의 계열 잡지 『이러타』 참조할 것. 朴必守, 위의 글, 27-29쪽.

가 제안한 해소론은 안건 제안서를 낭독한 뒤 표결에 부쳐 부결되었다. 대다수 사원의 형평사 해체 반대가 분명히 드러난 것이다. 장지필을 비롯한 노장층 지도자들의 입장 표명이 사원들의 선택에 크게 영향을 미친 것으로 보인다. 결국 진보 세력의 형평사 해체 시도는 전국대회 차원에서 실패로 돌아갔다.

전국대회의 부결에도 불구하고 해소론은 1931년 내내 곳곳의 집회에서 되풀이되어 제기되어 찬반 사원들 사이의 갈등을 불러일으켰다. 진보적 대의원들은 기회가 있을 때마다 공공연히 계급투쟁을 주장하며 해소론을 거듭 제안했다. 5월 24일 경남 의령에서 열린 형평사 경남도연합회 회의장에는 "노력(勞力)백정 동무는 노동조합에로", "사원으로서의 사원 착취를 반대하자" 같은 해소파 구호가 곳곳에 내걸렸다. 그러나 해소론은 채택되지 않았다.[225]

7월 3일과 4일 이틀 동안 강릉에서 열린 형평사 강원도연합회에서도 해소론을 둘러싸고 소동이 일어났다.[226] 첫날 회의에서 해소론 안건이 대의원 과반수의 찬성으로 채택되었다. 그런데 다음 날 해소 반대파 대의원들이 첫날 회의 절차의 적법성을 문제 삼아 다시 논의하게 되었다. 결국 열띤 토론을 벌인 뒤 투표한 결과, 해소안이 부결되었다.

이와 같은 우여곡절이 있었지만, 전국대회뿐만 아니라 도 단위 회의에서 해소론 제안이 가결된 사례는 없었다. 사회주의 활동가들이 주도하는 일부 분사에서 해소론 제안을 찬성했지만, 형평사 전반에 해소론은 수용되지 않았다. 형평사와 협력 관계를 유지하던 신간회가 사회주의 세력의 주도로

---

225) 『조선일보』, 1931년 5월 18일; 李양코(이동환), 「衡平社 慶南道支部 聯合會를 보고」, 『批判』 1(3·4), 1931, 73쪽.

226) 『동아일보』, 1931년 7월 11일.

1931년 5월에 해체된 것과 달리 형평사 내 사회주의 세력의 시도는 실패했다.

침체되어가는 형평운동의 활성화가 총본부 지도부의 시급한 과제였다. 이를 위해 장지필은 도 연합회 설치와 분사 재창립을 추진했다. 8월 13일에 총본부 상무집행위원회를 열고 위원장 장지필의 사회로 충북도 연합회 설치 안건을 승인했다. 그리고 연합회 창립대회에 장지필과 김종택을 파견하기로 결의했다.[227] 9월 2일에 열린 충북도연합회 창립대회에서 장지필은 의장을 맡아 현안 문제를 논의하고 임원 선출을 진행하며 지역 연합회 활동을 도왔다.[228]

또한 장지필은 지역을 순회 방문하며 분사 활성화를 지원했다. 8월 23일에 공주지부는 장지필의 방문을 맞이하여 임시총회를 열고 침체된 활동을 재활성화하기로 결의하고, 도 연합회 결성을 추진하기로 했다.[229]

10월 8일에 위원장 장지필은 중앙총본부 중앙집행위원회를 열어 임시전국대회 개최를 결의했다.[230] 그에 따라 10월 13일에 열린 임시전국대회에서 향후 활동 방침을 논의하고, 해소 반대를 다시 공식적으로 결의했다.[231] 일부 중앙집행위원의 해소 찬성이 있었지만, 절대 다수가 형평사를 해체시킬 만큼 상황이 개선되지 않았다며 해소안에 반대했다. 특히, 중앙집행위원장으로 회의를 주재한 장지필은 해소 주장은 몽상이라며 반대 입장을 거듭 분명히 밝혔다.[232] 1931년 하반기 이후에도 계속된 해소론을 둘러

---

227) 『조선일보』, 1931년 8월 15일.

228) 『조선일보』, 1931년 9월 6일.

229) 『조선일보』, 1931년 8월 29일.

230) 『조선일보』, 1931년 10월 10일.

231) 『조선일보』, 1931년 10월 13일; 『동아일보』, 1931년 10월 9일; 10월 10일.

232) 『동아일보』, 1931년 10월 14일.

싼 논란을 잠재우려고 한 것이다.

형평사 내에서 해소론은 더 이상 호소력을 갖지 못했지만, 형평운동은 점점 침체되어갔다. 활동하지 않는 사원들이 늘어났고, 간판은 달고 있어도 실제 활동을 하지 않아 분담금도 못 내는 분사가 많았다. 이에 따라 재정 상태가 열악해진 총본부는 사무실 매각을 검토해야 할 지경에 이르렀다. 사원들의 모금과 조귀용에게서 빌린 돈으로 구입한 사무실을 유지하기조차 어려웠다. 총본부는 운영 경비를 마련하기 위해 각 분사에 분담금 납부를 촉구했지만 제대로 걷히지 않았다.

이런 상황은 평생 백정의 권익 신장과 차별 타파를 위해 활동해온 장지필에게 커다란 부담이었을 것이다. 장지필을 비롯한 총본부 임원들이 백방으로 노력했지만, 형평운동의 침체는 막을 수 없었다. 이것은 일제 자료에서도 확인되었다.[233] 분사 수가 1930년 165개에서 1931년 166개, 1932년 161개, 1933년 146개, 1934년 113개, 1935년 98개로 급격하게 줄어들었다. 1930년에 시작된 하향 곡선이 1933년부터 급감했는데, 실제는 1930년대 초부터 활동하지 않는 분사가 크게 늘어났다.

1931년 10월 30일 운니동 총본부회관에서 형평운동의 재활성화를 위한 임시전국대회가 열렸다. 26개 단체 38명 대의원이 참석한 가운데 활동 방침, 도 연합회 해체, 지방 쟁의, 순회강연 등이 논의되었다.[234] 임원 선거에서 장지필이 집행위원장에 다시 선임되었다. 그 외에 대안이 없었던 것이다.

다음 날인 10월 31일에 열린 중앙집행위원회에서 장지필의 사회로 임원을 보선하고 업무 분장을 결의했다.[235] 그리고 회관 채무의 상환을 위해

---

233) 朝鮮總督府警務局, 『最近に於ける朝鮮治安狀況』(1933, 1935).

234) 『동아일보』, 1931년 11월 1일; 『조선일보』, 1931년 11월 4일.

235) 『조선일보』, 1931년 11월 4일.

전국을 순회하며 모금운동을 벌이기로 하고 담당자를 선임했다. 장지필은 강원을 맡았다. 그러나 이러한 활동은 기대만큼 성과를 거두지 못했다.

그런 중에도 장지필은 형평사를 대표하여 대외 활동을 이어갔다. 1931년 11월 27일 『중앙일보』 창간을 맞이하여 축하를 보냈다.[236] 그는 전신인 『시대일보』, 『중외일보』의 실패를 거울삼아 발전하기 바란다며 『중앙일보』 제호도 좋다고 덕담을 했다. 이 기사는 축하 글과 함께 장지필의 친필 사인을 싣고 있다.

1932년에도 형평운동의 퇴조 기미는 개선되지 않았지만, 장지필은 새해 벽두 『중앙일보』 신년 계획 대담에서 형평운동 10주년을 맞이하여 사업 쇄신을 하겠다는 포부를 밝혔다.[237] "지난 10년을 돌아보면 험난한 과정이었다. 10년의 진전을 되돌아보면, 사원들의 의식 문제, 주위의 어려운 여건 등이 지장을 주었다. 그러나 우리 운동을 비관하지 않는다. 10주년을 기념삼아 각 지·분사와 협력하여 침체된 운동을 다시 일으켜 세우고자 한다. 사원들의 계몽에 치중하여 『나가자』 잡지를 발간하고자 한다."고 했다. 상황은 어려웠지만, 장지필은 희망을 잃지 않고 형평사를 다시 활성화하려는 의지를 확고히 갖고 있었다.

1932년 신년 벽두에 『조선일보』가 "조선 운동의 금후 방향"이라는 제목으로 각 단체 대표자들에게 그 전해의 신간회 해체에 대해 견해를 물었다.[238] 설문 대상자는 서정희, 임화, 한용운, 현동완, 이종린, 이성환, 권태휘, 이남철, 우동운 등 주요 단체 핵심 인사들이었다. 형평사 대표 장지필도 포함되었다. 설문 1번은 신간회 해소, 4번은 범민족적 표현 단체 재건설 가부

---

236) 『중앙일보』, 1931년 11월 27일.
237) 『중앙일보』, 1932년 1월 2일.
238) 『조선일보』, 1932년 1월 3일.

에 대한 것이었다. 2번과 3번 문항은 게재되지 않았는데, 일제 경찰의 검열로 삭제된 것으로 짐작된다.

장지필은 1번 설문에 "신간회의 해소 이전에는 필요성을 느끼지 못했는데, 해소되고 보니 그러한 단체가 있으면 좋겠다고 생각한다."고 답했다. 4번에 대해서는 "반드시 민족주의 단체일 필요는 없지만, 그러한 단체가 있으면 좋겠다는 생각으로 조만간 생길 것으로 기대한다."고 했다. 이 대답을 보면, 형평사 해체를 반대한 장지필이 명시적으로 밝히지 않았지만 신간회 해체도 반대했을 것으로 짐작된다. 그러면서 사회 문제를 대변하는 연대 조직의 필요성을 인식하며 그런 단체가 곧 만들어질 것이라는 기대를 품고 있었다.

장지필은 1932년 초부터 형평운동 활성화를 위해 다각적인 방안을 모색했다. 그는 2월 22일 운니동 형평사 본부회관에서 상무집행위원회를 주재하며 지방 쟁의, 도 연합회 등에 대한 사항을 논의했다.[239] 2월 25일로 계획한 중앙집행위원회는 경찰의 집회 금지로 열지 못하다가[240] 3월 3일에야 개최되었다. 이 회의에서 부정분자 처치, 침체 지부 소생 추진과 가능성 없는 지부의 제적 방안 등을 결의하며 방해 세력 제거와 조직 재정비 같은 특단의 조치를 통해 형평운동의 활성화를 모색한 것으로 보인다.[241] 그리고 4월 24일 예정인 전국대회를 위해 각 지역 순회위원을 선임하고 준비위원회를 구성했다. 장지필은 준비위원장과 의안부를 맡았다.

4월 24일 서울 천도교기념관에서 열린 제10회 정기전국대회에 예년의 절반 수준인 44개 분사 대의원 112명이 참석했다.[242] 형평운동 활성화 방안

---

239) 『조선일보』, 1932년 2월 25일.

240) 『조선일보』, 1932년 3월 1일.

241) 『동아일보』, 1932년 3월 5일; 『중앙일보』, 1932년 3월 5일; 『조선일보』, 1932년 3월 6일.

242) 『동아일보』, 1932년 4월 25일; 4월 29일.

을 논의했지만, 획기적인 방안이 나오기 어려웠다. 돌파구로 임원진 교체를 추진하여 부산의 이성순을 중앙집행위원장에 선임하고, 장지필은 검사위원장을 맡았다.[243] 이것은 장지필로서 고육책이었을 것이다.

이성순은 강상호와 함께 서울의 중앙총본부와 계속 갈등을 빚는 경남 지역의 핵심 유지였다. 그들은 유착 관계를 갖고 서울 총본부를 비난하며 계속 갈등을 일으켜왔다. 불과 2년 전인 1930년 6월에 부산지부가 경남연합회 결성을 반대하며 준비회 측과 갈등을 빚어 총본부가 부산지부의 권한 정지를 결의하고, 중심인물인 이성순을 제명 처분한 바 있었다.[244] 또 강상호는 경남의 독자적 활동을 시도하여 분열 주동분자라는 비난을 받아왔다. 1931년 5월 의령에서 열린 경남도연합회 정기대회에서 강상호는 참석자들의 반대로 발언도 하지 못한 적이 있었다.[245] 이렇게 중앙총본부와 빈번하게 갈등을 빚어온 이성순을 중앙집행위원장으로 선임한 것은 형평운동의 활성화를 위해 경남 지역 사원들과의 협력이 필요하다고 판단한 결과라고 짐작된다. 어쩌면 피혁상 재력가인 이성순의 재정적 협력을 기대했을지도 모르겠다.

그러나 이성순의 중앙집행위원장직 제안은 성공을 거두지 못했다. 이성순은 정기대회 직후 5월 2일 서울 총본부에서 열린 상무집행위원회에 참석한 이후[246] 총본부 업무를 제대로 수행하지 않았다. 7월 25일에 열린 총본부 확대위원회에서는 이성순의 업무 태만이 논의될 정도였다.[247]

결국 이성순은 이듬해인 1933년 4월 24일 열린 제11회 정기전국대회

243) 『동아일보』, 1932년 4월 29일.

244) 『조선일보』, 1930년 6월 14일.

245) 李양코(이동환), 위의 글, 73-75쪽.

246) 『조선일보』, 1932년 5월 4일.

247) 『동아일보』, 1932년 7월 28일; 『조선일보』, 1932년 7월 28일.

에 참석하지 않았다. 그리하여 중앙집행위원장 이성순 대신에 검사위원장 장지필이 개회사를 했다.[248] 40여 지부의 대의원 110여 명이 참석한 이날 회의는 통상 이용한 천도교기념관이 아니라 운니동 형평사회관에서 열렸다. 형평운동의 퇴조를 적나라하게 보여주는 장면이었다.

이 정기대회에서 장지필은 다시 집행위원장으로 선출되었다. 참석자들은 형평운동의 방향 전환을 논의하며 "10년의 긴 투쟁 역사를 가진 형평사가 투쟁 방면뿐만 아니라 새로이 사원의 일상 경제생활의 안정을 표방"할 것을 결의했다.[249] 그리고 "재래의 불규칙, 무질서한 행동을 방지하며 간사한 상인 폭리자를 내쫓을 것과 동료의 저리자금 융통기관을 설치하여 상호의 생활을 보장할 것"을 목적으로 내건 동인공제사 설치를 논의했다.

요컨대, 형평운동 전반이 침체를 겪는 상황에서 인권운동 성격이 후퇴되고 이익집단 성격이 강화된 것이다. 그런데 형평사를 옥죈 것은 안팎의 경제 상황과 활동 침체만이 아니었다. 이른바 '형평청년전위동맹 사건'의 소용돌이가 전국의 형평사를 강타했다.[250]

1933년 1월 말부터 전남 광주경찰서가 이유도 밝히지 않고 여러 지역의 젊은 형평운동가들을 잡아들이면서 공산주의 단체가 발각되었다는 추측만 무성했다. 그러다가 경찰이 8월 초에 비로소 형평사원들 중심으로 공산주의 비밀단체를 결성했다고 공식 발표했다.[251] 1929년 4월 20일 형평사 활동가들이 서울 총본부 숙직실에서 공산주의 비밀단체 '형평청년전위동맹'을 결성했다는 것이다. 『조선일보』는 "형평사원 적화 획책한 형평전위"

---

248) 『조선일보』, 1933년 4월 27일; 『동아일보』, 1933년 4월 28일; 『조선중앙일보』, 1933년 4월 28일.

249) 『조선일보』, 1933년 4월 27일.

250) 자세한 내용은 김중섭, 위의 글(1994), 279-285쪽 참조할 것.

251) 『매일신보』, 1933년 8월 3일.

라고 대대적으로 보도했다.[252]

검사국 취조를 받은 피의자들은 치안유지법 위반 혐의로 광주지방법원 예심에 회부되었다. 그들은 "인권 획득 운동에서 계급 운동으로 전환"하려고 했다는 것이다. 그러면서 수육판매조합 설립을 둘러싼 갈등으로 그 사건이 드러나게 되었다고 했다. 그 배경에 길한동, 박평산 등 진보파와 장지필, 김종택 등 보수파의 암투가 있었다면서 형평사 내 갈등을 부각시키려고 했다.

이 사건으로 100여 명의 형평사원이 구금되어 취조받았다. 그리고 7월 31일에 14명이 구속으로, 51명이 불구속으로 검찰에 넘겨졌다. 검찰은 불구속된 51명 가운데 18명을 불기소 처분으로, 33명을 기소유예 처분으로 풀어주었다. 구속된 14명은 이동환, 서광훈, 김수동, 이한용, 박경식 등 총본부와 지역에서 열성적으로 활동하는 소장층 활동가들이었다.

각 지역에서 형평운동을 이끌어가던 진보적인 젊은 활동가들이 대거 형평청년전위동맹 사건에 연루되면서 더 이상 활동할 수 없게 되었다. 구속된 14명은 물론, 풀려난 활동가들도 경찰의 밀착 감시 대상이 되었기 때문이다. 이렇게 젊은 사원들이 활동하지 못하게 되면서 형평운동은 더욱 빠르게 퇴보해갔다. 온건 세력과 진보 세력은 갈등 관계에 있었지만 서로 경쟁하며 형평운동에 활력과 역동성을 가져왔다. 그런데 진보 세력이 사라지면서 형평운동의 성격이 바뀌게 되었다. 인권운동 경향이 퇴색하고 이익집단으로 전락한 것도 이와 무관치 않았다.

이렇게 형평운동 전개에 막대한 타격을 입힌 '형평청년전위동맹 사건'은 뒤에서 다시 다루겠지만, 일제의 조작 사건이라는 것이 학계의 정설이다. 일본인 연구자 요시다 후미요시(吉田文茂)는 사건의 심리 과정을 검토하

---

252) 『조선일보』, 1933년 8월 12일.

여 이 점을 규명했다.[253]

형평청년전위동맹 사건을 겪는 중에도 총본부 임원들은 형평사의 활성화를 위해 노력했다. 1933년 9월 5일에 열린 상무위원회에서 장지필의 사회로 여러 지역에서 일어나는 쟁의를 논의하고 중앙위원회 소집을 결의했다.[254] 10월 7일 서울 총본부에서 열린 확대위원회에서 장지필의 사회로 무성의한 지부 정리, 동인공제사 사업, 쟁의 문제 등 현안 문제를 논의했다.[255] 대책을 강구했지만 형평운동의 활성화는 기대하기 어려웠다. 이날 고려혁명당 사건으로 복역한 뒤 출옥하여 신병 치료를 하던 이동구가 세상을 떠났다.[256]

1934년 4월 24일 서울 천도교당에서 열린 제12회 정기전국대회에는 불과 24개 분사 50여 명의 대의원이 참석했다.[257] 회의장에는 "아등은 경제적 조건을 필요로 한 인권 해방을 근본적 사명으로 함. 아등은 아등 자신으로 단결하야 종국적 해방을 기함. 아등은 형평 대중의 당면 이익의 확보를 기함"이라는 강령과 자유와 평등의 권리를 강조하며 인권 회복을 기한다는 형평사 선언이 내걸렸지만, 예년의 열기는 찾아볼 수 없었다. 장지필의 사회로 조직 재건, 지방 쟁의, 식육 가격, 부역 차별 등 당면한 문제가 논의되었다. 다음 날인 25일에 제12회 기념식이 열렸다. 이렇게 연례행사인 전국

---

253) 吉田文茂, 「「衡平靑年前衛同盟」事件審理過程の檢討」, 『部落解放研究』 220, 2024, 84-114쪽.

254) 『조선중앙일보』, 1933년 9월 7일.

255) 『동아일보』, 1933년 10월 9일; 10월 10일; 『조선중앙일보』, 1933년 10월 9일.

256) 『조선중앙일보』, 1933년 10월 11일. 이 기사는 이동구의 삶을 간략하게 기록하고 있다. 이동구는 1886년 10월 28일 강원도 횡성에서 출생하여 천도교 신자로 3.1운동을 주동하여 1년간 복역하고, 형평운동에 참가하다가 1924년에 만주로 가서 고려혁명당을 조직하여 책임비서를 맡았고, 체포되어 5년 만기 징역을 살고, 1931년 7월에 출옥하여 신병 치료 중에 유공삼 집에서 영면했다는 내용이다.

257) 『조선일보』, 1934년 4월 25일; 『동아일보』, 1934년 4월 25일; 『조선중앙일보』, 1934년 4월 27일.

대회와 기념식을 개최했지만, 형평운동의 퇴조를 반전시킬 방안은 마련되지 않았다. 총본부 임원들이 지방 순회를 계획하며 지역 활동을 재건하고자 했으나 성과는 기대하기 어려웠다. 총본부의 재정 압박과 부채 상환 문제는 좀처럼 해결되지 않았다.[258]

5월 23일 충남 홍성에서 열린 동인공제사 총회에서 장지필이 취지 설명을 하고 임원을 선출했다.[259] 다음 날 열린 홍성지부 정기총회에서 장지필의 사회로 임원 개선과 지부 활성화 방안이 논의되었다. 그리고 7월 7일에 총본부에서 상무집행위원회를 열고 중앙집행위원회 소집과 지방 순회 등을 논의하고,[260] 다음 날 8일에 중앙집행위원회를 개최했다.[261] 위원장 장지필의 사회로 지방 순회, 지방 쟁의, 부정 지부, 수육 가격의 당국 교섭 등을 논의했지만, 성과는 기대하기 어려웠다.

장지필이 홍성 자택에서 홍성경찰서에 검거되어 9월 6일에 청양경찰서로 압송되었다는 언론 보도가 나왔다.[262] 언론의 주목을 받은 형평사 대표 장지필의 압송이 청양 형평사원의 중상 고발로 밝혀지고 장지필은 9월 13일에 석방되어 홍성으로 돌아왔다.[263] 형평사를 이끄는 대표가 사원의 간계로 수모를 겪는 초라한 모습이었다.

9월 15일에 홍성지부 회관에서 열린 상무집행위원회에서 장지필의 사회로 9월 27일의 전국확대위원회와 동인공제사 임시총회 개최를 결의했

---

258) 『동아일보』, 1935년 3월 11일; 『조선일보』, 1935년 3월 12일.

259) 『조선중앙일보』, 1934년 5월 23일.

260) 『조선중앙일보』, 1934년 7월 9일.

261) 『조선중앙일보』, 1934년 7월 10일.

262) 『조선중앙일보』, 1934년 9월 6일.

263) 『조선중앙일보』, 1934년 9월 18일.

다.[264] 이 계획이 10월 10일로 연기되었다는 언론 보도가 있었다.[265] 그런데 실제로 개최되었는지 불분명할 정도로 형평사 활동이 제대로 진행되지 않았다.

1934년 12월 28일 형평청년전위동맹 사건으로 구속된 14명이 비로소 재판에 회부되었다. 체포된 지 1년 5개월 만이었다. 피의자들을 예비심문 명목으로 가두어두고 재판을 제대로 진행하지 않았던 것이다. 그리고 다시 1년이 지나서 첫 재판이 시작되었다. 이 사건의 1심 재판 첫 공판이 여러 차례 연기된 끝에 1935년 11월 27일에 비로소 광주법원에서 열렸다. 피고들이 체포된 지 거의 3년이 된 시점이었고, 형평사는 이미 4월 25일 제13차 정기전국대회에서 대동사로 개칭된 뒤였다.

8. 대동사 개칭과 일제 부역

1935년 4월 24일 형평사 제13회 정기전국대회가 서울 중앙기독교청년회(YMCA) 강당에서 열렸다.[266] 중앙집행위원장 장지필의 주재로 진행된 이 집회에서 형평사 명칭을 대동사(大同社)로 바꾸기로 결의했다.

장지필은 명칭 변경 이유를 형평운동이 완성되었다는 취지로 설명했다.[267] "형평운동을 처음 일으킬 때 약 10년 시기를 예상하고 선전, 사업, 실행의 3기로 나누어 진행했는데 이제 세 시기가 지났다."는 것이다. 그러나 이것은 설득력 없는 주장이었다. 백정 차별 철폐의 인권운동 목적이 실현되

---

264) 『조선중앙일보』, 1934년 9월 18일.

265) 『조선중앙일보』, 1934년 9월 24일.

266) 『동아일보』, 1935년 4월 25일; 『조선일보』, 1935년 4월 26일.

267) 『조선일보』, 1935년 4월 26일.

었다고 할 수 없었다. 신분 차별 관습은 여전히 완고하여 곳곳에서 갈등과 충돌이 빈번하게 일어나고 있었다. 또 사원들의 경제적 권익도 제대로 실현되지 않은 채 경제 상황은 더욱 나빠졌다. 그렇기 때문에 크게 위축되어가는 형평운동의 실상을 감추고 집단 이익을 추구하기 위해 단체 이름을 바꾼 것이라는 짐작이 오히려 설득력이 있었다. 특히, 대부분의 분사가 활동하지 않은 탓으로 분담금 납부가 거의 이루어지지 않아 총본부는 재정 압박을 크게 받고 있었다. 이러한 상황을 타개하기 위해 명칭을 바꾸고 재정 압박을 해결하는 데 도움을 줄 재력가 영입을 모색한 것으로 보인다.

형평사 마지막 정기전국대회에서 천군필이 중앙집행위원장으로 선임되었다. 그는 강원도 출신으로 1920년대 중반부터 총본부 임원으로 활동한 경력을 갖고 있었다. 서기장은 충남 출신의 김동석, 중앙검사위원장은 충남 출신의 김봉이 선임되었다.[268] 장지필은 형평사 마지막 몇 년 동안 중앙집행위원장을 맡아 진력을 다했지만, 활동의 침체와 재정 문제를 해결하지 못한 채 물러나며 대동사에서 어떤 직책도 맡지 않았다. 그러면서 총본부 활동을 중단한 것으로 보인다.

대동사로 개칭된 뒤 총본부는 대전으로 이전했다. 1936년 1월 11일 대전에서 열린 대동사 임시총회에 12개 지부의 대의원 19명이 참석했다.[269] 임원진으로 위원장 이성순, 부위원장 강상호, 집행위원 천군필·김동석 등이 선출되었다. 형평사 시기에 총본부와 갈등을 빚던 경남 지역 지도자 이성순과 강상호가 대동사 책임을 맡게 된 것이다. 2월 22일에 대전에서 다시 열린 임시대회에서 중앙집행위원장 이성순, 부위원장 강상호, 서무부장 유공삼, 경리부장 김동석, 교양부장 서영석, 집행위원으로 마산의 박유선 등

---

268) 『조선일보』, 1935년 4월 26일.
269) 『조선중앙일보』, 1936년 1월 17일.

이 선임되었다.[270] 1월의 임원 선출을 재확인하며 보강한 것이다. 곧, 이성순, 강상호 지도 체제 아래 실무는 중부 지역 활동가들이 맡는 모양새가 되었다.

임시대회의 주요 안건은 신분 해방 문제를 비롯하여 사원들의 경제적 권익 보호와 서울 총본부 매각을 통한 빚 상환 문제였다. 특히, 사원들의 경제적 권익 보호를 위해 소가죽 판매 담당 회사 설립을 모색했다.[271] 사원들이 생산하는 소가죽을 중간상인들이 수집 판매하며 중간이익을 챙기는 것에 불만이 컸는데, 대안으로 우피판매회사 설립을 계획한 것이었다. 사원들이 이 회사에만 소가죽을 팔면 더 많은 이윤을 낼 것으로 기대되었기 때문이다. 이에 대해 언론은 침체된 형평운동을 남북 세력의 타협으로 혁신하며 우피 판매 통제를 계획한다고 보도했다.[272]

대동사의 우피판매회사 설립은 형평사 시기에 시도했던 조합 결성과 비슷한 동기에서 모색된 것이었다. 곧, 사원들의 우피 판매 통제를 통해 사원 전체의 이익을 가져올 심산이었다. 이후 대동사는 수육 판매권과 군수물자인 피혁의 독점 거래권을 확보하기 위해 노력했다. 예컨대, 1936년 4월 10일에 위원장 이성순, 부위원장 강상호 등 간부들은 총독부 관리를 만나 차별 철폐와 함께 고기 가격 책정에 대동사와 협력할 것을 요구했고,[273] 각 지역 집회에서 수육판매조합 결성, 우피 통제를 위한 피혁판매회사 설립 등을 모색했다. 이와 같이 대동사는 부유한 피혁상과 정육점 관련 사업에 치중했다. 대동사 지도부가 피혁상이나 정육점을 경영하는 경남과 중부 지역

270) 『조선중앙일보』, 1936년 2월 8일; 『매일신보』, 1936년 2월 27일.

271) 水野直樹, 「戰時期・解放期朝鮮における皮革統制と衡平運動関係者の活動」, 『部落解放研究』 214, 2021, 97-130쪽.

272) 『동아일보』, 1936년 2월 7일.

273) 『동아일보』, 1936년 4월 9일; 4월 10일; 4월 11일.

재력가들이었던 점이 반영된 것이라고 생각된다. 이것은 정육업자, 도축장 일꾼, 고리제품 판매업자 등 여러 사원의 경제적 문제를 해결하는 차원에서 모색한 형평사 시기의 조합 결성과 다른 점이었다.

이성순, 강상호 체제의 대동사가 이익단체 성격을 강화하는 상황에서 장지필은 총본부 활동에 참여하지 않은 것으로 보인다. 1936년 4월 24일 대전에서 열린 전체 대회에서 장지필은 조귀용 등과 함께 참사로 선임되었지만,[274] 실제 권한이 주어진 직책은 아니었다고 짐작된다. 그 밖의 행사에서 장지필이 참여한 흔적은 찾아볼 수 없다.[275]

그런 가운데 장지필은 1936년 3월 5일 광주지방법원에서 열린 형평청년전위동맹 사건 제6회 공판에 증인으로 참석했다. 이미 1935년 11월 27일 광주법원에서 시작된 형평청년전위동맹 사건 재판에 장지필과 조귀용 등이 변호인들의 주장을 뒷받침하기 위한 증인으로 채택되었다는 보도가 있었다.[276]

증인 장지필은 재판장의 질문에 '형평청년전위동맹' 같은 단체 결성은 사실이 아니라고 대답했다.[277] 자식 같은 피고인들이 그런 성격의 단체를 만들 사람들이 아니라고 하면서 자신은 단체 결성을 전혀 몰랐다고 했다. 또 전국대회 때 보통 130여 명의 대의원이 상경했고, 많을 때는 300명이 넘었다고 하면서 가족들과 함께 오는 경우도 있었다고 대답했다. 여관에 숙박하는 사람들도 있었지만, 40-50명은 본부 회관에 숙박했기 때문에 취침 시간에는 사람들이 많았다고 했다.

장지필의 증언은 전국대회 시기에 형평사 본부 숙직실에서 비밀단체

---

274) 『동아일보』, 1936년 4월 26일; 『조선일보』, 1936년 4월 28일.

275) 『동아일보』, 1936년 6월 12일.

276) 『조선중앙일보』, 1935년 12월 8일.

277) 『사료집·별권』; 吉田文茂, 위의 글, 108-109쪽.

를 만들었다는 검찰의 주장을 반박하는 것이었다. 그것은 또한 정기전국대회 준비로 바쁜 1929년 4월 20일에 총본부 숙직실에서 비밀단체를 조직했다는 것은 허구라는 변호인들의 주장을 뒷받침하는 것이었다. 조귀용도 장지필과 같은 내용을 증언했다.

창립 초기부터 형평사를 이끌어온 지도자들이 활동 방향을 둘러싸고 갈등을 빚었던 젊은 활동가들을 위해 증언한 내용이 신문에도 대서 특필되었다.[278] 전국에서 모여든 대의원들로 크게 북적이는 숙직실에서 회합한 사실의 비밀 유지는 불가능하다는 변호인들의 주장이 타당하게 여겨졌다. 피고들도 일관되게 혐의를 전면 부인했다. 그러면서 심문 과정에 가혹한 고문을 받았다고 폭로했다.

1936년 3월 20일 형평청년전위동맹 사건의 1심 재판이 끝났다. 검사는 유죄를 주장하며 피고들에게 각각 3년에서 6년을 구형했다. 그러나 판사는 모두 무죄를 선고했다. 형평청년전위동맹 사건이 날조였다고 판단한 것이다. 단지, 이종률만이 다른 공산주의 운동 사건에 연루된 죄목으로 징역 2년을 선고받았다.

검사가 1심 판결에 불복하며 상고하여 피고인들은 감옥에서 풀려나지 못했다. 1936년 11월 21일 2심(복심) 재판 선고가 내려졌다. 1심과 마찬가지로 모두 무죄 선고를 받아 비로소 피고인들은 감옥에서 풀려날 수 있었다.

1935년 11월 재판정에서의 증언 이외에 대동사 시기 장지필의 행적은 알려진 바 없다. 그가 다시 언론에 등장한 것은 1937년 8월이었다. 8월 27일 대전에서 열린 대동사 전국대의원 대회에서 '대동호 비행기 헌납 기

---

278) 『조선일보』, 1936년 3월 5일; 3월 6일; 3월 7일; 『동아일보』, 1936년 3월 7일; 『조선중앙일보』, 1936년 3월 5일; 3월 7일.

성회' 위원장으로 장지필이 선임되었다고 보도된 것이다.[279) 그 배경에는 일제의 중일전쟁 도발과 대동사의 내분이 있었다.

1937년 7월 일제에 의해 중일전쟁이 터지자 일제는 총동원과 황민화 정책을 강력하게 시행했다. 일제는 전쟁 수행에 필요한 군수물품 수집과 전쟁 지원에 사회단체와 조선인을 동원했다. 이러한 분위기에서 군수품인 피혁의 독점 거래를 원하는 대동사는 일제에 동조하며 적극적으로 협력했다. 그 일환으로 8월 15일 대동사 간부회에서 군용기 대동호 헌납 계획을 결의했다. 군용기 헌납은 일제의 전쟁 지원을 위해 널리 활용된 방안이었다. 그 탓으로 여러 지역 주민과 단체가 앞다투어 군용기 헌납 활동을 벌였다.[280)

8월 27일 대동사 대의원회는 군용비행기 헌납을 추진하면서 헌납 기성회 결성을 결의하고, 위원장에 장지필을 선임했다.[281) 장지필의 복귀 배경에는 이성순 집행부와 사원들 사이의 불협화음도 작용했다. 대동사 개칭 이후 총본부 활동이 지지부진하여 사원들의 불만이 많았다. 심지어 해마다 4월에 열리는 전국대회조차 1937년에는 개최되지 않았다. 이런 상황에서 사원들이 장지필의 복귀를 요구했을 것으로 짐작된다. 대동사 임원들도 그의 복귀를 반대할 명분이 없었을 것이다.

장지필은 대동사 개칭 이후 총본부 활동에 참여하지 않았지만, 대동사를 완전히 떠난 것은 아니었다고 짐작된다. 그렇게 총본부에 복귀하며 친일

---

279) 대동사 비행기 헌납 활동에 관해 池川英勝, 「大同社·衡平社について―1935年から40年まで」, 『朝鮮学報』 176·177, 2000, 32-34쪽 참조할 것.

280) 예컨대, 경남 진주 주민은 군용비행기 '진주호' 헌납을 위한 모금 활동을 벌여 5만 188원을 모아 군용비행기와 고사기관총 대금을 헌납했다. 勝田伊助, 『晉州大觀』, 진주대관사, 1940, 203-204쪽.

281) 이케가와 히데카쓰(池川英勝)는 이 과정을 기술하며 근거로 朝鮮總督府警務局, 『昭和十二年第七三回帝國議會說明資料』를 제시했다. 池川英勝, 위의 글, 주 56번 참조할 것.

부역 활동 조직의 위원장을 맡게 되었다.[282] 사원들의 경제적 이익을 지키기 위한 방편이라는 명분을 내세웠겠지만, 친일 행각을 시작한 것이다.

대동호 헌납 기성회는 사원들의 추석 영업 이익금 6만여 원 가운데 5만 3,500원을 각출하기로 계획을 세우고 각 지부에 배당금을 할당하여 납부를 독려했다.[283] 기성회 위원장 장지필을 비롯한 임원들이 각 지역을 돌아다니며 열성적으로 모금 활동을 벌였다. 각 지역 대동사원들의 자발적인 기부 기사가 언론에 잇달아 보도되었다.[284]

대동사는 3만 원을 모금하여 1938년 1월 하순 대전헌병분대를 경유해서 군사령부에 헌납했다.[285] 장지필은 "당초 기성회를 조직할 때 소기의 목적을 달성할 수 있을까 염려했지만, 3만 원의 거액을 모아 애국기 1대를 헌납하게 된 것에 대동사원으로서 스스로 만족한다."며 열성적인 활동에 대한 자부심을 보였다.[286]

대동사 이름을 딴 군용기 대동호 헌납식과 감사장 전달식이 1938년 7월 8일 대전에서 열렸다.[287] 일본군 장성과 총독부 관리들이 참석한 가운데 충남 주민이 기부한 충남호와 대동호의 헌납식이 함께 거행되었다. 대동사가 일제 부역 세력으로 전락한 것을 상징적으로 보여주는 행사였다.

대동호 헌납식 일정에 맞추어 7월 8일과 9일에 대전극장에서 대동사 임시총회가 열렸다.[288] 각 지역에서 온 사원 300여 명이 참석한 가운데 의

---

282) 『조선일보』, 1938년 7월 10일.

283) 『동아일보』, 1937년 9월 8일; 『매일신보』, 1938년 1월 26일.

284) 『동아일보』, 1937년 10월 7일; 12월 24일; 『조선일보』, 1937년 10월 9일; 『매일신보』, 1937년 10월 13일; 10월 16일.

285) 『매일신보』, 1938년 1월 26일.

286) 『매일신보』, 1938년 1월 26일.

287) 『동아일보』, 1938년 7월 5일; 7월 7일; 7월 11일; 『조선일보』, 1938년 7월 11일.

288) 『조선일보』, 1938년 7월 10일; 『동아일보』, 1938년 7월 11일.

장 강상호의 사회로 진행된 집회에서 장지필은 예전의 선언과 강령이 시대에 뒤떨어진 것이라고 주장했다. 그리고 참석자들은 "황국신민의 자각을 명확히 하며 국체를 존중하여 상호협력 보국정신을 철저히 하며 그 발양을 기함"이라는 대동사 재선언을 채택했다.[289] 이후에도 대동사는 사원 개인이나 단체로 기관총이나 군용기 대금을 헌금하며 일제의 전쟁을 지원했다.[290] 이렇게 일제에 부역한 대동사의 대표적인 활동가 장지필은 해방 이후 민족문제연구소가 발간한 『친일인명사전』에 등재되었다.[291]

이와 같이 적극적으로 일제에 부역하며 대동사가 바란 것은 피혁 판매권 확보였다. 곧, 피혁 중간업자를 배제하고 생산자가 직접 군납하기를 원하며 피혁회사를 건립하고자 했다. 이를 위해 대동사 지도부는 옛 파벌 갈등을 잊고 단합했을 것으로 짐작된다. 이렇게 일제의 배려를 기대했지만, 일제는 대동사의 기대를 무시하고 원피 통제와 독점 정책 아래 1938년 11월에 피혁배급 통제회사 설립을 결정했다.[292] 중간업자 회사가 설립되면 사원 이익이 줄어들 것을 염려한 대동사는 이 안에 반대하며 군 사령부와 총독부를 방문하여 진정 활동을 벌였으나 성과가 없었다.[293]

대동사가 11월 23일 서울에서 전국총회를 개최하여 이 문제를 논의하려고 했는데, 일제는 집회조차 금지했다. 결국 일제는 피혁산업의 국가 통제를 공식화하며 1939년 1월에 원피판매주식회사를 설립했다.[294] 이 시기에 중앙집행위원장을 맡고 있던 장지필은 사원들의 경제적 권익을 지키려

---

289) 『조선일보』, 1938년 7월 10일.

290) 『매일신보』, 1938년 8월 9일; 8월 28일; 『동아일보』, 1938년 8월 28일; 『사료집』, 520쪽.

291) 친일인명사전 편찬위원회 엮음, 위의 글, 364-365쪽. 장지필의 생애와 친일 행적을 간략하게 기록했으며 1887년 출생, 사망연도 불명이라고 잘못 쓰고 있다.

292) 『동아일보』, 1938년 11월 28일.

293) 『동아일보』, 1938년 11월 23일.

294) 『동아일보』, 1939년 1월 13일.

고 했지만, 소기의 성과를 거둘 수 없었다.

1939년 4월 24일 대전에서 열린 정기전국대회에 17개 지부 대표자 50여 명이 참석했다.[295] 시작하면서부터 회의 성립 여부를 둘러싸고 논란이 벌어졌지만, 회의는 일단 개최되었다. 곧바로 대동사 해체안이 제안되어 다시 논란이 벌어졌지만, 토론 끝에 대동사만은 예전처럼 유지하기로 결의했다. 그리고 장지필을 중앙집행위원장으로 다시 선출했지만, 예전처럼 활동을 유지했는지는 의문이다.

1939년 후반기 사회운동에 대한 일제 조선군참모부 자료에 따르면,[296] 대전에 소재한 대동사는 70개 지부, 회원 8,093명의 유일한 형평사원[옛 백정] 단체였다. 피혁 통제 실시에 따른 우피구매회사 설립을 반대했는데, 업종 부진과 물가 폭등 등에 의한 생활 불안으로 참여자가 크게 줄어 간부들의 기부로 유지되는 상황이었다. 이때 집행위원장은 장지필이었다.

그러나 1940년 상반기 일제 군 자료는 이성순이 대동사를 형평사로 다시 개칭하고 총본부를 부산으로 이전했다고 기록하고 있다.[297] 그러나 계속 활동을 유지했다는 증거는 내용은 찾아볼 수 없다. 일본 연구자 이케가와 히데카쓰는 형평사의 마지막 발자취를 탐색하면서 일본의 수평사와 같은 경로를 밟았을 것으로 짐작했다.[298] 곧, 1941년 12월 26일에 '조선임시보안령'이 공포되어 모든 단체는 1942년 2월 13일까지 존속을 신청해야 했다. 그는 형평사가 신청했는지 확인되지 않는다면서 일본의 수평사처럼 되었을 것으로 보았다. 곧, 일본의 수평사는 단체 존속을 위한 신청이 필요했는데, 신청해도 허가되지 않았을 것이라고 짐작하여 신청하지 않았기 때문

---

295) 『동아일보』, 1939년 4월 24일; 4월 27일.

296) 朝鮮軍參謀部, 『昭和十四年後半期 朝鮮思想運動槪況』(『사료집』, 520쪽 재록)

297) 朝鮮軍參謀部, 『昭和十五年前半期 朝鮮思想運動槪況』(『사료집』, 520쪽 재록)

298) 池川英勝, 위의 글, 36-39쪽.

에 1942년 2월 즈음 법적으로 소멸되었다. 형평사도 그렇게 소멸했을 것이라고 추정한 것이다. 일제가 1941년 12월에 미국 하와이를 공격하며 제2차 세계대전으로 확전된 이후 조선임시보안령을 공포하여 사회단체 통제를 강화하는 상황에서 대동사가 형평사로 다시 이름을 바꾸고 부산으로 이전했다고 하더라도 조직 유지나 활동이 어려웠을 것이다. 이 시기 장지필의 행적을 밝혀주는 자료는 찾을 수 없다.

1930년대 말 일제는 확전해가며 더욱 강압적인 식민 정책 아래 조선인의 생활을 가혹하게 통제했다. 그 일환으로 신사참배를 강요하고 황국신민화 정책을 강화하며 강제적으로 일본 사회에 종속시키려고 했다. 그런 정책 가운데 하나가 일본식 이름으로 바꾸도록 강요한 '창씨개명'이었다. 이 즈음 장지필도 일본식 이름인 인본태옥(仁本太玉)으로 바꾼 것으로 보인다.

9. 해방 이후

일제강점기 마지막 몇 년과 해방 이후 장지필의 행적을 밝혀주는 자료는 별로 없다. 장지필의 제적부에 따르면, 둘째 아들 익순이 1937년 이만례와 결혼했다.[299] 이만례의 부친은 홍성군 광천읍의 이종남으로 백정 출신 유지였다. 1920년대 후반 장지필이 광천으로 이주한 뒤 교제한 것으로 짐작되는 이종남은 1933년 4월 정기전국대회에서 형평사 중앙집행위원으로 선출되는 등 형평운동에도 참여했다.

1942년 2월 4일 장지필의 부친 장덕준이 충남 홍성군 광천읍 가정리

---

299) 후손이 제공한 장남 익조의 제적부에는 1924년에 경남 함양군 유림면 김복만의 장녀 김천임과 결혼했다고 쓰여 있으나 장지필의 제적부에는 기록되지 않았다.

407번지에서 향년 90세로 세상을 떠났다. 백정으로 태어나 차별 철폐를 위해 인근 백정과 함께 관찰사에게 탄원 활동을 했던 장덕준은 형평운동가인 아들 장지필을 따라 고향 경남 의령을 떠나 충남 광천으로 이주하여 살며 천수를 누린 것이다.

해방 후 1947년에 장지필의 셋째 아들 희재가 이일매와 결혼했다. 이일매는 충남 아산군 온양읍 이한용의 둘째 딸이었다. 이한용은 조선중앙일보 온양지국 기자로 1929년과 1930년 정기전국대회에서 중앙집행위원으로 선출되는 등 총본부 활동에 열성적으로 참여한 사원이었다. 그는 1933년 형평청년전위동맹 사건에 연루되어 기소되어 3년 10개월 동안 감옥에 갇혀있다가 1심과 2심에서 무죄 언도를 받아 풀려난 전력이 있다. 장지필은 1920년대 후반부터 1930년대 초에 활동 방향의 견해 차이로 소장층 활동가들로부터 비판을 받았었다. 그런데 소장층 활동가 이한용과 사돈 관계를 맺은 것으로 보아 활동 과정의 갈등으로 인간적 관계까지 단절한 것 같지는 않다.

1948년에 넷째 아들 영재가 박윤희와 결혼했다. 박윤희는 경기도 평택군 청북면 박영훈의 장녀였다. 박영훈에 대한 기록은 찾을 수 없지만, 둘째와 셋째 아들의 혼사를 보면 장지필은 해방 후에도 형평사원들과의 인연을 이어간 것으로 짐작된다.

장지필의 해방 후 발자취는 자세하게 알려지지 않았다. 단지, 이승만 정부의 초대 농림부 장관 조봉암이 1956년에 진보당을 창당할 때 참여한 자료가 남아있다. 1월 26일 진보당(가칭) 추진위원회 결성에 장지필은 조봉암 등 12인의 발기인 가운데 하나로 참여했다.[300] 3월 31일 서울중앙예식장

---

300) 김삼웅, 『죽산 조봉암 평전』, 시대의창, 2010, 349쪽; 정태영, 『조봉암과 진보당: 한 민주사회주의자의 삶과 투쟁』, 후마니타스, 2006, 181쪽.

에서 진보당(가칭) 전국추진위원 대표자대회가 열릴 때 장지필은 조봉암 등 9명의 의장단 일원이었다.[301] 11월 10일에 열린 한국 최초의 사회민주주의 정당 진보당 창당대회에서 임시집행부 선거를 통해 장지필은 8명의 임시의 장단 일원으로 선출되었다. 그 뒤 장지필은 진보당 중앙당의 총무위원회 위원장을 맡아 12인으로 구성된 총무위원회를 이끌었다.[302]

진보당의 사회민주주의적 성격은 취지문과 강령에 잘 나타나 있다. 강령은 "1. 공산 독재는 물론 자본가와 부패분자의 독재도 이를 배격하고 진정한 민주주의 체제를 확립하여 책임 있는 혁신 정치의 실현. 2. 생산, 분배의 합리적 통제로 민족 자본 육성. 3. 통일 대한민국 주권 하에 UN을 통한 민주적이고 평화적인 조국 통일. 4. 교육 체제를 혁신하여 국가보장제를 수립. 5. 급속한 경제 건설, 공정한 분배에 의한 사회정의 실현" 등을 명시하며 진보적인 색채를 뚜렷하게 보였다.

장지필이 조봉암이 주도한 혁신 정당인 진보당 창당에 참여한 연유나 배경은 알려진 것이 없다. 초대 농림부 장관 조봉암은 혁신적인 농지개혁을 추진하여 사회개혁에 대한 열망을 가진 국민으로부터 열렬한 지지를 받았다. 이런 배경에서 장지필도 그를 지지하여 함께 정치 활동을 했을 것이라고 짐작된다. 73세의 장지필이 자신보다 15세 적은 조봉암(1898-1959)을 지지하며 창당에 참여하고 당직을 맡았다는 것 자체가 장지필의 진보적인 정치적 행보를 보여준다고 생각된다.

해방 이후 친일 세력의 지지를 받은 자유당과 신민당의 대립 구도에서 혁신적인 진보당 참여 자체가 평생 백정의 신분 해방과 권익 보호를 위해 활동한 장지필의 궤적과 상통하는 것이라고 생각된다. 해방 이후 정치 혼란

---

301) 김삼웅, 위의 글, 354쪽.
302) 정태영, 위의 글, 203, 209쪽.

의 소용돌이에서 장지필은 사회적 약자를 위한 진보적 정치가 필요하다고 생각했을 것으로 추측된다.

장지필의 진보당 활동은 알려진 것이 별로 없다. 진보당 창당 과정에서 조봉암 지지 세력과 서상일 지지 세력이 대립하는 상황에서 장지필이 어느 편에 섰는지도 불분명하다. 양쪽에서 자기 편 인물이라고 인식했을 정도로 장지필은 자신의 입장을 분명하게 밝히지 않았을 가능성이 있다.[303] 이후에도 장지필의 의사는 밝혀진 바가 없다.

1956년 5월 대통령 선거에 출마하여 이승만에 대항한 조봉암은 이승만 정부로부터 탄압을 받았다. 그는 1958년 2월 간첩죄 누명을 쓰고 체포된 뒤 1959년 2월 대법원에서 사형 언도를 받고 7월에 사형을 당했다. 정치 활동이 야만의 압제를 겪는 이 기간에 장지필은 아내를 먼저 보내고, 자신도 세상을 떠났다. 장지필의 아내 유창성은 1956년 7월 21일 홍성군 광천읍 가정리에서 세상을 떠났고, 장지필은 1958년 8월 13일 향년 75세로 서울 동대문구 청량리 산1번지에서 세상을 떠나 청량리 묘지에 묻혔다.

장지필의 제적부에는 넷째 아들 장영재가 부친 장지필의 사망 신고를 접수했다고 기록되었다. 그리고 9월에 김병로 외 31인이 장지필 묘비 건립을 추진한다는 언론 보도가 있었지만, 후속 진행 과정은 알려진 바 없다.[304] 현재 장지필의 묘비나 묘지 위치는 확인할 방법이 없다. 아마 도시 개발 과정에서 훼손되어 찾을 수 없게 되었을 것으로 짐작된다.

장지필의 넷째 아들 장영재는 형평사원 단체를 재건하려는 의도에서 1964년 4월 5일 서울 우이동에서 평우사(가칭) 발기인회를 가졌다. 그러나 그 단체의 후속 활동 흔적은 찾을 수 없다. 장영재는 가업인 식육업에 종사

---

303) 정태영, 위의 글, 199-200쪽. 두 파의 참여자 명단은 『조선일보』, 1956년 10월 9일 참조할 것.
304) 『조선일보』, 1958년 9월 12일. 연락처는 청량리동 산1번지 장영재 상주로 되어있다.

했고, 1975년에 식육판매업자 단체인 축산기업조합 중앙회 회장을 맡기도
했다.[305]

10. 맺음말

지금까지 장지필의 삶을 살펴보았다. 한말에 백정으로 태어나 평생 백
정 해방 활동에 전념해온 그의 삶은 신분제 잔재의 해소에 기여한 구체적인
역사적 과정을 보여준다. 1894년 갑오개혁으로 신분제가 법적으로 철폐되
었지만, 20세기에도 여전히 완고한 백정 차별 관습이 지속된 사회적 상황
에서 그는 백정의 권익 신장을 위한 현장에서 활동했다. 그렇게 평생에 걸
쳐 백정의 인권과 경제적 권익 증진을 위해 활동한 그는 명실공히 백정 해
방운동가였고, 인권 보호와 증진의 중요성을 인식하고 형평운동을 이끈 선
각자였다.

경남 의령에서 도축업에 종사하는 집안에서 태어난 장지필은 차별 철
폐를 탄원한 부친의 활동을 보았고, 서울의 보성학교와 일본 메이지대학에
서 수학하며 근대 교육을 접했으며, 젊은 나이에 도수조합 결성을 시도하며
백정의 권익을 도모한 경험이 있었다. 그리고 백정 신분 차별 철폐를 내건
형평사 창립에 참여한 이래 형평운동의 핵심 지도자로, 또 전업 활동가로
활동했다.

형평사 초기의 파벌 대립을 겪으면서 진주에서 서울로 이주한 본부를
따라 활동 근거지를 옮긴 장지필은 형평사 중앙총본부의 유급 상무집행위
원으로 형평운동에 전념했다. 전국의 형평사 조직을 확장하는 데 진력했고,

---

305) 『동아일보』, 1975년 9월 19일. 장영재 신임 회장의 신문사 방문 기사 참조할 것.

형평운동 반대 활동에 적극적으로 대응하며 피해 사원들은 지원했으며, 사원들의 인권 증진과 경제적 권익 보호를 위한 활동을 이끌었다.

장지필은 1927년 초 고려혁명당 사건에 연루된 혐의를 받아 1년 4개월 복역한 뒤 활동 방향이 사원들의 경제적 권익 증진에 치중하는 것으로 바뀌었다고 판단된다. 총본부 지도자 장지필은 1920년대 말 세계공황의 여파로 사원들의 경제적 여건이 나빠지며 참여 사원이 격감하고 활동하지 않는 지방 조직이 늘어나 형평운동이 침체되는 상황을 타개하고자 진력했지만, 형평사의 재정적 곤란은 더욱 심해지고 형평운동의 재활성화는 어렵게 되었다.

장지필은 1930년대 초 해소론을 주장하는 젊은 활동가들과 이념적 갈등을 겪으며 해소 반대 입장을 견지하여 형평사 해체를 막았다. 또 일제 경찰이 조작한 형평청년전위동맹 사건을 겪는 등 1930년대 중반 형평운동이 퇴조하는 상황에서 장지필은 사원들의 경제적 어려움을 타개하는 데 치중했지만, 대동사로 개칭하며 인권운동 성격을 상실하고 이익집단으로 바뀌는 변화를 막을 수 없었다. 장지필은 1935년 정기전국대회 이후 총본부 활동에 참여하지 않다가 1937년 일제의 전쟁 확전 상황에서 대동사에 복귀하여 군용비행기 헌납 활동 등 친일 부역 활동에 적극적으로 참여했다. 사원들의 경제적 권익을 지키려고 했다는 명분을 내걸었겠지만, 1937년부터 1939년까지 2년에 걸친 대동사 참여는 장지필에게 친일 부역자라는 오명을 가져왔다.

장지필은 해방 후 조봉암의 진보당 창당과 당직 활동에 참여했지만, 그 밖에 별다른 흔적을 남기지 않은 채 1958년 세상을 떠났다. 신분제와 백정 신분 집단에 대한 차별 폐습이 사라진 상황에서 사람들은 평생 백정 해방운동가로 살아온 장지필을 더 이상 기억하지 않으며 그의 업적을 잊은 듯하다.

마무리하며:
형평운동 탐구 과정 되돌아보기*

1. 형평운동과의 만남

저는 1981년 가을부터 진주에 있는 경상대학교(오늘날의 경상국립대학교)에서 가르치게 되었습니다. 그즈음 저는 박영신 교수님 추천으로 『현상과인식』 편집위원진에 참여하고 있었습니다. 어느 날 편집위원 회의 끝에 제가 진주에 가게 된 것을 아신 진덕규 교수님께서 '형평운동'에 관해 말씀하셨습니다. 저로서는 형평운동 역사를 처음 듣는 자리였습니다.

부끄러운 이야기지만, 그때까지 저는 형평운동을 잘 모르고 있었고, 우리나라 신분제나 일제강점기 역사에 대해서도 이해가 부족한 사회학도였습니다. 그런데 『현상과인식』 편집위원 회의에서 들은 진 교수님의 말씀은 그때는 몰랐지만, 저에게 새로운 학문 연구 세계를 열어주신 셈이었습니다. 지금까지 40여 년 동안 형평운동을 연구하고 있으니까요. 어쩌면 박영

---

* 이 글은 한국인문사회과학회 가을 학술대회 손보기 기념 강연(숙명여자대학교, 2024년 11월 9일)에서 발표한 「되돌아본 형평운동과 인권 연구, 그리고 진주학」의 내용을 고치고 다듬은 것입니다.

신 교수님의 추천, 진덕규 교수님의 연구 경험담,『현상과인식』의 학제 간 학술 대화 분위기 등이 어우러진 결과가 지금까지 제 연구 과정에 커다란 영향을 미쳤다고 생각합니다.

잘 아시다시피, 형평운동은 백정 차별 철폐와 평등 사회를 주창한 형평사 활동입니다. 1923년에 시작되어 1935년 대동사로 개칭할 때까지 전국 조직을 갖고 대다수 옛 백정이 적극적으로 참여한 사회운동입니다. 이는 일제강점기에 단일 조직으로 가장 오랫동안 지속된 사회운동으로 기록되고 있습니다. 또 조선 시대 신분제의 고루한 악습인 차별과 억압에 저항하며 인권 존중과 평등 사회를 실현하고자 한 인권운동의 선진 사례로 평가되고 있습니다.

형평운동 연구를 처음 시작할 때 선행 연구는 거의 없었습니다. 김의환, 진덕규 교수님 같은 몇 분이 쓰신 논문 두세 편, 김준엽·김창순 선생님의『한국 공산주의운동사』에서 짧게 언급된 정도였습니다. 한마디로 다소 막연한 상황이었습니다.

저는 1차적으로 신문, 잡지에 언급된 형평운동 관련 기사를 수집했습니다. 신문에 보도된 관련 기사가 연 2천 건이나 되었습니다. 언급된 인물만도 연 6천 명이 되었습니다. 방대한 자료임에 틀림없었습니다. 그리고 진주에서 시작된 형평운동을 알고 있는 사람들을 찾아다녔습니다. 다행히 진주 역사를 증언해주실 어르신들을 많이 만났습니다. 그 가운데는 형평사 창립 핵심 지도자인 강상호 선생의 부인도 있습니다.

먼저, 저는 연구 전략을 세웠습니다. 일단 박사학위논문 주제로 삼았습니다. 그때 저는 연세대학교 박사과정에 적을 두고 있었는데, 지도교수이신 박영신 교수님께서 박사학위논문 주제로 삼을 만하다고 적극적으로 권하셨습니다. 그리고 영국 헐대학교에서 폰스 교수님 지도를 받을 수 있도록 기회를 마련해주셨습니다.

영국의 박사과정 연구 방법은 한국과 달랐습니다. 한국은 미국식을 닮아 과목 이수가 필요한데, 영국은 융통성이 많았습니다. 연구 조사에 중점을 둔 영국식이 저에게 맞았다고 생각됩니다. 형평운동 연구에 사회운동 접근 방법을 활용하기 위해 이론적 탐구에 집중했습니다. 또 형평운동의 인권운동 성격에 주목했습니다. 영국에서 공부하며 얻은 커다란 소득이라고 생각합니다.

첫 번째 과제는 형평운동 과정을 파악하는 것이었습니다. 곧, 형평운동 역사의 복원이 필요했습니다. 다행히 당시 신문 기사는 형평운동을 비롯한 사회운동을 자세하게 보도했습니다. 그래서 신문에 보도된 형평운동 관련 기사를 일일이 찾아서 복사한 뒤 스크랩을 만들어 정리했습니다. '풀과 가위'의 노동이었습니다.

그리고 형평운동 관련 신문 기사를 모두 입력하여 자료은행(data base)을 만들었습니다. 그때 막 도입된 워드프로세서, 데이터베이스 같은 컴퓨터 프로그램을 활용하니 고된 작업이기는 해도 내용 정리와 분석이 손쉬웠으며, 꽤 쓸모 있는 결과물을 얻을 수 있었습니다. 요즘처럼 신문 자료를 쉽게 얻을 수 있고, 거의 모든 신문 기사를 검색할 수 있는 상황에서는 이해하기 힘든 과정일 것입니다.

결과적으로 연 2천여 건의 기사를 날짜, 지명, 활동 내용, 참가 인물 등에 따라 구분하여 형평운동 전체 과정을 파악할 수 있었습니다. 그리고 연 6천 명 이상이 등장하는 참가자에 관한 별도의 데이터베이스를 만들어 핵심 인물, 주요 활동가 등을 파악할 수 있었습니다.

저는 형평운동의 역사적 과정을 복원하면서 연대기적 서술은 피하려고 했습니다. 형평운동을 사회운동 사례로 역사사회학적 관점에서 분석하기로 했습니다. 형평운동의 수혜집단이며 주체 세력인 백정의 역사적·사회적·경제적 이해가 필요했습니다. 또 형평운동이 일어나고 발전한 역사적·사회적 여건과 성격을 파악하고자 했습니다.

먼저, 사회운동이 일어나고 발전하는 데 작용한 세 가지 요소에 주목했습니다. 곧, 백정이 겪은 사회적 억압과 구속 상황, 형평사를 일으키고 발전시킨 사회적·경제적 역량과 허용 여건, 억압과 구속을 인식하고 사회적 역량과 허용 조건을 증진하며 사회운동을 일으키는 새로운 가치와 사상에 주목했습니다. 이 세 요소를 "사회적 구속성, 사회적 허용성, 새 사상의 퍼짐"이라는 개념으로 정의했습니다. 그리고 이 세 요소가 서로 복합적이며 역동적으로 작용하는 것을 파악했습니다.

그에 따라 형평사 창립에 영향을 미친 진주 지역 역사를 살펴보았습니다. 1900년 백정의 관찰사 집단 탄원과 주민 폭력 사태, 1909년 백정 동석 예배 거부 사건과 화해, 1910년 도수조합 결성 시도, 1919년 3.1운동 이후 다양한 사회운동의 폭발적 등장과 직업적 사회운동가 집단 형성 등이 형평사 창립의 역사적·사회적 조건으로 작용했음을 확인했습니다. 또 부유한 백정 유지들과 직업적 사회운동가들이 협력하여 형평사를 창립하고, 전국의 백정과 사회운동가들이 적극적으로 참여하고 지원하여 형평운동이 짧은 기간에 전국으로 확산한 것을 파악했습니다. 이러한 양상은 형평운동의 중요한 특징이었습니다.

아울러 사회운동으로서 형평운동의 안팎 환경을 살펴보았습니다. 안쪽 환경에는 목표, 참여자, 조직, 전략 등이 있고, 바깥 환경에는 잠재적 참여자와 지지자, 그들을 억압하고 통제하려는 세력, 그리고 사회적 관습, 규범, 법 같은 문화적 측면, 경제적 여건, 동원 가능한 물적 자원 같은 물질적 조건이 작용한다고 보았습니다. 이러한 요소에 주목하여 참여자의 배경과 지향성, 구성원 사이의 갈등, 외부 세력의 압박과 충돌, 조직 발전과 지도 세력 변화, 이념적 갈등과 대외적 연대 활동 등을 살펴보았습니다.

형평사는 창립 초기에 파벌 대립을 겪으면서 본부를 진주에서 서울로 옮기며 전국적인 사회운동 단체로 자리 잡게 되었습니다. 그리고 고루한 세력의 형평사 반대 활동이 전국 곳곳에서 일어나며 형평사 측과 충돌하여 커다란 사회적 갈등이 생겼습니다. 이와 같은 역동적 과정을 겪으며 형평사는 조직이 확대되고 활동이 활발해지면서 1926년에 전성기를 맞이하게 됩니다.

형평운동은 인권운동과 공동체운동 성격을 갖고 있었습니다. 창립 때 채택한 문건은 "공평은 사회의 근본이요, 애정은 인류의 본량(本良)이다." "참사람이 되기를 기약하고자 한다."고 밝혔습니다. 1926년에 채택한 강령은 "아등은 경제적 조건을 필요로 한 인권 해방을 근본적 사명으로 함", "아등은 일반 사회단체와 공동 제휴하야 합리적 사회 건설을 기함"이라고 명시했습니다. 이와 같이 형평사는 인권 영역의 확대와 실행, 그리고 사회적 연대를 통한 합리적 사회 건설이라는 목표를 갖고 활동했습니다.

조선 시대에 특정 직업에 종사하고 혈연관계를 맺고 제한된 구역에 거주하며 강한 사회적 관계와 공동체 정신을 유지해온 백정은 일제 침략과 자본의 유입으로 전통 산업에서 누리던 경제적 권익을 잃게 되고 공동체의 위협을 겪고 있었습니다. 이렇게 위협받는 경제적 권익과 공동체를 지키는 것이 형평운동의 주요 과제였습니다. 형평운동은 구성원들의 동료 의식과 연대감을 통해 공동체운동 성격을 강화했습니다.

형평운동은 일제 식민지배 세력의 탄압과 간섭, 근대 사회로의 이행을 도모하는 진보적 이념의 유입 등 안팎 환경의 영향 아래 역동적으로 전개되었습니다. 1920년대 말 세계공황의 여파로 경제적 곤란이 심해지며 사원 참여가 줄어들어 형평운동은 빠르게 퇴조했습니다. 또 1930년대 초 소련 코민테른의 지시에 따라 해소론을 주장하는 진보 세력과 형평사를 유지하려는 온건 세력 사이의 갈등도 형평운동의 침체 요인으로 작용했습니다. 일제가 조작한 '형평청년전위동맹' 사건으로 젊은 활동가들이 활동을 지속할 수 없게 된 상황에서 온건 세력이 주도하는 형평사는 집단 이익을 위한 활동을 강화해갔습니다. 이와 같은 여러 요인이 뒤섞여 작용하는 가운데 형평사는 1935년 대동사로 개칭하며 이익집단으로 변질하여 인권운동 성격을 잃게 되었습니다.

이상 간략하게 말씀드린 연구 방향과 내용에서 보듯이, 형평운동은 복합적이고 역동적인 사회운동이었습니다. 사회운동에 관심을 갖고 형평운동을 분석하게 된 출발은 학부 때 수강한 "집합행동론" 과목이었습니다. 그리고 대학원 과정에서 학습한 탐구 방법, 특히 역사사회학에 대한 성찰은 이후 연구 과정에 끊임없이 좋은 자극제로 작용했습니다.

1989년에 형평운동을 분석한 박사학위논문을 제출했습니다.[1] 그리고 그 논문을 약간 보완 수정하여 한글로 책을 출간했습니다.[2] 외람된 말씀이지만, 한국 최초로 형평운동의 전모를 살펴볼 수 있는 책이라고 자부합니다.

1991년 여름 민주화 운동가이자 백정 연구자인 미국의 임순만 교수님께서 진주를 방문하셨습니다. 형평운동의 귀중한 역사를 시민에게 널리 알려야 하지 않겠냐는 뜻이었습니다. 1993년 형평사 70주년을 맞이하여 기념사업을 시작해야겠다고 생각하게 되었습니다. 그리하여 김장하 선생님을 비롯한 진주의 여러분과 함께 형평운동기념사업회를 결성하여 형평운동 역사를 알리며 기념하는 일을 했습니다. 다행스럽게 많은 시민이 참여하며 형평운동에 대한 관심이 크게 확산되었습니다.

---

1) Joong-Seop Kim, "Social Equity and Collective Action: The Social History of the Korean Paekjong under Japanese Colonial Rule," 박사학위논문, Hull University, 1989; 이 논문을 보완하여 출판한 Joong-Seop Kim, *The Korean Paekjong under Japanese Rule: The Quest for Equality and Human Rights*, London, RoutledgeCurzon, 2003.

2) 김중섭, 『형평운동연구: 일제침략기 백정의 사회사』, 민영사, 1994.

1993년 해방 이후 최초로 형평사 창립지 진주에서 기념식이 열렸습니다. 백정 후손 김영대 선생님이 자신의 쓰라린 어린 시절 이야기를 담은 기념 강연을 하셨습니다. 그리고 형평운동 역사를 재조명하는 국제학술회의가 경상대학교에서 열렸습니다. 학술회의 발표문은 한글 책자와 일본어 번역본으로 발간되어 형평운동 연구에 활용되었습니다.[3] 기념행사에는 시민뿐만 아니라 일본의 수평사 후속 조직인 부락해방운동 단체 활동가들도 많이 참석했습니다. 전통 사회에서 차별과 억압을 겪어온 백정과 부락민이 형평사와 수평사를 결성하여 교류하며 연대해온 전통을 기억하는 자리가 되었습니다.

1996년에 형평운동 기념탑이 진주성 앞에 세워졌습니다. 건립 비용은 모두 시민과 사회단체의 기부를 통해 충당되었습니다. 장소는 조선 500년 동안 성안에 살 수 없었던 백정의 원혼을 달래주려는 의도에서 선택된 곳이었습니다. 이 탑은 훗날 경남문화예술회관 앞 남강 변으로 옮겨져서 형평운동 역사를 알리는 조형물로 널리 활용되고 있습니다.

기념탑 준공식은 의도적으로 12월 10일 세계인권 선언일에 맞추어 거행되었습니다. 이날은 "인간 존엄과 평등 사회를 여는 날"이라고 명명되었습니다. 기공식에 앞서 "지역사회의 인권 문제와 형평정신"이라는 주제 아래 '96 진주인권회의'가 열렸습니다. 진주 지역의 노인, 장애인, 여성, 빈민 상황을 논의하며 차별 철폐를 주창한 형평운동의 정신을 되새겨보고자 한 것입니다. 이 행사는 형평운동을 과거 역사에 매몰시키지 말고 그 정신을 오늘날에 구현하자는 의도에서 기획되었습니다.

그 뒤에도 진주인권회의는 여러 차례 열렸습니다. 2001년에 "지역사

---

3) 형평운동 70주년 기념사업회 엮음, 『형평운동의 현대적 재인식』, 솔출판사, 1993; 衡平運動70周年記念事業會 엮음, 民族教育センター 옮김, 『朝鮮の身分解放運動』, 大阪: 部落解放研究所, 1994.

회의 인권",[4] 2002년에 "어린이 청소년 인권",[5] 2003년에 "시민권, 여성, 장애인 인권"이 논의되었습니다. 진주 지역 인권 단체 활동가들이 지역 인권 상황을 공유하며 인권 증진 방안을 모색하는 자리였습니다. 이것은 또한 저 자신의 지역 인권 탐구 과정이었습니다.

2. 차별 없는 사회, 인권의 지역화로

저는 1997년에 형평운동 기념탑 건립 활동으로 미뤘던 안식년을 영국 에섹스대학교에서 보냈습니다. 인권 연구를 넓고 깊게 이해하는 기회가 되었습니다. 영국에서 돌아온 뒤 인권사회학 강의 과목을 개설하여 담당하며 인권을 사회학 분야에서 학습하고 연구하는 기회를 넓히고자 했습니다. 그리고 진주인권회의를 다시 개최하기 시작했습니다. 그 뒤 2004년에 미국 뉴욕의 컬럼비아대학교 인권연구소에서 안식년을 보냈습니다.

이 시기에 저는 특히 일상생활에서의 인권 실행에 관심을 갖고 탐구했습니다. 그리고 지역사회 인권에 관한 여러 편의 글을 써서 주로 『현상과인식』에 투고했습니다. 『현상과인식』에 실린 인권 관련 논문이 1999년부터 2017년까지 11편이나 되었습니다. 학제 간 연구와 다양한 주제의 학문적 탐구를 존중하는 『현상과인식』에 글을 발표하면서 인권 연구를 정리하고 깊이를 더할 수 있었다고 생각됩니다.

인권 연구는 다양한 주제가 겹쳐 있는 학문 분야입니다. 국제인권협약, 국제인권기구 같은 국제적 장치가 국제사회 차원에서 인권 증진을 도모

---

4) 김중섭 엮음, 『한국 지역사회의 인권: 2001 진주지역 사례 연구』, 도서출판 오름, 2001.
5) 김중섭 엮음, 『한국 어린이 · 청소년의 인권: 진주지역 사례 연구』, 도서출판 오름, 2002.

해왔습니다. 또 국가 차원에서 헌법과 법률, 정부 조직 등이 인권 증진과 밀접하게 관련되어 있습니다. 그러나 일상생활에서 인권이 보장되지 않을 때 인권 상황이 크게 나빠지는 것을 자주 보게 됩니다. 저는 일상생활의 현장인 지역사회에서의 인권 보호와 증진이 실질적인 인권 보장의 주요 요소라는 점을 강조하며 지역 인권을 집중 탐구했습니다.

지역사회 차원에서 인권 실행 장치를 마련하는 것이 중요하다고 인식하여 법적 장치를 마련하는 법제화, 인권 이해 및 인식의 가치와 규범 확대를 위한 인권 문화 확산, 인권 보장을 위한 사회 구성원의 협력, 지역 간의 연대와 협력 같은 요소에 주목했습니다. 이 요소들은 서로 영향을 주고받으며 인권보장체계의 구축에 이바지하게 됩니다. 저는 지역사회의 인권보장체제 구축이 국제사회와 국가 차원의 인권 규범이나 내용을 지역사회에서 실현하는 '인권의 지역화'의 효과적인 방안이라고 보았습니다.

그리고 인권의 지역화를 위한 구체적인 여러 방안을 모색했습니다. 예컨대, 지방자치단체 차원의 인권조례 제정, 인권위원회 구성, 인권 기본 계획 수립, 인권 영향평가 시행, 인권교육 실시 등을 통한 지역 인권 증진을 강조했습니다. 지자체가 이와 같은 방안을 인권 정책과 사업에 반영하여 시행하도록 현장의 시민단체 활동가, 정책 담당자 등과 협력하기도 했습니다. 그러나 우리나라에서 맨 처음 시도한 진주시 인권조례 제정 활동은 지자체 정책 결정권자들의 몰이해와 비협조로 실패를 겪기도 했습니다. 게다가 또다시 시도하여 제정된 진주시 인권조례가 시장의 직무유기로 전혀 시행되지 않아 사문화되는 것을 목격했습니다.

지자체 단체장이 절대 권력을 행사하는 한국 상황에서 지역의 인권보장체제 구축이 단체장의 인권 인식 수준에 따라 결정되는 것을 보면서 인권 보장과 지역 민주주의의 밀접한 관계를 거듭 확인했습니다. 또 지역 주민의 관심에 따라 인권 실행 수준이 달라지는 것을 보았습니다. 인권의 중요성에

동의한다고 하면서도 정책 수립이나 사업 추진 단계에서 제각기 다른 입장이나 견해를 보였습니다. 이와 같은 현상의 탐구와 분석을 위해 인권에 대한 사회과학적 연구가 발전해야 한다고 생각했습니다.

저의 경우, 일상생활에서의 인권 보장 관련 연구와 현장에서의 실천은 백정 차별 철폐와 평등 대우를 주창한 형평운동 탐구에서 비롯된 것이었습니다. 오늘날 한국 사회에서는 '새로운 형태의 신분제'가 생겨나며 일상생활에서의 차별이 만연해 있습니다. 그에 따라 '또 다른 유형의 백정'이 고통받고 있다고 생각합니다. 새로운 형태의 신분제에서 또 다른 유형의 백정이 겪는 인권 침해 문제를 해결하기 위해서는 모두를 위한 인권보장체제가 구축되어야 할 것입니다. 차별 없고, 평등하게 대우받는 사회를 만들어가는 것은 우리가 반드시 이루어야 할 과제라고 생각합니다.

3. 형평운동 연구 확장: 일본 사회와의 비교 연구

인권 문제를 탐구한다고 형평운동 연구를 중단한 것은 아니었습니다. 특히, 형평사와 수평사의 교류와 연대 협력에 대해 관심을 갖고 탐구했습니다. 두 단체의 연대 활동은 인권 증진의 국제적 협력의 선진 사례라고 평가됩니다. 주축 세력인 백정과 부락민은 제각기 조선 시대와 도쿠가와 시대에 차별받던 아주 비슷한 성격의 집단이었기 때문에 두 단체는 창립 초기부터 우호적 관계를 갖고 있었습니다.

2015년에 형평사와 수평사를 비교 분석한 저서를 발간[6]하여 전통 사회에서의 백정과 부락민의 사회적 지위와 차별 관습, 형평사와 수평사 창

---

6) 김중섭, 『평등 사회를 향하여: 한국 형평사와 일본 수평사의 비교』, 지식산업사, 2015.

립 이전 두 집단의 사회경제적 상황, 두 단체의 창립 과정, 목적과 이념적 배경, 조직 발전과 전략, 지도 세력의 변화, 반대 세력과의 충돌과 사회운 동 단체의 연대, 통치 세력인 일제와의 관계, 두 단체의 교류와 연대 협력, 1945년 이후 상황 등을 논의했습니다. 이 책은 두 단체의 유사성과 차이점 을 비교하여 살펴보며 형평운동을 더 깊이 있게 설명하려는 의도 아래 쓴 것이지만, 부락민과 수평사를 집중적으로 연구한 최초의 한국어 저서라고 자부합니다.

수평사를 연구하면서 오늘날 일본의 인권 상황과 부락 차별 문제를 인 식하여 부락해방동맹 활동에 주목하게 되었습니다. 특히, 일본에서 전개되 는 마을 만들기의 한 유형으로서 인권 친화적인 마을 만들기에 관심을 갖 게 되었습니다. 인권마을만들기는 피차별 부락 중심으로 다양한 활동을 전 개하고 있었습니다. 그 가운데 하나가 인권조례 제정 추진이었습니다. 이와 같은 일본의 인권마을만들기와 인권조례 제정 활동에서 '96 진주인권회의' 와 후속 활동이 추구한 지향성을 엿볼 수 있었습니다. 이런 배경에서 한국 과 일본의 지역 인권 활동을 비교 분석하려는 계획을 세웠습니다.

이 연구는 1993년 형평운동 70주년 기념사업의 인연으로 교류하고 있 던 부락해방·인권연구소 도모나가 겐조(友永健三) 소장님의 도움으로 순조 롭게 진행되었습니다. 2003년 형평운동 80주년 기념사업 공동 주최와 쉽게 쓴 형평운동 책자의 일본어 번역 출간[7]을 통해 형평운동을 일본에 알리며 양국의 교류 활동을 이끌어온 부락해방·인권연구소는 제 연구에 필요한 자료 수집과 인적 연결에 커다란 도움을 주었습니다.

2006년에 '인권의 지역화' 관점에서 한국과 일본의 지역 인권 증진 활

---

7) 김중섭, 『형평운동』, 지식산업사, 2001; 金仲燮, 『衡平運動: 朝鮮の被差別民·白丁, その歷史と たたかい』, 大阪: 解放出版社, 2003.

동을 비교 연구한 저서를 발간했습니다.[8] 이 책은 5.18 경험에 기초하여 인권도시를 만들어가는 광주시, 인권조례 제정을 처음 시도했지만 성공하지 못한 진주시, 부락해방운동을 지역 인권 증진의 토대로 활용하는 오사카 지역의 사카이시, 스미요시 지구 등을 조사 비교한 것이었습니다.

결과적으로 저는 1920년대와 1930년대의 형평사와 수평사, 그리고 2010년대 전후 인권의 지역화를 비교 연구하며 자연스럽게 한국과 일본의 인권, 더 나아가 두 사회 전반에 대해 더욱 깊이 이해하게 되었습니다. 차별받은 집단의 역사적 과정과 지역 인권 증진 활동에 대한 제 비교 연구가 두 나라를 이해하는 하나의 디딤돌이 되면 좋겠다는 소망을 갖고 있습니다.

일본 연구자들과의 교류를 통해 얻은 또 하나의 커다란 소득은 형평운동 연구회 결성이었습니다. 2013년에 한국과 일본의 연구자들이 참여한 '형평사사료연구회'는 2016년에 '조선형평운동사연구회'로 이름을 바꾸며 활동을 이어왔습니다. 정기 학술모임, 형평운동 사적지 탐방과 함께, 형평운동 자료 수집과 사료집 발간 준비가 주요 활용 내용이었습니다. 그 결실로 2016년에 『조선형평운동사료집』, 2021년에 후속편인 『조선형평운동사료집·속』을 발간했습니다.[9] 내년(2025)에 두 권의 사료집이 더 발간되면 사료의 집대성 작업은 종료될 예정입니다.

이 사료집은 조선총독부 경무국, 각 도의 경찰부, 조선군 참모본부, 경성지방법원 검사국 등 일제 관헌의 문헌 자료, 일본어 저술, 신문, 잡지 등에 게재된 형평운동 관련 기사를 수집한 자료집입니다. 국사편찬위원회, 고려대학교 도서관 등 여러 곳에 흩어져 있는 일본어와 한국어 자료를 모아 책

---

8) 김중섭, 『인권의 지역화: 일상생활의 인권 증진을 위하여』, 집문당, 2016.

9) 部落解放·人權研究所 衡平社史料研究會 엮음, 『朝鮮衡平運動史料集』, 金仲燮·水野直樹 감수, 大阪: 解放出版社, 2016; 部落解放·人權研究所 朝鮮衡平運動史研究會 엮음, 『朝鮮衡平運動史料集·續』, 金仲燮·水野直樹 감수, 大阪: 解放出版社, 2021.

으로 발간한 것입니다. 이 사료집은 흘림체 글씨로 쓰인 자료를 컴퓨터 활자로 바꾸어 쉽게 읽을 수 있게 만든 것이 커다란 장점입니다. 사료집 출간으로 자료 수집의 수고를 덜 수 있게 되어 형평운동 연구가 촉진될 것으로 기대됩니다. 아울러 이와 같은 형태의 한글 자료집이 출간되어 한국 연구자들이 더욱 쉽게 연구할 수 있게 되기를 바라고 있습니다.

저 개인적으로도 사료집 발간 덕분에 그동안의 연구를 보완할 수 있었습니다. 박사학위논문을 쓸 때 주로 일제강점기의 한글 신문과 잡지, 제한된 일제 관헌 문헌을 활용했는데, 사료집에 실린 자료를 통해 형평운동의 또 다른 면모를 밝힐 수 있었습니다. 특히, 형평청년전위동맹 사건, 고려혁명당 사건 등의 일제 경찰, 재판 기록에는 형평운동 과정과 활동가에 관한 유용한 내용이 많았습니다. 이와 같은 자료를 활용하여 여러 각도에서 형평운동을 되짚어 본 연구서를 저술할 수 있었습니다.[10]

4. 진주학을 강조하며

형평운동 역사를 알았을 때 처음 든 생각은 '왜 진주에서 일어났을까?'였습니다. 백정은 전국 곳곳에서 살고 있었고, 진주보다 더 많이 사는 지역도 여럿 있었습니다. 또 백정 차별은 진주만의 문제가 아니었습니다. 그렇다고 진주 백정이 특별한 점을 갖고 있었던 것도 아니었습니다. 이 질문의 답을 얻기 위해 진주의 역사적 경험과 문화적 바탕에 대한 이해가 필요하다고 생각했습니다. 그 결과 형평운동과 진주의 연관성을 찾아보며 여러 편의 논문을 쓰게 되었습니다.

---

10) 김중섭, 『되짚어 본 형평운동: 형평사 창립 100주년을 기념하며』, 북코리아, 2024.

형평운동 창립을 주도하거나 지원한 비백정 출신 사회운동가들과 진주 지역 3.1운동의 연관성을 밝히기 위해 진주 지역의 3.1운동 과정과 영향을 탐구했습니다. 그리고 1909년의 백정 동석 예배 거부 사건을 이해하기 위해 진주 지역의 기독교 전래와 활동을 탐구했습니다. 또 백정 이학찬이 일신고등보통학교 터 닦기 부역에서 겪은 차별에서 형평사 창립이 시작되었다는 일제 경찰 기록을 검토하기 위해 3.1운동 이후의 주민교육운동, 특히 일신고등보통학교 설립운동을 탐구했습니다. 그 밖에 3.1운동 영향으로 활발하게 일어난 다양한 사회운동 경험이 형평사 창립에 미친 영향을 파악하기 위해 전국 최초의 소작인대회를 주도한 농민운동, 일제 식민 정책에 대항한 경남 도청 부산 이전 반대 활동을 살펴보았습니다. 그리고 3.1운동 이후 진주에서 전국 최초의 어린이 단체인 진주소년회가 창립되고, 전국 최초의 소작인대회가 열리고, 여성 권익을 위한 교육운동과 사회단체 활동이 일어난 사회적·문화적 토양은 형평사 창립과 형평운동 발전에 직간접으로 연관되었음을 보았습니다.

3.1운동 이후 1920년대 진주는 새로운 사회를 위한 사회운동이 만개한 '사회운동의 시대'를 맞이하고 있었습니다.[11] 다양한 사회운동에 주체적으로 참여한 주민에게서 '시민'의 맹아 성격을 보았고, 지역사회 문제의 의사결정 과정에 참여한 사회단체 활동에서 '시민사회'의 초기 모습을 엿볼 수 있었습니다. 그런 싹들은 일제강점기 식민지배 통치 아래 제대로 성장하지 못한 채 사라졌지만, 의미 있는 역사적 경험이라고 생각합니다. 3.1운동과 그 뒤 일어난 새로운 사회를 향한 다양한 사회운동을 탐구하면서 지역 연구의 중요성을 인식했습니다.

지역의 인권 실행 연구도 자연스럽게 진주 지역 사례를 살펴보며 연구

---

11) 김중섭, 『사회운동의 시대: 일제 침략기 지역 공동체의 역사사회학』, 북코리아, 2012.

의 심도를 높이고자 했습니다. 진주 사례 중심으로 지역 인권 증진 방안을 모색하며,[12] 인권의 지역화 연구를 발전시킬 수 있었습니다.[13]

이러한 과정을 통해 일상생활의 현장이며 삶의 터전인 지역에 대한 탐구의 중요성을 인식했습니다. 시간과 공간이 중첩된 지역은 사람들의 생활 방식, 언어, 사상, 역사 등을 담고 있을 뿐만 아니라 자연환경, 사회적 관계 등을 반영하고 있습니다. 이러한 성격의 지역 현상은 마땅히 연구되어야 할 주제이고 대상입니다. 종합 학문으로서 지역학의 체계적인 탐구가 필요하다고 생각합니다. 지역에 대한 체계적이고 심층적인 종합 연구는 전체 사회 연구의 토대가 되고, 또 전체 사회 연구의 출발점이 되어야 할 것입니다. 이와 같은 지역학의 가치를 되새기며 '진주학'의 정립과 발전이 중요하다는 인식 아래 앞으로 끊임없이 연구할 계획을 세우게 됩니다.

---

12) 보기를 들어, 김중섭, 「지역 사회의 인권 발전과 조례 제정: 진주시를 중심으로」, 『현상과인식』 31(4), 2007, 33-56쪽; 「인권조례 제정의 의미와 법적 근거: 진주시 사례를 중심으로」, 『현상과인식』 33(4), 2009, 117-138쪽; 「지방자치 발전과 인권조례 제정 운동: 진주시 사례를 중심으로」, 『현상과인식』 35(4), 2011, 119-144쪽을 참고할 것.

13) 김중섭, 위의 글(2016).

참고문헌

1. 언론 자료

『경남일보』.

『京城日報』.

『大阪朝日新聞』.

『대한매일신보』.

『독립신문』.

『동아일보』.

『매일신보』.

『시대신보』.

『조선일보』.

『조선중앙일보』.

『중앙일보』.

『중외일보』.

『진주신문』.

『斥候隊』(北星會 기관지).

『황성신문』.

2. 한글 자료

강동순(2013), 「1920년대 형평사의 민족운동과 성격: 민족협동전선을 중심으로」, 부산대학교 교육대학원 석사학위논문.

강인수(2009, 2020, 2023), 『은총의 여정: 형평운동과 강상호』(인쇄물).

강정태(姜正泰, 1981), 「일제하의 형평사운동, 1923-1935: 급진파와 온건파의 대립을 중심으로」, 고려대학교 교육대학원 석사학위논문.

강창석(姜昌錫, 1993), 「형평사운동 연구」, 『동의사학』, 7·8합집, 25-77쪽.

경상남도(2020), 「형평운동」, 『경상남도사』, 제4권 제2편 제2장, 384-404쪽.

경상남도진주교육지원청(2022), 『형평의 길을 걷다』(인쇄물).

경상대학교 인권사회발전연구소(2015), 「형평운동을 다시 생각한다」(국제학술대회 자료집, 경상국립대학교 사회과학관, 2015. 11. 21).

고숙화(高淑和, 1984), 「형평사에 대한 일연구: 창립배경과 초창기(1923-25) 형평사를 중심으로」, 『사학연구』(한국사학회) 38, 645-690쪽.

_____(1989), 「일제하 형평사 연구: 1926년 이후의 형평사를 중심으로」, 『사학연구』 40, 327-362쪽.

_____(1992), 「'예천사건'을 통해 본 일제하의 형평운동」, 『수촌 박영석 교수 화갑 기념 한민족독립운동사논총』(논총간행위원회), 275-292쪽.

_____(1993), 「일제하 사회운동과 형평운동의 연관 관계」, 형평운동 70주년 기념사업회 엮음, 『형평운동의 재인식』, 솔출판사, 155-190쪽.

_____(1996), 「일제하 형평운동사 연구」, 이화여자대학교 대학원 박사학위논문.

_____(2008), 『형평운동』, 독립기념관 한국독립운동사연구소.

_____(2009), 「형평운동」, 서울시사편찬위원회 엮음, 『서울항일독립운동사』, 829-863쪽.

고종석(1991), 「장지필, 백정 손에 치켜든 형평의 깃발」, 『발굴 한국현대사 인물』 1권, 한겨레신문사, 111-116쪽.

국가인권위원회 엮음(2019), 『대한민국 인권 근현대사』, 제3권, 국가인권위원회.

국립진주박물관 엮음(2023), 『공평과 애정의 연대, 형평운동』, 국립진주박물관 특별전.

국사편찬위원회 엮음(2023), 『형평운동의 발자취: 평가와 현대적 함의』, 국사편찬위원회.

권승덕(1931), 「형평사의 해소운동은 어떠케 되었는가」, 『별건곤』 40.

金德漢(1924), 「衡平社의 內訌과 衡平運動에 對한 批判」, 『開闢』 5(8), 39-42쪽.

김명희 외(2023), 『경남의 근현대사: 사건, 공간, 운동』 경상국립대학교 출판부.

김삼웅(2010), 『죽산 조봉암 평전』, 시대의창.

김순자(2012), 「형평운동과 강상호」, 『경남권문화』(진주교육대학교 경남권문화연구소) 21, 167-187쪽.

김언정(金彦묵, 2005), 「한말·일제하 여성백정의 경제활동과 '형평여성회'」, 고려대학교 교육대학원 석사학위논문.

김영대(金永大, 1978), 『실록 형평』, 송산출판사.

김용기(金龍基, 1959), 「형평운동의 발전」, 경상남도지 편찬위원회 엮음, 『경상남도지』, 상권(부산), 810-824쪽.

김의환(金義煥, 1967), 「일제 치하의 형평운동 고: 천민(백정)의 근대로의 해소 과정과 그 운동」, 『향토 서울』(서울특별시 시사편찬위원회) 31, 51-90쪽.

＿＿＿(1968), 「일제하의 형평운동」, 『한국사상』(한국사상연구회) 9, 177-208쪽.

김일수(金日洙, 2003), 「일제강점기 '예천형평사 사건'과 경북 예천지역 사회운동」, 『안동사학』(안동사학회) 8, 197-218쪽.

김재영(金載永, 2006), 「1920년대 호남지방 형평사의 창립과 조직」, 『역사학연구』(호남사학회) 26, 85-111쪽.

＿＿＿(2007ㄱ), 「일제강점기 형평운동의 지역적 전개」, 전남대학교 대학원 박사학위논문.

＿＿＿(2007ㄴ), 「1920년대 호남지방 형평사의 활동」, 『역사학연구』(호남사학회) 29, 237-278쪽.

＿＿＿(2009), 「형평사와 보천교」, 『신종교연구』(한국신종교학회) 21집, 267-288쪽.

＿＿＿(2017), 「일제강점기 호서지방의 형평운동」, 『충청문화연구』(충남대학교 충청문화연구소) 18, 81-123쪽.

김정명(1986), 『식민지시대 사회운동』, 한대희 엮어 옮김, 한울림.

金靜美(1984), 「19세기 말에서 20세기 초기에 있어서의 백정(白丁)」, 姜在彦 외 엮음, 『한국 근대 사회와 사상』, 김정희 옮김, 중원문화사.

김제선(金濟善, 2017), 「평등의 관점에서 사회복지운동과 형평운동의 비교」, 『유관순연구』 22, 179-203쪽.

김준엽·김창순(金俊燁·金昌順, 1973), 『한국 공산주의운동사』, 전 5권, 고려대학교 출판부.

김준형(金俊亨, 1993), 「진주지역 형평운동의 역사적 배경」, 형평운동70주년기념사업회 엮음, 『형평운동의 재인식』, 도서출판 솔, 31-64쪽.

김중섭(金仲燮, 1988), 「1920년대 형평운동의 형성 과정: 진주지역을 중심으로」, 『동방학지』(연세대학교 국학연구원) 59, 231-273쪽.

_____(1992), 「일제 침략기 형평운동의 지도 세력: 그 성격과 변화」, 『동방학지』(연세대학교 국학연구원) 76, 103-134쪽.

_____(1993), 「형평운동의 지향과 전략」, 형평운동70주년기념사업회 엮음, 『형평운동의 재인식』, 솔출판사, 103-136쪽.

_____(1994), 『형평운동연구: 일제 침략기 백정의 사회사』, 민영사.

_____(2001), 『형평운동』, 지식산업사.

_____(2005), 「창식이네 이야기」, 『소식지 형평운동』(형평운동기념사업회), 새판 제5호(인쇄물).

_____(2007), 「지역 사회의 인권 발전과 조례 제정: 진주시를 중심으로」, 『현상과인식』(한국인문사회과학회) 31(4), 33-56쪽.

_____(2009ㄱ), 「한국 형평사와 일본 수평사의 인권 증진 협력 활동 연구」, 『사회와 역사』(한국사회사학회) 84, 133-175쪽.

_____(2009ㄴ), 「백촌 강상호」, 『문화고을 진주』(진주문화연구소) 3, 352-363쪽.

_____(2009ㄷ), 「인권조례 제정의 의미와 법적 근거: 진주시 사례를 중심으로」, 『현상과인식』 33(4), 117-138쪽.

_____(2011), 「지방자치 발전과 인권조례 제정 운동: 진주시 사례를 중심으로」, 『현상과인식』 35(4), 119-144쪽.

_____(2012ㄱ), 『사회운동의 시대: 일제 침략기 지역 공동체의 역사사회학』, 북코리아.

_____(2012ㄴ), 「3.1운동과 지역사회운동의 발전」, 『사회운동의 시대: 일제 침략기 지역 공동체의 역사사회학』, 북코리아, 49-84쪽.

_____(2012ㄷ), 「일제 식민 통치와 주민교육운동」, 『사회운동의 시대: 일제 침략기 지역 공동체의 역사사회학』, 북코리아, 85-140쪽.

_____(2012ㄹ), 「경남 도청 이전과 주민저항운동」, 『사회운동의 시대: 일제 침략기 지역 공동체의 역사사회학』, 북코리아, 141-176쪽.

_____(2012ㅁ), 「신분 사회 해체와 형평운동」, 『사회운동의 시대: 일제 침략기 지역 공동체의 역사사회학』, 북코리아, 217-262쪽.

_____(2012ㅂ), 「기독교 전래와 지역 사회의 변화」, 『사회운동의 시대: 일제 침략기 지역 공동체의 역사사회학』, 북코리아.

_____(2012ㅅ), 「지역 사회의 역동성과 농민운동」, 『사회운동의 시대: 일제 침략기 지역 공동체의 역사사회학』, 북코리아.

_____(2015), 『평등 사회를 향하여: 한국 형평사와 일본 수평사의 비교』, 지식산업사.

_____(2016), 『인권의 지역화: 일상생활의 인권 증진을 위하여』, 집문당.

_____(2019), 「형평운동: 신분 차별과 인권 발견」, 국가인권위원회 엮음, 『대한민국 인권 근현대사』, 제3권, 국가인권위원회, 11-44쪽.

_____(2020), 「진주지역 3.1운동과 근대 사회 발전」, 김중섭 외, 『진주 3.1운동과 근대 사회 발전』, 북코리아, 291-324쪽.

_____(2021), 「남성문화재단을 기억하리라」, 『문화고을 진주』(진주문화연구소) 15, 4-19쪽.

_____(2022ㄱ), 「형평운동의 연구 동향과 자료」, 『현상과인식』 46(2), 여름호, 29-61쪽.

_____(2022ㄴ), 「형평운동 100주년을 기다리며」, 『문화고을 진주』(진주문화연구소) 16, 4-41쪽.

_____(2023ㄱ), 「형평운동과 인권, 그리고 사회적 연대」, 국사편찬위원회 엮음, 『형평운동의 발자취: 평가와 현대적 함의』(국사편찬위원회), 1-58쪽.

_____(2023ㄴ), 「형평운동의 역사적 과정과 의의」, 김중섭 · 장만호 엮음, 『형평운동과 인권의 시대』, 도서출판 사람과나무, 59-101쪽.

_____(2023ㄷ), 「형평운동 연구의 성과와 동향」, 김중섭 · 장만호 엮음, 『형평운동과 인권의 시대』, 도서출판 사람과나무, 306-339쪽

_____(2023ㄹ), 「근대 사회로 이끈 3.1운동과 형평운동: 진주지역을 중심으로」, 김명희 외, 『경남의 근현대사: 사건, 공간, 운동』, 경상국립대학교 출판부, 20-69쪽.

_____(2023ㅁ), 「형평운동의 역사사회학적 탐구 되짚어보기: 형평사 창립 100주년에 즈음하여」, 『東方學志』(연세대학교 국학연구원) 205, 115-141쪽.

_____(2024), 「형평사 창립 과정과 창립을 이끈 사람들」, 『문화고을 진주』(진주문화연구소) 17, 24-42쪽.

김중섭 · 도모나가 겐조 엮음(2004), 『세계화와 인권 발전』, 도서출판 오름.

김중섭 · 장만호 엮음(2023), 『형평운동과 인권의 시대』, 도서출판 사람과나무.

김중섭 엮음(2001), 『한국 지역사회의 인권: 2001 진주 지역 사례 연구』, 도서출판 오름.

_____(2002), 『한국 어린이 · 청소년의 인권: 진주 지역 사례 연구』, 도서출판 오름.

김중섭 외(2020), 『진주 3.1운동과 근대 사회 발전』, 북코리아.

김희주(2012), 「1920년대 진주지역의 청년운동과 진주청년동맹」, 『한국민족운동사연구』 72, 83-118쪽.

_____(2021ㄱ), 「대한협회 진주지회의 결성과 활동」, 『일제하 진주지역의 민족운동과 진주사회』, 도서출판 선인, 13-43쪽.

_____(2021 ㄴ), 「진주지역의 사회주의 운동과 조선공산당 재건운동」, 『일제하 진주지역의 민족 운동과 진주 사회』, 도서출판 선인, 172-173쪽.

니어리, 이안 J. (Ian J. Neary, 1993), 「형평사와 수평사: 동아시아의 인권 투쟁」, 형평운동70주 년기념사업회 엮음, 『형평운동의 재인식』, 도서출판 솔, 191-214쪽.

도모나가 겐조(友永健三, 1993), 「아시아의 반차별 운동과 형평운동」, 형평운동70주년기념사업 회 엮음, 『형평운동의 재인식』, 도서출판 솔, 215-253쪽.

『東亞日報社』 1권(1920-1945), 東亞日報社, 1975,

무샤코지 긴히테(武者小路公秀, 2004), 「글로벌시대 인권의 과제와 전망: 형평사와 수평사의 메 시지의 의의를 중심으로」, 김중섭·도모나가 겐조 엮음, 『세계화와 인권 발전』, 도서출판 오름, 15-26쪽.

박경묵(朴瓊默, 2014), 「강상호와 진주 형평운동의 교육적 함의 탐색」, 『경남권문화』 24, 358- 389쪽.

박세경(2009), 「1920년대 조선과 일본의 신분해방운동: 형평사와 수평사를 중심으로」, 『일본근 대학연구』(한국일본근대학회) 23, 123-136쪽.

박종한(2020), 「백촌은 왜 형평운동을 했을까?」, 강인수, 『은총의 여정』(인쇄물), 51-55쪽.

朴平山(1931), 「衡平運動의 今後」, 『批判』 1(2), 54-55쪽.

朴必守(1931), 「衡平社 全國大會 傍聽記」, 『이러타』 1, 27-29쪽.

박환규(朴懽圭, 1986), 「일제하 형평사 연구(1)」, 『논문집』(한국체육대학교) 9, 1-17쪽.

성주현(成周絃, 2021), 「형평운동과 천도교, 그리고 고려혁명당」, 세바스찬 김 외, 『서구와 동아 시아의 조우: 근대 전환공간에서 만들어진 사회문화 현상』, 보고사, 229-266쪽.

송병기·박용옥·박한설 엮음(1970), 『한말, 근대 법령 자료집』 1, 대한민국 국회 도서관.

신기수(辛基秀, 1993), 「형평사와 수평사의 교류」, 형평운동70주년기념사업회 엮음, 『형평운동 의 재인식』 도서출판 솔, 137-155쪽.

신종한(2010), 「근대 신분제도의 변동과 일상생활의 재편: 형평운동과 백정들의 일상」, 『동양학』 (단국대학교 동양학연구소) 47, 209-227쪽.

엄찬호(嚴燦鎬, 1989), 「일제하 형평운동에 관한 연구」, 강원대학교 대학원 석사학위논문.

如星(이여성, 1923), 「衡平社의 出現」, 『斥候隊』 3, 1면.

윤철홍(尹喆洪, 2015), 「박경리 '토지'에 나타난 진주지역에서의 형평사운동에 관한 소고」, 『법과 사회』 49, 173-201쪽.

윤혜연(2007), 「일제하 형평사의 형평운동에 관하여」, 경성대학교 교육대학원 석사학위논문.

이광욱(2020), 「문제적 표상으로서의 '백정'과 역사극을 통한 재현의 낭만화: 김영팔의 〈곱장칼〉

과 형평운동 겹쳐 읽기」,『한국극예술연구』69, 13–58쪽.

이나영(李那英, 2005),「형평사 운동의 역사적 평가」, 동의대학교 대학원 석사학위논문.

李東煥(1931),「衡平社 第9回 全國大會評」,『批判』1(2), 36–43쪽.

이명길(李命吉, 1986),「신분제 해체와 형평사 운동(1–3)」,『진주상의』(진주상공회의소) 19호 6–18쪽, 20호 6–26쪽, 21호 20–33쪽.

이사쿠 도모하치(伊作友八, 1914),『개정 증보 진주안내』, 권해주 외 옮김, 진주문화원, 2024.

李양코(이동환, 1931),「衡平社 慶南道支部 聯合會를 보고」,『批判』15(3·4), 73–75쪽.

이용철(李龍哲, 2011),「형평사의 노선 분화와 성격 변화」, 충북대학교 대학원 석사학위논문.

_____(2012),「형평사의 성격 변화와 쇠퇴」,『한국근현대사연구』(한국근현대사학회) 62, 176–212쪽.

이혜경(2003),「충남지방 형평운동 연구」, 충남대학교 교육대학원 석사학위논문.

이황직(李滉稙, 2015),「〈서평〉『평등 사회를 향하여: 한국 형평사와 일본 수평사의 비교』(김중섭 지음, 서울: 지식산업사, 2015)를 읽고」,『현상과인식』(한국인문사회과학회) 39(4), 243–248쪽.

임순만(林淳萬, 1993),「기독교 전파가 백정 공동체에 미친 영향」, 형평운동70주년기념사업회 엮음,『형평운동의 재인식』, 도서출판 솔, 65–102쪽.

전흥우(2013),「일제강점기 강원지역 형평운동」,『인문과학연구』(강원대학교 인문과학연구소) 38, 231–258쪽.

정영훈(鄭英勳, 2008),「백정 관련 연구의 맥락에서 본 〈일월〉」,『한국현대문학연구』(한국현대문학회) 24, 323–351.

정태영(2006),『조봉암과 진보당: 한 민주사회주의자의 삶과 투쟁』, 후마니타스.

조규태(2020),『형평운동의 선도자 백촌 강상호』, 펄북스.

조미은(趙美恩, 1995ㄱ),「조선형평사 경제활동 연구」,『성신사학』(성신여자대학교 사학과) 12·13, 99–130쪽.

_____(1995ㄴ),「서울에서의 조선형평사 활동」,『향토 서울』(서울특별시사 편찬위원회) 55, 185–254쪽.

조미은·김일수·은정태·김학경(2022),『강원도 형평운동』, 원주시역사박물관.

조성윤(1994),「〈서평: 김중섭,『형평운동연구─일제침략기 백정의 사회사』〉 일제하 사회운동과 역사사회학 연구 방향」,『현상과 인식』18(2), 153–161쪽.

조헌국(2019),『호주선교사 커클과 그의 동료들』, 한국문화사.

조휘각(趙彙珏, 1995), 「형평사의 민권운동 연구」, 『국민윤리연구』(한국국민윤리학회) 34, 617-652쪽.

_____(1999), 「1920년대 자유 평등운동 연구: 형평사의 활동을 중심으로」, 『윤리연구』(한국국 민윤리학회) 42, 225-247쪽.

종모(김종모, 1923), 「진주에서 창립된 형평사와 그 운동에 대한 희망」, 『斥候隊』 3, 8면.

진덕규(陳德奎, 1976), 「형평운동의 자유주의적 개혁 사상에 대한 인식」, 『한국정치학회보』 10, 169-181쪽.

_____(1993), 「형평운동의 사상사적 인식」, 형평운동70주년기념사업회 엮음, 『형평운동의 재인 식』, 솔출판사, 11-30쪽.

진주교회사 연혁위원회(1930), 『晉州面 玉峯里 耶蘇教長老會 沿革史』(인쇄물).

진주사람박노정추모집간행위원회(2022), 『진주사람 박노정』, 도서출판 사람과나무.

진주시사편찬위원회(1994), 「형평운동」, 『진주시사』, 상권 제2편 제6장, 910-936쪽.

진주여자고등학교 동창회(1985), 『一新60年史』, 진주여자고등학교 동창회.

車賤者(1924), 「白丁 社會의 暗澹한 生活狀을 擧論하야 衡平 戰線의 統一을 促함」, 『開闢』 5(7), 39-45쪽.

천정환(千政煥, 2008), 「근대적 대중지성의 형성과 사회주의 (1)—초기 형평운동과 「낙동강」에 나타난 근대 주체」, 『상허학보』 22, 155-193쪽.

최보민(崔保慜, 2016), 「1925년 예천사건에 나타난 반형평운동의 함의」, 『사림』 58, 33-76쪽.

최시한(崔時漢, 1994), 「『일월』과 형평운동의 관련 맥락」, 『서강어문』(서강어문학회) 10, 391-409쪽.

최영성(崔英成, 2006), 「일제시기의 형평운동과 자유주의: '신분 해방운동'의 성격이 지닌 의미 를 중심으로」, 『한국철학논집』(한국철학사연구회) 19, 451-475쪽.

친일인명사전 편찬위원회 엮음(2009), 『친일인명사전』, 민족문제연구소.

한사원(1929), 「나의 追憶」, 『正進』 창간호, 30-34쪽.

형평운동70주년기념사업회 엮음(1993), 『형평운동의 현대적 재인식』, 솔출판사.

형평운동기념사업회(2023), 『형평운동 100주년 기념, 형평의 길』(인쇄물).

홍성진(2014), 「식민지시기 신분 문제와 교과서 서술: 형평운동을 중심으로」, 성신여자대학교 교육대학원 석사학위논문.

3. 일제 관헌 수집 자료

京高秘(1925. 8. 20), 「慶北醴泉事件二對スル衡平社員其ノ他ノ動靜二關スル件」, 『大正14年情報綴』 제2책, 部落解放・人權研究所 衡平社史料研究會 엮음(2016), 『朝鮮衡平運動史料集』 金仲燮・水野直樹 감수, 大阪, 解放出版社(『사료집』으로 줄임), 188-191쪽.

京畿道警察部(1928), 「衡平運動團體」, 『治安槪況』, 1928, 部落解放・人權研究所 朝鮮衡平運動史研究會 엮음(2021), 『朝鮮衡平運動史料集・續』 金仲燮・水野直樹 감수, 大阪, 解放出版社(『사료집・속』으로 줄임), no. 10, 64쪽.

慶尙北道警察部(1934), 『高等警察要史』.

京城鍾路警察署 號外(1926), 「思想要視察人連名簿追加ノ件」, 『大正十五年 檢察事務二関スル記錄』(1926. 4. 19), 『사료집』 204쪽.

京鍾警(京城鍾路警察署)高秘(1924. 4. 25), 「衡平社創立1週年紀念祝賀式ノ件」, 『大正13年 檢察行政事務二關スル記錄』 I, 『사료집』, 150쪽.

京鍾警高秘(1924. 4. 26) 제4555호의 5, 「衡平社革新同盟總會ノ件」, 『사료집』 152-157쪽.

_____(1925. 4. 25), 「衡平社大會二關スル件(第3回大會)」, 『大正14年 檢察事務二關スル記錄』 I, 『사료집』, 162-169쪽.

_____(1925. 4. 26), 「衡平社2週年創立紀念祝賀式ノ件」, 『大正14年 檢察事務二關スル記錄』 I, 『사료집』, 169-172쪽.

_____(1925. 4. 27) 제4639호의 3, 「衡平社中央執行委員会二関スル件」, 『사료집』 172-173쪽.

_____(1925. 4. 27) 제4639호의 4, 「衡平社員中懇親会二関スル件」, 『사료집』 173-174쪽.

_____(1925. 8. 18), 「衡平社ノ中西等主義者招待二關スル件」, 『大正14年 檢察事務二關スル記錄』 I, 『사료집』, 177쪽.

_____(1925. 8. 20), 「醴泉衡平社事件對策集會二關スル件」, 『大正14年 檢察事務二關スル記錄』 I, 『사료집』, 183-187쪽.

_____(1925. 9. 18), 「衡平社幹部歡迎會二關スル件」, 『大正14年 檢察事務二關スル記錄』 II, 『사료집』, 194-197쪽.

_____(1926. 4. 25), 「衡平社3週年記念式二關スル件」, 『大正15年 檢察事務二關スル記錄』, 『사료집』, 204-208쪽.

_____(1926. 4. 26), 「衡平社中央執行委員會二關スル件」, 『大正15年 檢察事務二關スル記錄』, 『사료집』, 208-211쪽.

_____(1928. 4. 30), 「朝鮮衡平社第六回全鮮大会狀況報告通牒」, 『昭和3年 思想問題二關スル調査書類』 I, 『사료집』, 234-256쪽.

_____(1928. 8. 6), 「朝鮮衡平社印刷文ニ關スル件」, 『昭和3年 思想問題ニ關スル調查書類』I, 『사료집』, 262쪽.

_____(1928. 8. 22), 「衡平社總本部印刷文發送ノ件」, 『昭和3年 思想問題ニ關スル調查書類』I, 『사료집』, 266-268쪽.

_____(1928. 12. 5), 「衡平忠南産業株式會社設立趣旨書配布ニ關スル件」, 『昭和3年 思想問題ニ關スル調查書類』II, 『사료집』, 283-284쪽.

_____(1929. 2. 27), 「朝鮮衡平社中央執行委員會開催ニ關スル件」, 『昭和4年 思想問題ニ關スル調查書類』, 『사료집』, 294-295쪽.

_____(1929. 4. 25), 「朝鮮衡平社第7會定期大會ノ件」, 『昭和4年 思想問題ニ關スル調查書類』II, 『사료집』, 304-313쪽.

_____(1929. 6. 15), 「朝鮮衡平社宣言綱領規約印刷ニ関スル件」, 『昭和4年 思想問題ニ關スル調查書類』II, 『사료집』, 331-334쪽.

_____(1929. 8. 15), 「衡平社本部內訌ニ關スル件」, 『昭和4年 思想問題ニ關スル調查書類』III, 『사료집』, 343쪽.

_____(1930. 1. 4), 「衡平社本部通文ニ関スル件」, 『昭和5年 思想問題ニ關スル情報綴』II, 『사료집』, 358쪽.

_____(1930. 4. 28), 「集會取締狀況報告(第7週年紀念)」, 『昭和5年 思想ニ關スル情報綴』IV, 『사료집』, 416-419쪽.

_____(1930. 4. 28), 「集會取締狀況報告(中央執行委員會)」, 『昭和5年 思想ニ關スル情報綴』IV, 『사료집』, 420쪽.

_____(1930. 4. 28), 「衡平社(第8回)全鮮大會狀況報告」, 『昭和5年 思想問題ニ關スル情報綴』IV, 『사료집』, 378-416쪽.

_____(1930. 4. 30), 「集會取締狀況報告(常務執行委員會)」, 『昭和5年 思想ニ關スル情報綴』V, 『사료집』, 421-422쪽.

_____(1930. 5. 3), 「衡平社本部內ノ內訌ニ關スル件」, 『昭和5年 思想ニ關スル情報綴』V, 『사료집』, 436-437쪽.

_____(1930. 5. 3), 「衡平社印刷文ニ關スル件」, 『昭和5年 思想ニ關スル情報綴』V, 『사료집』, 423-430쪽.

_____(1930. 12. 11), 「集會取締狀況報告(中央執行委員會)」, 『昭和5年 思想ニ關スル書類 副本』, 『사료집』, 448쪽.

_____(1931. 4. 27), 「集會取締狀況報告(第9回大會)」, 『昭和6年 思想ニ關スル情報 副本』, 『사료집』, 473-474쪽.

_____(1931. 4. 28), 「衡平社幹部ノ動靜二關スル件」, 『사료집』, 492쪽.

_____(1931. 10. 8), 「衡平社本部ノ動靜ノ件)」, 『昭和6年 思想二關スル情報綴』 II, 『사료집』, 497쪽.

_____(1931. 10. 31), 「集會取締狀況報告(臨時大會)」, 『昭和6年 思想二關スル情報』, 『사료집』, 505쪽.

_____(1931. 11. 2), 「集會取締狀況報告(中央執行委員會)」, 『昭和6年 思想二關スル情報』, 『사료집』, 508쪽.

京鍾警高秘 제8815호(1930. 6. 10), 「集会取締狀況報告(通報)」.

高等法院檢事局(1928), 『高麗革命黨事件ノ硏究』, (抄) 『사료집·속』, 65쪽.

_____(1931), 「衡平運動」, 『思想月報』 1(8), 『사료집·속』, no.13, 73-74쪽.

光州警察署(1933), 「被疑者訊問調書-朴好君」, 『사료집·속』, 584-592쪽.

新義州警察署(1927), 「고려혁명당 사건수사보고서」(1927. 1. 22), 朝鮮衡平運動史硏究會 엮음, 『衡平運動史料集·別卷』(이하 『사료집·별권』으로 줄임, 2025년 출간 예정).

新義州地方法院(1928), 「고려혁명당사건 제1심 판결」(1928. 4. 20), 『사료집·별권』.

新義州地方法院豫審(1927) 「고려혁명당사건예심종결결정서」(1927. 10. 31), 『사료집·별권』.

朝鮮軍參謀部(1939), 『昭和十四年後半期 朝鮮思想運動槪況』, 『사료집』, 519쪽.

_____(1940), 『昭和十五年前半期 朝鮮思想運動槪況』, 『사료집』, 520쪽.

朝鮮總督府(1926), 『朝鮮の群衆』.

_____(1927), 『朝鮮の物産』.

朝鮮總督府警務局(1924), 『大正十三年十二月 治安狀況』.

_____(1927), 「高麗革命黨事件」, 『治安狀況』, 『사료집·속』, 62-63쪽.

_____(1933), 『最近に於ける朝鮮治安狀況』.

_____(1935), 『最近に於ける朝鮮治安狀況』.

_____(1937), 『昭和十二年 第七三回帝國議會說明資料』.

_____(1937), 『昭和十二年 治安狀況』 제32보, 『사료집』, 518쪽.

朝鮮總督府內務部學務局(1912), 『朝鮮人敎育私立學校統計要覽』.

「朝鮮衡平社關係人物調査」, 『倭政時代人物史料』 1 (연도 불명), 『사료집』, 140쪽.

鍾路警察署, 「張志弼素行調書(1927. 2. 15)」, 『사료집·별권』.

村山智順(1926), 『朝鮮の群衆』, 朝鮮總督府 조사자료 16집.

憲兵司令部(1930), 「朝鮮に於ける衡平運動」, 『思想彙報』16, 『사료집 · 속』, no. 12, 73쪽.

衡總 第1號(1930. 4. 25), 형평사총본부, 「第8會 定期大會 記念式 執行委員會及常務執行委員會에 關한 顚末」, 『사료집』, 423-430쪽.

衡總 제170호(1928. 8. 4), 朝鮮衡平社總本部 「忠南大會召集에 關한 件」, 『사료집』, 263쪽.

衡總 제603호(1925. 8. 16), 「慶北醴泉分社 襲擊事件에 對하야 우리 衡平社員의 取할 態度」, 『사료집』, 179-180쪽.

衡總 ㅁㅁ호(1928. 12. 30), 朝鮮衡平社總本部, 「月損金督促ノ件」, 『사료집』, 290쪽.

4. 일본어 문헌

高淑和(1991), 「日帝下 · 衡平社の研究」, 中村福治 옮김, 『部落問題研究』110(1991. 3).

_____(2018), 「衡平青年前衛同盟事件について」, 吉田文茂 옮김, 『部落解放研究』208, 74-110쪽.

高正子(2002), 「図書紹介 / 金仲燮 「衡平運動: 晋州の文化を求めて」より, 衡平運動の歴史と現実」, 『ヒューマンライツ』168.

高宗錫(1993), 「差別なき社会をきずくために－両班出身の衡平運動指導者/姜相鎬」, 高贊侑 옮김, ハンギョレ新聞社 엮음, 『山河ヨ、我ヲ 抱ケ－発掘 · 韓国現代史の群像』(상), 大阪: 解放出版社.

_____(1994), 「被差別者の手にかかげた衡平の旗 / 張志弼」, 高贊侑 옮김, ハンギョレ新聞社 엮음, 『山河ヨ、我ヲ抱ケ－発掘 · 韓国現代史の群像』(하), 大阪: 解放出版社.

廣瀬聰夫(2003), 「衡平社 · 水平社の連帯から'人権増進の国際連帯へ'」, 『ヒューマンライツ』183.

駒井忠之(2020), 「衡平社運動の射程: 植民地支配からの解放をめぐって」, 『部落解放研究』212, 2-22쪽.

吉田文茂(2019), 「衡平運動家の人物像: '衡平青年前衛同盟事件'史料から見えるもの」, 『部落解放研究』210, 93-129쪽.

_____(2024), 「「衡平青年前衛同盟」事件審理過程の檢討」, 『部落解放研究』220, 84-114쪽.

吉井浩存(1924), 「衡平運動を訪ねて」, 『自由』1(2), 『사료집 · 속』, 381-384쪽.

金永大(1988ㄱ), 『朝鮮の被差別民衆'白丁'と衡平運動』, 大阪: 部落解放研究所.

_____(1988ㄴ), 「特別報告: '白丁'と衡平運動」, 『部落解放研究』64, 1-9쪽.

金義煥(1976),「日帝治下の衡平運動巧―賤民(白丁)の近代における解消過程とその運動」, 井口和起・山田久美子 옮김,『部落問題研究』47.

金日洙(2020),「慶尙北道地域の衡平運動と社会運動団体の対応」, 水野直樹 옮김,『部落解放研究』212, 79–110쪽.

金載永(2018),「1920年代湖南地方の衡平社の創立と組織」, 高正子 옮김,『部落解放研究』208, 53–73쪽.

金靜美(1983),「朝鮮の被差別民'白丁': 日帝下における生活と解放運動」,『喊聲』(七四書房) 5, 44–62쪽.

_____(1984),「衡平運動の過去と未來: 衡平社創建60周年にあたつて」,『差別とたたかう文化』 13, 19–31쪽.

_____(1989),「朝鮮獨立, 反差別, 反天皇制: 衡平社と水平社の連帯の基軸はなにか」,『思想』 786, 86–124쪽.

金井英樹(2000),「朝鮮の被差別民と衡平社運動: 水平社との交流ノート」,『水平社博物館研究紀要』2, 46–75쪽.

金俊燁・金昌順(1977),「朝鮮衡平社運動」, 池川英勝 옮김,『差別とたたかう文化』2.

金仲燮(1993),「衡平社の活動とその歴史的意味」,『部落解放研究』(部落解放研究所) 92, 103–116쪽.

_____(2003),『衡平運動: 朝鮮の被差別民・白丁, その歴史とたたかい』, 高貞子 옮김, 大阪: 解放出版社.

_____(2007),「韓国の衡平運動研究者が見た日本の被差別部落と部落解放運動」, 金泰植 옮김, 「リベラシオン」(福岡縣人權研究所) 127, 54–61쪽.

_____(2012),「衡平社と水平社の協力と連帯」, 全国水平社の創立90年記念 심포지움 발표(전국부락사연구회 주최, 교토).

_____(2013),「衡平社と水平社の比較: 創立期の類似性と差異」,『紀要』(和歌山人權研究所) 4, 155–174쪽.

_____(2016),「衡平運動の歴史の新しい理解のために」, 高正子 옮김,『사료집』, 19–50쪽.

_____(2023),「白丁の消滅」, 水野直樹 엮음,『植民地朝鮮と衡平運動: 朝鮮被差別民のたたかい』, 大阪: 解放出版社, 205–209쪽.

金仲燮・友永健三 엮음(2004),『グローバル時代の人權を展望する』, 大阪: 解放出版社.

大阪人權博物館 엮음(2003),『大阪人權博物館紀要』7(소특집: 衡平社80周年).

大阪人權歴史資料館 엮음(1993),『衡平社と水平社: 朝鮮と日本の反差別運動』, 大阪: 大阪人權歴史資料館.

渡辺俊雄(2016),「輝きをます衡平運動の歴史:『朝鮮衡平運動史料集』発刊とその意義」,『部落解放』725.

_____(2017),「衡平運動史研究の展望:「朝鮮衡平運動史料集」から見えてきた課題」,『部落解放研究』206.

_____(2018ㄱ),「研究ノート:衡平分社の地域的展開」,『部落解放研究』208, 2-29쪽.

_____(2018ㄴ),「朝鮮衡平運動史略年表について」,『部落解放研究』208, 116-150쪽.

_____(2020),「衡平社社則第四条をめぐって」,『部落解放研究』213.

_____(2021),「衡平運動史研究の展望・続:『朝鮮衡平運動史料集・続』刊行にあたって」,『部落解放研究』214.

網野房子(2013),「朝鮮半島の被差別民・白丁をめぐる覺書: 韓國現地調査から」,『專修大學人文科學研究所月報』262, 1-16쪽.

武者小路公秀(2003),「グローバル下の人権の課題と展望: とくに衡平社・水平社のメッセージの意義」,『ヒューマンライツ』183.

文公輝(1993),「衡平社と水平社: 朝鮮と日本の反差別運動」,『サイ』8.

部落解放・人權研究所 朝鮮衡平運動史研究會 엮음(2021),『朝鮮衡平運動史料集・續』, 金仲燮・水野直樹 감수, 大阪: 解放出版社.

部落解放・人權研究所 衡平社史料研究會 엮음(2016),『朝鮮衡平運動史料集』, 金仲燮・水野直樹 감수, 大阪: 解放出版社.

山下隆章(2004),「全四国水平社第二代執行委員長高丸義男―水平運動への出精と訣別」,『部落解放研究』160.

上原善廣(2006),『コリアン部落: 幻の韓國被差別民 白丁を探して』, 東京: ミリオン出版.

西尾紀臣(2006),「遺産に学んだ'真の解放運動は市井の場から': 被差別民・白丁 衡平運動発祥の地・晋州を訪れて」,『リベラシオン』122.

徐知伶(2011),「植民地期朝鮮における衡平運動の研究: 日本の水平運動から觀點」, 桃山學院大學大學院 博士學位論文.

成周鉉(2020),「衡平社と天道教」, 水野直樹 옮김,『部落解放研究』212, 56-78쪽.

小犬丸裕(1995),「韓国'衡平社'創立七〇年周年記念事業に参加して」,『おおいた部落解放史』14.

小正路淑泰(2005),「全国水平社創立大会に参加した「種蒔く人」の作家・中西伊之助」,『部落解放』554.

小川原宏幸(2022),「地域社会秩序意識と民衆暴力: 反衡平運動を事例に」, 伊藤俊介・小川原宏

幸・愼蒼宇 엮음, 『下から'歴史像を再考する』, 東京: 有志舎, 392-416쪽.

水野直樹(2016), 「收錄史料 解題」, 『사료집』, 51-76쪽.

_____(2018ㄱ), 「近代朝鮮戸籍における'賤称'記載と衡平社の活動」, 『部落解放研究』208, 30-52쪽.

_____(2018ㄴ), 「朝鮮の被差別民'白丁'と衡平運動: 水平運動との交流の意義と問題点」, 『水平社博物館研究紀要』20.

_____(2019), 「朝鮮民族運動における'平等原則'と衡平運動」, 『部落解放研究』211, 88-107쪽.

_____(2021), 「戦時期・解放期朝鮮における皮革統制と衡平運動関係者の活動」, 『部落解放研究』214, 97-130쪽.

_____(2022), 「朝鮮衡平運動の展開と水平社」, 朝治武・黒川みどり・内田龍史 엮음, 『近現代日本の部落問題』, 大阪: 解放出版社, 103-140쪽.

_____(2024), 「衡平社創立過程の再檢討」, 『部落解放研究』220, 2-34쪽.

水野直樹 엮음(2023), 『植民地朝鮮と衡平運動: 朝鮮被差別民のたたかい』, 大阪: 解放出版社.

水平社博物館事務局(2017), 「史料紹介 / ユネスコ・アジア太平洋地域'世界の記憶'登録: 水平社と衡平社 国境を越えた被差別民衆連帯の記録」, 『水平社博物館研究紀要』19.

勝田伊助(1940), 『晉州大觀』, 晉州: 晉州大觀社.

矢野治世美(2016), 「国際学術大会〈衡平運動を再び考える〉(3-5회)」, 『ヒューマンライツ』339-341.

辛基秀(1984), 「證言, 水平社と衡平社の交流」, 『差別とたたかう文化』13, 32-43쪽.

_____(1988ㄱ), 「韓国の'白丁'差別とその克服の歴史」, 『部落解放』276.

_____(1988ㄴ), 「韓国の被差別民'白丁'の歴史を書いた金永大氏来日」, 『青丘文化』(1988. 7).

_____(1992), 「水平社と衡平社の連帯」, 『解放教育』284.

_____(1993ㄱ), 「衡平精神はいきていた一衡平社70周年記念式典に参加して」, 『部落解放』360.

_____(1993ㄴ), 「朝鮮の人権闘争 / 衡平社の結成一水平社との交流・連帯を中心に」, 徐龍達先生還暦記念委員会 엮음, 『アジア市民と韓朝鮮人』, 日本評論社.

安宇植(1984), 「朝鮮における被差別民衆史ノート」, 『差別とたたかう文化』13, 8-18쪽.

友永健三(2016), 「水平社・衡平社創立100周年に向けてさらなる連帯を」, 『部落解放』723.

_____(2019), 「報告 / 韓国慶尚北道での衡平社をはじめとする社会運動の足跡を訪ねて: 第

三次韓国踏査報告」上, 中, 하,『ヒューマンライツ』 378-380.

李磐松(1934),『朝鮮社會思想運動沿革略史』, 東京: 巖南堂.

李英美(2023),「張志弼」, 明治大學史資料センター 엮음,『白雲なびく 搖かなる明大山脈』3, アジア編 1, 東京: DTP出版, 74-75쪽.

李恩元(2014),「張志弼と‘衡平運動’」,『大学史紀要』(明治大学アジア留学生研究 1) 18, 62-91쪽

＿＿＿(2015),「‘衡平運動’を通じて見た張志弼の日本認識」,『大学史紀要』(明治大学) 20, 21-22쪽.

赤嶺多賀生(2006),「書評 / 金仲燮「衡平運動」」,『リベラシオン』123.

井口和起(1973),「朝鮮の衡平運動: 衡平社の創立と初期の運動」,『水平社運動史の研究』6, 277-298쪽.

＿＿＿(1993),「朝鮮の衡平運動と日本の水平運動」,『部落』571.

朝鮮衡平運動史研究会(2021),「朝鮮衡平運動史研究日本語文献一覧について」,『部落解放研究』214, 150-161쪽.

朝治武(2018), 「韓国ドラマに描かれた‘白丁’と衡平社」,『部落解放研究』 209.

＿＿＿(2020),「衡平社が登場する「野人時代」の歴史世界」,『奈良人権部落解放研究所紀要』38.

竹森健二郎(2017),「植民地朝鮮における衡平社と大同社の活動:『朝鮮衡平運動史料集』を中心として」,『佐賀部落解放研究所紀要』34.

中尾宏(2001),「水平社と衡平社」, 世界人権問題研究センター 엮음,『講座・人権ゆかりの地をたずねて』.

中田理惠子(2004),「韓国・人権ツアーの報告」,『部落解放』530.

池川英勝(1974),「朝鮮衡平運動史年表」,『部落解放研究』3, 51-94쪽.

＿＿＿(1977),「朝鮮衡平社運動について」,『朝鮮學報』83, 141-162쪽.

＿＿＿(1978),「朝鮮衡平運動の史的展開: 後期運動を通じて」,『朝鮮學報』88, 73-101쪽.

＿＿＿(2000),「大同社・衡平社について: 1935年から40年まで」,『朝鮮学報』 176・177, 21-47쪽.

池川英勝 옮김, 秋定嘉和 해설(1971-1972),「東亞日報(1923-1928年)にみられる朝鮮衡平運動記事」(1-3),『朝鮮學報』第60集, 第62集, 第64集.

川瀬俊治(2003),「学界動向 / 衡平社八十周年―この十年での研究成果を見る」,『大阪経済法科大学アジアフォーラム』26.

_____(2018ㄱ), 「北星会の朝鮮衡平運動への連帯とその限界性: 機関誌『斥候隊』を中心にして」, 『部落史研究』 3.

_____(2018ㄴ), 「食肉の流通近代化で旧白丁差別は克服されたのか: 朝鮮衡平運動史研究会の第2回韓国踏査から」(상), 『ヒューマンライツ』 367.

_____(2018ㄷ), 「差別用語'白丁'がどんな時に顕在化するのか: 朝鮮衡平運動史研究会の第2回韓国踏査から」(하), 『ヒューマンライツ』 368.

青野正明(2017), 「書評: (部落解放・人權研究所 衡平社史料研究會 編)『朝鮮衡平運動史料集』」, 『部落解放研究』 207, 208-218쪽.

村越末男(1993), 「衡平社創立七〇周年記念訪韓略記」, 『同和問題研究』 (大阪市立大学同和問題研究会) 16.

塚崎昌之(2007), 「水平社・衡平社との交流を進めた在阪朝鮮人: アナ系の人々の活動を中心に」, 『水平社博物館研究紀要』 9, 1-38쪽.

_____(2017), 「1920年代, 水平社・衡平社との交流を進めた在日朝鮮人」 (京都部落問題研究センター).

崔保懋(2019), 「1925年の醴泉事件と社会主義運動勢力の認識」, 高正子 옮김, 『部落解放研究』 210, 74-92쪽.

秋定嘉和(1974), 「朝鮮衡平社運動: 日本の水平社運動と關連して」, 『部落解放』 52, 45-57쪽.

八箇亮仁(2020ㄱ), 「日朝被差別民の提携模索とその意義と限界」, 『部落解放研究』 212, 23-55쪽.

_____(2020ㄴ), 「水平社と衡平社: 連帯への試練」, 『部落解放』 797, 12-20쪽.

坪江汕二(이반송 일본 이름, 1959, 1966), 『朝鮮民族獨立運動秘史』. 東京: 日刊 勞動通信社.

平野小剣(1927), 「朝鮮衡平運動の概觀」, 『人類愛』 2, 關東水平社靑年聯盟, 『사료집・속』, 397-403쪽.

割石忠典(2016), 「国際学術大会〈衡平運動を再び考える〉(1-2회)」, 『ヒューマンライツ』 337-338.

_____(2017ㄱ), 「韓国での朝鮮衡平運動史に関する調査: 全羅北道・ソウルにて」, 『部落解放』 742.

_____(2017ㄴ), 「報告: 朝鮮衡平運動史研究発展のために: 全羅北道・ソウルの調査をふまえて」, 『部落解放研究』 207, 168-196쪽.

_____(2019), 「朝鮮衡平社大会に参加した原口幸一: 植民地期朝鮮と広島県北部の部落差別撤廃闘争」, 『芸備近現代史研究』 3.

衡平運動70周年記念事業會 엮음(1994), 『朝鮮の身分解放運動』, 民族教育センター 옮김, 大阪:

部落解放研究所.

5. 영어 문헌

Caprio, Mark E. (2005), "〈book reviews〉 *The Korean Paekjong Under Japanese Rule: The Quest for Equality and Human Rights*, By Joong-Seop Kim," *The Journal of Asian Studies* 64(2), 482–483쪽.

Kim, Joong-Seop (김중섭, 1989), "Social Equity and Collective Action: The Social History of the Korean Paekjong under Japanese Colonial Rule"(박사학위논문, Hull University).

_____ (1999), "In Search of Human Rights: The Paekchong Movement in Colonial Korea," Gi-Wook Shin · Michael Robinson 엮음, *Colonial Modernity in Korea* (Cambridge, London, Harvard University Asia Center, 1999), 311–335쪽[한국어 번역, 한만희 옮김(2006), 『한국의 식민지 근대성』, 삼인].

_____ (2003), *The Korean Paekjong under Japanese Rule: The Quest for Equality and Human Rights* (London, RoutledgeCurzon).

_____ (2012), "Japanese Suiheisha and Korean Hyongpyongsa: A Comparative Perspective," 2012년 영국일본학회 정기 학술대회 자료집(영국 이스트 앵글리아대학교).

Moore, S. F. (1898), "The Butchers of Korea," *The Korean Repository*, 5, 127–132쪽.

Neary, Ian(1987), "The Paekjong and the Hyongpyongsa: The Untouchables of Korea and Their Struggle for Liberation," *Immigrants and Minorities*, 6(2), 117–150쪽.

Passin, Herbert (1956), "The Paekchong of Korea: A Brief Social History," *Monumenta Nipponica*, 12(1 · 2), 27–72쪽.

Rhim, Soon Man (임순만, 1974), "The Paekjong: Untouchables of Korea," *Journal of Oriental Studies* (Hong Kong) 12, 30–40쪽.

Shaw, William (1991), "Between Class and Nation: The Equalization Society of the 1920s," William Shaw 엮음, *Human rights in Korea: Historical and Policy Perspectives* (Cambridge and London, Harvard University Press), 91–111쪽.

찾아보기

용어 찾아보기

인명 찾아보기

김중섭(金仲燮)

kimjs0727@naver.com

경상국립대학교 사회학과 교수로 정년퇴직한 뒤 명예교수로 있다.

형평운동에 관하여 『형평운동연구: 일제침략기 백정의 사회사』(1994), 『형평운동』(2001, 일본어 번역본 『衡平運動: 朝鮮の被差別民 · 白丁, その歷史とたたかい』, 高貞子 옮김, 大阪: 解放出版社, 2003), *The Korean Paekjong under Japanese Rule: The Quest for Equality and Human Rights* (London: RoutledgeCurzon, 2003), 『평등 사회를 향하여: 한국 형평사와 일본 수평사의 비교』(2015), 『형평운동과 인권의 시대』(공편, 2023) 등의 저서와 여러 논문을 발표하였다.

인권 분야에 관하여 『인권의 지역화: 일상생활의 인권 증진을 위하여』(2016), 『인권제도와 기구: 국제 사회, 국가, 지역 사회』(공저, 2018) 등의 저서와 『한국 지역사회의 인권: 2001 진주 지역 사례 연구』(2001), 『한국 어린이 · 청소년의 인권: 진주 지역 사례 연구』(2002), 『세계화와 인권 발전』(공편, 2004, 일본어 번역본 『グローバル時代の人權を展望する』大阪: 解放出版社, 2004) 등을 엮어냈고, 여러 논문을 발표하였다.

그리고 진주 지역 역사에 관하여 『사회운동의 시대: 일제침략기 지역 공동체의 역사사회학』(2012), 『진주 3.1운동과 근대 사회 발전』(공저, 2020) 등의 저서와 여러 논문을 발표하였다.